워런 버핏, 부의 기본 원칙

워런 버핏의 오늘을 만든 투자의 기본

워런 버핏, 부의 기본 원칙

제레미 밀러 지음 | 이민주 옮김

북하우스

나의 친애하는 친구이자 동료인

피터 사우어를 추모하며

이 책에 나오는 워런 버핏의 버핏투자조합 편지는
그의 승낙에 의해서 사용할 수 있었다.
모든 지혜는 그의 것이며, 모든 실수는 나의 것이다.
내용의 흐름을 위해서 버핏투자조합 편지에서
일부는 생략하기도 했음을 밝힌다.

추천의 글

버핏투자조합 시절 버핏의 모든 노하우가 담긴 책

버핏의 삶은 크게 세 개의 시기로 나눠볼 수 있다.

1기는 주식 중개인이었던 하워드 버핏의 아들로 태어난 1930년부터 컬럼비아대학 비즈니스 스쿨에 들어가 벤저민 그레이엄의 수업을 듣고 가치투자를 공부한 1950년을 거쳐, 졸업 후 그레이엄-뉴먼 사에서 일하던 1956년까지의 시기이다. 이때를 '투자자 준비기'라고 볼 수 있다.

일곱 살 때 6개들이 코카콜라 한 팩을 25센트에 구입해 한 개에 5센트씩 이웃에 팔아 수익을 남긴 이야기나, 열두 살에 누나와 함께 생애 첫 주식인 시티즈 서비스Cities Service 우선주 6주를 주당 38달러에 구입해 40달러에 팔아 수익을 남겼지만, 그 후로 시티즈 서비스 주가가 200달러까지 치솟는 것을 지켜보며 장기투자의 중요성을 깨달았다는 신화 같은 이야기가 이 시기 버핏의 대표적인 일화이다.

2기는 그레이엄의 은퇴와 함께 그레이엄-뉴먼 사가 해체된 후, 자신의 투자회사인 버핏투자조합을 설립한 1956년부터 더 이상 저평가된 주식을 찾을 수 없어 투자조합을 해산하고 버크셔 해서웨이와 디버시파이드 리테일링Diversified Retailing Company, 이하 DRC을 제외한 나머지를 모두 현금화하여 조합원들에게 돌려준 1969년까지의 시기이다. 이때를 '투자자로서의 시기'라고 부를 수 있다.

이 시기 버핏투자조합은 연평균 수익률 29.5%, 조합원들은 23.8%의 수익률을 얻었다. 다우지수 수익률 7.4%에 비해 3~4배가 넘는 놀라운 성과를 보여준 것이다. 버핏은 매 반기마다 조합원들에게 자신의 투자 철학과 투자조합의 성과에 대해 매우 상세한 내용의 편지를 써서 보냈다. 이 편지가 바로 버크셔 해서웨이 주주 서한의 원조인 셈이다.

3기는 버핏이 버크셔 해서웨이의 최대 주주이자 회장으로 취임한 1970년부터 현재까지로 '버크셔 해서웨이의 소유-경영자로서의 시기'이다. 버핏은 버크셔 해서웨이의 최고 경영자가 된 이후로도 매년 주주들에게 자신의 경영과 투자 철학, 버크셔 해서웨이의 변화에 대해 설명한 주주 서한을 써서 보내고 있다.

2기의 버핏과 3기의 버핏을 비교해보면, 투자 철학은 동일하지만 운용 자산의 규모나 투자하는 방식은 크게 차이가 난다. 3기의 버핏은 보유한 보험회사의 플로트Float를 이용하여 사실상 공짜 레버리지를 이용하고, 기업을 아예 통째로 인수해버리는 등 일반 투자자들이 따라할 수 없는 투자 방식을 사용하고 있다. 반면 2기의 버핏은 버핏투자조합의 운영자 즉, '순수한 투자자'로 일반 투자자들이 직접적으로 벤치마킹할 수 있는 부분이 매우 많다. 투자자문사의 투자책임자로서 내가 가장 궁금했던 버핏은 3기의 버핏보다는 2기의 버핏이다.

지금까지 시중에 나와 있는 책들은 모두 3기의 버핏이 쓴 버크셔해서웨이의 주주 서한을 분석한 내용을 담고 있다. 반면에 『워런 버핏, 부의 기본 원칙』은 지금까지 국내에 출간된 책 중에 (내가 아는 한) 거의 유일하게 버핏투자조합 시절의 버핏이 조합원들에게 보낸 편지를 분석한 내용을 담고 있다. 벤저민 그레이엄의 투자 철학을 그대로 이어받아 '미스터 마켓'에 휘둘리지 않고 안전마진을 고수하는 모습, 단순한 주식투자를 넘어 행동주의의 원조라 할 수 있는 경영 참여까지 나서는 모습, 양적 분석에서 질적 분석으로 변해가는 과정, 운용 자산 규모가 커지면서 직면한 고민들, 집중투자가 무엇이고 집중투자가 어떻게 보수적 투자와 함께할 수 있는지에 대한 버핏의 생각, 투자조합을 해산하면서 조합원들에게 보여준 진실함 등 버핏이 투자조합을 만들고 해산하기까지, 뛰어난 투자자에서 위대한 투자자로 변해가는 모든 과정이 이 책 속에 생생히 담겨 있다.

『워런 버핏, 부의 기본 원칙』은 '순수한 투자자'로서 버핏의 모든 노하우가 담겨 있는 책이다. 위대한 투자자가 되고 싶은 모든 분들에게 이 책을 추천한다.

박성진(투핸즈투자자문 CIO)

차례

일러두기

본문 안의 각주는 모두 옮긴이주이다.

프롤로그

버핏의 위대한 투자 인생은 어떻게 시작되었나?

"내가 만약 100만 달러 혹은 1,000만 달러로 무언가를 해야 된다면, 나는 그 금액을 온전히 투자에 사용할 것입니다. 나는 1950년대에 최고 수익률을 기록한 바 있습니다. 나는 다우지수를 능가했습니다I killed the Dow. 당시 나는 소액 투자를 했습니다. 많은 돈을 갖고 있지 않다는 것은 구조적으로 대단한 장점입니다. 나는 100만 달러로 연간 50%의 수익을 당신에게 안겨줄 수 있습니다. 아니, 그럴 수 있는 정도가 아니라 그렇게 할 수 있다는 것을 나는 보장합니다."[1]

_워런 버핏, 1999년 미국의 경제 전문지 <비즈니스위크*Business Week*>와의 인터뷰 중

1956년 워런 버핏은 미국 뉴욕에서 그의 스승이자 가치투자의 창시자인 벤저민 그레이엄Benjamin Graham과 함께 일했다. 그레이엄이 은퇴를 결심했을 때, 그는 자신의 가장 뛰어난 제자인 버핏에게 자신이 운영하는 파트너십Partnership, 일종의 투자조합인 '그레이엄-뉴먼Graham-Newman' 사에 지분 참여를 제안했다. 그렇지만 당시 스물여섯 살이었던 버핏은 귀향을 선택했다.

그로부터 오래 지나지 않아 버핏은 가족 네 사람과 친구 세 명과 함께 투자조합 '버핏 어소시에이츠Buffett Associates'를 만들었다. 이들이 투자금을 대기로 동의하기 직전, 버핏은 조합원들을 오마하 클럽의 저녁식사에 초대했다. 그날의 식사 비용은 모두 각자 부담했다.[2]

그날 저녁, 버핏은 참석자 모두에게 투자조합 가입 동의서를 포함한 수쪽의 법률 문서를 건넸다. 버핏은 서류를 건네며 조합원들에게 그 서류 안에는 어떠한 깜짝 놀랄 만한 내용도 담겨 있지 않으니 큰 관심을 가질 필요가 없다고 했다. 그날의 모임은 투자조합 가입 자체보다 버핏이 생각하기에 더 '중요한' 무언가를 논의하기 위한 자리였다. 바로 투자조합 운영의 '기본 원칙들Ground Rules'을 논하는 자리였다.

그는 몇 개의 규칙이 쓰인 복사본을 만들어서 각 항목의 요점을 신중하게 읽어 내려갔다. 버핏은 우선 자신이 완벽한 자율권을 가져야 한다고 요청하며, 모임에 참석한 사람들에게 이렇게 말했다. "여기에 적어 놓은 이 기본 원칙들은 철학입니다. 제 생각에 동의하신다면 함께 해주십시오. 하지만 여러분들 중에서 이 원칙들에 동의하지 않는 누군가가 있더라도, 나는 이해합니다."[3]

워런 버핏의 기본 원칙

1. 조합원들에게는 어떠한 확정 수익도 보장되지 않는다. 매달 0.5%를 인출해 가는 조합원들은 그만큼 공제될 것이다. 만약 우리가 연간 6% 이상 수익을 낸다면 인출금액이 복구되고 원금은 늘어날 것이다. 만약 우리가 6%의 수익률을 내지 못한다면 월 지급액은 부분적으로 혹은 전적으로 자본 환급이 될 것이다.

2. 적어도 6% 이상의 수익률을 달성하지 못하는 해가 있다면, 이듬해 조합원들이 받을 월 지급액은 줄어들 것이다.

3. 우리가 연간 이익 혹은 손실을 말할 때, 그것은 시장가치Market Values를 의미한다. 다시 말해 연간 이익 혹은 손실이란 그 해 1월 1일 대비 연말에 이익 혹은 손실을 보았는지를 의미한다. 이것은 어떤 특정한 해에 세금을 목적으로 실현된 결과와는 사실상 관련이 없다.

4. 우리가 투자를 잘하고 있는지 혹은 못하고 있는지 여부는 연간 수익이 플러스인가, 마이너스인가에 의해 평가되지 않을 것이다. 대신 다우존스 산업평균지수Dow Jones Industrial Average, 이하 다우지수*를 기준으로 평가할 것이다. 만약 우리가 거둔 수익률이 다우지수를 능가한다면 우리의 투자 결과가 플러스든 마이너스든 우리는 그 해에 잘했다고 평가할 것이다. 반대로 우리가 거둔 수익률이 다우지수보다 못하다면 우리는 쓴소리를 감내해야 한다.

5. 나는 투자 성과를 측정하는 기간으로 5년 단위를 훨씬 선호한다. 나는 최소한 3년은 지켜본 뒤 투자 성과를 판단해야 한다고 생각한다. 틀림없이 우리 투자조합의 성과가 다우지수보다 상당히 낮은 수익률을 보여주는 해가 있을 것이다. 만약 3년 이상 형편없는 결과가 이어진다면 우리 모두는 반드시 다른 투자처를 찾아야만 한다. 단, 강세장에서 투기적 주가 폭등이 진행되는 3년은 예외로 한다.

---

* 미국을 대표하는 대형 우량주 30개를 표본으로 산출하는 주가지수로 미국 주식시장의 움직임을 파악하는 대표 지수로 인정받고 있다. 코스피 지수가 한국 주식시장의 풍향계로 작용한다면, 미국에서는 다우존스 산업평균지수가 그런 기능을 한다. 미국 경제전문지 월 스트리트 저널을 공동 창업한 찰스 다우가 창안했고, 현재는 월 스트리트 저널의 모기업인 다우존스 사가 이 지수를 발표한다. 2019년 1월 현재 다우존스 산업평균지수에 포함되어 있는 기업으로는 아메리칸 익스프레스, 보잉, 시스코 시스템즈, 코카 콜라, IBM, 인텔, J. P. 모건, 맥도날드, 마이크로 소프트, 월트 디즈니 등이 있다.

6. 나는 주식시장이나 사업의 호불황을 예측하는 일을 하는 것이 아니다. 내가 그런 일을 할 수 있다고 생각한다면 혹은 투자에서 그런 예측이 반드시 필요하다고 생각한다면 이 투자조합에 참여해서는 안 된다.

7. 나는 조합원들에게 결과를 약속할 수는 없다. 내가 약속할 수 있는 것은 다음과 같다.

a. 우리는 가치에 근거하여 투자처를 선택할 것이다.

b. 모든 투자에서 폭넓은 안전마진을 확보하고 투자의 다양성을 확보함으로써 영구적 자본 손실(단기 주가 변동에 의한 평가손이 아닌)의 위험을 최소화할 것이다.

c. 나의 아내, 아이들, 그리고 나는 투자조합에 투자된 순자산을 사실상 책임질 것이다.[4]

그날 밤 오마하 클럽에 초대된 참석자 전원은 버핏이 건넨 문서에 서명을 했고 버핏은 그들의 수표를 가져갔다. 새 조합원이 합류할 때마다 그들은 기본 원칙들을 신중하게 읽었다. 모든 조합원들은 해마다 업데이트된 기본 원칙의 복사본을 공유했다.

이후 수년간 버핏은 자신이 거둔 투자 성과와 자신의 투자 활동에 대해서 소수이지만 점점 늘어나는 지지자들에게 일련의 서한을 통해 설명했다. 그는 자신이 세운 투자의 기본 원칙들의 바탕에 깔린 개념을 강화하고 확장하기 위해, 미래의 투자 성과에 대한 기대감을 논의하기 위해, 시장 상황에 대한 코멘트를 하기 위해 '편지'라는 도구를 사용했다. 처음에 이 편지는 연간 단위로 쓰였는데 몇몇 조합원들이 "1년은 감질나게 너무 긴 시간"이라고 불만을 제기하자 버핏은 적어도 6개월에 한 차례씩 편지를 쓰기 시작했다.

이때의 주주 서한Partnership Letters들은 버크셔 해서웨이 이전 시기에 버핏이 가진 투자 철학과 접근법, 사고방식을 연대기적으로 잘 보여준다. 이 기간 동안 버핏은 주식투자의 역사에서 유례없는 성공을 거뒀다. 당시 그가 성취한 성공은 버크셔 해서웨이의 기록과 비교해도 엄청난 기록이다. 투자조합을 시작할 당시 버핏은 길게 보면 투자 성과가 좋은 해도 있을 것이고 나쁜 해도 있을 테지만, 적어도 향후 3~5년 동안에는 다우지수를 10% 이상 앞설 것이라고 생각했다. 이것이 그가 주식투자를 시작한 이유였다.

실제로 버핏은 자신의 예상보다 훨씬 더 높은 수익률을 거뒀다. 1956년부터 1969년까지 13년 동안 그는 지속적으로 시장을 이겼고 한 번도 마이너스 수익률을 기록한 적이 없다. 투자조합을 운용하던 기간 동안 그는 수수료를 공제하고 나서도 거의 24%의 연복리 수익을 조합원들에게 돌려줬다. 이 시기는 버핏이 그의 커리어에서 투자자로서 가장 뛰어난 성과를 거둔 기간이다.

그가 언급한 말 속에 나오는 교훈은 초보자부터 아마추어, 숙련된 전문가를 아우르는 모든 유형의 투자자들에게 영원한 길잡이가 되어줄 것이다. 이 교훈들은 오늘날 시장에 만연한, 트렌드를 쫓는 기술적인 유혹을 피하게 해주는 효과적인 원칙과 방법을 보여준다.

이 책은 젊은 시절의 버핏이 자신이 세운 투자조합의 조합원에게 건넨 33통의 편지 내용을 철저하게 분석하여, 그 속에 담긴 버핏의 투자 철학과 지혜를 누구나 쉽게 읽을 수 있도록 편집했다. 여기에는 버핏의 다양한 역발상 투자 전략, 복리에 관한 거의 종교적인 신념, 보수적인Conservative—관습적Conventional인 것과는 대비되는 개념이다—의사결정 프로세스 같은 근본적인 원칙들이 담겨 있다.

또한 이 편지들은 일반 투자 주식Generals, 워크아웃Workout, 경영 참여 주식Controls의 투자 방법을 담고 있다. 이 세 가지 운용 방법에 관한 원칙은 시간이 흐르면서 흥미롭고 중요한 방법으로 발전해나갔다. 우리는 그 방법을 탐험할 것이다.*

무엇보다 이 편지들은 굉장한 가치를 갖고 있다. 왜냐하면 이 편지들 안에는 매우 적은 금액을 가지고 일하는—그러나 장차 성공을 앞둔—젊은 워런 버핏의 초심이 담겨 있기 때문이다. 그 초심이란 투자자들이 시장의 위험을 감수하고 자기 자신을 내맡길 때 장기적인 성공을 성취하기 위해서 채택하고 사용해야 하는 태도를 말한다.

---

* 버핏은 1956년부터 1969년까지 13년 동안 자신의 고향 오마하에서 투자조합을 운용했다. 이 시기에 그는 주식을 일반 투자 주식, 워크아웃, 경영 참여 주식의 세 가지로 나눠 각기 투자법을 달리했다.

1. 일반 투자 주식이란 우리가 흔히 '주식투자'라고 말할 때의 대상이 되는 일반 주식을 말한다. 버핏은 저평가된 일반 투자 주식을 매입해 적정주가에 도달하면 매도했다.
2. 워크아웃이란 차익거래 대상이 되는 주식이나 투자상품을 말한다. 수익률은 높지 않지만 잃을 위험이 거의 없는 주식이나 투자상품이 버핏의 '워크아웃' 대상이었다.
3. 경영 참여 주식이란 기업의 경영권을 행사할 정도로 대량 매입하는 주식을 말한다. 버핏은 시가총액이 작은 기업이 저평가되어 있을 경우, 이 기업의 주식을 대량 매입하고 구조 조정이나 혁신을 통해 기업의 가치를 높이는 방법을 사용했다.

이 편지들은 투자를 할 때 장기적 가치의 관점에서 투자를 해야 하는 까닭을 일러준다. 장기적 관점의 가치투자는 요즘 같은 격변의 시기에 특히 성공을 위해 필요한 전략이다. 격변의 시대를 살아가는 사람들은 장기적 관점에서는 거의 효과적이지 않은, 투기적 성향을 보인다. 이 편지들은 버핏의 성공에 초석이 되어준 보수주의와 절제력이 담긴 귀중한 투자 원칙들을 제공한다.

만약 '젊은 시절의 버핏'이 오늘날 투자조합 운용을 시작한다면 그가 과거에 이룩한 위대한 성과를 똑같이 이룰 수 있을까? 나는 그 사실에 의심의 여지가 거의 없다고 본다. 사실상 그의 투자 철학과 방법은 오늘날 몇 백만 달러를 가지고 연간 50% 이익을 낼 수 있게 해주는 '보증서'나 다름없다. 이처럼 (작은 금액에 기반한) 높은 수익률은 예전에도 가능했듯이 오늘날에도 가능하다. 이렇게 말할 수 있는 이유는 젊은 시절 버핏이 거둔 뛰어난 성과는 저평가된 중소형주에 투자함으로써 이뤄졌는데, 오늘날의 주식시장에도 저평가된 중소형주는 여전히 존재하기 때문이다. 이런 저평가된 기업을 매입해두면 큰 수익을 거둘 수 있다.

또 다른 이유는 무엇보다도 버핏이 뛰어난 투자자이기 때문이다. 뛰어난 수익을 거두기 위해서는 공포와 탐욕을 다스릴 줄 알아야 하고, 기회를 포착해야 한다. 이런 마음가짐을 받아들인 모험심이 있는 투자자는 언제나 존재한다.

시간이 흐를수록 많은 투자자들이 가치투자가 요구하는 원칙을 지키려는 의지, 인내심이 부족해지고 있다. 조합원들에게 보낸 모든 편지에서 버핏은 자신이 세운 투자의 기본 원칙을 놓치지 않고 있다.

그것은 지능 지수에 앞서서 '태도의 문제'이다. 시류에 휩쓸리지 않고 자신이 세운 준칙을 지키며 자신의 자리에 머물러 있는 것은 내공 있는 투자자들조차 매우 어려운 일이다. 이 책을 통해 버핏이 투자를 하는 과정에서 감정을 통제하는 노련한 솜씨를 배울 수 있다.

이 책의 각각의 장들은 버핏이 조합원들에게 보낸 편지의 내용 중 투자에 대한 인사이트를 줄 수 있는 하나의 아이디어 혹은 하나의 주제를 중심으로 편지의 본문을 발췌하여 구성했다. 각각의 장에서 주어진 주제에 대한 버핏의 모든 코멘트를 읽다 보면 흥미롭고 유익한 사실을 엿볼 수 있다. 버핏은 여러 편지에서 시간의 흐름에 따라 어떤 아이디어를 반복적으로 언급하고 있는데, 이 과정에서 그의 생각이 발전하고 있음을 확인할 수 있다. 이는 그가 쓴 편지들을 시간 순으로만 읽었을 때는 파악하기 어렵다.

지금까지 버핏은 자신이 저자가 되어 투자에 관한 책을 출판한 적이 한 번도 없다. (적어도 전통적 의미의 글의 세계에서는 그렇다.) 그의 연설과 발언을 정리한 내용에 덧붙여 우리가 버핏의 투자 철학을 엿볼 수 있는 수단은 그가 쓴 편지이다. 1956년부터 지금까지 투자자로서 버핏이 써온 편지들을 통신 강좌에 비유한다면, 이 책에 실린 버핏의 편지들은 이 강좌의 첫 번째 강의라고 할 수 있다. 나는 당신과 이 편지들을 공유하게 된 것을 기쁘게 생각한다. 내가 이 편지들을 조합하며 즐거웠던 만큼, 독자들도 그의 편지를 읽으며 즐거울 수 있기를 바란다.

더불어서 나는 버핏이 이 책에서 자신의 편지들을 활용하는 작업을 나에게 믿고 맡긴 것을 감사하게 생각한다. 나는 그가 제공한 자료들을 통해 초보 투자자와 전문 투자자 모두가 버핏의 가르침에 접근할 수 있도록 하는 것을 목표로 이 책을 집필했다.

1장
시장은 누구도 예측할 수 없다

"주가지수는 당신이 원하는 방향으로 활용될 수 있는 자산이어야 합니다. 만일 주가지수가 어느 방향으로든 좋지 않다면, 당신은 그것을 기회로 활용해야 합니다."[1]

_1966년 7월 12일의 편지 중

당신이 미국 네브래스카 주 오마하에 있다고 상상해보자. 때는 1956년 가을의 어느 초저녁. 엘비스 프레슬리는 〈에드 설리반 쇼〉를 통해 이제 막 데뷔했고, 아이젠하워가 대통령인 시절이다. 오늘 밤 당신과 스무 명의 사람들은 네브래스카 대학의 한 강의실에 모였다. 이 강의실에서는 '투자의 원칙들Investing Principles'에 관한 첫 수업이 진행되고 있다. 이 수업의 강사는 '워런 버핏'이라는 이름의 이십대 청년이다. 당신은 버핏이 최초로 만든 투자조합의 초기 투자자 일곱 명 중 한 사람이자 버핏의 숙모인 앨리스 옆에 자리 잡았다.

나는 이 책이 투자자 버핏의 초기 '투자의 원칙들' 강의를 재창조한 버전이라고 말하고 싶다. 이 강의에서 버핏은 편지에 나온 내용을 가르친다. 주주 서한은 현명한 투자의 기본이 되는, 주석이 달린

가이드이다. 이 가이드는 이 초기 편지의 거의 40개에 이르는 발췌에 의해 만들어졌다. 이 편지가 쓰인 시기는 버크셔 해서웨이 이전인 1956~1970년 사이로, 이 기간에 버핏은 지금과 견주면 매우 소박한 자금을 운용 중이었다. 그러나 기회는 무한했다. 이 시기, 특히 버핏투자조합 초기에 버핏은 당신이나 나와 마찬가지로 거의 모든 것에 투자할 수 있었다.

버핏은 이 시기에 투자를 하는 한편 1950년대 후반부터 1960년대까지 투자에 관한 강의를 했다. 그의 숙모 앨리스는 소수의 다른 조합원들과 함께 버핏의 강의에 참석했다. 대중들 앞에 서면 긴장했던 버핏은 대중 강연을 위해 데일 카네기 학원의 스피치 기술 강의를 수강했다고 한다.

버핏이 투자 강의를 했던 또 다른 이유는 그의 스승 벤저민 그레이엄의 행보를 따른 것이다. 벤저민 그레이엄은 자신의 투자자들에게 편지를 썼을 뿐만 아니라, 컬럼비아대학 비즈니스 스쿨에서 증권분석 강의를 했다. 또한 그는 이 기간에 투자회사인 그레이엄-뉴먼사를 운영했다.

벤저민 그레이엄의 근본 원칙들

현명한 투자의 기본에 관한 책의 첫 장을 주식시장을 보는 버핏의 기본적 사고 원칙으로 시작해보는 것이 좋겠다. 버핏의 원칙은 벤저민 그레이엄의 정신을 그대로 계승하고 있다. 바로 '시장은 단기적으로는 비정상적이고 비이성적일 수 있지만, 장기적으로는 내재가치 Intrinsic Value*에 수렴할 것'이라는 생각이다.

버핏은 자신의 편지를 통틀어 자신의 스승이 이야기했던, 어느 정도 역설적인 이 아이디어를 교수 도구로 사용했다. 이 아이디어는 투자자의 목표인 수익 실현을 효과적으로 돕는다.

합리적인 투자자는 지속적으로 건강하고, 합리적인 추론에 근거해 기업 분석을 하며, 이는 최소한의 리스크와 최대한의 수익을 보장하는 증권 선택(종목 발굴)을 이끌어준다. 이것이 바로 장기적인 안목을 가진 투자자의 접근법이다. 이것은 유가나 이자율 같은 거시 변수의 단기적 변화를 추측함으로써 투기를 하는 접근법과는 근본적으로 다르다. 주식시장에는 투자자Investor와 투기꾼Speculator이 있다. 투자자란 기업의 가치를 사는 사람을 말하고, 투기꾼은 시장을 상대로 도박을 하는 사람이다.

투자자는 주가의 단기적 변동이 기본적으로 무작위하게 움직인다는 것을 알며, 이것들은 거의 무시해도 괜찮다고 믿는다. 이러한 단기적 변동은 체계적으로 그것들을 예측하는 것이 불가능하기 때문

---

* 내재가치란 주식시장의 호황과 불황, 시장 참여자들의 오해에 의해 왜곡되지 않은 기업의 진짜 가치를 말한다. 버핏은 '내재가치란 기업이 영구적으로 벌어들이는 현금을 현재가치로 할인한 것'이라고 말하고 있다. 버핏이 언급한 방식을 바탕으로 현금흐름할인에 의한 내재가치 평가법이 사용되기도 한다. 이를 절대가치 평가법이라고 한다. 그렇지만 이 방법으로 내재가치를 구하다 보면 할인율, 기업의 미래 이익 같은 변수를 산정하기가 어렵다는 사실을 알게 된다. 그래서 대안으로 상대가치 평가법이 사용된다. 상대가치 평가법으로는 기업의 연간 순이익에 주가수익률을 곱하는 방식이 널리 쓰인다. 예를 들어 예상 순이익이 500억 원이고 적정 주가수익률이 8배라면 내재가치는 4,000억 원이 된다. (더욱 구체적인 이야기는 355~356쪽에 나와 있다.)

이다.

장기적으로 시장은 올바른 길로 가려는 경향이 있으며, 궁극적으로는 기업 실적을 반영한다. 투자자들이 이 사실을 받아들인다면 타이밍이나 세력보다는 기업 분석과 합리적인 추론에 집중하게 될 것이다. 이것이 바로 장기적으로 평균 이상의 결과를 가져오는 것이다.

이 같은 거대하고 근본적인 원칙은 버핏이 스승 벤저민 그레이엄으로부터 배운 사실이다. 벤저민 그레이엄은 버핏의 스승이자 고용주였고, 그의 영웅이자 사실상 '증권 분석'을 발명한 사람이다. '월스트리트 학장The Dean of Wall Street'으로 알려진 벤저민 그레이엄은 혁명가였다. 이전까지 '어둠의 기술'이었던 주식투자를 전문직으로 탈바꿈시킨 첫 번째 인물이다. 버핏은 그레이엄의 아이디어들을 처음 대면하자마자 곧바로 받아들였다. 심지어 장남의 이름에 '그레이엄'을 넣었을 정도였다. (버핏의 장남인 하워드 그레이엄 버핏Howard Graham Buffett은 버크셔 해서웨이의 차기 비상임 의장으로 거론되고 있다.) 버핏의 투자 원칙은 버핏투자조합 시절부터 지금까지 지속적으로 유지되고 있으며, 이것을 이해하기 위해서는 그의 스승인 벤저민 그레이엄의 기본 생각을 알아둘 필요가 있다. 자, 이제 그것이 어떻게 시작됐는지를 알아보자.

버핏은 1950년, 열아홉 살의 나이에 네브래스카링컨대학을 1년 일찍 조기 졸업했다. 이후 그는 하버드 비즈니스 스쿨에 지원했으나 대학 측으로부터 몇 년 후에 지원한다면 더 나은 기회를 얻을 것이라는 회신을 받는다. 하버드 비즈니스 스쿨로부터 입학을 거절당한 것은 버핏 인생 최고의 행운이었다. 버핏은 원서를 낼 다른 학교를 찾다가 컬럼비아대학의 소개서를 접하게 된다. 그 소개서를 읽다가 그는 자신이 평소 좋아하는 책이었던 『현명한 투자자*Intelligent Investor*』를 쓴 저자의 이름을 발견한다. 그가 바로 벤저민 그레이엄이었다. 버핏은 곧바로 컬럼비아 비즈니스 스쿨에 지원했다. 몇 주일이 지나 (버핏은 8월에 지원했다) 버핏은 컬럼비아 비즈니스 스쿨에 등록했고 얼마 지나지 않아 그는 그레이엄의 강의실에서 단연 돋보이는 '스타 학생'으로 자리 잡는다. 벤저민 그레이엄과 버핏 사이에 오갔을 지적인 교류가 얼마나 강렬했을지 우리는 오직 상상만 할 수 있을 뿐이다. 그레이엄은 버핏의 지적인 기초를 만들어주었고, 버핏은 그레이엄이 말한 모든 것을 받아들여 그의 수강생 가운데 유일하게 A+를 받은 학생이 됐다. 버핏은 그레이엄이 칠판에 쓰는 모든 것을 받아들였다.[2]

졸업 후 버핏은 그레이엄의 투자회사에서 근무하기 위해서 필사적으로 노력했지만 그가 훗날 농담 삼아 회고한 바에 따르면 버핏이 무보수로 일하겠다는 제안에도 불구하고 "과분한 인재"라는 이유로 입사를 거절당했다.[3] 그러나 버핏이 입사를 거절당한 진짜 이유는 아마도 그레이엄-뉴먼 사가 극소수 유대인이 소유한 투자회사라는 사실과 연관이 있다. 이 회사는 유대인을 우선적으로 채용한다는 불문율을 갖고 있었다. 버핏은 유대인이 아니었기 때문에 그레이엄-뉴먼 사처럼 유대인이 운영하는 회사에 입사하기 어려웠다.[4]

실망감을 안고 고향 오마하로 돌아온 버핏은 주식 중개인으로 일하고 있던 아버지의 회사에 합류했다. 그곳에서도 그는 언젠가 스승 그레이엄과 함께 일하겠다는 생각을 버리지 않았다. 버핏은 3년 동안 꾸준히 투자에 관한 생각을 적은 편지를 스승에게 보냈다. 마침내 그레이엄은 그의 입사를 승낙하고 1954년 뉴욕으로 돌아오라며 버핏을 불렀다.[5] 그렇지만 버핏은 그레이엄-뉴먼 사에서 오랜 시간을 보내지는 않았다. 버핏이 합류하고 1년 후, 그레이엄이 은퇴를 결심했기 때문이다.

스물여섯의 버핏은 다시 한 번, 오마하로 되돌아왔다. 이번에 그는 아버지의 회사로 돌아가지 않았다. 그레이엄과 아버지의 조언과는 반대로 그는 자신의 투자조합을 설립한다. 그는 그레이엄이 만들었던 원칙에 기반해 투자조합을 조직했다. 그리고 자신의 원칙에 따라 투자조합을 운영했다. 그레이엄과 버핏은 그레이엄이 1976년 세상을 떠날 때까지 매우 가까운 관계를 유지했다.

미스터 마켓

단기적인 시장의 비효율성에 관한 그레이엄의 가장 가치 있는 설명은 '미스터 마켓Mr. Market'이라는 개념에 구체화되어 있다. 이 아이디어에 따르면 주식시장은 감정 변화가 심한 조울증에 걸린 사람으로 여겨진다. 미스터 마켓은 날마다 자신이 가지고 있는 기업의 절반을 당신에게 팔려고 한다. 그의 행동은 거칠고 비합리적이며 예측하기 어렵다. 때때로 미스터 마켓은 극단적으로 기분이 좋아지는데 이럴 때면 자신의 전망을 매우 높게 평가한다. 미스터 마켓은 이때 자신의 지분을 오직 최고가로만 팔 것을 제안한다. 또 가끔은 미스터 마켓의 기분이 침울해지는데, 그럴 때면 그 자신 혹은 자신이 갖고 있는 기업을 높게 평가하지 않는다.

이런 때에 그는 당신에게 똑같은 기업의 지분을 매우 낮은 가격 다시 말해 할인된 가격에 팔겠다고 제안한다. 종종 그는 중립적인 태도를 취하기도 한다. 당신은 그가 어떤 기분에 처해 있는지를 확신할 수 없지만, 그가 오늘 거래를 하는 것과 무관하게 내일 새로운 가격으로 돌아올 것이라는 사실은 확신할 수 있다.

그레이엄이 제시한 미스터 마켓 우화의 렌즈를 통해서 시장을 바라보면 우리는 왜 어떤 특정한 날의 시장 가격이 어떤 주식의 근본적인 내재가치를 보여주지 못하는지 알 수 있다. 우리는 철저한 분석을 통해 미스터 마켓의 기분이 우리에게 유리할 때에만 행동해야 한다. 그것이 바로 버핏이 자신의 편지에서 강조한 부분이다. "시장지수는 투자자에게 별다른 도움이 되지 않습니다. 시장지수의 변덕스러운 움직임은 당신의 판단을 혼란스럽게 하기 때문입니다."[6]

만약 당신이 어느 기업을 평가할 때, 시장가격에 흔들린다면, 당신은 미스터 마켓이 우울증에 빠져 있을 때는 살 수 있는 기회를 놓칠 것이며, 광기에 빠져 있을 때 매도할 기회를 놓치게 될 것이다. 당신은 시장의 추세에 흔들리지 말아야 한다. 투자자는 시장의 추세에 흔들리기보다는 스스로 판단해야 한다.

주식을 소유하고 있는 것은 기업을 소유하고 있는 것

단기적 주가는 미스터 마켓의 기분에 따라 좌우될 수 있지만, 장기적으로 주가는 기업의 내재가치를 따라간다. 그레이엄은 이를 두고 "단기적으로 주식시장은 '투표 기계Voting Machine'와 같다. 그렇지만 장기적으로 '체중계Weighing Machine'와 같다"고 말했다.*

주식은 회사 전체에 대한 소유권의 일부이므로 그레이엄의 말은 사실이다. 만약 우리가 어느 기업을 평가할 수 있다면 우리는 주식도 평가할 수 있다.

주가는 장기적으로 기업이 벌어들이는 이익에 정확히 비례한다. 물론 어떤 주주들은 시장 흐름이나 타이밍에 의존해 일시적으로 다른 주주들보다 성과가 좋을 수 있다. 그렇지만 이런 약삭빠르고 운 좋은 성과를 내는 사람들은 결국엔 실패로 돌아간다. 반면에 건전한 분석에 근거한 투자자들은 장기적으로 합당한 수익을 얻을 것이다.

그것이 바로 투자자들이 장기적으로 투자를 해야 하는 이유이다. 버핏은 우리에게 장기적 관점에서 기업의 실적과 가치가 어떻게 움직일 것인가에 관심을 가질 것을 가르치고 있다. 투자는 주가의 단

---

* '투표 기계'란 여러 사람이 보기에 가장 인기가 높은 것이 무엇인지를 보여주는 장치를 말한다. 주식시장에서의 단기적 주가는 대다수 시장 참여자들의 눈에 좋아 보이는 주식이 오른다는 의미이다. 그렇지만 장기적으로 주가가 상승하는 주식은 내재가치가 뛰어난 기업의 주식이다. 그레이엄은 이런 주식을 가려내는 장치를 '체중계'라고 표현했다.

기적인 움직임에 맞추는 것이 아니다. 버핏은 이에 대해 다음과 같이 말했다.

"우리가 '언제' 맞을지는 대부분 주식시장이 결정할 것입니다. 하지만 우리가 맞을지 틀릴지는 우리가 수행한 기업 분석의 정확성이 결정할 것입니다. 우리는 무슨 일이 벌어질 것인가에 집중해야 합니다. 성공하는 투자자는 '언제' 그것이 발생할 것인가가 아니라 '무엇이' 발생할 것인가에 집중하는 경향이 있습니다."[7]

이 같은 생각은 버핏이 조합원들에게 보낸 모든 편지에서 지속적으로 강조되고 있다. 나는 이 책에서 버핏의 그러한 생각을 집중 분석할 것이다. 주식은 수시로 거래되는 종잇조각이 아니라 비즈니스에 대한 청구권이며 분석되고 평가될 수 있다. 만약 기업의 시장 가격(주가)이 상당 기간 내재가치 아래로 움직인다면, 시장의 힘은 결국은 과소평가된 해당 기업의 가치를 정정하는 방향으로 움직일 것이다. 왜냐하면 장기적으로 시장은 효율적이기 때문이다.

'언제인가'는 적절한 질문이 아니다. 왜냐하면 그것은 신뢰할 수 없는 미스터 마켓에 의존하기 때문이다. 주식을 매입할 당시에는 무엇이 그를 깨워서 내재가치로 데려갈 것인지를 알기 어렵다. 기업들은 자신들의 주식이 싸다고 생각할 때 종종 자사주를 매입한다. 대기업과 사모투자 전문회사*들은 종종 저평가된 기업들의 인수를 희망한다. 이렇게 다양한 시장 참여자들이 저평가 가능성을 인지하고 할인 기회를 틈타 주식을 매입함으로써 할인은 사라지고 제 가치를 찾아갈 것이다. 버핏은 투자자들에게 시장이 결국에는 제대로 움직인다는 사실을 신뢰하라고 가르쳤다. 그는 오로지 적절한 가격을 가진 올바른 기업을 발견하는 데 집중했다.

시장을 예측할 수는 없다

버핏이 강조한 또 다른 메시지는 시장의 기분은 무작위적이며 예측하기 어렵다는 것이다. 이자율, 환율, 상품 가격, 국내총생산GDP 같은 거시적 시장 변수가 단기적으로 어떻게 움직일지 알아내는 것은 너무 어렵다. 주식을 매도하거나 매수하기 위해 단기적 예측을 사용하는 사람들에 대한 비판은 버핏의 편지에 일관되게 등장한다. 버핏은 그레이엄이 했던 이 말을 즐겨 인용한다. "투기는 불법도 아니고, 비도덕적이지도 않지만 돈을 벌게 해주는 것은 더더욱 아니다."[8]

오늘날까지도 버핏은 이 생각을 견지하고 있다. 시장을 상대로 하는 놀이에서는 너무나 많은 변수가 존재한다. 그럼에도 불구하고 많은 월 스트리트 전문가들은 이런 단기적 예측을 멈추지 않고 있다. 사람들은 경제학자 존 메이너드 케인스John Maynard Keynes의 다음과 같은 조롱 섞인 충고를 따르는 듯 보인다. "만약 당신이 예측을 잘하지 못한다면, 예측을 자주 하면 된다."

투자자로서 우리는 주식, 채권, 이자율 등이 내일, 다음 달, 내년

---

* 연기금, 보험, 은행 등 기관 투자자들을 대상으로 대규모 자금을 끌어들여 기업에 투자하는 회사.

혹은 수년 뒤에 어떻게 될 것인가에 관한 정답이 "나는 털끝만 한 단서조차 가지고 있지 않다"임을 안다. 버핏의 통찰력을 통해서 우리는 소위 전문가라는 사람들의 의견에 희생자가 되지 않는 법을 배웠고, 우리의 포트폴리오를 마구 흔들어 이 예측에서 저 예측으로 왔다 갔다 하게 만들고 건전하게 거둘 수 있는 성과들이 세금, 수수료 그리고 무작위적인 변동에 줄줄 새어나가지 않도록 배웠다. 버핏에 따르면 예측은 종종 미래보다는 예측가에 대해 더 많은 것을 말해준다.

당신은 "나는 단기적인 움직임에 관한 한 털끝만큼의 단서도 갖고 있지 않다"는 마음가짐을 가져야 한다. 그러한 마음가짐은 당신이 귀중한 시간과 노력을 낭비하는 것을 막아줄 것이며, 기업의 오너 혹은 예비 오너의 관점에서 생각을 집중할 수 있게 해줄 것이다. 연방준비제도가 내년에 금리를 인상할 가능성이 적어도 65%라는 이유만으로 누가 농장을 팔겠는가?

미래를 확실히 알 수 있다고 말하는 어느 누구도 의심하라. 판단은 아웃소싱 할 수 없다. 당신은 스스로 생각해야만 한다. 당신에게 돈을 주고 정보를 제공하는 사람들은 의도적으로든 그렇지 않든 자신들에게 유리한 방향으로 당신을 이끄는 경향이 있다.

그것이 인간의 본성이다. 버핏이 투자조합 시절에 거둔 놀라운 성공의 상당 부분은 자신이 알 수 없거나 알지 못하는 것에 대해 결코 아는 체하지 않았기 때문이다. 버핏의 가르침은 투자자들로 하여금 불가지론적 태도를 갖게 하고, 스스로 생각하도록 격려한다.

단기적 하락은 장기 투자자에게 영향을 끼치지 못한다

'알 수 없는 것들'의 리스트에 포함되어 있는 것 중 하나는 시장의 큰 하락이 언제 도래하느냐는 것이다. 이 질문은 버핏이 스승 그레이엄과 미스터 마켓으로부터 이끌어낸 투자의 핵심 지향 원리이다. 시장이 때때로 불가피하게 하락장에 들어서면 시장 참여자들은 심리적으로 우울해진다. 하지만 이런 하강 기류를 피할 수 있는 방법은 사실상 없다. 심지어 버핏은 투자자들에게 극단적으로 저렴한 주식으로 구성된 포트폴리오조차도 시장에 휩쓸려 하락할 수 있다고 말했다. 이는 주식을 소유하면 어쩔 수 없이 맞닥뜨리게 되는 일이다. 그러므로 당신이 주식투자를 하기로 결심했다면 주가 하락을 감내하겠다는 마음가짐을 가져야 한다. 당신의 주식 포트폴리오가 반토막이 나고, 이로 인해 밤잠을 설치게 된다면 당신은 주식투자 비중을 줄일 필요가 있다.

때때로 발생하는 시장 하락은 장기적 관점을 가진 투자자들에게는 거의 영향을 미치지 못한다. 주식시장이 언제 침체할 것인가에 초연할 수 있는 자세는 버핏이 중요하게 생각한 투자의 기본 중 하나이다. 그 누구도 연간 단위의 시장이 어떻게 될지는 모르지만, 적어도 10년 혹은 20년 후 20~30% 이상 하락하는 시기가 한 번쯤 도래할 것이라는 사실은 확실하다. 이 같은 하락이 '언제 발생할지'는 중요하지 않다. 중요한 것은 '당신의 투자가 어느 시점에서 시작되고 어디서 끝을 맺을지 여부'이다. 수익이 나거나 손실을 보는 순서가 다를 수는 있겠지만 수익과 손실을 전체적으로 따져보면 결과는 같다. 주식시장은 전반적으로 우상향한다. 따라서 25~40%의 심각한 주가 급락기에 당신이 보유한 주식을 매도하지만 않는다면 결국에는 양호한 결과를 맺게 될 것이다. 시장의 유동성은 필연적이므로 당신은 시장의 상승과 하락을 자연스럽게 오고 갈 수 있어야 한다.

그러나 안타깝게도 이 같은 마음가짐이 부족한 사람들은 종종 자기 감정의 희생물이 되고, 시장이 하락장에 들어서면 공포에 질려 매도를 감행한다. 미국의 자산운용 전문업체 피델리티Fidelity 조사에 따르면 피델리티 계좌 소유자 가운데 가장 뛰어난 성과를 낸 사람들은 자신이 어떤 주식을 소유하고 있는지조차도 망각한 사람들이었다.[9] 시장의 전망이 불투명하고 걱정스러울 때, 대다수의 사람들이 주식을 팔아버리는 반면, 하락장에서 벌어지는 시장 참여자들의 대량 매도 행렬을 무시한 사람들 (혹은 자신들이 투자했다는 사실조차도 잊은 사람들)은 훨씬 더 나은 수익을 냈다.

이것은 훌륭한 사례이다. 성공한 투자자가 되기 위해서 당신은 감정적인 반응을 인지력과 분리할 필요가 있다. 장기적인 관점에서 기업의 가치를 합리적으로 평가해야 하기 때문이다. 당신은 시장 변화가 당신의 자산을 부채로 바뀌게 해서는 안 된다.

그레이엄은 이에 관해 『현명한 투자자』에서 분명하게 묘사했다.

> 진정한 투자자는 좀처럼 주식을 팔지 않으며 언제든지 시장가격을 무시할 수 있다. 그리고 주식의 시장가격이 자신의 원장Book에 맞는 때에만 관심을 기울이고 그에 따라 행동할 필요가 있다. 그것이 전부

이다. 시장의 변화에 휩쓸리거나 합리적이지 않은 시장의 하락에 과도하게 걱정하는 투자자는 이 같은 단점을 장점으로 전환시켜야 한다. 이 같은 투자자는 자신이 갖고 있는 주식의 주가 흐름을 알지 못할 때 오히려 더 잘할 수 있을 것이다. 그는 다른 사람의 판단 실수에 기인하는 정신적 고통에서 벗어날 수 있기 때문이다.[10]

'투기, 시장 예측 그리고 하락'에 관하여

1965년 1월 18일

나의 투자 철학은, 예언은 미래를 보여주기보다 예언한 사람의 허약함을 더 잘 보여준다는 이론에 근거해 발전해왔습니다.

1966년 7월 12일

나는 주식시장이나 기업의 변동을 예측하는 일을 하지 않습니다. 만일 내가 그런 일을 한다고 생각하거나, 투자에 있어 예측은 필수적이라고 생각한다면, 당신은 이 버핏투자조합에 있어서는 안 됩니다. 물론 이 원칙은 흐릿하고, 복잡하고, 모호하고, 애매하다는 비난을 받습니다. 그럼에도 불구하고, 나는 이 원칙의 핵심을 대다수의 조합원 분들께서 충분히 이해하셨다고 생각합니다. 우리는 시장 상황이 어떻게 될지에 대해 다른 사람들이 전망하는 것에 근거하여 주식을 매입하거나 매도하지 않습니다. 그보다는 특정 기업이 어떻게 될지에 대한 우리의 판단을 근거로 주식을 매입합니다. 우리의 판단이 옳았는지 결정하는 것은, 주식시장의 상황이 아니라, 우리가 한 기업 분석이 얼마나 정확했는지에 달려 있습니다. 다시 말해, 우리는 '언제When' 그것이 발생할 것인가가 아니라, '무엇What'이 발생할 것인가에 집중합니다.

우리가 투자한 한 백화점 기업의 경우, 12월 실적이 7월의 실적보다 나을 것이라고 나는 확신합니다. (내가 소매업에 대해 얼마나 많은 연구를 했는지 주목해주십시오.) 그러나 그보다 정말 중요한 것은, 이 백화점이 업계의 다른 경쟁자들과 견주었을 때, 지난 1년 동안 얼마나 좋아졌는지 여부입니다.

하지만 버핏투자조합은, 12월 수익률이 7월 수익률보다 나을 것이라고 장담할 수 없을 뿐만 아니라, 심지어 12월에 많은 손실을 내지 않을 것이라고 말할 수도 없습니다. 이따금 12월에 커다란 손실이 있기 때문입니다.

우리가 투자한 주식은, 지구가 태양 주위를 도는 데 365일이 걸린다는 사실을 모릅니다. 심지어 우리가 투자한 주식은, 지구가 공전궤도를 따라 태양을 한 바퀴 돌 때마다 실적을 마감하고 수익률을 보고해야 한다는 사실도 모릅니다. 따라서 우리는 성과를 측정하기 위해, 달력을 사용하기보다 기준을 사용해야 합니다. 그 척도가 바로 다우지수입니다.

우리는 이 경쟁자(다우지수)가 수년 사이에 '상당히 좋은 성과'를 내리라고 믿습니다. (크리스마스는 7월에도 도래할 수 있지요.) 만일 우리가 지속적으로 이 경쟁자를 이기기 위해서는 경쟁자가 이룩한 '상당히 좋은 성과'보다 더 나아야만 합니다. 이것은 마치 자사의 매출액과 순이익을 시어즈Sear's 백화점(126년 전통의 미국 백화점 체인)을 기준으로 측정하는 동네의 어느 작은 소매점과 같습니다. 시어즈 백화점보다 많은 매출과 순이익을 올린다면 큰 성취를 거두게 되는 셈이지요.

나는 올해 2월, 다우지수가 995로 정점을 찍었다가 5월에 865로 떨어졌기 때문에 '시장에 대한 생각'을 이야기해보려 합니다. 나는 최근 주가가 더 하락할 것이라고 생각하는 조합원들로부터 전화를 받은 적이 있었는데, 그것은 두 가지 질문을 불러일으켰습니다. (1) 만약 그들이 올해 2월, 다가오는 5월에 다우지수가 865까지 내려갈 것이라는 사실을 알고 있었다면, 왜 그들은 그때 나에게 우리가 보유한 주식을 매도해야 한다는 말을 하지 않았을까요? (2) 만약 그들이 올해 2월을 기준으로 보았을 때, 향후 3개월간 무슨 일이 벌어질지 몰랐다면 그들은 5월에는 앞으로 어떤 일이 벌어질지 어떻게 알 수 있다는 말일까요?

다우지수가 100포인트가량 떨어진 후에는, 보유하고 있는 주식을 매도하고 보다 전망이 확실해질 때까지 기다리자는 제안도 있었습니다. 이쯤에서 나는 다시 한 번 아래의 두 가지를 제안해보고자 합니다. (1) 미래는 한 번도 확실한 적이 없었습니다. (만일 수개월 후의 일을 확실히 예측하는 분은 연락을 주시길 바랍니다. 아니, 이 사안에 대해 몇 시간 후의 일을 확실히 예측할 수 있는 분은 연락을 주시길 바랍니다.) (2) 만일 다우지수가 100포인트 상승했다면, 어느 누구도 나에게 전화를 했을 것 같지는 않습니다. 올해 2월로 되돌아가서 생각해봤을 때도, 그 사실이 분명하지 않다고 하더라도 나에게 전화를 했을 것 같지는 않습니다.

장기적으로 경쟁력 있는 기업에 투자할 것인지 여부를 결정할 때, 추측과 감정을 근거로 결정하는 것은, 문제의 시작입니다. 특정 기업의 주식이 매력적인 가격에 거래되고 있는 상황에서, 점성술사 몇몇이 곧 시장이 하락장에 들어설 것이라고 예언했다는 이유로 우리는 주식을 매도하진 않을 겁니다. 마찬가지로 가격이 후하게 매겨진(즉, 저렴하지 않은) 주식을 소위 전문가들이 해당 주식의 가격이 더 올라갈 것이라고 한다는 이유로 주식을 매입하지도 않을 것입니다. 어느 누가 특정 개인의 추측만을 근거로 기업의 주식을 사고팔까요?

주가지수는 당신이 원하는 방향으로 활용될 수 있는 자산이어야 합니다. 만일 주가지수가 어느 방향으로든 좋지 않다면, 당신은 그것을 기회로 활용해야 합니다. 매일 확인할 수 있는 주식 시세는 잘못 매겨진 가격을 현명하게 이용할 수만 있다면 훌륭한 자산이 될 수 있습니다. 하지만 변덕스러운 주가 변동에 휘둘려 판단에 영향을 받는다면 무거운 부채로 변할 수도 있습니다. 벤저민 그레이엄의 『현명한 투자자』 2장 ('투자자와 인플레이션')에 이와 같은 나의 생각이 놀랍도록 구체적으로 담겨 있습니다. 나는 『현명한 투자자』의 2장이 그 책의 다른 어떤 부분들보다 중요하다고 생각합니다.

1968년 1월 24일

나의 스승인 벤저민 그레이엄은 이렇게 말하곤 했습니다. "투기는 불법도 아니고, 비도덕적이지도 않지만 돈을 벌게 해주는 것은 더더욱 아니다." 지난 수년 동안 우리는 투기적 사탕Speculative Bonbons에 손대는 것을 선택함으로써 재정적인 난항을 겪을 수도 있었습니다. 그러나 우리는 오트밀을 계속해서 먹는 쪽을 택했습니다. 물론 그로 인한 소화불량으로 우리가 불편을 겪지 않으리라 기대하는 것은 비현실적입니다.*

1962년 1월 24일

나는 향후 10여 년 사이, 몇 해는 시장이 20~25%의 수익률을 기록할 것이고, 또 다른 몇 해는 마이너스 수익률을 낼 것이라고 확신합니다. 나는 이런 일들이 어떤 순서로 일어날지에 대해서는 알지 못합니다. 장기적인 안목을 지닌 투자자에게 이런 사실은 중요하지 않다고 여겨집니다.

* 즉각적인 수익을 기대할 수 있지만 궁극적으로 좋은 수익률을 낼 수 없는 투기를 달콤하지만 건강에 좋지 않은 '사탕'에 비유했다. 반대로 즉각적인 수익을 보장하지는 않지만 궁극엔 좋은 수익률로 이어지는 가치투자를 맛은 없지만 건강에 좋은 '오트밀'에 비유한 표현이다.

1965년 1월 18일

만일 당신이 소유한 지분(이를테면 버핏투자조합)의 시장가치가 20~30% 하락하는 일이 당신에게 감정적, 재정적 고통을 안겨준다면 당신은 주식투자를 해서는 안 됩니다. 시인 해리 트루먼Harry Truman은 "당신이 뜨거운 것을 견디지 못하는 사람이라면, 부엌에서 나와야 한다"고 말한 바 있습니다만, 부엌에 들어가기 전에 그 문제를 먼저 고려하는 것이 훨씬 더 나은 방법이라고 나는 생각합니다.

버핏의 설명과 벤저민 그레이엄의 미스터 마켓 우화를 통해 우리는 시장이 어떻게 작동하는지, 시장 안에서 우리가 어떻게 행동해야 하는지에 대한 생각을 정리할 수 있다. 투자자로서 우리는 주가의 단기적인 움직임은 시장 심리의 변동에 의해 결정되지만, 장기간에 걸친 투자의 결과는 우리가 소유한 기업의 펀더멘탈과 우리가 지불한 가격에 의해 결정된다는 사실을 이해하게 됐다. 시장의 변동성은 불가피하다. 그리고 변동의 타이밍은 우리가 예측할 수 없기 때문에 우리는 시장의 변동성을 투자자로서 기본적인 조건으로 받아들여야 한다.

따지고 보면 시장의 변동성은 우리를 그다지 성가시게 하지 않는다. 왜냐하면 시장지수는 우리가 활용할 수 있는 이점이기 때문이다. 시장의 변동성은 다른 사람이 두려워할 때 우리가 주식 매입자가 되는 것을 가능하게 해준다. 시장 변동성을 이해한다면 우리는 시장이 출렁이는 기간에 낮은 가격에 보유하고 있는 주식을 팔지 않고 보유할 수 있는 정신적인 용기를 얻을 수 있다.

심지어 좋은 주식을 선택하거나 혹은 업종 분석을 하려는 시도조차 하지 않은 채 지속적으로 초단타 투자에만 골몰하는 투자자조차 만약 이 원칙을 따르려는 불굴의 감정적인 용기를 가지고 있다면 평균 이상의 성과를 낼 것이다. 그러므로 사실상 투자의 모든 기간에 걸쳐 버핏의 이런 핵심 아이디어를 놓치지 않고 고수하는 투자자들은 부자가 되지 않을 수 없다. 이들이 부자가 될 수 있는 가장 큰 이유는 우리가 다음 장에서 논의할 '복리의 힘' 때문이다.

2장

복리의 놀라운 마법

"이와 같은 상상 속에서나 나올 만한 기하급수적인 성장은 당신이 아주 오랫동안 살거나 혹은 당신의 돈을 적절한 비율의 복리로 불려가야 한다는 것을 설명해줍니다. 나는 전자에 관해서는 특별히 도움이 될 만한 조언을 갖고 있지 않습니다."[1]

_1963년 1월 18일의 편지 중

알베르트 아인슈타인은 복리 이자가 세계 8대 불가사의 중 하나라고 하며 "이 원리를 이해하는 사람은 돈을 벌 것이고, 이해하지 못하는 사람은 돈을 지불할 것"이라고 덧붙였다.[2] 조합원들에게 보내는 편지에서 버핏은 이런 유머러스한 이야기를 활용하면서 복리의 힘이 투자를 통해 부를 결정하는 그 어떤 요소보다 강력하다고 가르친다. 복리를 일구는 것은 평생에 걸친 투자에서 당신이 구사할 수 있는 최선의 전략이다. 여기에 예외는 없다.

애초에 투자라는 행위는 복리의 효과에 근거하고 있다. 그것은 지속적으로 이득을 재투자하는 과정이며, 각각의 추가 이득은 스스로가 불어나는 것에서 출발한다. 이 같은 이득에 대한 이득은 투자가 장기적으로 진행될수록 위력을 발휘한다. 복리의 궁극적인 결과를 결정하는 두 가지 요소는 연평균 이익률과 시간이다.

복리의 힘은 포물선의 속성으로 설명할 수 있다. 포물선이 멀리 가면 갈수록 그것의 힘은 강해진다. 그렇지만 복리가 투자에 있어서 명백한 추동력이 되기 위해서는 상당한 시간이 필요하다. 그런데 많은 사람들이 이 시간의 힘을 간과한다. 당신이 투자 초기에 복리의 힘을 믿고 기다릴 줄만 안다면 성공한 투자자가 되기 위해 다른 것을 할 필요가 없다. 불행하게도 많은 사람들은 근시안적이며 조급하기 때문에 투자에 있어서 복리가 주는 장점을 충분히 활용하는 데 실패한다.

예를 들어 해마다 10%의 수익을 가져다주는 10만 달러 계좌가 있다고 해보자. 수익금을 빼지 않고 재투자한다면 5년 후 이 계좌의 총수익은 (수익금을 재투자하지 않은 경우보다) 7% 더 늘어날 것이다. 이는 그다지 인상적이지 않다. 그렇지만 10년 후라면 30% 더 늘어날 것이다. (앞으로 이 계좌를 '복리 생산자'라고 부르자.) '가슴을 뛰게 하는'[3] 놀라운 결과는 15년째 비로소 시작된다. 이때부터 복리 계좌는 복리 효과가 발휘되면서 단리 투자를 했을 때보다 수익률이 70%를 앞선다. 복리의 효과는 이처럼 기하급수적이고, 시간이 흐를수록 효과가 극대화된다. 20년 후에는 그 격차가 125%로 확대된다. 투자에 있어서 시간의 힘보다 강력한 것은 없다. 당신이 이익을 재투자하지 않고 그냥 다른 곳에 써버린다면 시간이 지난 뒤 이와 같은 복리의 효과를 누리지 못할 것이다. 투자자로서 우리는 우리의 소득이 스스로 동력을 가지고 부를 창출할 수 있도록 인내심 있게 기다려야 한다.

복리의 중요성은 아무리 강조해도 지나치지 않다. 이는 버핏의 오랜 친구이자 현재 버크셔 해서웨이 부회장인 찰리 멍거Charlie Munger가 왜 "버핏에게는 이발료로 10달러를 내는 것이 30만 달러를 쓰는 것이나 마찬가지"라고 말했는지 설명해준다. 실제 버핏의 투자 방식을 살펴보면 다소 보수적인 성향을 보인다. 만일 1956년, 버핏이 이발료 10달러를 자신의 투자조합에 투자했다면 그 돈은 오늘날 100만 달러가 되었을 것이다. (이는 10달러가 58년 동안 22%의 복리 이자로 불어난다고 가정했을 때의 금액이다.)* 왜 버핏이 그렇게나 소박한 삶을 사는지 알 수 있는 대목이다. 그에게 이발료 10달러는 진정으로 비싼 돈인 것이다!

버핏은 20대 중반에 복리 이자율이 자신을 부자로 만들어줄 것이라고 확신했다. 그는 투자조합을 시작하기 전, 약 10만 달러를 가지고 오마하로 귀향했다. 그는 이미 본질적으로 은퇴했다고 생각했다. 아마도 많은 책을 읽을 것이고 대학 강의도 나가게 될 거라고 믿었다. 당시 그는 복리의 힘에 의해 자신이 부자가 될 것임을 너무도 확신해서, 자신이 얻을 부로 인해 자녀들의 삶이 방만해질까 걱정했다. 버핏은 자녀들이 현실 세계에서 돈 문제를 겪어보며 성장하기를 바랐다. 엄청난 부를 상속받은 자녀들이 넘치는 돈으로 인해 삶을 망치는 일은 어떤 부모도 원하지 않는다. 당시 버핏은 20대였고, 자신의 침실에서 매우 적은 금액을 굴리며 일하는 투자자였는데도 이런

---

* 버핏의 투자 인생 전반에 걸쳐 연평균 투자 수익률이 22%가량인 것을 근거로 한 이야기이다.

걱정을 했다.[4]

이하의 조언들은 앞서 설명한 복리의 마법에서 딸려오는 내용들이다. 만약 당신이 소득보다 적게 소비하고, 평균 이상의 수익을 거둘 수 있다면 당신은 재정적으로 좋아질 것이다. 이때에도 인내심은 매우 중요하다. 복리의 효과는 단기간에 발생하지 않는다. 당신은 시간이 흐르면서 자연스럽게 복리 효과가 나타나도록 인내심 있게 기다려야 한다. 로널드 리드라는 사람의 사례를 생각해보자. 그는 버몬트 주에 있는 주유소의 직원이었는데 평생에 걸쳐 자신의 월급 일부를 고배당주에 투자해 순자산 800만 달러를 모았다.[5]

버핏은 수십 년째 같은 집에 살고 있다. 인생과 투자에 대한 그의 접근 방식은 실용적이면서 성취 지향적이다. 버핏이 자신이 보유한 펀드에 최대한 투자를 하고 복리가 발휘될 수 있도록 기다릴 수 있었던 것은 그가 가진 검소함과 인내심이라는 자질 덕분이다. 이런 그의 자질은 그가 창출해내는 높은 투자 수익과 결합하여 버핏이 소유하고 있는 버크셔 해서웨이의 주식을 빌 게이츠 재단에 기부하는 일을 가능하게 했다.* 이는 인류 역사상 최대의 박애주의적 선물이다. 그뿐만이 아니다. 버핏은 한 명의 인간으로서 행복한 삶을 살았다. 그는 성인이 된 이후 인생의 대부분을 자신이 하고 싶은 일을 하며 살아왔기 때문이다.

---

* 워런 버핏은 2000년대 초반 재산의 대부분을 빌 앤 멜린다 게이츠 재단 등에 기부하겠다고 밝혔고, 이를 꾸준히 실천하고 있다. 2016년 7월, 버핏은 빌 앤 멜린다 게이츠 재단을 포함한 4개의 자선재단에 28억 6,000만 달러(약 3조 2,400억 원) 상당의 버크셔 해서웨이 주식을 기부했다. 이때의 기부는 그가 자신의 전 재산을 사회에 환원하겠다고 선언한 이래 열한 번째로 행한 기부였다.

복리의 즐거움

복리 이자의 위력에 대해 조합원들에게 말할 때, 버핏은 아래와 같은 표를 보여줬다. 다음은 10만 달러를 10~30년에 걸쳐 4~16%의 복리로 불릴 경우 얻을 수 있는 총수익을 보여주는 표이다.

(단위: 달러)

	4%	8%	12%	16%
10년	48,024	115,892	210,584	341,143
20년	119,111	336,094	864,627	1,846,060
30년	224,337	906,260	2,895,970	8,484,940

잠시만 시간을 들여 이 숫자들을 음미해보자. 이 표의 왼쪽 상단에서 시작해서 오른쪽 하단까지 나열된 숫자들을 살펴보라. '시간(장기간의 투자)'과 '높은 수익률'이 거두는 막대한 이득을 주목하라. 두 가지 요소를 결합할 수 있다면 깜짝 놀랄 만한 결과가 나온다. 10만 달러가 16%의 복리로 30년간 지속되면, 이 돈은 30년 뒤 약 850만 달러가 된다.

버핏은 자신의 주주들에게 보낸 편지에서 '콜럼버스, 모나리자, 맨해튼 인디언'이라는 세 가지 흥미로운 사례를 언급한다. 이 이야기는 2장의 마지막 부분에서 다시 한 번 자세히 설명하겠다. 버핏이 '콜럼버스, 모나리자, 맨해튼 인디언'에 대해 이야기한 것은 다음과 같은 점을 강조하기 위해서이다. (1) 복리는 시간의 변화만큼이나 수익률 변화에도 민감하다. (2) 외견상 중요하지 않아 보이는 작은 수익률 변화가 실제 장기 투자에서는 큰 차이를 낳는다.

크리스토퍼 콜럼버스 이야기는 복리 수익률을 말할 때, 시간이 당신의 편이라는 버핏의 철학을 강조하는 비유이다. 만약 이사벨라 여왕이 콜럼버스의 항해를 지원하기 위해 3만 달러를 쓰는 대신, 4%의 복리 이자를 가져다주는 다른 대상에 투자했다면 1962년에는 2조 달러로 불어나 있었을 것이다(그것은 오늘날 7조 3,000억 달러이다). 이를 두고 버핏은 농담 삼아 이렇게 말했다. "새로운 대륙을 발견하면 환상적인 수입이 발생하는 것은 사실이지만, 실은 그것은 복리효과와 비교하면 큰 수익은 아닙니다."[6] 심지어 초기 투자금이 적고 수익률이 소박하더라도 장기간에 걸친 시간의 도움을 얻는다면 훗날 믿기 어려운 금액으로 늘어난다.

앞의 복리 이자표를 다시 한 번 들여다보자. 이번에는 연리 8% 칸을 주목해보자. 10만 달러를 8%의 복리로 불리면 10년 후 총수익은 11만 5,892달러가 된다. 시간을 2배로 늘리면 총수익은 3배가 된다. 복리 기간을 3배로 늘리면 소득은 9배 증가한다.

버핏이 들려주는 두 번째 사례는 프랑스의 왕 프랑수아 1세(1494~1547) 이야기다. 프랑수아 1세는 〈모나리자〉를 사기 위해 약 2만 달러를 지불했다. 버핏은 만약 높은 이익률과 충분히 오랜 기간에 돈이 투자된다고 가정하면 이후에 얼마나 터무니없을 정도로 막대한 돈으로 불어나는지 설명한다. 만약 이때 지불된 2만 달러를 6%의 복리로 불렸다면 1964년에는 총수익이 1,000조 달러에 육박했을 것이다. 이 돈은 당시 미국 국가 부채의 거의 3,000배에 달하는 규모의 금액이다. 버핏은 미술 애호가이자 화랑의 소유자였던 자신의 부인이 〈모나리자〉를 구입하려고 했다면, 아마도 이렇게 응수하지 않았을까. "나는 프랑수아 1세의 미술품 투자 사례가 우리 집안에서 벌어지는 미술품 구매와 관련한 모든 토론을 끝낼 것이라고 믿습니다."[7]

물론 오랜 시간과 높은 이자율이 결합되면 고수익을 거둘 것이라는 생각을 너무 극단적으로 밀고 나가면 터무니없는 결과로 이어진다는 사실은 의심할 여지가 없다. 버핏이 항상 자신의 조합원들에게 투자 결과를 이야기할 때 너무 먼 미래를 추정하여 이야기하지 않으려는 이유이기도 하다. 1963년, 버핏은 다음과 같이 말했다.

> 여러분 중 일부는 내가 위의 표에 22.3%의 수익률을 포함시키지 않은 것에 대해 실망했을지 모릅니다. (중략) 물론 이 비율은 투자조합이 아니라 여러분이 얻게 되는 세전 수익률입니다. 이 요소를 배제하더라도 이 같은 계산은 초고수익률의 복리라는 생각이 얼마나 대단한 것인지를 증명할 뿐입니다. 비록 적은 금액으로 시작하더라도 말입니다.[8]

조금 더 근래의 사례로, 버핏이 이끄는 동안 버크셔 해서웨이의 주당 가치는 지난 50년 동안 연 21.6%의 복리 효과를 보았다. 1965년, 주당 약 18달러에 거래되던 이 주식은 내가 이 글을 쓰고 있는 지금(2015년), 놀랍게도 21만 8,000달러의 가치가 있다. 오늘날 이 회사의 시가총액은 3,590억 달러이다. 만약 버크셔 해서웨이 주식이 앞으로도 지금과 같은 연복리 수익률을 계속 유지한다면 2065년, 이 회사의 주가는 38억 달러가 되고, 이 기업의 시가총액은 6,000조 달러에 다다를 것이다. 6,000조 달러는 지구상에 존재하는 모든 상장기업의 시가총액을 뛰어넘는 수치이다.

그러나 모두가 알다시피 지속적으로 높은 성장률을 유지하는 것은 불가능하다. 투자 규모가 커지면 커질수록 성장은 더 힘들어진다. 대수의 법칙이 작동하기 때문이다. 버핏은 버핏투자조합의 편지를 쓸 때부터 오늘날까지 이 문제에 관해서 조합원들에게 항상 솔직했다. 경제 전반보다 훨씬 더 빨리 성장하기에는 버크셔 해서웨이의 기업 규모가 너무 커졌다.

사소한 수익률 차이가 불러오는 큰 결과

버핏은 전체 시장이 장기간에 걸쳐 연평균 5~8% 사이에서 복리로 성장한다고 추정했다. 되돌아보면 S&P지수는 1950년 이후로 복리 기준으로 7%의 연평균 성장률을 조금 넘는 수준을 보여주었고, 10년 단위로 평균을 내보면 6.8%를 기록했다. 세전 배당을 더하면 그 수치는 거의 10%에 근접한다.

이런 기대 이상의 결과는 예기치 못한 금리 하락에 기인한다(다른 조건이 동일하다면 국고채 수익률이 낮아질수록 주가는 오른다). 채권 수익률이 거의 제로(0)에 근접해 있는 오늘날에 향후 20~30년 동안 연간 수익률 5~6%는 합리적인 추정으로 보인다. 만약 우리가 그 같은 결과를 얻는다면 복리의 힘은 커질 것이다. 그렇지만 그 효과가 탄력이 붙으려면 역시나 장기간이라는 시간이 필요하다.

연간 수익률 5~6%라는 수치는 추정치에 불과하다. 당신은 당신에게 맞는 수치를 설정할 수 있다. 버핏은 1969년 10월, 투자조합을 마무리하던 무렵에 쓴 편지에서 자신의 생각을 상세히 설명했다. 아래는 조합원들에게 도움을 주기 위한 편지의 일부이다. 이제 조합원들은 그 스스로 투자자가 되어 자신의 자본금 중 몇 %를 주식에 투자하고, 수익률은 어느 정도가 될지 생각해야 했기 때문이다.

> 시장 전체 주식의 10년 기대 수익률은 9%를 넘지 않을 것입니다. 다시 말해 3%의 배당과 6%의 주가 상승이 있을 것입니다. 나는 미국의 국민총생산GNP이 연간 6% 이상 늘어날 것이라는 전망에 대해 회의적입니다. 나는 기업의 이익이 GNP만큼 성장할 것이라고 믿지 않습니다. 그리고 배당이 늘지 않는다면(이러한 가정과 현재 이자율로는 기업의 이익은 늘어나기 어렵습니다) 미국 기업들의 총 가치는 연간 장기 복리로 6% 이상으로 성장하지 않을 것입니다. 이를 고려하면 전형적인 미국 주식투자자들은 (앞서 언급한 납세자들을 위한) 세후 배당 1.75%와 세후 자본 이익 4.75%를 합쳐 총 6.5%를 기대할 수 있습니다. 세전 배당과 자본 이익은 4~5%일 것입니다. 세금 공제 후에 손에 쥐는 것은 이보다 낮을 것입니다. 이것은 역사적 경험치와 전반적으로 별다른 차이가 있지 않습니다. 나는 자본 이익에 부과되는 미래의 세금 규정이 과거보다 더 엄격해질 것이라고 생각합니다.[9]

버핏은 복리에 관한 한 아주 사소한 감소—예를 들어 복리 이자율에서의 미묘한 감소—가 장기간에 걸쳐 일어나면 엄청난 결과를 가져온다고 강조한다. 버핏은 맨해튼 섬을 24달러에 판 인디언에 관한 흥미로운 이야기를 통해, 복리 수익률 6.12%를 가정했을 때 24달러는 1965년에 이르면 125억 달러가 된다고 계산한다.

> 초보자에게 이것은 괜찮은 거래처럼 들립니다. 그렇지만 인디언들은 실제로는 6.5%의 수익률을 가지게 되었습니다. 그 땅을 사들이고 싶어 했던 네덜란드의 식민지 행정관 페터 미노이트를 대리해 뮤추얼 펀드 대리인이 그들에게 그 정도의 수익을 약속했을 것입니다. 6.5%라면 24달러는 338년 후에 420억 달러가 됩니다. 그리고 만약 그들이 좀 더 쥐어짜내 0.5%를 추가로 받아내 7%로 올린다면 그것의 현재 가치는 2,050억 달러가 됩니다.[10]

이 이야기는 중요한 한 가지를 우리에게 상기시킨다. 수수료, 세금, 그 밖의 다른 형태의 점진적인 가치 하락이 누적되면 막대한 영향력을 끼칠 수 있다는 것이다. 연간 1~2%는 특정 연도만 놓고 봤을 때는 매우 사소해 보이지만(이것이 금융상품이 팔리는 이유임을 당신은 확신할 수 있다), 복리의 힘으로 인해 실제 현실에서는 막대한 것이다. 향후 20~30년 동안 401K*를 붓게 될 중년 투자자의 입장에서 이자 5%를 보장하는 계좌와 7%를 보장하는 계좌가 얼마나 큰 차이를 가져올지 생각해보라. 연간 2%의 차이를 놓친다면 30년 후에는 수익률이 반토막 날 것이다. 그러므로 맨해튼 인디언에 관한 버핏의 이야기는 복리에서는 사소한 수익률의 차이도 엄청나게 중요하다는 사실을 명확히 보여준다.

장기투자에서 수수료와 세금은(수익률 저하는 말할 것도 없고) 치명적이다. 2011년을 기준으로 미국에서 개인 투자자들의 지난 20년간의 실질적인 평균 수익률은 2%에 가깝다. (인플레이션을 감안한) 실질 구매력으로는 사실상 손실이다. 이것은 시장지수 7.8%에 비하면 수치스런 결과이다.[11] 버핏을 비롯해 여러 사람들이 수십 년 동안 이 사안에 대해 경고해왔으나 이런 일은 지속됐다.

투자자들은 장기적 관점을 가지고 주식을 기업 지분의 일부로 생각해야 한다. 투자자들은 시장의 흔들림에 속지 말고 수수료와 세금을 최대한 피해야 한다. 또, 가능한 한 기간은 길고 수익률은 높게 하는 장기적 복리 투자의 '포물선의 속성'을 이용해야 한다. 이것은 투자자에게 매우 주요한 수단이다.

---

* 401K란 미국 기업의 근로자가 급여의 일정액을 각출하면 기업도 일정액을 지원해 마련된 금액을 근로자가 직접 투자상품을 골라 투자할 수 있도록 하는 제도이다. '확정기여형 기업연금제도'로 불린다. 이 제도에 가입하면 소득공제는 물론이고 투자 수익에 대한 비과세 혜택을 받을 수 있기 때문에 미국 근로자들 사이에 대표적인 퇴직 후 노후 보장 수단으로 자리 잡았다. 1974년 로널드 레이건 정부 주도 하의 개인연금 제도가 지급불능 위기에 빠지자 이에 대한 대안으로 이 제도가 논의됐고 1981년 정식 도입됐다. 이 제도에 가입한 근로자는 은행, 보험, 증권사 등 금융사에 운용방법을 지시할 수 있다. '401K'라는 명칭은 미국의 근로자 퇴직소득보장법 401조 K항에 규정되어 있는 것에서 유래했다. 2009년 오바마 정부가 미국 기업의 근로자들에게 이 제도 가입을 원칙적으로 의무화한 것을 계기로 가입자가 급증했다.

'복리의 효과'에 관하여

1963년 1월 18일

이야기 하나: 콜럼버스

스페인의 이사벨라 여왕이 콜럼버스의 항해를 지원하기 위해 지출을 동의한 비용이 약 3만 달러였다고 들었습니다. 이는 적어도 벤처 캐피탈의 성공으로 여겨져왔습니다. 새로운 대륙을 발견하면 환상적인 수입이 발생하는 것은 사실이지만, 실은 그것은 복리효과와 비교하면 큰 수익은 아닙니다. 어림잡아봐도 3만 달러를 연간 4% 복리로 투자하면 1962년이면 2억 달러가 될 것입니다(정부의 통계 전문가가 아닌 사람들에겐 2조 달러). 맨해튼 인디언들을 위한 역사적 옹호론자는 똑같은 계산에서 피난처를 찾을지도 모르겠습니다. 이와 같은 상상 속에서나 나올 만한 기하급수적인 성장은 당신이 아주 오랫동안 살거나 혹은 당신의 돈을 적절한 비율의 복리로 불려가야 한다는 것을 설명해줍니다. 나는 전자에 관해서는 특별히 도움이 될 만한 조언을 갖고 있지 않습니다.

(중략) 비교적 작은 비율 차이가 어떻게 시간이 흐르면서 매우 심

대한 금액으로 쌓이는지 보는 것은 언제나 놀랍습니다. 이것이 바로 우리가 다우지수에 비교했을 때 사소한 퍼센트포인트를 더하는 것도 매우 값진 성취라고 보는 이유입니다. 사소한 차이라도 10~20년의 기간이 지나면 매우 많은 돈이 될 수 있습니다.

1964년 1월 18일

이야기 둘: 모나리자

이제 맥박을 뛰게 만드는 이야기로 넘어가봅시다. 지난해, 나는 복리에 관한 주장을 강조하기 위해 이사벨라 여왕과 그녀의 재무 조언자를 겨냥했습니다. 당신은 그들이 신대륙을 발견하면서 명백하게 낮은 복리 이자율의 실수에 빠져 들었다는 사실을 기억할 것입니다.

복리라는 주제는 이처럼 간과하기 쉽기 때문에 나는 이 토론에 예술 세계의 일화를 한 번 더 소개하겠습니다. 프랑스의 국왕 프랑수아 1세는 1540년 레오나르도 다빈치의 〈모나리자〉를 구입하기 위해 4,000에쿠Ecu(17세기 프랑스 은화)를 지불했습니다. 대략적으로 에쿠 화폐의 가치를 계산해보면 4,000에쿠는 2만 달러 정도 됩니다.

프랑수아 1세가 현실을 직시하고, 그와 그의 신탁 관리자들이 세후 6%의 투자처를 발견할 수 있었다면, 그의 재산은 1,000조 달러 이상이었을 것입니다. 그것은 국가 부채의 3,000배가 넘습니다. 나는 프랑수아 1세의 미술품 투자 사례가 우리 집안에서 벌어지는 미술품 구매와 관련한 모든 토론을 끝낼 것이라고 믿습니다.

그렇지만 내가 지난 해에 지적했듯이 여기에는 다른 교훈이 있습니다. 그 한 가지는 장수의 지혜입니다. 또 다른 인상적인 요인은 복리 이자율에서 상대적인 작은 변화가 만들어내는 변동입니다. 아래의 표는 10만 달러를 복리로 운용했을 때 이자율에 따라 얻을 수 있는 총수익을 보여줍니다.

(단위: 달러)

	4%	8%	12%	16%
10년	48,024	115,892	210,584	341,143
20년	119,111	336,094	864,627	1,846,060
30년	224,337	906,260	2,895,970	8,484,940

단지 작은 퍼센트포인트의 변화가 복리 투자 프로그램의 성공에 엄청난 효과를 미친다는 것은 명백합니다. 이 효과는 기간이 길어질수록 급속히 커진다는 것 역시 명백합니다. 만약 의미 있는 기간 동안 버핏투자조합이 주요 투자 매체에 대해 적은 수의 퍼센트포인트라도 추가로 획득할 수 있다면 그 역할을 해낸 것입니다.

1965년 1월 18일

이야기 셋: 맨해튼 인디언

초기에 나의 편지를 받았던 이들은 편지의 내용이 지금 이 시대의 투자 경험에 한정되어 있다고 불평했습니다. 이들은 오랜 세월이 지나도 변치 않는 투자 전략에 관한 심층적인 연구로 이루어진 지적인 자극에 목말라 있었습니다. 그래서 이 장에서 그것을 살펴보고자 합니다.

우리는 최근 금융 전문 지식의 신화로 두 차례 여행을 떠난 바 있습니다. 이사벨라 여왕(콜럼버스의 항해 지원)과 프랑수아 1세(《모나리자》의 최초 구매) 이야기는 예리한 투자 사례로 알려져 있었지만, 재정적인 바보짓에 가깝다는 것이 드러났습니다. 이 두 사람의 옹호론자들은 감상적인 일반 상식을 늘어놓습니다. 그렇다고 해도 우리의 복리에 관한 표는 이 같은 공격에 훼손되지 않습니다.

따끔한 비판도 있었습니다. 이 표는 재무적 감각이 없는 극소수의 사람들에게서만 부정적인 평가를 받았습니다. 우리는 수 세대에 걸쳐 탁월함의 기준이 될 통찰력에 관한 이야기를 여기 담아내야 합니다.

한 가지 이야기가 눈에 띕니다. 이것은 자신들의 맨해튼 섬을 돈 낭비로 악명 높은 페터 미노이트에게 넘긴 맨해튼 인디언들의 거래 감각에 관한 전설 같은 이야기입니다.

내가 이해하기로는 맨해튼 인디언들은 이 거래를 통해 순수하게 24달러를 받았습니다. 페터 미노이트는 22.3제곱마일*을 얻었습니다. 비교할 만한 매각을 근거로 하더라도 정확한 평가에 도달하기는 어렵지만, 1제곱피트당 20달러는 현재의 시세로는 124억 3,376만 6,400달러에 해당합니다. 초보자에게 이것은 괜찮은 거래처럼 들립니다. 그렇지만 인디언들은 실제로는 6.5%의 수익률을 가지게 되었습니다. 그 땅을 사들이고 싶어 했던 네덜란드의 식민지 행정관 페터 미노이트를 대리해 부족의 뮤추얼 펀드 대리인이 그들에게 그 정도의 수익을 약속했을 것입니다. 6.5%라면 24달러는 338년 후에 420억 달러가 됩니다. 그리고 만약 그들이 좀 더 쥐어짜내 0.5%를 추가로 받아내 7%로 올린다면 그것의 현재 가치는 2,050억 달러가 됩니다. 이 이야기는 이쯤에서 끝냅시다.

여러분 중 몇몇은 투자 정책을 단기적인 관점에서 바라볼 수 있습니다. 여러분의 편의를 위해 우리는 10만 달러를 투자해 다양한 복리 수익률로 얻을 수 있는 수익에 관한 표를 갖고 있습니다.

(단위: 달러)

	4%	8%	12%	16%
10년	48,024	115,892	210,584	341,143
20년	119,111	336,094	864,627	1,846,060
30년	224,337	906,260	2,895,970	8,484,940

* 22.3제곱마일은 약 88제곱킬로미터이며, 여의도 면적의 30배가량에 달하는 넓이이다.

이 표는 다음과 같은 재무적 이점을 보여줍니다.

1. 장수(금융적으로 세련되고 박학한 언어에 의하면 이것은 '무드셀라 기술'이라고도 합니다.)*

2. 높은 복리 수익률

3. 1과 2의 조합

주목할 점은 연복리 수익률에서 상대적으로 작은 이자에 의해 만들어지는 이익이 엄청나다는 것입니다. 이것은 다음과 같은 우리의 태도를 설명합니다. 우리는 평균적인 투자 성과보다 월등하게 앞서기를 희망하지만 그러면서도 평균 이상의 투자 수익률에서 모든 퍼센트포인트는 실질적인 의미가 있다고 봅니다.[12]

* 무드셀라는 『성서』에 나오는 인물 중 최고령 인물로 969년을 살았다.

버핏은 그 누구보다도 복리 수익률의 힘을 잘 아는 사람이다. 그가 버핏투자조합 편지에서 언급한 유머러스한 이야기들은 직관적으로 매우 의미 있는 교훈, 즉 사소한 수익률의 차이와 기간에 따라 발생하는 비용과 이익에 대한 깨달음을 던져준다. 벤저민 그레이엄의 교훈—주식은 기업이며 시장은 우리의 주인이 아니라 하인이라는 것—과 함께 우리는 또다른 주문을 배웠다. "투자에 관한 판단을 내릴 때는, 이익은 극대화하고, 리스크는 낮출 수 있는 선택을 해야 한다."[13] 우리 모두에게는 이와 같이 생각하고 투자할 능력이 있다. 오히려 이런 상식적인 판단을 하는 사람들이야말로 당장의 결과만 생각하는 다른 많은 투자자들에 비해, 투자에서 좋은 수익을 낼 수 있는 경쟁 우위를 점한 사람들이다.

자, 그렇다면 여기 한 가지 질문이 있다. 다음 장에서 다룰 내용이기도 하다. 당신은 주식을 고르는 사람으로서 버핏을 롤모델로 따를 것인가? 아니면 투자비용이 낮은 인덱스Index를 추종함으로써 기업의 지분을 늘리는 평균적인 길을 선택할 것인가? 다른 투자는 하나도 하지 않고, 오직 인덱스 투자만 하는 것은 매우 매력적인 선택이다. 인덱스 투자는 상대적으로 시간과 노력이 덜 요구되는 투자 방식이다. 여기에 장기간에 걸친 복리 수익률이 발생하면 그 결과는 매우 좋을 수 있다. 대부분의 사람들에게는 이러한 방식의 투자가 최선의 선택이 될 것이다.

3장
인덱스 투자
아무것도 하지 않으면서, 수익을 내는 방법

"나는 투자의 경쟁 상대로서 다우지수가 절대 쉬운 상대가 아니라는 것을 보여주기 위해서 이 데이터를 내놓습니다. 이 나라[미국]에서 대부분의 투자 펀드는 다우지수를 능가하는 데 어려움을 겪고 있습니다. 심지어 다우지수를 따라잡기도 쉽지 않습니다."[1]

_1962년 1월 24일의 편지 중

2장의 후반부에서 자세히 언급했듯이, 버핏은 시장이 연간 5~7%의 복리 수익률로 움직일 것이라는 전망을 조합원들에게 말했다. 이 수치는 20~30년간에 걸친 평균치이다. 7% 수익률이면, 10년이 지나면 원금이 2배가 된다는 것을 의미한다. 이것이 미국 기업의 힘이자 복리의 힘이다. 복리 효과를 얻으면서 비용도 저렴한 투자상품으로는 인덱스*가 있다. 인덱스는 최고 전략 중 하나이다.

---

* 인덱스란 여러 개의 주식을 적당한 비율로 혼합해 놓은 '주식 묶음 상품'을 말한다. 인덱스를 매입하면 투자자는 개별 종목을 고르느라 시간을 소모할 필요가 없으며, 펀드 매니저 개인의 역량에 좌우되지 않고 안정적인 수익률을 거둘 수 있다는 장점이 있다. 우리나라 주식시장의 대표적인 인덱스 상품으로는 '코덱스KODEX'가 있다. 예를 들어 '코덱스 200'은 대한민국 주식시장의 주요 200개 종목을 한꺼번에 모아놓은 것이다. 코덱스 200을 사면 우리나라 주식시장의 대표 기업 200개를 한꺼번에 매입하

그것은 "아무것도 하지 않는Do-Nothing" 투자법이라고도 할 수 있다. 이 투자법은 잘 들어맞는다는 것과 더불어 비용이 매우 적게 들며, 개인 투자자 혼자서도 충분히 어렵지 않게 투자할 수 있다는 장점이 있다. 당신은 그 누구에게도 큰돈을 지불할 필요가 없다. 그저 의자에 편히 앉아 주식을 사고, 복리의 힘을 믿고 기다리면 된다.

존 보글John Bogle은 1975년에 '뱅가드 500 인덱스 펀드'를 설립하여 S&P지수에 올라온 모든 주식을 소유할 수 있는 첫 번째 증권을 만들었다. 물론 버핏이 버핏투자조합을 운용할 당시에는 '인덱스 투자'라는 것이 존재하지 않았다. 만약 당시 버핏의 조합원들이 버핏과 함께 투자하지 않았다면 그들은 트러스트Trust* 나 뮤추얼 펀드

는 효과가 있다. 우리나라 금융당국은 인덱스 활성화를 위해 코덱스 200을 매수하거나 매도할 때 증권거래세를 면제하고 있다.

코덱스 200을 매입하는 방법은 일반 주식을 매입하는 것과 동일하다. 다시 말해 증권사 HTSHome Trading System, 홈 트레이딩 시스템에 들어가 종목명 메뉴에서 '삼성전자'를 클릭하고 매입하듯이 '코덱스 200'이라고 쓰인 것을 매입하면 된다. 현재 대한민국 주식시장에는 '코덱스 200' 말고도 삼성그룹 계열사의 주식을 모아놓은 '코덱스 삼성그룹', 바이오 주식을 모아놓은 '코덱스 바이오' 등 다양한 코덱스 상품이 나와 있다.

* 부동산, 주식 등의 재산을 가진 사람이 증권사, 은행 등의 금융사에 재산의 관리처분권을 맡기는 것을 말한다. 부동산, 주식 등의 금융상품에 전문 지식이 없을 경우, 트러스트를 이용하면 전문 금융사의 도움을 받아 안정적인 수익을 낼 수 있다. 우리말로 '신탁信託'이라고 한다.

** 자산 운용사를 비롯한 투자회사가 투자자들로부터 자금을 모아 주식, 채권 등을 운용해 수익을 내는 것을 목적으로 만들어진 투자상품을 말한다. 우리가 흔히 "펀드에 가입한다"고 말할 때의 '펀드'가 바로 뮤추얼 펀드이다. 트러스트는 수탁할 수 있는 자산으로 금전 외에 부동산 등의 일반 재산까지 포함하는 것에 반해, 뮤추얼 펀드는 원칙적으로 금전만을 수탁 대상 자산으로 한다는 점이 둘의 가장 큰 차이점이다. 트러스트는 일반적으로 건별로 운용이 이뤄지고, 펀드는 펀드 단위로 통합운용된다는 점에서도 차이가 있다.

Mutual Fund**에 가입했을 것이다. 이런 이유로 버핏의 편지는 버핏투자조합의 성과를 시장의 성과나 몇몇 선도적인 투자회사들의 성과와 비교한 도표를 싣고 있다. 버핏은 그 이유를 다음과 같이 말한다.

> 우리가 투자회사들의 성과를 설명하는 이유는 우리가 그들과 유사한 방법으로 주식을 운용하거나, 우리의 투자 대상이 그들과 유사하기 때문이 아닙니다. 우리가 그렇게 하는 이유는 많은 보수를 받는 전문가들이 운용하는 200억 달러가 넘는 대규모 펀드들의 수익률을 보여주기 위함입니다. 이들은 아마도 실제로는 더 많은 금액을 다룰 것이라고 나는 믿습니다. 투자조합의 수익에 대한 대안으로서, 나는 많은 투자자들이 유사하게 경영이 이루어지는 투자처를 찾고 있다고 보는 것이 합리적이라고 믿습니다.[2]

버핏은 전체 시장 평균은 강력한 경쟁자가 될 가능성이 높고, 적극적으로 운용되는 대다수의 펀드는 다우지수보다도 저조한 실적을 보일 것이라고 신중하게 지적했다.

오늘날의 뮤추얼 펀드를 위한 더 높은 기준

이용할 만한 다른 대안이 없었기 때문에, 버핏이 당시의 낮은 성과에 대해 다음과 같은 이유를 내놓는 것은 놀랍지 않다.

이들 투자회사의 총체적인 성과는 필연적으로 미국이라는 기업의 성과와 연결되어 있습니다. 뮤추얼 펀드의 장점은 수익률이 뛰어나다거나, 주가가 많이 떨어지지 않는다거나 하는 것에 있지 않습니다. 실제로 뮤추얼 펀드의 장기 수익률은 높지 않습니다. 뮤추얼 펀드의 장점은 투자자 입장에서 가입하기 편하고, 특정 종목을 고르느라 골치를 썩일 필요가 없으며, 자동적으로 분산투자의 효과를 낸다는 사실에 있습니다. 특히 많은 잠재적 투자자들을 유혹하는 거래량이나 차트 같은 낮은 기술을 쓰지 않는다는 것도 장점입니다.[3]

하나의 단순한 사실이 있다. 그것은 존 보글이 저비용의 인덱스 펀드 시대를 열어젖히면서 뮤추얼 펀드를 비롯한 다른 상품들에 대한 고객의 기대치가 높아졌다는 점이다. 이전까지 뮤추얼 펀드는 투자자 입장에서 다루기에 용이하고 분산 효과를 가져다준다는 장점을 갖고 있었는데, 인덱스 펀드가 등장하면서 이는 뮤추얼 펀드만의 장점이 아닌 것이 되었다. 게다가 인덱스 펀드는 수익률이 좋은 편이다. 오늘날 모든 적극적 투자자들은, 전문 투자자이건 개인 투자자이건 간에, 자신의 적극적 투자를 정당화하기 위해 높은 수익률을 달성해야 한다. 하지만 대부분은 그렇지 못하다. 심지어 적극적 투자자의 상당수는 다우지수나 S&P지수조차도 따라잡지 못하고 있다. 특히 한 번에 수백 개의 주식에 투자하는 사람의 경우(버핏은 이들을 투자의 '노아의 방주파Noah's Ark School'라고 부른다)는 더더욱 그러하다. 이는 사라질 것이 확실한 비즈니스 모델에 집착하는 것이나 다름없다. 이와 같은 적극적 투자와 반대로 인덱스 펀드는 대형주를 단순하게 모아놓고 지수 상승률만큼의 수익률을 추구하는 소극적 운용 전략을 갖고 있다. 그럼에도 불구하고 존 보글의 뱅가드를 비롯한 인덱스 펀드는 수익률이 양호하다는 사실이 밝혀지면서 1970년대 등장 이래 뮤추얼 펀드 시장을 잠식하고 있다.

뮤추얼 펀드는 쇠락의 길을 걸을 것인가? 대다수의 뮤추얼 펀드가 인덱스 펀드보다 나은 성과를 보여주는 데 실패하고 있다는 점을 고려하면 최근 들어 이 질문은 점점 확산되고 있다. 이 세상에 누가 낮은 수익률을 거두면서 높은 수수료를 내려고 하겠는가?

물론 장기간에 걸쳐서 실적을 올리는 전문 투자자는 상당한 가치를 더하게 될 것이고, 이들에 대한 수요는 언제나 있을 것이다. 그들의 운용 구조가 뮤추얼 펀드이든 투자조합이든 헤지펀드이든 혹은 다른 어떤 형태이든 간에, 또 그들이 많은 주식을 갖고 있다 하더라도 말이다.

버핏의 마지막 의지와 선언은 2013년 주주 서한에 잘 드러나 있다.

> 개인이건 기관이건 간에 이들은 끊임없이 적극적으로 주식을 운용하라는 압박을 받을 것입니다. 왜냐하면 이들은 고객에게 조언을 제공하고 거래에 간여하는 대가로 수익을 챙기고 있기 때문입니다. 그 결과 발생하는 마찰 원가Frictional Costs는 매우 클 수 있고, 투자자들에게 돌아가는 이익을 갉아먹습니다. 그러므로 소음을 무시하고 비용을 최소화하십시오. 그리고 여러분이 자신의 농장을 경영하는 것처럼 주식에 투자하시길 바랍니다.
>
> 내가 꼭 덧붙이고 싶은 것은 나는 실제로 그렇게 한다는 사실입니

다. 내가 여기서 조언하는 이야기는 나의 유언장에 적힌 지시사항과 동일합니다.

나의 부인 수지를 위한 신탁 관리자에게 현금이 제공될 예정입니다. (나는 현금을 개인 유산을 위해 사용해야만 합니다. 왜냐하면 나의 모든 버크셔 해서웨이 유산은 내가 죽은 10년 후 어떤 박애주의 재단에 사용될 예정이기 때문입니다.)

신탁 관리자에게 건네는 나의 조언은 매우 단순합니다. 그것은 현금의 10%를 단기 미국 국채에 넣고 나머지 90%를 저비용의 인덱스 펀드에 넣으라는 것입니다. (나는 특히 뱅가드 인덱스 펀드를 제안하고 싶습니다.) 신탁에 맡긴 돈의 장기적 성과는 고액 수수료를 받는 펀드 매니저를 고용한 대다수의 투자자들이 얻는 성과를 초과할 것이라고 나는 믿습니다. 그것이 연금펀드이든 기관이든 개인이든 결과는 마찬가지일 것입니다.[4]

버핏은 아주 오랫동안 투자자들에게 시장에 집어넣은 돈 이상을 시장에서 꺼내기는 힘들다고 가르쳐왔다. 만약 당신이 투자 대상을 알기 위해 시간과 노력을 들이고자 하는 의지가 없고, 그럴 수 있는 상황도 아니라면, 당신은 인덱스 펀드를 사야 한다. 뮤추얼 펀드를 비롯해 전문 펀드 매니저가 시장의 평균적인 수익률을 넘어서기 위해 적극적으로 운용하는 투자상품을 고르는 유일한 이유는 당신 혹은 당신의 펀드 매니저가 '아무것도 하지 않는' 투자 전략의 결과를 능가할 것이라는 믿음 때문이다.

대부분의 펀드는 날아오르지 못한다

인덱스 펀드가 없었던 1960년대에 이미 버핏은 인덱스 펀드의 개념을 직관적으로 이해하고 있었다. 그는 다우지수를 자신의 주요한 경쟁자로 여겼고, 다우지수를 능가하는 것을 자신의 주요한 투자 목표로 생각했다. 그는 절대적인 성과, 즉 어느 특정 연도에 펀드가 얻는 손실이나 이익은 대부분 운의 문제로 여겼다. 투자자의 능력은 상대적인 성과—시장 상황과 대비하여 얼마나 더 나은지 혹은 나쁜지—에 의해 측정된다. 이와 관련해서 버핏은 이런 말을 했다.

> 이러한 (투자) 회사들의 결과는 어떤 면에서는 연못에 있는 오리의 움직임과 같습니다. 수면(시장)이 오를 때면 오리가 오르고, 수면이 낮아지면 오리는 내려옵니다…… 나는 오로지 오리 스스로 한 행동만을 두고 칭찬이나 비난을 할 수 있다고 생각합니다. 호수의 수면이 상승하고 하강하는 것은 오리가 꽥꽥거리는 것과 거의 관계가 없습니다. 버핏투자조합의 성과에 있어 '수면의 높이'는 매우 중요한 요소입니다. 그렇지만 우리는 또한 종종 자신만의 날갯짓을 합니다.[5]

'인덱스 펀드'라는 용어가 등장한 것은 불과 10여 년 전 일이다. '행동 재무학Behavioral Finance'이라는 용어가 사전에 등재되기까지는 더 많은 시간이 걸렸다. 그러나 놀랍게도 버핏은 이와 관련된 메가트렌드를 이미 예견하고 있었다. 인덱스 펀드는 기계적으로 운용되기 때문에 시장의 변동성에도, 투자하는 개인의 심리 변화에도 휘둘리지 않는다. 이와는 반대로 투자에 적극적인 펀드 매니저들은 인간으로서의 심리적 한계를 극복하기 힘들기 때문에 그 성과가 인덱스 펀드의 그것보다 좋지 않은 경향을 보였다.

투자를 위한 정보와 인력, 네트워크, 경험이 풍부한 전문 펀드 매니저들이 매니저 한 명 없는 인덱스 펀드의 수익률을 능가하는 데에 지속적으로 실패하는 이유는 무엇일까? 1966년, 버핏은 이에 대한 자신의 의견을 드러낸 바 있다.

> 이 질문은 매우 중요합니다. 많은 투자자들이 깊이 연구해볼 만한 주제입니다. (중략) 그런데 신기하게도 이 문제에 흥미를 갖는 월 스트리트의 문헌은 없습니다. 이 문제를 둘러싼 토론은 증권 분석가 모임이나 세미나에서 아예 다뤄지지도 않고 있습니다. 내 생각에 투자 관련 기업이나 조직이 해야 할 첫 번째 일은 미국의 주요한 기업의 경영 능력과 성과를 판단하기에 앞서, 자신의 투자 기술과 성과를 분석하는 것입니다.
>
> 대부분의 경우 운용하는 매니저가 별도로 없는 인덱스 펀드가 달성하는 수익률을 초과하기는커녕 거기에 근접하지도 못하는 이유는 이들이 지적인 능력 혹은 진실성이 부족하기 때문이 아닙니다. 나는 대다수의 적극적으로 운용되는 펀드들이 인덱스 펀드의 수익률을 초과하지 못하는 것은 다음의 다섯 가지 이유 때문이라고 생각합니다.
>
> 첫 번째 이유는 '집단적 의사결정'입니다. 이것은 나의 편견일 수 있는데, 수많은 주체들이 의사결정에 참여하는 집단에서는 뛰어난 투자

경영진이 나오기란 거의 불가능합니다.

두 번째는 규모가 크고 평판이 좋은 조직의 정책과 포트폴리오를 따라하려는 '열망'입니다.

세 번째는 기관의 '성향'입니다. 이는 평균이란 '안전하다'는 인식을 말하며, 개별적인 행동에 대해 개인에게 주어지는 보상은 그 같은 행동에 따라 다니는 일반적인 리스크와 일치하지 않습니다.

네 번째는 비합리적인 분산에 대한 '집착'입니다.

다섯 번째는 '관성'입니다.[6]

고전 경제 이론에서 개인은 항상 합리적으로 행동하는 주체로 가정된다. 그렇지만 대니얼 카너먼Daniel Kahneman과 아모스 트버스키Amos Tversky가 제안한 '전망 이론Prospect Theory'은 '합리적 경제주체'에 관한 고전 경제 이론의 가정을 근본적으로 뒤집었다. 이들이 주장한 전망 이론은 경제적 의사 결정이 종종 고전적인 의미에서 합리적이지 않다는 것을 보여준다(카너먼은 이 연구로 2002년 노벨경제학상을 수상했다). 이는 '행동 경제학'의 시대를 이끌었고, 1979년 전망 이론에 관한 책이 출판되면서 새로운 사고의 길이 열렸다. 그러나 카너먼의 전망 이론은 위와 같은 버핏의 비판이 있고 나서 거의 15년 후에 등장했다는 사실을 명심하자.

버핏이 투자자들에게 제시하는 조언은 명백하고 직설적이다. 저비용의 수동적인 인덱스 펀드를 당신이 할 수 있는 최고의 투자 선택으로서 신중하게 고려해보라는 것이다. 시장의 평균적인 수익률을 넘어서는 복리의 이익은 명백하지만, 대부분의 투자자들은 그렇게 하지 못한다. 주식을 고르는 것은 어려운 일이다. 버핏을 따라 적극적 투자의 길로 들어선 투자자들은 버핏이 미리 충분히 경고해주지 않았다고 말할 수 없다. 이는 그들이 대안적인 투자의 길을 선택했음을 암시한다.

'기관 펀드의 수익률이 저조한 이유'에 관하여

버핏이 연말 편지에서 해마다 포함시켰으며, 아래의 발췌문에서도 언급된 성과 도표는 뒤에 실린 부록에서 볼 수 있다.

1962년 1월 24일

여러분은 아마도 내가 지나치게 쉬운 목표를 정했다고 생각할 수도 있습니다. 왜냐하면 30개의 주도주로 구성된 매니저가 따로 없는 인덱스보다 좋은 성과를 내는 것은 매우 쉬워 보이기 때문입니다. 사실은 그렇지 않았습니다. 실제로 인덱스는 일반적으로 상대하기가 벅찬 경쟁자임이 증명되었습니다.

1962년 7월 6일

펀드들이 보통주에 투자하는 한, 비록 그 투자 방법이 투자회사에 의한 것이든, 투자 카운슬러에 의한 것이든, 은행의 신탁부서에 의한 것이든, 또는 여러분 스스로의 판단에 의한 것이든 간에 거의 대다수는 다우지수와 유사한 결과를 얻을 것이라고 믿습니다. 그리고 다우지수보다 더 나은 성과를 얻기보다는 더 나쁜 쪽이 될 가능성이 높습니다.

1962년 1월 24일

기업에 거액의 자금을 투자해도 기업에서 내가 할 수 있는 활동은 제한적입니다. 그렇지만 나의 투자 기록을 살펴볼 때, 이보다 더 좋을 수 없는 결과를 얻어왔습니다. 나는 투자의 경쟁 상대로서 다우지수가 절대 쉬운 상대가 아니라는 것을 보여주기 위해서 이 데이터를 내놓습니다. 이 나라[미국]에서 대부분의 투자 펀드는 다우지수를 능가하는 데 어려움을 겪고 있습니다. 심지어 다우지수를 따라잡기도 쉽지 않습니다.

1964년 1월 18일

자산 운용사, 투자 자문사 같은 기관에서 운용되는 자금은 수십억 달러입니다. 그런데 이 가운데 수익을 내는 곳은 많지 않습니다. 기관이라는 제도권 내부에 있으면서 비관습적으로 행동하는 것은 매우 어려운 일입니다. 이들 투자회사의 총체적인 성과는 필연적으로 미국이라는 기업의 성과와 연결되어 있습니다. 뮤추얼 펀드의 장점은 수익률이 뛰어나다거나, 주가가 많이 떨어지지 않는다거나 하는 것에 있지 않습니다. 실제로 뮤추얼 펀드의 장기 수익률은 높지 않습니다. 뮤추얼 펀드의 장점은 투자자 입장에서 가입하기 편하고, 특정 종목을 고르느라 골치를 썩일 필요가 없으며, 자동적으로 분산투자의 효과를 낸다는 사실에 있습니다. 특히 많은 잠재적 투자자들을 유혹하는 거래량이나 차트 같은 낮은 기술을 쓰지 않는다는 것도 장점입니다.

—∾—

1965년 1월 18일

이 표들을 여러 차례 본 조합원들은 다음과 같이 질문했습니다. "도대체 왜 이런 일들이 매우 똑똑한 경영진들에게서 벌어지는 겁니까? 이들은 똑똑하고 열정적인 스태프, 사실상 무제한에 가까운 자원, 광범위한 기업 접촉, 문자 그대로 수세기 동안의 투자 경험을 갖고 있는데도 말입니다." (마지막의 경우, 자신이 20년간의 직업적 경험을 갖고 있다고 말하면서 어떤 일에 지원한 사람을 떠올리게 했습니다. 이 사람은 자신에게 20년의 경험이 있다고 말했지만, 이전의 고용주는 그가 단지 1년짜리 경험을 20번 반복했을 뿐이라고 평가했습니다.)

이 질문은 매우 중요합니다. 많은 투자자들이 깊이 연구해볼 만한 주제입니다. 300억 달러에 대한 1%p는 1년에 자그마치 3억 달러입니다. 그런데 신기하게도 이 문제에 흥미를 갖는 월 스트리트의 문헌은 없습니다. 이 문제를 둘러싼 토론은 증권 분석가 모임이나 세

미나에서 아예 다뤄지지도 않고 있습니다. 내 생각에 투자 관련 기업이나 조직이 해야 할 첫 번째 일은 미국의 주요한 기업의 경영 능력과 성과를 판단하기에 앞서 자신의 투자 기술과 성과를 분석하는 것입니다.

대부분의 경우 운용하는 매니저가 별도로 없는 인덱스 펀드가 달성하는 수익률을 초과하기는커녕 거기에 근접하지도 못하는 이유는 이들이 지적인 능력 혹은 진실성이 부족하기 때문이 아닙니다. 나는 대다수의 적극적으로 운용되는 펀드들이 인덱스 펀드의 수익률을 초과하지 못하는 것은 다음의 다섯 가지 이유 때문이라고 생각합니다.

첫 번째 이유는 '집단적 의사결정'입니다. 이것은 나의 편견일 수 있는데, 수많은 주체들이 의사결정에 참여하는 집단에서는 뛰어난 투자 경영진이 나오기란 거의 불가능합니다.

두 번째는 규모가 크고 평판이 좋은 조직의 정책과 포트폴리오를 따라 하려는 '열망'입니다.

세 번째는 기관의 '성향'입니다. 이는 평균이란 '안전하다'는 인식을 말하며, 개별적인 행동에 대해 개인에게 주어지는 보상은 그 같은 행동에 따라 다니는 일반적인 리스크와 일치하지 않습니다.

네 번째는 비합리적인 분산에 대한 '집착'입니다.

다섯 번째는 '관성'입니다.

아마도 위의 말들은 불공평할 수 있습니다. 심지어 우리의 통계적 비교들도 불공평할 것입니다. 우리의 포트폴리오와 운용 방법은 표에 적힌 투자 기업들과는 매우 다릅니다. 그렇지만 나는 우리 조합원들과 주주들은 경영진이 똑같은 목표를 추구하고 있음을 알고 있다고 믿습니다. 여기에서 말하는 목표란 영구적 손실 위험을 최소화한 가운데, 지속적인 주식투자 프로그램으로 얻을 수 있는 자본에 대해 최대한 장기적으로 평균 수익을 내는 것을 말합니다.

우리 조합원들은 동일한 목표를 가져야 합니다. 대다수의 투자자들은 자신들의 자금을 버핏투자조합 이외의 대상에 투자했을 것입니다. 그러므로 그들의 성과를 살펴보는 것이 우리의 결과를 판단하는 데 의미가 있는 행동이라고 생각합니다.

투자회사, 투자 자문사, 신탁관리부서들이 투자자들에게 중요한 서비스를 제공해야 한다는 것에는 의문의 여지가 없습니다. 이 서비스에 포함되는 것으로는 분산투자의 충분한 달성입니다. 장기적 전망의 유지, 체계적인 투자 의사결정 메커니즘, 그리고 가장 중요하게는 몇몇 개인들을 유혹하는 것처럼 보이는 명백히 저급한 투자 기술을 피하는 것을 포함합니다. 비록 대중들은 전문성을 강조하는 광고를 보고 그들이 탁월한 성과를 낼 것이라고 추론하지만, 대다수의 기관들은 어떻게 우월한 투자 성과를 낼 것인지 구체적으로 약속하지 않습니다.

조합원으로서 내가 여러분들에게 약속할 수 있는 한 가지는, 내가 이전에 언급했던 성과 비교가 지금도 의미 있다고 생각하며, 미래에도 그럴 것이라는 점입니다. 만약 여러분이 이 기준이 적절하지 않다고 느낀다면 의견을 표명해주길 바랍니다. 그리고 과거보다는 미래에 적용될 수 있는 기준을 제안해주길 바랍니다.

한 가지 덧붙이자면 사람들은 자신들의 몸무게나 골프 스코어, 기름값 영수증은 꼼꼼히 확인하면서 자신의 투자 역량에 대해서는 구체적으로 따져보지 않고 넘어갑니다.

매사추세츠 투자신탁이나 리먼 브러더스의 경영 성과를 평가하는 것은 학술적으로 흥미롭겠지만, 여러분의 돈을 실제로 다루는 사람을 객관적으로 평가하는 것이 더욱 중요합니다. 심지어 그 사람이 여러분 자신이라고 할지라도 그렇습니다.

1965년 7월 9일

미국 경제의 미덕은 그 성과가 나날이 좋아지고 있다는 점입니다. 수위는 계속 상승하고 있습니다. 비록 성장을 멈출 때도 있겠지만 미국 경제는 장기간에 걸쳐서 계속해서 호황을 유지할 것으로 보입니다. 그러나 대세를 막론하고 강력하게 헤엄치는 것이 우리의 방침입니다. 만약 우리의 투자 성과가 여러분이 둥둥 떠 있기만 해도 얻을 수 있는 수준으로 떨어진다면, 우리는 다른 대안을 모색할 것입니다.

저비용 인덱스 펀드의 출현은 전통적인 뮤추얼 펀드 산업의 구도를 바꿨다. 전통적인 뮤추얼 펀드의 주요 기능은 취급이 용이하고, 개인이 직접 주식을 고르지 못하도록 하는 것인데, 이보다 더 우수한 저가상품인 인덱스 펀드가 그 자리를 대체했다. 인덱스 펀드, 즉 소극적 투자는 1970년대에 도입된 이래 놀라운 속도로 인기를 얻었다. 버핏 자신도 자신의 부인을 위한 투자상품으로, 적극적으로 운용되는 펀드가 아니라 인덱스 펀드를 골랐다. 이 사실은 모든 투자자들에게 잠시 생각할 기회를 준다.

수수료, 세금 그리고 심리적 요소 등은 적극적인 펀드 매니저들에게 불리하게 작용한다. 당신이 인덱스 펀드 투자를 하면 투자 성과가 상당히 좋을 뿐만 아니라, 투자를 위해 심사숙고를 해야 한다거나 연구할 필요도 없다. 당신은 저비용 인덱스 펀드를 활용하는 투자 프로그램을 1시간 내로 설계할 수 있다. 그리고 수십 년 동안 그 펀드에 가입한 것을 잊고 그것이 운용되는 대로 따라가기만 하면 된다.

그럼에도 불구하고 지속적으로 시장을 뛰어넘는 성과를 낼 수만 있다면, 그 효용성은 클 것이다. 그렇지만 명백하게도 모든 사람이 평균 이상이 될 수는 없다. 만약 적극적 투자가 당신이 가야 할 길이라고 결심했다면 당신은 당신의 투자 성과를 점검하고 평가할 객관적인 시스템이 필요하다. 비록 그 투자 성과가 당신의 판단으로 성취한 것이든 전문 매니저에 의해 이룬 것이든 간에 그러하다.

지금까지 편지에 나오는 버핏의 교훈은 투자자들에게 여섯 가지 중요한 아이디어로 나뉘어 제시됐다. 그것은 주식을 다음의 여섯 가지로 생각하라는 것이다. 다시 말해 주식이란,

(1) 전체 기업에 대한 소유권의 일부이며

(2) 단기적으로는 어느 정도 불규칙하게 움직이지만

(3) 장기적으로는 기업의 내재가치와 유사하게 움직인다.

(4) 그러므로 장기적인 복리의 관점에서 바라보았을 때

(5) 꽤 좋은 성과를 내는 경향이 있고,

(6) 인덱스 상품을 이용해 저비용의 적용하기 쉬운 방법으로 일정한 수익을 확보할 수 있다.

다음 장에서부터는 적극적 투자자로서의 버핏을 살펴보도록 하겠다. 우선 그가 성과를 내기 위해 정확히 설정한 아이디어와 그것을 그가 어떻게 측정했는지 살펴보자.

4장
투자 성과의 정확한 측정

"만약 우리의 투자 성과가 여러분이 둥둥 떠 있기만 해도 얻을 수 있는 수준으로 떨어진다면, 우리는 다른 대안을 모색할 것입니다."[1]

_1965년 7월 9일의 편지 중

적극적 투자의 성과를 정확하게 측정하는 것은 버핏에게 너무나 중요한 일이었기 때문에 앞서 제시한 일곱 가지의 기본 원칙들에서도 두 차례나 언급되어 있다. 버핏에게 있어 엉성한 성과 측정은 투자의 죄악이나 다름없다. 그래서 그는 정확한 성과 측정에 관한 규칙을 두 가지나 설정했다. 그 중 하나는 '측정 방법'으로 시장 대비 상대적 성과를 측정한다. 나머지 하나는 '측정 기간'으로 이는 투자 활동을 평가할 최소한의 기간을 설정한다.

내가 조합원들을 선택하는 것과 더불어서 조합원들과 지속적인 관계를 유지하는 데 있어 중요하게 생각하는 항목은 측정 기준이 같다는 것입니다. 만약 나의 투자 성과가 좋지 않다면 투자자들이 빠져나갈 것이고, 나는 내가 운용하는 펀드를 위한 새로운 투자처를 찾아야만 합니다. 만약 나의 투자 성과가 좋으면 내가 상황 조정을 훌륭히 해내고 있음을 자신하게 될 것입니다.[2]

앞에서 우리는 시장의 평균적인 성과와 견주었을 때 비록 적은 수익의 성과라도 그것이 장기간에 걸쳐 이뤄지면 궁극적으로는 어마어마하게 누적된 수익을 창출할 수 있다는 복리의 힘에 대해 배운 바 있다. 만약 당신의 투자 성과가 시장보다 연간 3~5% 떨어진다면 하던 일을 멈추고, '패배를 인정하고(이는 버핏의 표현이다)' 대신 인덱스 펀드 매입을 신중히 고려해야 한다. 투자자로서 당신이 지금 잘하고 있는 것인지 알 수 있는 유일한 방법은 적절한 검증 테스트를 개발하고 적용하는 것이다. 이를 위한 방법으로서 버핏은 다음과 같이 알려준다.

- 기본 원칙 4번 : 우리가 투자를 잘하고 있는지 혹은 못하고 있는지 여부는 연간 수익이 플러스인가, 마이너스인가에 의해 평가되지 않을 것이다. 대신 다우존스 산업평균지수를 기준으로 평가할 것이다. 만약 우리가 거둔 수익률이 다우지수를 능가한다면 우리의 투자 결과가 플러스든 마이너스든 우리는 그 해에 잘했다고 평가할 것이다. 반대로 우리가 거둔 수익률이 다우지수보다 못하다면 우리는 쓴소리를 감내해야 한다.[3]
- 기본 원칙 5번: 나는 투자 성과를 측정하는 기간으로 5년 단위를 훨씬 선호한다. 나는 최소한 3년은 지켜본 뒤 투자 성과를 판단해야 한다고 생각한다. 틀림없이 우리 투자조합의 성과가 다우

지수보다 상당히 낮은 수익률을 보여주는 해가 있을 것이다. 만약 3년 이상 형편없는 결과가 이어진다면 우리 모두는 반드시 다른 투자처를 찾아야만 한다. 단, 강세장에서 투기적 주가 폭등이 진행되는 3년은 예외로 한다.[4]

위의 두 가지 단순한 측정법은 오늘날의 투자자들에게도 완벽하게 들어맞는다. 첫 번째 방법은 특정 연도의 결과를 시장 성과에 대비해 측정하는 것이다. 우리는 어떤 특정한 해에 투자를 잘했는지 못했는지에 관해서는 아무런 신경을 쓰지 않는다. 대신 우리가 관심을 가지는 것은 시장 평균보다 좋았는지 나빴는지 여부이다. 일반적인 추세는 우상향이기 때문에 만약 당신이 하락장에서 좀 덜 떨어지고, 상승장에서 좀 더 잘한다면 당신의 투자 성과는 뛰어난 것으로 여겨질 것이다. 투자자들은 단순하게 상대적 관점에서 점진적이고도 가능한 한 자주 평균을 넘어서길 원한다. 그리고 절대적 기준에서는 마이너스가 되는 해가 없기를 바란다.

버핏이 투자자들에게 제안하는 두 번째 방법은, 상대적 성과가 적어도 3년 단위로 측정돼야 하며, 측정 단위가 5년이면 더 좋다는 사실이다. 다시 한 번 말하지만 3년 내지 5년 사이에 어떤 이유에서건 시장의 평균적인 성과를 뛰어넘지 못한다면 자신의 펀드를 운용할 다른 방법을 강구해봐야만 한다. 그런 형편없는 결과를 위해서 당신이 그렇게까지 많은 애를 써야 할 필요는 없지 않은가!

버핏은 자신이 제안한 기준이 최선이라고 주장하지 않으며, 다른 기준은 유효하지 않다고 주장하지도 않는다. 그렇지만 이것은 그의 기준이고, 그는 자신의 투자조합에 합류하기로 한 사람들은 자신의 기준에 동의해야만 한다고 분명히 이야기했다. 버핏은 자신이 설정한 목표를 성취할 경우에는 그에 적합한 보상을 받고 싶어 했다. 목표를 달성하지 못하면 투자자들은 떠날 것이었다. 이것이 오늘날의 우리들에게 던지는 시사점은 당신이 무엇에 환호해야 할 것인지에 대한 오해를 피하기 위해 기준을 미리 준비해두어야 한다는 것이다. 왜냐하면 버핏이 언급했듯이 좋은 성과를 냈는데도 보상을 받지 못하는 상황은 원하지 않기 때문이다.

만약 모든 전문적인 자산 관리사들이 버핏의 기준을 준수해야 한다면 우리는 월 스트리트에서 엄청난 숫자의 조기 퇴직자들을 목격하게 될 것이다. 버핏은 버크셔 해서웨이에서 투자 성과를 측정함에 있어서 여전히 '5년 기준'의 상대적 성과 측정방식을 고수하고 있다.[5] 그것은 이전에도 그랬고 앞으로도 매우 높은 잣대가 될 것이다. 모든 투자자들에게는 성과를 평가하는 기준이 필요하다. 만약에 당신이 더 나은 성과 측정법을 고안한다면 그것은 환영할 만한 일이다. 단, 투자하기 전에 기준을 반드시 미리 준비해야 한다.

버핏의 야심찬 목표:
시장을 해마다 10%씩 앞서라

버핏이 투자조합을 위해 설정한 성과 목표는 쉽게 얻어진 것이 아니다. (3년 내지 5년 정도) '상대적으로 부진한 성과를 내는 것은 피한다'는 목표를 달성하고 난 뒤, 버핏은 해마다 '다우지수 대비 평균 10%p 앞선다'는 것을 새로운 목표로 세웠다. 이는 그가 한 사람이 해낼 수 있는 최대치라고 생각한 목표로, 버핏은 이를 달성해내고자 했다. 만약 다우지수가 어느 특정한 해에 마이너스 5%라면 버핏은 자신의 성과가 5%가 되기를 희망했다.

투자자들은 아마도 '10%'라는 수치가 어디에서 비롯된 것일지 궁금할 것이다. 솔직히 말해서 나 역시 그 유래를 잘 모르겠다. 다만 10%라는 수치는 장기적으로 우리가 만족해야 하는 최대치는 아니다. 우리가 달성할 수 있을지도 모를 목표의 최대치를 설정해놓는 것은 본말이 전도된 것이다.

버핏은 어느 해에 전체 시장에 어떤 일이 있을지에 대해선 알지 못했지만, 시장의 평균 수익률이 5~7%라고는 생각했다. 그가 10% 앞선다고 한 것은 연평균 15~17%의 수익률 달성을 목표로 하고 있었음을 의미한다. 10만 달러가 15% 복리 수익률로 늘어난다면 10년 후에는 40만 5,000달러가 될 것이고, 20년 후에는 160만 달러가 될 것이다. 이는 놀라울 정도로 좋은 결과이다.

실제로 투자 성과에 관한 버핏의 모든 논평은 상대적 기준으로 만들어졌다. 한편 버핏은 이러한 자신의 생각을 골프 친구에게 말하는 것처럼 설명했다.

> 시장의 수익률이 평균 30% 감소한 해에 우리의 수익률이 15% 감소한 것은 시장의 수익률이 평균 20% 성장한 해에 우리의 수익률도 20% 성장한 것보다 훨씬 더 낫다고 생각합니다. 투자를 하다 보면, 투

자 성과가 좋은 해도 나쁜 해도 있습니다. 그런 일들에 일희일비하며 흥분하거나 침울해짐으로써 얻을 수 있는 것은 아무것도 없습니다. 중요한 것은 파par*를 치는 것입니다. 파3홀에서 4타는 파5홀에서 5타를 치는 것보다 좋지 않습니다. 그리고 우리가 파3 혹은 파5 경우를 갖지 않게 될 것이라고 가정하는 것은 비현실적입니다.[6]

투자자들은 투자 성과를 하나의 방식으로 판단할 수 있다. 만약 시장이 전반적으로 하락했는데 당신의 투자 성과가 덜 하락했다면 좋은 성과를 거둔 해라고 볼 수 있다. 당신의 투자 성과가 시장의 평균보다 조금 앞서는 것이 계속된다면, 실적이 오르든 내리든 그 결과는 뛰어난 것이라고 할 수 있다.

비록 버핏투자조합은 단 한 해도 시장의 평균 수익률을 하회한 적이 없지만, 버핏은 투자자들에게 그런 일이 벌어질 수도 있음을 예상하도록 가르쳤다.

투자자로서의 버핏이 발휘한 기술, 그가 상대적으로 적은 금액으로 투자조합을 운용한 것, 그의 스타일에 잘 들어맞았던 시장 상황, 그리고 행운과 같은 요인들은 버핏투자조합이 지속적으로 뛰어난 성과를 내는 데 도움이 됐다. 그렇지만 그 이후 버크셔 해서웨이는 약간 저조한 성과를 기록했던 시기가 있기도 했고, 그 하락폭이 크지는 않지만 실제로 주가가 하락한 시기가 어느 정도 있었다.

---

* 한 홀당 정해진 타수.

최고의 검증은
시간의 검증을 받는 것

어떤 투자 스타일을 가지고 있건 간에 언제나 일관된 결과를 기대해서는 안 된다. 모든 것은 '자신만의 계절'을 갖고 있기 때문이다. 투자의 상대적 성과가 달라질 수 있음을 안 버핏은 수익률이 나쁜 해에는 시장 평균보다 10% 뒤질 수 있고, 만약 '모든 게 잘 들어맞을 경우에는' 자신의 수익률이 시장 평균보다 25% 앞설 수도 있다고 미리 주의를 주었다.[7] 버핏은 어떤 특정한 두 해 사이에 벌어지는 광범위한 기대치의 차이 때문에 투자자들은 자신의 투자 성과를 여러 해에 걸쳐 측정해야 한다고 보았다.

이때 3년이란 기간은 투자 성과를 측정하기 위해 필요한 절대적인 최소한의 기간이었다. 버핏은 3년보다 5년 단위의 측정을 선호했다. 투자 성과에 대한 최고의 검증은 시장의 오르내림이 없는 기간에 행해지는 것이다. 그렇기 때문에 시장의 투기적인 열정에서 빚어지는 차이는 변수에서 제거되어야 한다. 버핏은 투자자들에게 어느 특정한 해의 상대적 성과조차도 운이라고 가르치고 상기시켰다. 그것은 1장에서도 이야기했지만 단기간의 시장의 움직임에 작동하는 '투표기계'의 속성에 의존한다. 당신이 평가의 지평을 넓힐수록 그 검증 방식은 점점 '체중계'의 방식에 근접하게 될 것이다.

버핏은 투자자들에게 여러 해에 걸친 검증을 할 때 좌시해서는 안 될 중요한 주의사항을 가르쳤다. 바로 투기성이 짙은 강세장의 막바지에는 부진한 성과가 흔히 일어난다는 것이다. 이는 버핏이 지금도 여전히 반복하는 메시지이다.

우리는 버핏투자조합의 마지막 몇 해에 이 현상을 목격했다. 이 시기는 강세장이었으며, 몇몇 '퍼포먼스 펀드Performance Fund'*가 버핏투자조합의 성과를 완파했다. 1970년대 초반 이 강세장은 폭락으로 최후를 맞이했다. 이런 상황은 최근에도 있었다. 바로 2000년대 '인터넷 버블'이 터지기 전, 버핏과 버크셔 해서웨이는 궤도를 이탈한 것처럼 보였던 것이다. 시장의 흥분은 그 투기적 광풍과 함께 주가를 기업의 펀더멘탈**에서 분리시켰다. 시장을 '투표 기계'로 간주한 사람은 이러한 상황에서 번성했지만 버핏과 같은 '체중계'는 마치 궤도를 이탈한 것처럼 보였던 것이다.

가치 지향적인 투자 방식의 보수적인 특성 때문에 버핏은 우리에게 일반적으로 약세장에서 상대적으로 더 나은 성과를 기대하라고 가르친다. 다시 한 번 말하지만 그는 이 시기에 성과가 저조하더라도 염려하지 않았다. 그는 시장 평균보다 덜 하락할 것임을 예상했기 때문이다. 오늘날 이 원칙을 따르는 투자자들은 버핏이 했던 이와 같은 기대를 공유해야만 한다. 약세장은 적절히 활용된다면 최상의 투자 성과를 보여주는 경향이 있다. 이와 관련해 버핏은 1962년에 조합원들에게 다음과 같이 말했다.

---

* 적극적으로 투자하여 단기간에 최대한의 수익을 추구하는 펀드.

** 기업의 근본 가치를 말한다. 주식시장의 참여자들은 기업을 펀더멘탈보다 높게 평가하기도 하고, 낮게 평가하기도 한다. 이런 까닭으로 기업의 주가가 수시로 변하는 것이다.

다우지수의 하락은 우리에게 몇 %의 이익을 쌓아나갈 기회이기도 합니다. 이는 상승장에서는 평균적인 성과밖에 가져다주지 못하지만 장기적으로는 우리에게 만족할 만한 성과를 가져다줄 것입니다. 우리의 목표는 다우지수가 1% 하락할 때 우리는 0.5% 하락하는 것입니다. 이 같은 목표가 달성된다면 이는 주식투자에서 다른 어떤 대안보다도 훨씬 더 보수적인 수단을 갖고 있다는 것을 의미합니다.[8]

버핏은 투자자들에게 '원칙이란 변하지 않는다'는 점을 상기시킨다. 그는 적극적인 펀드 매니저와 시장과의 수익률 경쟁을 측정하기 위해서는 최소한 3년간의 검증 기간이 있어야 한다고 주장한다. 그 어떤 것도 측정하지 않았던 금융 산업은 1960년대 말이 되자 지나치게 빈번하게 측정하는 형태로 바뀌었다. 이들이 매일, 매주 빈번하게 수익률을 측정하던 시기에, 버핏은 여전히 최소한 3년간의 검증 기간이라는 입장을 고수했다. 빈번하게 수익률을 측정하는 것은 아예 측정하지 않느니만 못하다.

우리는 버핏으로부터 수익률 측정을 다른 핵심 원칙들과 함께 생각하는 법을 배운다. 만약 주식시장이 효율적이지 않다는 것을 첫 번째 원칙으로 설정한다면, 단기적 성과에 일희일비하는 것은 모순적인 행동이 될 것이다. 수익률 차트의 구불구불한 선은 말하자면 '장난'이다.

대신 우리는 최소한 3년간의 수치에 관심을 가져야만 한다. 왜냐하면 그것이 시장이 효율적이라고 기대될 수 있는 분기점이기 때문이다. 기간을 5년으로 두고 보면 더 좋다. 완전한 시장의 사이클(시장의 최저점에서 최저점까지 혹은 최고점에서 최고점까지)은 적극적 펀드 매니저들을 평가하기에 가장 적절한 기간이다.

'수익률 평가'에 관하여

1962년 1월 24일

내가 조합원들을 선택하는 것과 더불어서 조합원들과 지속적인 관계를 유지하는 데 있어 중요하게 생각하는 항목은 측정 기준이 같다는 것입니다. 만약 나의 투자 성과가 좋지 않다면 투자자들이 빠져나갈 것이고, 나는 내가 운용하는 펀드를 위한 새로운 투자처를 찾아야만 합니다. 만약 나의 투자 성과가 좋으면 내가 상황 조정을 훌륭히 해내고 있음을 자신하게 될 것입니다.

이때 명심해야 할 점은 우리가 무엇을 잘하고 무엇이 부진한지에 관해 똑같은 생각을 갖고 있어야 한다는 것입니다. 나는 우리가 어떤 행동을 하기 전에 기준을 설정해야 한다고 생각합니다. 돌이켜보면, 거의 모든 것들은 다른 것들과 비교해, 더 좋아 보이도록 만들어질 수 있습니다.

나는 지속적으로 다우지수를 우리의 투자 성과를 판단하는 기준으로 사용했습니다. 나는 3년이 투자 성과를 평가할 수 있는 최소한의 기간이라고 느낍니다. 그리고 최상의 방법은 적어도 다우지수가 애초의 수준으로 돌아가는 시점입니다.

다우지수는 성과 측정 지표로서 완벽하지는 않지만(사실 다른 어떤 것도 마찬가지입니다), 널리 알려져 있으며, 장기간 지속되어왔다는 장점이 있습니다. 또한 다우지수는 투자자들의 시장에 대한 경험을 상당히 정확하게 반영하고 있습니다. 나는 일반적으로 시장의 투자 성과를 측정하는 다른 방법들, 예를 들면 다른 주식시장의 평균이나 대형 뮤추얼 펀드, 은행의 공동 신탁 자금을 반대하지 않습니다.

1964년 7월 8일

우리는 이 정책이 어느 방향으로 가든지 간에 이를 규칙적으로 따를 것입니다. 당연히 우리의 투자 성과를 측정하는 방법이 좋은 수익률을 보증하지는 않습니다. 그것은 단지 객관적인 평가를 보장할 뿐입니다. 나는 '기본 원칙들'을 강조하고 싶습니다. 다시 말해 우리 활동의 특성상, 우리가 성과 부진을 겪을 수 있는 투기성 호황기를 고려하여 성과 측정은 적어도 3년 단위로 적용되어야만 합니다.

그렇지만 내가 여러분에게 약속할 수 있는 한 가지가 있습니다. 그것은 우리의 성과를 '시장 대비 초과했는가 혹은 미달했는가'라는 우리가 선택한 기준으로 측정하는 것을 계속해서 유지할 것이라는 사실입니다. 만약 우리가 이보다 더 나은 방법으로 측정할 수 없다면, 나는 이 측정 기준을 바꾸지 않을 것입니다. 내 의견으로는 수백억 달러를 움직이는 투자 분야가 사람들의 능력을 측정하는 좋은 기준을 갖고 있고 그것을 현명하게 적용한다면 좀 더 만족스러워질 것이라고 생각합니다. 이것은 대부분의 사람들이 시장, 사람, 기계, 방법 등을 평가할 때 자신들의 비즈니스에서 규칙적으로 하고 있는 일입니다. 그리고 돈을 관리하는 것은 이 세상에서 가장 커다란 비즈니스입니다.

1966년 1월 20일

나는 나의 투자 성과를 측정하는 데 사용하는 나의 기준이 자본을 운용하는 모두에게 적용될 수 있다고 믿지 않습니다. 그렇지만 돈을 운용하는 일에 종사하는 모든 사람은 성과를 측정하는 기준을 갖고 있어야만 하며, 펀드 매니저와 투자자들은 왜 그 기준이 성과를 측정하는 데에 적합한 기준인지, 어떤 기간 동안 활용되어야 하는지 등에 대해 명백하게 이해하고 있어야 한다고 믿습니다.

프랭크 블락Frank Block*은 1965년 〈파이낸셜 애널리스트 저널〉 11~12월호에서 이 같은 사실을 매우 적절하게 표현했습니다. 그는 투자 성과의 측정에 관해 언급하면서 다음과 같이 말했습니다.

"이 주제에 관해서 시장은 철저하게 무관심하다. 만약 투자 관리 조직이 항상 최상의 성과를 추구했다면, 투자 성과를 신중하게 측

---

* 호주 출신의 정치가이자 작가.

정하는 데 특별할 것은 없다. 고객이 성과에 대해 공식적인 발표를 요구했는지는 중요하지 않다. 조직원 모두가 품질을 객관적으로 측정하고 알고 있다는 점에서부터 자부심은 비롯된다. 이는 결과에 대한 정확한 지식이 없으면 불가능하다. 일단 이 같은 지식이 확보되면, 약점과 강점의 패턴이 스스로를 발전시키는지에 관한 분석으로 나아가야 한다. 우리는 복잡한 산업 조직의 발전을 인지하는 데 최상의 도구를 활용하지 못했다는 이유로 기업의 경영진을 비난한다. 우리가 다른 사람의 돈을 다루는 노력의 효율성을 보여주는 데 똑같은 도구를 사용하지 않는다면 이는 용납될 수 없다. 그래서 대부분의 투자 기업의 데이터 처리 프로그램에 성과 측정 시스템이 자동적으로 포함되지 않는다는 사실은 우리를 우울하게 만든다. 슬픈 사실은 몇몇은 자신들이 얼마나 잘 하는지 혹은 잘 못하는지를 아는 것을 좋아하지 않는 것처럼 보인다는 것이다."

1966년 1월 20일

솔직히, 우리가 기준을 적용해야 하고, 여러분과 내가 동일한 기준을 사용해야 한다고 주장하는 데에는 몇 가지 이기적인 이유가 있습니다. 뉴욕 양키즈의 전설적인 야구 감독인 케이시 스텡글Casey Stengle이 말한 "훌륭한 패자는 없다" 같은 서정적인 표현에 나오는 대로 나는 골프에서 파를 치는 것에서 스릴을 느낍니다. 더 중요한 것은, 나는 잘못된 이유(손실을 입은 해가 있었다는 것) 때문에 비난

받는 것이 아니라 오직 적절한 이유(다우지수보다 저조한 실적을 낸 것) 때문에 비난을 받을 것이라는 사실을 확신한다는 점입니다. 투자자들이 나를 올바른 기준으로 평가할 것을 아는 것은 내가 일을 더 잘 하도록 돕습니다. 마지막으로, 미리 적절한 기준을 정해두면 결과가 그저 그렇거나 (심지어 나쁘거나) 할 경우에도 이를 극복할 수 있음을 확인시켜줍니다. 이는 과거의 성공이 현재의 결과에 대한 판단을 흐리게 할 수 없음을 의미합니다. 불충분한 성과를 합리화하는 일은 줄어들어야 합니다. 수익률 측정에 대한 이 같은 자학적인 접근법은 그다지 좋은 점이 없는 것처럼 보이지만, 기업 조직을 관찰해온 바에 따르면 많은 투자기관과 산업체에서 이런 평가가 이루어져왔다는 것을 장담할 수 있습니다.

그러므로 만약 여러분이 투자 분야에서 다른 사람(혹은 당신 자신!)을 평가한다면 그것들을 해석하는 몇몇 기준들을 생각하길 바랍니다. 만약 여러분이 느끼기에 우리의 기준(다우지수 대비 적어도 3년간의 검증)이 적용할 만하지 않다면, 여러분은 우리의 투자조합에 들어와서는 안 됩니다. 우리의 기준을 받아들일 만하다고 느낀다면, 우리가 다우지수의 결과를 이기고 있는 한, 여러분은 손실이 나는 해를 평정심을 갖고 보내야 합니다.

—∾—

1962년 1월 24일

오랜 기간에 걸쳐 나는 다우지수가 배당금과 시장가치 상승분의 결합으로 인해 연복리 수익률 5~7%를 가져다줄 것으로 생각했습니다. 최근 수년 동안의 경험에도 불구하고 일반 시장보다 훨씬 나은 결과를 기대하는 사람들은 실망할 것입니다.

우리의 임무는 어느 특정한 해의 결과에 너무 연연하지 않고 다우지수를 상회하는 성과를 매년 차곡차곡 쌓아가는 것입니다. 나는 다우지수가 25% 하락했는데 우리는 15% 하락한 해가, 우리 투자조합과 다우지수가 함께 25% 상승한 해보다 훨씬 우수하다고 생각합니다.

나는 투자자들과 대화할 때 이 점을 늘 강조해왔고, 그들이 고개를 끄덕이는 모습을 보아왔습니다. 여러분이 나의 논리를 전적으로 이해하고 머리로만이 아니라 뼛속 깊이 동의하는 것은 나에게 가장 중요합니다.

투자 운영 방침에서 설명했지만, 시장이 하락하거나 정체 중일 때가 다우지수와 관련해 우리가 최고의 성과를 내는 해가 될 가능성이 높습니다. 그러므로 우리가 추구하는 이익은 아마도 급격히 다른 금액으로 나타날 것입니다. 우리가 다우지수에 추월당하는 해는 있을 수밖에 없습니다. 그렇지만 장기간 놓고 보면 우리는 다우지수보다 연평균 10% 앞설 것이며, 나는 그 같은 성과를 만족스럽게 느낄 것입니다.

특히 만일 시장이 어느 특정한 해에 35~40% 하락한다면(나는 향후 10년 이내에 한 번 정도는 이런 일이 벌어질 것이라고 확신합니다. 그렇지만 그때가 언제인지는 알 수 없습니다) 우리는 15~20% 정도만 하락해야만 합니다. 만약 그 해에 수익률이 어느 정도 변함이 없다면 우리는 다우지수보다 10% 정도 앞서는 것을 기대할 수 있습니다. 만약 시장의 수익률이 20% 이상 된다면 우리는 그 이상이 되기 위해 처절하게 노력해야만 할 것입니다. 수년 동안의 이 같은 성과가 의미하는 것은 다우지수가 연간 5~7%의 이익을 복리로 오른다면 우리의 결과는 연간 15~ 17%를 기대할 수 있다는 점입니다.

앞서 언급한 기대치는 어느 정도 성급하게 들릴 것입니다. 1965년 혹은 1970년의 유리한 지점에서 봤을 때 그럴 가능성이 높다는 점에서는 의심의 여지가 없습니다. 물론 내가 명백히 틀린 것으로 드러날 가능성도 있습니다. 그렇지만 나는 조합원들이 이 점에 관해서 내가 무엇을 생각하는지 알 자격이 있다고 생각합니다. 비록 우리가 하는 일이 그런 기대치에 오류가 있을 가능성이 높은 일이지만 말입니다. 어떠한 해에 그 편차들은 상당히 클 수 있습니다. 1961년에 이 같은 일이 있었지만* 그 해 나는 다행히도 꽤 좋은 결과를 냈습니다. 그렇지만 항상 그런 행운이 찾아오지는 않을 것입니다.

* 1961년 한 해 동안 버핏투자조합은 45.9%의 탁월한 수익률을 기록했다. 버핏이 투자조합을 운영한 13년 가운데 58.8%(1968년), 47.2%(1965년)에 이어 세 번째로 높은 수익률이었다. 버핏은 1961년에 다우지수도 22.4% 상승했지만 버핏투자조합은 45.9%의 수익률을 기록함으로써 편차(45.9%-22.4%=23.5%p)를 크게 벌렸다고 말하고 있다. 이는 자신의 목표인 '다우지수가 하락하는 기간에는 덜 하락하고, 다우지수가 상승하는 기간에 더 상승하는 것'에 부합한다는 의미이다.

1964년 7월 8일

동물학대방지협회가 있든 없든, 물('시장'을 의미)이 들어차면 오리는 수면 위로 올라가고, 물이 줄어들면 오리도 수면 아래로 내려갑니다. 나는 오로지 오리 스스로 한 행동만을 두고 칭찬이나 비난을 할 수 있다고 생각합니다. 호수의 수면이 상승하고 하강하는 것은 오리가 꽥꽥거리는 것과 거의 관계가 없습니다. 버핏투자조합의 성과에 있어 '수면의 높이'는 매우 중요한 요소입니다. 그렇지만 우리는 또한 종종 자신만의 날갯짓을 합니다.

1965년 1월 18일

나는 투자 성과가 다우지수에 근거해 측정되어야 한다는 생각이 나의 이익과 자아에 큰 영향을 받은 추측임을 강조하고 싶습니다. 금융의 역사에 관해 감각이 있는 사람이라면 이 같은 종류의 추측이 어마어마한 오류가 있을 수 있다는 점을 잘 알 것입니다. 이것은 이 편지에서 제외되는 것이 나을 수 있으나, 이 질문은 조합원들이 자주 그리고 정당하게 묻는 질문입니다.

장기적으로 기대되는 수익률은 버핏투자조합에 소속되어 있는 우리 모두가 중요하게 고려할 사항입니다. 그리고 우리가 기록을 남기는 것은 합리적인 행동입니다. 그 기록이 나중에 나를 바보같이 보이게 할지라도. 브로커, 투자 카운셀러, 신탁부서, 투자 회사 등 어떤 펀드 매니저이든 간에 자신이 무엇을 성취하려고 하는지, 그리고 그가 자신의 임무를 어떻게 측정하는지에 관해서 명백하게 말해야만 합니다. 이는 다소 청교도적인 나의 견해입니다.

시장에 있는 다른 사람들이 자신들의 기준을 바꾸든지 그렇지 않든지 간에—혹은 드물게 바꾸든지 빈번하게 바꾸든지 간에—버핏은 우리 자신이 각자 세운 기준은 절대 바꾸지 말아야 한다고 가르친다. 시장은 투자자들의 원칙 주변을 배회하면서 변한다. 시장은 절대 우리를 지배하지 못한다.

투기적인 강세장을 예외로 한다면, 버핏은 자신이 상당한 격차로 시장을 이길 수 있다고 생각했다. 그는 성과가 공정하고 정확하게 모니터링 되고 평가될 수 있도록 명확하고 일관된 측정 방법을 확립해야 한다고 가르친다. 그는 우리가 하려는 일을 미리 정확하게 설명한다. 그리고 그는 그 기준에 비추어 우리 자신을 정기적으로 검증하도록 격려한다.

오늘날 주식투자 분야에서의 수익률 측정은 '알파Alpha', '베타Beta', '샤프 비율Sharp Ratios', '트레이너 비율Treynor Ratios' 같은 용어들 때문에 오염되고 모호해졌다. 그러나 그렇게 복잡할 필요가 없다. 적극적 투자의 길을 가기로 결정한 투자자들은 단지 그것을 미리 생각하고 측정 계획을 고수하기만 하면 된다. 당신 스스로 하든 아니면 전문가를 통해서 하든 적극적으로 투자하는 경우 3년 내지 5년 동안의 결과를 모니터링 해보고, 그 기간 동안 투기적 시장의 운영이 없는데도 만성적으로 저조한 성과를 거두었을 경우, 변화를 심각하게 고려해야 한다.

이것은 필연적으로 새로운 펀드 매니저를 어떻게 선택할 것인지 여부를 중요하게 만들고, 매니저의 행동을 지배하는 '인센티브'의 힘에 대한 이해를 요구한다. 버핏이 투자조합을 조직했던 방법을 연구하다 보면, 당신은 투자자와 펀드 매니저 사이에 존재하는 잠재적 갈등 영역을 발견하게 될 것이다. 이 영역은 가능한 한 최소화되어야만 한다. 우리는 다음 장에서 이에 관해 다룰 것이다.

5장
버핏투자조합 성공의 비밀

"새롭게 통합된 투자조합은 유가증권에서의 나의 모든 투자 활동을 대표할 것입니다. 우리가 6% 이상의 수익률을 거두게 된다면 나의 투자 결과는 여러분의 성과와 정확히 비례할 것입니다."[1]

_1961년 7월 22일의 편지 중

인센티브Incentive는 행동을 지배한다. 펀드 매니저, 기업 경영인, 정치가를 비롯해 사람이라면 누구든지 간에 자신이 받을 보상에 따라 행동한다.

그러므로 펀드 매니저가 어떤 방식으로 보수를 받는지에 대해 이해한다면 당신은 그들의 행동과 당신이 거둘 최선의 이익 사이의 관계를 비교할 수 있다. 대부분의 사람들이 마땅히 받아야 할 보상을 받는 것일 뿐이라고 생각하면서, 인센티브가 발휘하는 강력한 힘은 종종 과소평가된다. 이와 관련해 버핏의 평생 동반자이자 버크셔 해서웨이의 부회장인 찰리 멍거는 다음과 같이 말했다. "나는 내 인생의 대부분을 동기부여의 힘을 이해하는 데 할애했다. 그럼에도 불구하고 나는 항상 그 힘을 과소평가해왔다. 나는 동기부여의 힘을 발견하고 놀라지 않은 적이 단 한 해도 없다."

페덱스FedEx는 멍거가 동기부여에 관해 이야기할 때, 자주 인용하는 사례이다. 멍거가 언급했듯이 페덱스의 비즈니스 성패는 할당된 시간 안에 집하지에서 수화물을 내리고 나서 빠르게 싣는 것에 달려 있었다. 수년 전 페덱스는 직원들이 모든 박스를 내리고 나서 적시에 비행기에 다시 싣도록 하는 일에 심각한 어려움을 겪고 있었다. 페덱스 경영진들은 수차례 다양한 시도를 했지만 모두가 허사였다. 그때 누군가가 놀라운 아이디어를 제시했다. 그 아이디어는 다름 아니라 직원들에게 지급되는 보수를 시간 단위가 아니라, 수화물을 옮기는 횟수에 따라 주자는 것이었다. 문제는 순식간에 해결됐다.[2]

페덱스는 오랫동안 직원들에게 시간당 보수를 지급하는 방식을 채택했다. 쉽게 말해 오랜 시간 일하는 사람일수록 많은 보수를 받을 수 있었다. 자연스럽게도 페덱스 직원들은 장기간 근무하는 것에 동기부여가 된 상태였다. 그런데 수화물을 얼마만큼 옮기냐를 기준으로 보수를 책정하는 시스템으로 변경하자, 페덱스의 노동자들은 좀 더 빠르게 실수 없이 일하고 귀가하는 쪽으로 동기부여가 됐다. 노동자 입장에서 업무를 빨리 끝낸다는 것은 효율적으로 시간당 임금을 받는다는 것을 의미한다. 비즈니스의 이해관계를 노동자의 인센티브와 결합시킴으로써 페덱스는 기업의 업무 효율성 문제를 극복했고, 노동자들도 만족할 수 있는 성과를 달성했다.

이런 원리는 투자에 있어서도 다르지 않다. 다음은 투자의 금언 중 하나이다. "개미가 집안에 들어오기를 원한다면, 마루에 설탕을 두어라."[3] 당신의 펀드 매니저가 당신의 이익을 위해 행동하기를 원한다면, 당신의 이익이 그가 추구하는 이익과 결합되어 있는지를 제대로 확인해야 한다. 버핏은 능수능란하게 자신의 투자자들과 자신의 이익을 결합했다.

버핏투자조합의 근간

버핏투자조합은 버핏의 스승인 벤저민 그레이엄의 그레이엄-뉴먼 사의 모델을 본떴다. 그레이엄-뉴먼 사는 미국의 초기 헤지펀드 중 하나이다. 벤저민 그레이엄은 그레이엄-뉴먼 사의 기본 구조를 설계했는데, 그레이엄-뉴먼 사에는 '무한책임 조합원General Partner'이라는 것을 두었다. 무한책임 조합원(=워런 버핏)은 경영의 책임을 지고 이익의 일부를 가져갔다. 이와 달리, '유한책임 조합원Limited Partner'은 (엘리스 숙모처럼) 자본을 대긴 하지만, 헤지펀드가 어떻게 운영되는지에 관해서는 권리를 주장할 수 없었다.

버핏이 스물여섯 살이 되던 해, 그레이엄-뉴먼 사를 그만두고 오마하에 돌아와 최초의 투자조합을 어떻게 만들었는지를 다음과 같이 묘사하고 있다.

> 나는 투자조합을 어떻게 시작할 것인가에 관해 별다른 계획이 없었습니다. 심지어 나는 직업도 없었습니다. 그러나 나는 내가 보유한 자금을 스스로 운용할 수 있는 한 걱정하지 않았습니다. 나는 증권을 다른 사람에게 다시 팔고 싶지 않았습니다. 그렇지만 순전히 우연하게도

나의 일가친척을 포함한 일곱 명이 나에게 "당신은 주식을 파는 것에 익숙하군요. 그리고 우리는 당신이 우리의 돈을 가지고 무엇을 하면 좋을지를 말해줬으면 좋겠습니다"라고 말했습니다.

나는 그들의 말에 이렇게 대답했습니다. "저는 앞으로 다시는 그런 일을 하지 않을 것입니다. 다만 나는 '벤 앤 제리Ben and Jerry'가 만들었던 것과 유사한 투자조합을 만들 것입니다. 여러분들이 저의 행보에 동참하고 싶다면 그리 하실 수 있습니다."* 나의 장인, 숙모, 누이, 처남, 그리고 나의 대학 룸메이트와 그의 어머니, 나의 변호사가 모두 투자조합 계약서에 서명을 했습니다. 당시 나는 100달러를 갖고 있을 뿐이었습니다. 그것이 시작이었고, 이 모든 것은 전적으로 우연이었습니다.[4]

버핏이 설립한 최초의 투자조합에는 그와 지근거리에 있는 사람들이 함께했다. 이러한 상황은 그가 투자조합의 수수료 구조를 설계하는 데 강한 영향을 미쳤다. 이후 10개가 넘는 투자조합이 1956년부터 1961년 사이에 만들어졌다. 투자조합이 추가됨에 따라 버핏은 새롭게 생긴 투자조합이 감당할 수 있는 리스크에 근거해 다른 조건을

---

* 1978년 5월 미국 버몬트 주 벌링턴 시내에서 벤 코언Ben Cohen과 제리 그린필드Jerry Greenfield가 공동 창업한 글로벌 아이스크림 회사로, 주유소에 딸린 조그마한 아이스크림 가게가 그 시작이었다. 아이스크림 가게를 창업하기 위해 두 사람은 1만 2,000달러를 투자조합 형태로 공동 투자했다. 두 사람이 회사 경영과 성과에 대해 공동 책임을 지는 방식이었다. 버핏이 언급한 벤 앤 제리 방식(=투자조합)이란, 투자자를 단순히 자본을 투자한 사람이 아니라 회사 경영에도 관여하는 동업자로 여길 것이라는 의미이다.

내놓는다. 그는 조합원으로 합류한 사람들의 대부분을 개인적으로 알고 있었다. 이 가운데 많은 사람들은 오마하에 살고 있었다.

각각의 경우마다 버핏은 이익기준점을 넘어설 때 이득의 몇 %를 가져갔다. 그것은 '이해관계 조항Interest Provision'이라고 불렸다. 일반적으로 그가 더 많은 리스크를 부담할 때면 그는 초과 이익의 더 많은 부분을 가져갔다. 11개 투자조합의 이해관계 조항에 따르면 버핏이 이득을 가져갈 수 있는 이익기준점은 투자조합이 거둔 수익률의 0~6%였다. 그것을 넘어서는 초과분은 무한책임 조합원(워런 버핏)에게 돌아갔다. 최초의 투자조합은 손실을 분담하는 조항을 갖고 있었다. 이는 버핏이 개인적으로 손실의 일정 부분을 부담하기로 동의한 것이다. 그는 지속적으로 공정한 태도를 유지했으며, 서로 다른 조합원들의 요구와 투자의 위험요소들을 수용했다. 좀 더 많은 위험요소를 받아들이는 조합원들은 그렇지 않은 조합원들보다 수수료를 좀 더 적게 냈다. 버핏이 추가적인 위험요소를 떠안을 때, 그는 더 많은 수수료를 부과했다.

하나로 통합된 투자조합

버핏은 10만 5,100달러 규모의 단일 투자조합으로 시작했지만 1960년이 되자 투자조합은 7개가 됐고, 자산은 이들 7개의 투자조합을 합쳐 총액 190만 달러에 달했다. 운용하는 자산의 규모가 커지자 각각의 투자조합을 일일이 통제하기 어려운 수준이 되었다. 버핏은 이즈음 늘어난 투자조합을 통합하고자 하는 바람을 처음으로 피력한다. 그는 투자조합들 사이에 상이한 성과가 나타나고 있음을 인정했다.

> 우리의 투자조합은 성장하고 있습니다. 그룹의 평균적인 수익률과 비교했을 때 지금까지 꾸준히 강세이거나 약세인 투자조합은 없었습니다. 그러나 최근 몇 년 사이, 내가 모든 투자조합을 운용하면서 같은 증권에 같은 비중으로 투자하고자 노력하고 있음에도 불구하고 약간의 편차가 나타나기 시작했습니다. 이와 같은 차이는 현재 여러 개로 분산된 투자조합을 하나로 통합함으로써 해결할 수 있습니다. 투자조합의 통합은 이밖에도 각각의 투자조합을 별도로 운용하면서 생기는 자질구레한 잡무와 비용들을 없애줄 것으로 기대됩니다. 나는 앞으로 수년에 걸쳐서 투자조합 통합 업무를 추진하길 희망합니다. 문제는 많은 조합원들이 투자조합이 다양하게 존재하기를 선호한다는 것입니다. 조합원들의 만장일치가 없다면 아무것도 할 수 없습니다.[5]

1962년, 여러 개로 분산되어 있던 투자조합들은 '버핏투자조합'이라는 한 개의 조직으로 통합됐다. 버핏은 이 통합으로 조합원들 사이에 수익률의 차이가 일어날 가능성을 없앴다. 투자조합에 있는 버핏의 총자산은 그 해 한 해에만 3배나 증가해서 717만 8,500달러에 달했기 때문에 이 같은 움직임은 시기적절했다. 버핏의 개인적 지분은 14.3%를 차지했고, 여기에 그의 가족 멤버들의 집합적 이해관계가 더해지면 버핏 가족의 지분은 25%를 조금 상회했다. 이는 상당히 높은 비중이라 할 수 있으며, 버핏투자조합은 헤지펀드나 투자조합이라기보다는 가족 기업에 가까웠다. 버핏은 이제 단순히 수수료를 챙기는 무한책임 조합원이 아니었다. 그와 그의 가족은 어떤 다른 유한책임 조합원보다 재정적으로 많은 지분을 갖게 됐다.

버핏투자조합 통합의 조건들

모든 투자조합들이 '버핏투자조합Buffett Partnership Ltd.'이란 이름으로 통합됐을 때, 유한책임 조합원들은 기존까지와는 다르게 동일하고 보편적인 조건을 받아들이도록 요구받았다. 통합 이전에는 자신들이 속해 있는 투자조합별로 이익의 배분 조건, 출자 조건 등이 달랐다. 이해관계 조항에서 기준 수익률은 모든 사람들에게 6%로 설정됐다. 6%를 넘는 이익에 대해 버핏은 해당 수익의 25%를 수령하는 구조를 가지게 됐다. 버핏은 평균적으로 시장이 연간 5~7% 성장할 것으로 생각했다. 이해관계 조항은 버핏이 시장의 평균적인 수익률을 넘기지 못할 경우, 아무런 이익도 얻을 수 없는 수준으로 설정됐다. 그는 하이워터마크High Water Mark*를 갖고 있었다. 연간 6%에 미달하는 누적 손실은 버핏이 수수료를 받기 전에 보상되어야 했다.

그러나 몇몇 조합원들은 투자조합을 수익원으로서 의존했고, 그

---

* 손실 구간에서 성과 보수를 받지 않는 것. 이를테면 만일 한 헤지펀드가 올해 마이너스 3%의 수익을 냈다면, 내년에 5%의 수익을 냈을 경우 5%에 대한 인센티브를 받는 것이 아니라, 전년도 수익률과 합산하여 2%의 인센티브를 받는 것을 의미한다.

런 까닭으로 이해관계 조항에 근거하여 받게 되는 수익금을 곧장 수령하기를 원했다. 또 다른 조합원들은 이해관계 조항에 근거한 수익금을 바로 수령하기보다는 그 돈이 투자된 상태로 남아 있기를 원했다. 자신의 투자 자본이 최대 금액으로 투자된 상태로 남아 있기를 원했던 것이다. 버핏은 원하는 바가 전혀 다른 두 그룹을 만족시키기 위해 6%는 분배했고, 0.5%는 수익금을 곧장 수령하길 원하는 사람들에 한해 매달 지급하는 방식을 채택했다. 자신의 투자 자본이 모두 투자되기를 원하는 조합원들은 매월 지급되는 수령액을 포기할 수 있었다. 그 돈은 연말에 투자조합으로 재투자되었다.

이제는 통합된 버핏투자조합의 위와 같은 수익 분배 구조가 투자금을 운용하는 매니저의 인센티브와 개별 투자자들의 목표 모두를 효과적으로 충족시킨 매우 놀라운 사례였음을 살펴볼 차례이다. 단순하고 이해하기 쉬운 동기부여 시스템을 디자인할 줄 아는 능력은 버핏이 버핏투자조합 기간 동안을 포함해 그의 전생에 걸쳐서 성취한 성공의 주요한 원천으로 남아 있다.

관리 수수료를 받지 않은 버핏투자조합

오늘날의 헤지펀드와 뮤추얼 펀드는 전형적으로 투자자들에게 자산 관리 수수료를 청구한다. 이 금액은 투자자가 투자를 의뢰한 자산의 규모에 비례해 고정된 비율로 계산된다. 보통 연간 0.25~2% 정도이며, 때로는 그 이상이 될 때도 있다. 수수료는 성과와는 무관하게 책정된다.

자산 관리 비즈니스는 확장성이 매우 뛰어나므로—자산의 증가는 추가 비용이 거의 필요하지 않다—관리하는 펀드가 많으면 많을수록 자산 관리 매니저는 더 큰 이익을 남길 수 있다. 확실한 성과를 보여주는 것은 펀드의 성장성을 판단하는 중요한 요소이고, 대규모 마케팅은 새로운 투자자들을 불러들일 수 있게 한다. 그리하여 자산의 성장을 이끌어내는 능력은 한층 더 빨라진다. 대다수의 펀드 매니저들은—특히 뮤추얼 펀드 기업들은—수수료를 벌어들인다. 그러므로 자산 관리 매니저들은 자사에서 관리하는 총자산의 규모를 극대화시키고자 하는 동기부여를 받는다.

이때, 고정 비율의 자산 관리 수수료는 자산 관리 매니저들로 하여금 투자 자본의 증가에 대해 반대한다고 말하는 것을 어렵게 만든다. 심지어 그것이 성과에 부정적인 영향을 미치는 것이 명백함에도 말이다. 투자자들의 주요한 이해(연간 수익률)가 펀드 매니저들의 주요한 이해(더 많은 자산, 더 많은 수수료)와 보조를 맞추지 못할 때, 둘 사이에 잠재적 갈등이 생긴다. 버핏은 버핏투자조합을 운용하면서 조합원들에게 별도의 관리 수수료를 부과하지 않았다. 그는 오직 자신이 성취한 투자 성과에 근거하여 인센티브를 받았다. 이러한 시스템은 버핏 개인의 이해관계와 유한책임 조합원과의 이해관계 사이에 존재할 수 있는 잠재적 갈등의 원인을 제거했다는 점에서 훌륭한 구조라고 할 수 있다.

수익률 6%를 넘어설 때만 성과 보수를 받다

자산 관리 수수료를 부과하지 않은 것 외에도 버핏은 아무것도 하지 않아도 얻을 수 있는 수익을 초과한 성과에 대해서만 수수료를 받아야 한다고 생각했다. 버핏은 오직 수익률이 6%를 넘어설 때만 수수료를 받았다. 이 기준점은 시장의 평균 기대 수익률인 5~7%의 중간 지점이었다. 이와 같은 방법으로 버핏은 투자자들의 이해관계와 한층 더 결합했다.

오늘날 헤지펀드들은 '2와 20'으로 알려진 방식으로 수수료를 부과하는 경향이 있다. 2%의 자산 관리 수수료를 부과하고 난 뒤, 추가적으로 전체 수익에 대해 20%의 수수료를 부과하는 것이다. 최소한의 수익률에 대한 기준점 없이 전체 수익에 수수료를 붙이는 셈이다. 이런 까닭에 펀드 매니저들은 시장의 성과를 능가하는 데에 실패하고, 그저 명목상의 이익을 달성하기만 해도 큰 금액의 수수료를 벌 수 있다. 이것은 금융 위기 이후 지속된 유쾌하지 않은 사안이었다. 이 시기(2008년~2013년)에 헤지펀드 산업은 산업 전반적으로 매년 시장지수를 넘어서는 데에 실패했다. 버핏이 들었던 오리에 대한 비유처럼, 이 헤지펀드들은 '날개를 펄럭이는 데는' 실패했지만, 이 헤지펀드가 제안했던 상품에 투자한 투자자들은 여전히 그들이 거둔 수익의 20%를 수수료로 낼 것을 요구받았다. 이에 반해 버핏투자조합의 성과에 바탕한 인센티브 구조는 고객과 헤지펀드 회사의 입장이 바뀌었을 경우 서로에게 원하는 것이 무엇인지를 역지사지로 고려해 만들어졌다.

버핏투자조합과 버핏은 운명 공동체

많은 경우 펀드 매니저의 개인 지분은 그가 운용하는 자산 혹은 그가 소유한 개인 순자산에 비해 크지 않다. 이는 "그들이 벌면, 우리는 잃는" 결과를 가져올 수 있다. 이 말인즉슨, 펀드 매니저들이 투자를 잘할 경우에 그들은 큰 금액을 보수로 받게 된다. 그러나 그들이 올린 실적이 저조할 경우에 손실은 투자자들이 감당할 몫이 될 뿐, 펀드 매니저들은 단지 그들이 운용한 펀드를 폐쇄하기만 하면 될 뿐인 현실을 의미한다. 해당 펀드에 자신이 소유한 순자산에 비해 크지 않은 지분을 갖고 있는 펀드 매니저가 있다고 하자. 그가 펀드를 운용하면서 연간 30%의 손실을 보았다면 명백히 성과 수수료를 받지 못할 것이다. 그렇지만 자신의 투자자들이 감당해야 할 손실과 비교한다면, 이 펀드 매니저가 입을 손실은 적을 것이다. 펀드가 폐쇄된다면 투자자들은 자신들이 가진 자본의 30%를 잃을 뿐만 아니라 앞에서 언급한 하이워터마크라는 안전망도 잃을 것이다. 하이워터마크는 투자자들이 펀드 매니저에게 성과에 대한 인센티브를 지급하기 전에 자신의 손실을 우선 복구할 수 있게 해주는 장치이기 때문이다.

버핏과 그의 가족은 버핏투자조합의 최대 지분을 가진 조합원이었다. 때문에 버핏은 투자 성과를 극대화하는 데에 있어 모든 조합원들과 이해관계로 긴밀하게 얽혀 있었다. 그는 투자의 위험요소들은 없는지 집중해야 했고, 자신의 자본을 보호해야 했다. 버핏은 버핏투자조합이 보유한 자본을 늘리는 것과 더불어 수수료를 창출하는 일에도 신경 써야만 했다. 이 점에서 1960년대에 버핏이 운용했던 버핏투자조합은 오늘날의 헤지펀드와 닮아 있다. 다른 점이 한 가지 있다면, 투자조합의 운용 성과가 저조하다면, 버핏 자신이 갖게 될 수익도 보잘것없게 되도록 설정했다는 점이다.

1년에 딱 한 번만 인출하세요

버핏은 버핏투자조합의 주식 증액과 주식 상환이 1년에 딱 한 번만 되도록 설계했다. 이는 조합원들이 자신들의 성과를 장기적 관점에서 보게끔 했다. 한편 조합원들은 자신의 자본금의 20% 한도 내에서 빌리거나, 연말 증액 이전에 미리 선납할 수 있었다. 이 같은 특권을 위해서 버핏은 6% 이자를 물리거나 지불했다. 그렇게 함으로써 그는 유한책임 조합원들에게 이들이 필요로 할 때 펀드에 대한 접근 권한을 주었고, 기존의 투자액을 증액하길 원하는 사람들을 공정하게 보상해줬다.

여기서 버핏은 '버핏답지 않은' 6%의 차입과 대출의 특징을 다음과 같이 설명하고 있다.

은행에서 훨씬 더 낮은 이자율로 돈을 빌릴 수 있음에도 불구하고 우리는 왜 6% 이자를 선불로 기꺼이 지불할 의향이 있을까요? 예를 들어 상반기에 우리는 은행에서 6개월간 4%의 대출을 받았습니다. 이는 우리가 장기적 관점에서 6% 이상의 수익을 거둘 것을 기대한다는 것을 의미합니다. (우리가 어느 단기간에 6%의 수익률을 달성하는 것이 거의 우연의 문제라고 해도, 우리가 그렇게 하지 않으면 무한책임조합원의 할당액은 0원입니다.) 게다가 나는 투자에 대해서 다른 관점을 가지고 있습니다. 나는 돈의 투자에 관한 한 단기적으로 돈을 빌리는 것보다는 우리 자본의 일부가 되는 것을 기대합니다. 연말에 딱 한 번 증액을 받아 모든 돈이 한꺼번에 들어오는 것보다 선납을 허용함으로써 한 해 동안에 고르게 새로운 돈의 투자를 늘려가는 것이 추가적인 장점이 있습니다. 한편으로 우리 조합원들은 단기적인 달러의 안전투자를 통해 6% 이상의 수익을 얻을 수 있습니다. 나는 그것이 상호간의 이익이라고 생각합니다.

버핏투자조합의 구조에 관한 설명을 통해 버핏은 투자자들에게 펀드 매니저에게 동기부여를 하는 것이 어떻게 투자자의 목표와 병행될 수 있는지에 관해 몇 가지 교훈을 던진다. 우선 우리는 관리 수수료와 성과 수수료에 대해 생각해볼 수 있다. 그들이 게임에서 얼마나 많은 속임수를 쓰는지 살펴보라. 우리 고유의 평가 기준을 만들고, 우리의 목표와 가장 부합하는 펀드 매니저를 고르기 위해서 어떤 유동성 선호 조항Liquidity Provisions이 만들어지는지 살펴보라.

동기부여의 관점을 가지고 세상을 관찰하는 일은 인간의 행동을 예측할 때 매우 유용하다. 동기부여는 세상을 움직이게 한다. 당신이 직접 하고 싶지 않을 때—그것은 위험신호이다—다른 사람이 그것을 대신 잘 해낼 수 있도록 유도하는 방법을 찾는 것은 유익하다.

만약 당신이 펀드 매니저의 도움을 받아서 주식투자를 하는 것을 고려하고 있다면, 당신이 그전에 해야 할 일은, 당신 스스로의 힘으로 그것(대리 투자)을 어떤 방식으로 효율적으로 해낼 수 있는지 가늠해보는 것이다. 월급쟁이 펀드 매니저들은 그 방법을 일일이 알려주지 않는다. 여기에서 다시 한 번 우리는 찰리 멍거가 이야기한 '동기부여의 커다란 힘'을 떠올리며, '당신의 생각이 작동될 수 있도록 타인을 고용하는 것'의 어려움이 무엇인지 깨닫게 된다. 대부분의 경우, 당신의 머릿속 생각은 현실에서 엉망으로 실현된다. 그럼에도 불구하고 당신은 최선을 다해야 한다. 당신이 타인을 자산 관리 매니저로 고용하고자 한다면 버핏투자조합 구조와 편향된 인센티브 구조를 피하기 위해서 만들어진 방법을 비교하는 것이 좋은 출발점이 되어줄 것이다.

'버핏투자조합의 구조와 운영'에 관하여

1961년 7월 22일

나의 조합원들에게

과거에 나의 조합원들은 1년에 단 한 차례만 편지를 보내는 것은 너무 뜸한 것이 아니냐고, 그러니 6개월에 한 번씩은 편지를 건네는 것이 좋을 것 같다고 말했습니다. 1년에 두 차례 말할 거리를 찾는 것은 물론 어렵지 않습니다. 적어도 올해는 아닙니다. 이런 까닭으로 이 편지는 앞으로도 계속될 예정입니다.

1961년 상반기에 다우지수는 배당을 포함해서 13% 올랐습니다. 이런 유형의 기간(강세장)에는 우리가 설정한 표준(다우지수)을 초과하는 것이 매우 어렵습니다. 그런데 우리의 모든 투자조합은 지난 6개월 동안 (시장의) 평균보다 조금 더 나은 성과를 거두었습니다. 1961년에 만들어진 우리 투자조합의 성과는 다우지수 평균과 동일하거나, 그것을 넘어섰습니다. 이 성과를 좌우한 것은 주로 그 투자조합들이 얼마나 장기간 운용되어 왔는가에 달려 있었습니다.

나는 여기에서 두 가지를 강조하고 싶습니다. 첫째, 1년이라는 기간은 투자의 성과에 관해 어떤 논평을 하기에는 너무 짧은 기간이라는 사실입니다. 6개월이라는 기간 동안 측정한 성과는 훨씬 더 신뢰하기 어렵겠지요. 내가 6개월에 한 번씩 편지를 쓰는 것을 망설이는 이유 중 하나는 자칫하면 조합원들이 투자 성과를 단기적인 관점에서 생각할 수 있다는 점 때문입니다. 이런 생각은 우리를 엉뚱한 곳으로 인도할 수도 있습니다. 그래서 나는 5년 동안의 성과에 근거하여 판단하고자 합니다. 이 기간은 강세장과 약세장, 모두를 포함한 상대적인 투자 결과를 검증할 수 있는 기간입니다.

이 편지를 읽게 될 모든 사람들이 이해해주기를 바라며 내가 두 번째로 강조하고 싶은 것은 다음과 같습니다. 만약 1961년 상반기와 같은 속도로 시장 상승이 지속된다면 앞으로 우리가 다우지수의 성과를 초과할 수 없을 뿐만 아니라, 궁극에는 우리의 성과가 시장의 평균보다 뒤떨어질 가능성이 매우 높다고 생각합니다.

우리가 보유하고 있는 주식들은 일반적인 포트폴리오와 비교했을 때, 시장 수준이 높아지면 더 보수적이 되는 경향이 있는 주식들입니다. 나는 언제나 우리 포트폴리오에 적어도 부분적으로 시장의 일반적인 움직임과는 단절된 주식을 담고자 노력했습니다. 시장이 상승함에 따라 이런 주식들의 비중도 올라야만 합니다. 그럴 경우 점점 더 많은 우리의 보유 주식들이 시장 상승의 혜택을 보지 못한 채, 주가가 그대로이거나 심지어 하락할 수도 있었습니다. 이 주식들은 아마추어 요리사가 만든 요리처럼 볼품없어 보입니다.

우리는 또한 적어도 1년 이상은 시장이 우리에게 우호적이지 않을 것이라는 예상을 가지고 공개 시장 인수를 시작했습니다. 이런 행위는 단기적인 성과에 있어서 (우리의 성과를 동결시키는) 방부제 역할을 할 것입니다. 그렇지만 수년간에 걸쳐서는 해당 주식이 가진 보수적인 성격과 결합하여 우월한 결과를 가져오리라는 점을 약속드립니다.

이제 모든 조합원들을 하나의 투자조합으로 통합하기 위한 진전을 이루고자 합니다. 나는 지난 수년 동안 주주 총회에 참석한 조합원들과 투자조합의 통합 목적에 대해 대화를 나눴고, 초기의 대표 조합원들과 함께 이 계획을 검토해왔습니다.

그 조항의 일부는 다음과 같습니다.

A. 다가오는 연말의 시장가치에 근거해서 모든 투자조합을 통합합니다. 이 통합에는 연말에 미실현이익에 기인한 미래의 조세채무를 조합원들 간에 적절히 배분하는 것을 포함합니다. 통합 그 자체에 부과되는 세금은 없을 것입니다. 그리고 통합 자체로 이익 실현이 가속화되지는 않을 것입니다.

B. 유한책임 조합원과 무한책임 조합원 사이에 이익을 분리합니다. 구체적으로 말하자면, 자본의 연초 시장가치에 근거해 조합원들에게 연간 첫 6%를 지급하고, 6%를 넘는 초과분의 4분의 1은 무한책임 조합원에게 지급하고, 4분의 3은 모든 조합원들에게 지급합니다. 지급액은 조합원들의 자본금에 비례합니다. 이익이 6%에 미달할 경우, 부족한 부분은 미래 수익으로 이월될 것이며, 소급 적용되지는 않을 것입니다. 신규 조합원들에게는 다음과 같은 세 가지 분배 약정이 존

재합니다.

	이자 조건	무한책임 조합원에 대한 초과분	유한책임 조합원에 대한 초과분
(1)	6%	1/3	2/3
(2)	4%	1/4	3/4
(3)	없음	1/6	5/6

C. 이익이 발생했을 경우, 유한책임 조합원 입장에서는 새로운 분배 방식이 앞선 두 개의 방식보다 훨씬 더 좋을 것입니다. (3)에 관련해 새로운 배치는 연간 18%까지가 더 우월할 것입니다. 그렇지만 이 비율을 넘어서면 유한책임 조합원은 현재의 조건이 더 나을 것입니다. 전체 투자조합의 80%는 (1)과 (2)를 선택했습니다. 나는 평균적으로 연간 수익률이 18%를 뛰어넘어 조합원들이 (3)의 조항을 바꿀 필요를 느끼지 못하기를 희망합니다.

D. 손실을 봤을 경우, 무한책임 조합원로서의 나에게 이전에 신용으로 부여된 금액에 대해서 소급 적용되지 않습니다. 미래 초과 이익은 이월될지라도 말입니다. 그러나 나와 나의 부인 수지는 새롭게 통합된 투자조합에서 개인으로서는 가장 큰 투자자일 것입니다. 아마도 전체 투자조합이 보유한 자산의 1/6을 투자했을 것입니다. 즉, 손실을 본다면, 다른 어떤 조합원이나 가족들보다도 내가 입을 손실이 가장 클 것입니다. 나는 투자조합 조항에 나와 내 가족이 어떠한

종류의 유가증권을 매입하는 것도 금지하는 조항을 넣었습니다. 다시 말해서 새롭게 통합된 투자조합은 유가증권에서의 나의 모든 투자 활동을 대표할 것입니다. 우리가 6% 이상의 수익률을 거두게 된다면 나의 투자 결과는 여러분의 성과와 정확히 비례할 것입니다.

E. 연초의 시장가치에 근거해서 연간 6%의 비율을 매달 지급하는 조항입니다. 현재 투자금을 빼고 싶지 않은 조합원들은 이 신용 금액을 자동적으로 선급금의 형태로 적립할 수 있습니다. 6%를 인출해서 연말에 투자조합의 지분을 추가로 매입할 수도 있습니다. 이것은 투자조합을 통합하는 과정 중에 존재했던 커다란 장벽을 해결해 줄 것입니다. 어떤 조합원들은 규칙적으로 돈을 꺼낼 수 있기를 희망하고, 또 다른 조합원들은 적립하기를 원하기 때문입니다.

F. 투자조합 지분의 20%까지 연내에 차입할 수 있는 권리 조항입니다. 이 대출은 연말 혹은 그 이전에 상환됩니다. 이것은 현재 연말에만 처분 가능했던 투자에 유동성을 늘려줄 것입니다. 그렇다고 해서 이 조항이 상대적으로 장기적인 펀드가 투자조합에 투자되도록 의도하지는 않습니다. 우리는 그것을 은행에 넣어둘 생각이 없습니다. 나는 이 조항이 상대적으로 활용되지 않는 조항이 되기를 원합니다. 투자조합 지분의 20%까지 연내에 차입할 수 있는 조항이 실제로 현실화 되고, 그리하여 조합원들의 이자 일부가 상환되는 일이 벌어진다면 어려운 문제를 불러일으킬 수 있습니다.

G. 상대적으로 적은 금액의 세무 조정에 대한 준비입니다. 투자조합의 수익에 대한 세무조정은 이듬해에 나에게 직접 과세될 것입니다. 이리하여 우리는 작은 일로 벌어진 수익 차이에 대해 80명, 혹은 그 이상의 사람들에게 조정을 요구하는 문제에 직면하지 않을 수 있습니다. 예를 들어 투자조합을 통해 받은 배당은 자본소득의 68% 대신 63%로 바꿔야 한다는 결정은 사소하지만 엄청난 서류 작업을 불러일으킵니다. 이를 막기 위해 1,000달러에 미달하는 세금은 내가 직접 부담할 것입니다.

우리는 제안된 합의서를 워싱턴에 제출했습니다. 이는 투자조합의 통합이 비과세이며, 통합된 투자조합은 앞으로 세법의 지휘를 받는 투자조합으로 대우한다는 결정을 위해서입니다. 이것은 당장에 아주 많은 일들을 불러일으키겠지만, 다가오는 미래에는 우리의 투자를 보다 더 쉽게 만들어줄 것입니다. 여러분은 내년에 받게 될 동의서와 함께 참조용으로 이 편지를 보관할 수 있습니다.

앞으로 신규 조합원이 투자해야 하는 최소한의 투자액은 2만 5,000달러입니다. 물론 이 기준은 기존 조합원들에게 소급 적용되지 않습니다. 우리는 조합원들이 연말에 일정 정도의 금액을 (단돈 100달러이더라도) 넣거나 뺄 수 있도록 허락할 것입니다. 투자조합의 자산 총액은 현재 약 400만 달러입니다. 이 자산은 편지의 초반부에 언급했던 투자를 진행할 수 있게 해줍니다. 지난 수년간 규모가 작아 투자할 수 없었던 기회들입니다.

이번 편지는 지난 나의 편지보다 투자에 관한 생산적인 아이디어를 더욱 많이 보여줬을 것으로 생각됩니다. 질문이 있다면 나에게 알려주시길 바랍니다. 특히 새로운 투자조합 계약서에 관해 나와 나눈 대화에서 명확하지 않은 점이 있다면 반드시 나에게 이야기해주시길 바랍니다. 만일 나에게 온 질문들이 많다면, 나는 이 질문들에 대한 추가적인 내용을 담은 편지를 모든 조합원들에게 다시 한 번 쓸 계획입니다.

만약 당신이 세상을 동기부여의 관점에서 바라보기 시작하면, 그 전까지는 쉽사리 내리기 어려웠을 결정들을 실행하는 일이 한층 쉬워질 것이다. 사람들에게 동기를 부여하는 것이 무엇인지 알게 되면, 우리는 사람들이 어떻게 행동할 것인지를 보다 더 많이 예측할 수 있게 된다. 버핏이 구축했던 투자조합의 구조는 앞으로 당신이 펀드매니저를 선정할 때 범할 수 있는 실수를 피하게 해주는 것 이상의 지침을 알려준다.

이제부터는 본격적으로 증권 분석과 주식 매입에 관해 이야기하고자 한다. 다음 장에서 우리는 버핏이 투자조합을 운용하면서 주식을 매입할 때 사용했던 세 가지 원칙을 들여다볼 것이다. 버핏은 주식 매입의 원칙을 일반 투자 주식General, 워크아웃Workout, 경영 참여 주식Controls의 세 가지 경우로 나눠서 설명했다.*

---

* '일반 투자 주식'은 우리가 흔히 '주식투자'를 한다고 말할 때의 그 대상이 되는 일반 주식을 말한다. 이에 해당되는 주식의 경우, 버핏은 저평가 상태에서 매입해 적정 주가에 도달하면 매도했다. '워크아웃'이란 차익거래의 대상이 되는 주식이나 투자상품을 말한다. 수익률은 높지 않지만 손실을 볼 위험이 거의 없는 주식이나 투자상품이 버핏의 워크아웃 대상이었다. 워크아웃의 대상은 주식이 될 수도, 곡물이나 원자재가 될 수도 있다. '경영 참여 주식'이란 기업의 경영권을 행사할 정도로 대량 매입한 주식을 말한다. 버핏은 기업에 경영권을 행사해 기업가치를 높인 뒤 매각하는 등의 방법을 사용했다.

6장
일반 투자 주식

"우리는 해당 기업이 좋은 경영진과 양호한 산업구조를 가지고 있는 편을 선호합니다. 우리는 그전까지 휴면 상태에 있던 경영진이나 주주 그룹에서 어떤 열정이 샘솟아나기를 바랍니다. 그렇지만 우리는 궁극적으로 그 기업의 내재가치를 중시합니다."[1]

_1964년 1월 18일의 편지 중

당신은 당신의 투자 스타일을 어떻게 정의하는가? 당신은 가치에 무게를 둔 투자에 집중하는가? 아니면 기업의 펀더멘탈과 무관하게 저렴한 것 중에서도 가장 헐값인 주식을 사냥하길 좋아하는가? 이는 벤저민 그레이엄에게 중요한 문제였고, 오늘날에도 수많은 위대한 투자자들이 끊임없이 고민하는 문제이다.

아니면 당신은 위대하고, 수익성이 좋고, 해자가 있는, 그래서 장기간에 걸쳐서 평균 이상의 복리 수익을 내는 프랜차이즈 기업Franchise Business*을 찾고자 하는가?

---

* 자사의 제품 가격을 브랜드 가치에 근거해 매길 수 있는 기업을 말한다. 예를 들어 포스코가 생산하는 철강 제품의 가격은 수요와 공급에 의해 매겨진다. 소비자들은 '포스코표 철강', '현대제철표 철강'이라고 구별하지 않는다. 소비자들에게 철강은 그

프랜차이즈 기업은 장기간에 걸쳐서 평균 이상의 복리 수익을 가져다줄 수 있다. 또 이런 기업들은 경쟁력이 어느 정도 확보된 상황에 놓여 있다. 현대의 수많은 가치투자자들은 이 분야의 좋은 주식을 매입하기 위해 많은 시간을 할애한다. 위대한 기업을 합리적인 가격에 살 수 있는 기회를 찾고 있는 것이다. 어쩌면 당신은 기관 투자가들이 접근할 수 없는 초소형주에서 가장 큰 가치를 발견할 수도 있다. 당신은 스스로 발견되지 않은 기회를 찾고 싶어 할 수도 있다. 혹은 당신은 이미 존경받고 있으며 정보가 많은 투자자가 그 일을 먼저 하면 그들의 선택에 '편승하기Coattail'를 선호할 수도 있다. 당신은 그 회사 주식의 상당 지분을 모음으로써 기업의 경영진에게 영향을 미치는 것에 흥미를 느낄 수도 있다. 투자자로서 각각의 개인들은 자신이 선호하는 혹은 자신에게 맞는 다양한 방식으로 투자를 할 수 있다.

이들 가운데에서 상대적으로 적은 자본금으로 투자조합을 운용하던 시기의 버핏은 어떤 투자 방식을 주로 활용했을까? 정답은 버핏은 이 모든 방식을 활용했다는 것이다. 버핏은 초소형주에서 기회를 발견하기도 했고, 눈에 띄지 않는 중대형주에서 기회를 발견하기도 했다. 당신 또한 그럴 수 있다. 스스로를 어떤 특정한 스타일의 투

저 철강일 뿐이다. 그러므로 철강을 찾는 수요에 비해 공급이 많으면 포스코 철강 제품의 가격은 하락한다. 따라서 포스코는 상품 기업이다. 이와는 반대로 코카콜라는 자사가 생산하는 콜라의 가격을 상당히 자의적으로 인상할 수 있다. 소비자들이 '코카콜라'라는 브랜드를 기억하고 이 콜라에 특별한 가치를 부여하기 때문이다. 이런 맥락에서 코카콜라는 프랜차이즈 기업이다. 프랜차이즈 기업은 일반적으로 평균 이상의 수익성을 기록하는 경향이 있다.

자자로 제한할 필요는 없다. 다만 어떤 방식의 투자가 자신에게 잘 맞는지, 혹은 그렇지 않은지를 파악할 필요는 있다. 당신은 앞에서 언급한 투자 방식 중에서 어떤 것들을 선택할 수 있고 하지 않을 수 있다. 투자 방식에 정답은 없다. 어떤 특정한 투자 방식이 다른 것들에 비해 당신에게 더 좋은 투자 방법일 수는 있겠지만, 그것이 다른 투자 방식들과 비교해서 더 우월하다고 말할 수는 없다. 중요한 것은 일단 당신 스스로가 어떠한 성향의 투자자인지를 파악하는 것이다. 자신에 대한 파악이 끝났다면 이제 기회가 있는 곳으로 가면 된다.

우리는 앞으로 버핏이 보여준 다양한 방식의 투자 스타일을 살펴볼 것이다. 이를테면 그가 왜 벤저민 그레이엄의 '가치 집중'에 비중을 두다가 이후에는 '품질'에 더 흥미를 갖게 됐는지를 파악하고, 이 사례를 통해 자신에게 가장 잘 맞는 투자 방식을 고르고 활용하는 것이다.

버핏은 다양한 방식의 투자 방식을 선보였는데, 가장 먼저 일반 투자 주식에 대해서 이야기를 시작하겠다. 즉, 일반적으로 저평가된 증권을 버핏이 어떻게 매도하고 매수했는지를 살펴보는 것이다. 흔히 '가치투자'라고 일컬어지는 일반적인 증권 투자법이 여기에 해당된다.

버핏에게 일반 투자 주식은 매우 비밀스러운 포트폴리오이자, 버핏투자조합의 이익의 대부분을 창출하는, 저평가된 주식들이 고도로 집중된 포트폴리오였다. 버핏은 본인이 매입했던 일반 투자 주식을 딱 하나의 예외를 빼고는 공개적으로 언급하지 않았다. 바로 커먼웰스 트러스트 컴퍼니Commonwealth Trust Company(이하 커먼웰스 트러스트)였다. 그것도 버핏이 이 회사에 대한 투자를 끝내고 이 회사의 주식을 더 이상 투자조합이 소유하지 않게 됐을 때, 일반 투자 주식에 속하는 주식의 매입을 설명하기 위한 사례로서 커먼웰스 트러스트에 투자한 사실을 공개했다. 버핏은 〈무디스 매뉴얼Moody's Manual〉*과 그 밖의 여러 통계 데이터를 활용하여 바닥에서 거래되는 저평가된 주식들을 발굴해냈다.

버핏이 발굴해낸 이 주식들은 매우 작고, 알려지지 않은데다가, 청산가치Liquidating Value** 이하에서 거래되어 투자자들의 레이더망에 잡히지 않았다. 초기 버핏투자조합의 자산 운용 규모는 매우 작아서 특별한 규제를 받지 않은 채로 자유롭게 다양한 접근법을 구사할 수 있었다. 이는 오늘날 대다수의 개인 투자자들의 상황과 유사했다. 그러나 투자조합이 성장함에 따라 중소형주에 대한 투자는 점점 필요성이 줄었다. 버핏투자조합의 규모가 매우 커졌을 때에는 심지어 버핏투자조합이 이 같은 주식들을 상당 부분 인수할 수 있었음에도 불구하고, 투자한 금액 자체가 너무 적어서 버핏의 투자조합의 전반적인 성과에 거의 영향을 미치지 못하는 정도가 되었다.

---

* 미국의 신용평가사 무디스가 발행하는 산업 및 기업에 관한 편람. 주식시장에 상장되어 있는 기업에 대해 연혁, 요약 재무제표, 리스크, 신용등급 등이 나와 있다. 미국 투자은행인 스펜서 트래스크 사에서 수석 분석관으로 일하던 존 무디John Moody가 1900년 〈산업 및 기업 증권에 관한 매뉴얼〉을 발간한 것이 시초였다. 무디는 1909년 무디스 사를 설립해 이 회사를 세계적인 평가 기관으로 성장시켰다. 버핏은 유년 시절 아버지의 서가에서 〈무디스 매뉴얼〉을 처음 발견했고, 이후 이 편람을 기업 분석의 기초 자료로 활용하고 있다.

** 현재 시점에서 기업의 영업 활동을 중단하고 청산할 경우 회수 가능한 금액의 가치.

그러나 투자금의 규모에 관계없이 모든 투자자들은 버핏이 한 이 투자 방식을 따를 수 있다. 버핏투자조합 운용 기간을 통틀어 살펴보았을 때, 버핏은 일반적으로 전체 자산의 5~10%를 5~6개의 일반 투자 주식으로 채웠고, 10~15%는 그 밖의 다른 종목으로 분산하여 채웠다.[2] 탁월한 투자 방식에 선택과 집중을 한 것은 그가 성취해낸 성공의 가장 큰 요인이다. 1965년, 그가 조합원들에게 보낸 편지를 보면, 당시의 젊은 버핏이 이와 같은 생각을 더욱 확고히 가졌음을 알 수 있다. 이 시기에 그는 버핏투자조합 초기에 설정한 기본 원칙들을 개정해 전체 포트폴리오의 40%를 단 하나의 종목에 투입하는 것을 허용하기도 했다.*

투자에서 가장 중요한 것은 단기적인 주가 움직임에 주목하기보다는, 기업 분석과 가치 평가를 올바로 하는 것이라고 앞서 1장에서 언급했다. 실제로 버핏의 포트폴리오에 있던 많은 일반 투자 주식들은 수년 동안 매도되지 않고 남아 있었다. 투자조합이 성장하고 추가 자본이 유입되었을 때에도 버핏은 여전히 매력적으로 가격이 매겨진 주식들을 늘렸다. 버핏은 자신의 방식을 신뢰했고 시장에서 벌어지는 하루 단위의 변동에 영향을 받지 않았다. 대신 머지않아 자신이 기업 분석과 가치 평가에 쏟은 노력이 보상받을 것이라고 믿었다.

---

* 버핏이 '기본 원칙들'을 개정하면서까지 비중을 40%로 늘린 종목은 카드회사 아메리칸 익스프레스이다. 버핏은 아메리칸 익스프레스가 일시적 위기로 주가가 폭락하자 대량 매입했고, 이를 통해 고수익을 달성했다.

가치주로 채워진 포트폴리오를 가지고 있을 경우, 투자자들은 어떤 주식들은 가격이 꼼짝도 하지 않거나 심지어 하락하는 반면, 어떤 주식은 시장의 흐름과 대비해 가격이 빠르게 오르는 것을 목격하게 된다.

벤저민 그레이엄의 사무실에서 버핏의 조교로 일했던 어빙 칸 Irving Kahn은 이 사실에 관한 뛰어난 우화를 말해주었다. 그는 투자 포트폴리오는 여러 그루의 과일 나무가 가득한 과수원과 같다고 말했다. 우리는 해마다 과수원의 모든 나무에서 열매가 열릴 것이라고 기대해서는 안 된다. 각각의 나무는 고유한 성장 속도에 따라 자신만의 열매를 맺을 것이고, 이는 일반적으로 알려지지 않은 법칙을 따를 것이다.[3] (어떤 나무는 열매를 맺을 것이고, 어떤 나무는 그렇지 못할 수도 있지만) 각각의 종목들이 낸 결과를 합산해보면 적당하게 선택된 종목으로 구성된 포트폴리오는 시간이 흐르면서 시장의 평균 지수보다 반드시 나은 결과를 거둘 것이다. 버핏은 조합원들에게 보낸 편지에서 버핏투자조합의 수익률이 시장의 평균보다 10% 정도 더 나을 것이라고 말했다.

> 때때로 이 일반 투자 주식들은 시장에서 매우 빠르게 내재가치를 실현했지만, 대부분의 경우 수년이 걸렸습니다. 매입 당시에는 왜 이 주식들이 가격을 평가받아야 하는지는 특별한 이유를 알기가 어렵습니다. 그렇지만 시장에서 두드러지지 못하고, 즉각적인 시장의 움직임을 이끌어내기 어려운 주식들이었기 때문에 우리는 그렇게 저평가된 주식을 굉장히 싼 값에 매입할 수 있는 것입니다. 돈을 들이면 가치가

> 높은 주식을 매입할 수 있습니다. 싼 값에 매입한 저평가된 주식은 가치의 잉여분 덕분에 거래를 할 때마다 여유로운 안전마진을 창출해냅니다.
>
> 그리고 각각의 안전마진들은 다양하게 분산된 보유 자산과 더불어서 안전성과 잠재된 가치에서 매우 매력적입니다. 지난 수년간 우리의 매입 타이밍은 우리의 매도 타이밍보다 상당히 좋았습니다. 우리는 이들 주식들에서 마지막 한 푼까지 다 챙기려고 매입하지는 않습니다. 우리는 일반적으로 이 주식들을 매입가와 개인 소유자 입장에서 적정하다고 여겨지는 어느 선의 가격에서 팔면서 만족할 만한 결과를 얻었습니다.[4]

버핏은 많은 일반 투자 주식들을 잠재된 내재가치보다 훨씬 더 할인된 가격에 매입했다. 내재가치 평가법은 해당 기업 정보를 잘 아는 개인 매입자가 그 기업 전체에 대해 지불하고자 하는 가격을 내재가치로 측정하는 평가법이다. 이들은 대체로 매우 작은 기업들인 경우가 많았다. 만약 주식이 장기간에 걸쳐 꼼짝도 않고 있을 경우, 버핏은 그 기업의 많은 지분을 획득할 수 있었다. 그는 스스로가 '잘 아는 개인 매입자'가 되고자 했다. 이 과정을 통해 투자조합에서 일반 투자 주식으로 매입한 몇몇 기업들의 주식은 훗날 경영 참여 주식이 되기도 했다. 경영 참여 주식에 대해서는 8장에서 따로 다뤄야 할 만큼, 버핏이 자주 구사했던 또 다른 투자 방식 중 하나이다.

종종 다른 개인 소유자들—버핏이 아닌 다른 제3자—이 버핏투자조합에 있는 이 주식들의 지분을 매입하려고 했다. 이것은 개인 소유주 평가법이 보다 덜 위험한 투자 방법이 되도록 했다. 이 주식들은 주식 자체가 가치가 있거나 버핏이 영향력을 미칠 수 있도록 충분한 양의 주식을 가지고 있었기 때문이다. 이로 인해 기업들은 기업의 잠재 가치를 실현하는 데 필요한 조치를 취하게 되었다. 스스로 내린 분석이 옳고, 그것이 진짜 가치가 있는 한, 이러한 투자가 영구적인 손실을 가져올 가능성은 거의 없었다.

훗날 버핏은 주식을 매입하기 위한 이 같은 개인 소유주 평가법을 넘어 동종업종 대비 저평가되어 있는 기업을 매입해 자신이 그 종목의 최대 개인 주주가 되는 방법을 썼다. 그는 이렇게 주식을 매입한 후 기업을 보다 명확하게 구분하기 위해 자신이 보유한 일반 투자 주식의 카테고리를 다시 한 번 세분화했다. 우리는 이제부터 지금까지 논의한 주식들을 '개인 오너형 일반 투자 주식'으로 부르고, 새로운 카테고리의 주식을 '상대적으로 저평가된 일반 투자 주식'으로 부를 것이다.

이 같은 새로운 투자법은 버핏투자조합이나 개인 소유주가 이 기업에 대한 통제권을 얻을 수 없기 때문에 어느 정도 위험요소가 존재했다. 버핏은 이 같은 위험요소의 일부를 분산함으로써 어느 정도 위험을 완화시켰다. 예를 들어 이 주식을 1주 매입할 때 그는 동종업계의 주식 가운데 더 비싼 주식을 공매도 함으로써 위험요소를 경감시켰다. 예를 들어 이익의 10배에 거래되는 주식을 살 때면 그는 동시에 이익의 20배에 거래된 주식을 공매도 했다. 버핏은 자신이 좋아하는 주식에 대해 과도한 가격을 지불함으로써 미래에 초래될 수 있는 위험을 줄이고자 했다. 만약 그 주식이 8배로 하락한다면 사람들은 버핏이 20배에 공매도를 했던 주식이 더 떨어질 것을 기대했기 때문이다.

앞서 이야기한 일반 투자 주식의 두 가지 카테고리들은 워크아웃과 경영 참여 주식보다 시장의 영향을 더 많이 받았다. 이와 관련해 버핏은 다음과 같이 말했다.

> 어떤 주식이 싸다고 그 주식이 더 이상 하락하지 않는다는 것은 아닙니다. 시장이 갑자기 하락하는 동안 이 부문은 다우지수와 유사하게 하락하는 경향이 있습니다. 수년에 걸쳐 나는 일반 투자 주식이 다우지수를 초과할 것이라고 믿어왔습니다. 그리고 1961년의 경우처럼 시장이 매우 급등하는 해에 일반 투자 주식은 포트폴리오 수익을 크게 올려주었습니다. 물론 이런 일반 투자 주식은 하락장에서 가장 취약하다는 단점도 있습니다.[5]

시장은 시간이 흐름에 따라 상승하며, 이는 장기적 관점에서 봤을 때 투자에 있어 단점이 아니다. 그렇지만 시장은 매년 단기 성과에 대해서는 영향을 미칠 수 있다. 만약 버핏투자조합이 일반 투자 주식에만 투자했다면 연간 성과는 이전만큼 안정적이지 않았을 것이다. 주식투자의 핵심은 가치 평가를 제대로 하는 것이고, 그것을 일관성 있게 지속적으로 해나가는 데에 있다.

기업의 내재가치는 다양한 방법으로 평가될 수 있다. 평가법의 대부분은 기업의 자산 혹은 수익력, 가치에 대해 평가한 것이다. 각각의 방법은 그것이 자산에 관한 것이든, 기업이 내는 이익에 관한 것이든 서로 상이한 시기에 유용할 수 있고, 그 방법들은 서로 연결되어 있다. 자산의 가치는 항상 그것이 창출하는 이익과 관련되어 있으며 상황에 따라 더 실용적인 접근법으로 달라질 수 있다.

어떤 기업의 자산과 관련한 현재의 이익 수준을 보고 적절한 방식을 선택할 수 있다. 종종 '수익에 근거한' 접근법과 '자산에 근거한' 접근법은 상호 보완하여 사용될 수 있다. 버핏의 편지를 보면 그가 두 가지 모두를 사용한 사례가 나와 있다.

어떤 경우, 버핏은 당장의 사업은 부진하지만 자산 가치가 풍부한 기업의 주식을 매입했다. 어떤 기업이 그 기업이 가진 자산 가치에 비교해 충분한 수익을 창출하지 못하고 있다면 '청산가치 접근법'이 최상의 선택일 수 있다. 청산가치 접근법이란 그 기업이 가진 자산이 매각되거나 경매에 붙여졌을 때 실현되는 가치에 근거한 접근법을 말한다. 벤저민 그레이엄은 이 접근법의 대표주자로 잘 알려져 있다. 그는 유동자산이 그 기업의 부채를 차감하고 나서도 시장가치보다 높은 기업을 찾게 되면 몹시 흥분했다. 여기서 유동자산이란 은행의 현금, 판매되지 않은 재고자산Unsold Inventories 혹은 매출채권Receivables을 말한다. 우리는 그가 조합원들에게 보낸 편지를 통해, 버핏이 특히 투자조합 초기에 이 접근법을 사용했음을 알 수 있다.

이와 달리 어떤 기업의 수익 구조가 건강한 경우, 버핏은 이익 기반 평가법을 사용하고 있음을 알 수 있다. 이익 기반 평가법은 기업이 지금의 상태를 지속할 것이라고 예상될 때 사용하는 기업 평가 방법이다. 이것은 미래의 기대되는 수익을 현재의 가치로 평가하는 단순한 방법이다.

앞서 언급했듯이 미국 뉴저지 주 유니언 시에 위치했던 커먼웰스 트러스트라는 기업은 버핏의 편지를 통해 그가 일반 투자 주식을 어떻게 운용했는지를 알 수 있는 최초이자 유일한 종목이다. 버핏은 이 기업의 가치를 이익에 근거해서 매겼다. 커먼웰스 트러스트는 10달러가량의 주당순이익을 갖고 있었는데 그는 이 주식이 향후 회복력이 있으며 더 성장할 것으로 전망했다. 그는 이 같은 이익의 흐름을 가진 내재가치를 주당 12.5달러로 계산했고 그는 시간이 흐르면서 그 가치가 향상될 것으로 기대했다. 이후 그 주식이 주당 50달러에 거래되자 버핏이 1957년, 버핏투자조합으로 통합되기 이전에 운용하던 여러 투자조합의 10~20%를 이 주식으로 채운 것은 전혀 놀랄 만한 일이 아니었다. 버핏은 1958년, 커먼웰스 트러스트의 주식이 주당 80달러가 되자 자신이 더 원하는 또 다른 주식을 매입하기 위해 이 주식을 매각했다.

당신은 버핏이 구사한 이와 같은 투자 방식을 신중하고 면밀히 연구함으로써 투자에 관한 놀라운 통찰력을 얻을 수 있다. 그는 자신이 발견할 수 있는 한, 수많은 주식들의 가치를 지속적으로 평가하면서 스스로 그 가치를 합리적으로 평가할 수 있는 기업을 찾았다. 놀라운 기억력과 수년에 걸친 강력한 학습을 거쳐 버핏은 기업 평가에 관한 값진 기억과 수많은 기업에 대한 자신만의 의견을 만들어나갔다. 만약 '미스터 마켓'이 버핏이 평가한 가치보다 훨씬 매력적이고 저렴한 가격을 보여주면 버핏은 그 주식을 매입했다. 그는 종종 소수의 가장 매력적인 주식을 매입하는 데에 집중했다. 기업 가치에 대한 훌륭한 평가 작업과 타고난 투자자 기질은 버핏이 투자자로서 성공하는 데 있어 매우 중요했던 두 가지 핵심 축이다.

버핏은 초기 투자자 시절부터 고도로 훈련된 매입자였다. 많은 경우, 그가 관심을 보인 주식은 그가 원하는 만큼의 금액을 충분히 매입하기도 전에 시장의 평가를 받았다. 그는 놓쳐버린 몇몇 기회를 아쉬워하곤 했다. 이를테면 단지 지켜보기 차원에서 시험 삼아 일부 매입한 주식이 단기적으로 주가가 상승할 경우, 이익을 얻게된 조합원들은 만족했지만 그는 오히려 아쉬움을 토로했다. 그는 이 주식들이 그렇게 빨리 시장의 평가를 받지 않았다면 이 주식을 더 많이 매입할 수 있었을 것이고 투자조합의 최종적인 성과는 더 나았을 것이라는 사실을 알고 있었기 때문이다. 실제로 이와 같은 일이 1966년에 발생한다.

> 1966년의 우호적인 시장 환경에서 수익을 얻기는 했지만 큰 수익을 놓친 것에 대해 우리는 아쉬움이 더 컸습니다. 이 주식의 주가가 오르지 않아 1966년 수익률이 5%p가 나빴더라면 우리는 매우 낮은 가격에 계속해서 주식을 매입했을 것입니다. 그러면 장기적인 관점에서는 더 나은 결과를 가져왔을 것입니다.[6]*

---

* 버핏투자조합은 1966년 한 해 동안 20.4%의 수익률을 기록했다. 같은 기간 다우지수가 15.6% 하락한 것을 감안하면 탁월한 성과이지만 버핏은 이보다 나은 수익률을 기록할 수 있었다며 아쉬워했다. 다시 말해 저평가된 주식을 매입했는데 너무 빨리 주가가 올라 충분히 매입하지 못했다는 것이다.

일반 투자 주식은 어떻게 성과를 내는가?

1984년 5월 17일, 컬럼비아대학 비즈니스 스쿨에서 벤저민 그레이엄의 『증권 분석』 출간 50주년 기념식이 있었다. 버핏은 이 자리에서 '그레이엄-도드 마을의 위대한 투자자들The Super Investors of Graham-and-Doddsville'이라는 연설을 통해 가치투자가 어떻게 성과를 내는지에 관해 이야기했다. 이 연설에서 그가 언급한 '위대한 투자자'들이란 벤저민 그레이엄의 학생들과 그의 추종자로 구성된 비교적 작은 그룹을 지칭한다. 이 그룹에는 버핏과 찰리 멍거도 포함되어 있었는데 이들은 오랫동안 주식투자를 해온 사람들이다. 버핏은 이 무리들이 성취한 집단적이고도 우월한 성과는 가치투자의 효용성을 증명하며, 효율적 시장 이론Efficient Market Theory*에 커다란 결점이 있음을 보여준다고 생각했다.

버핏은 이 연설에서 청중들에게 가상의 동전 던지기 테스트를 한 결과, 상위 기록자 10명이 똑같은 마을에서 나온다는 것이 과연 쉬운 일인지를 생각해보라고 말했다. 만약 투자에서의 성공 여부가 동

---

* 시장에 형성된 주식의 가격은 이미 모든 정보가 반영된 적정한 가격이므로, 투자자가 계속해서 시장을 능가하는 초과 수익을 얻을 수 없다는 이론이다. 효율적 시장 이론을 신봉하는 사람은 길에 돈이 떨어져 있어도 줍지 않는다. 만약 그것이 진짜 돈이라면 아직까지도 길에 떨어져 있을 수가 없다고 보기 때문이다. 버핏이나 그레이엄은 이런 효율적 시장 이론을 부정한다. 이들은 주식시장을 '미스터 마켓'이라는 조울증 환자에 비유한다. 즉, 조울증 환자가 비관적일 때 주식을 사서, 낙관적일 때 팔면 수익을 낼 수 있다는 것이다.

전 던지기 게임처럼 운에 달렸거나 무작위적이라면 어떻게 최종 승리자가 미국의 '그레이엄-도드 마을'이라는 똑같은 방법을 사용하는 똑같은 마을에서 나왔겠느냐고 반문했다. 그레이엄-도드 마을의 놀라운 성과는 효율적 시장 이론 프레임이 가진 통계적 모순을 보여준다. 효율적 시장 이론에 따르면 성공한 투자자들은 전국에 걸쳐 무작위적으로 분산되어 있어야 한다.

버핏은 이 같은 이례적인 특별한 그룹의 뛰어난 성과를 소개하고 나서 그들이 구사한, 그리고 오늘날 우리들에게도 익숙한 한 가지 투자 방법을 소개한다.

> 그들 각각은 투자 스타일에서 큰 차이가 있지만, 정신적인 면에서는 공통점이 있습니다. 이들은 언제나 주식을 사는 것이 아니라 기업을 삽니다(버핏은 이 점을 강조했다). 그들이 기업의 일부를 사건, 전부를 사건 간에 태도는 동일합니다. 그들의 일부는 수십 개의 주식으로 이루어진 포트폴리오를 갖고 있으며, 다른 사람들은 소수의 몇 개를 갖고 있습니다. 그렇지만 이들 모두는 투자에 있어서 기업의 시장가치와 내재가치 사이에 존재하는 차이를 활용한다는 공통점이 있습니다.

가치투자 방법은 한 가지 측면에서 볼 때 매우 이례적이다. 하지만 일반적으로 어떤 새로운 아이디어나 법칙에 근거한 주식 트레이딩 시스템이 도입되고 그것이 효과적이라고 알려지면 시장 참여자들은 그것을 그대로 따라한다. 그렇게 함으로써 새로운 아이디어로부터 얻을 수 있는 추가 이득은 차익거래*되어 사라진다.

이에 반해 저렴한 주식을 매입하는 단순한 투자의 방식은 그것의 효용성이 수십 년 동안 문서로 기록되어 전해졌고 여전히 놀라울 정도로 효과적인 방법으로 건재하다. 버핏은 자신의 이 유명한 연설에서 이것을 '이례적'이라고 결론짓는다.

나는 벤저민 그레이엄과 데이비드 도드가 『증권 분석』을 집필한 이래로 적어도 50년 동안 그 투자의 비밀이 세상에 공개됐다고 여러분에게 말할 수 있습니다. 그렇지만 내가 가치투자를 수행한 최근 35년 동안, 가치투자가 하나의 트렌드로 부상하는 현실을 전혀 목격하지 못했습니다. 인간에게는 쉬운 것을 어렵게 만드는 내적 본성이 있는 것 같습니다. 학계는 지난 30년간 가치투자를 가르치는 것으로부터 뒷걸음질쳐왔습니다. 앞으로도 그럴 것 같습니다. 선박은 지구를 항해할 테지만 천동설 학회는 여전한 위세를 가질 것입니다. 주식시장에서 가격과 가치의 광범위한 불일치는 앞으로도 계속 될 것입니다. 그리고 그레이엄과 도드의 책을 읽은 사람들은 지속적으로 번영을 이룰 것입니다.

---

* 예를 들어, A라는 물건이 B지역에서는 50원에 판매되고, C지역에서는 70원에 판매될 경우, 고객들은 B지역에서 물건을 사려고 몰려갈 것이고. 이에 따라 자연스럽게 B지역에서 판매되는 A라는 물건의 가격이 C지역의 70원 수준으로 수렴하는 현상을 말한다.

심층 가치 평가법은 무엇인가?

벤저민 그레이엄은 1946년, 자신이 운영하는 그레이엄-뉴먼 사의 투자자들에게 편지를 작성해 보낸 바 있다. 분명 버핏은 그레이엄의 그 편지를 읽었을 것이다. 이 편지에서 그레이엄은 자신의 투자회사가 어떻게 내재가치 대비 저렴한 주식을 매입했는지를 언급했다. 여기서 말하는 내재가치는 철저한 기업 분석, 특히 그 기업의 청산가치보다 낮은 주식을 매입하는 것에 중점을 두고 결정된다.[7] 이 접근법을 이야기하자면 그레이엄의 개인사를 이야기하지 않을 수 없다.

버핏의 스승인 벤저민 그레이엄은 1929년 경제대공황이 가져온 주가 대폭락으로 큰 타격을 입었다. 벤저민 그레이엄의 어머니는 주가 폭락으로 인해 하루아침에 모든 것을 잃었다. 이 같은 그레이엄의 개인사를 알고 나면, 그가 눈에 보이는 순자산과 청산가치에 중점을 두고 투자를 하는 것이 전혀 놀랍지 않다. 이런 경험을 통해 그레이엄은 영구적 손실을 입는 것을 최소화하는 방향으로 투자를 했다.

그레이엄의 주요한 목표는 돈을 잃지 않는 것이었기 때문에 그는 '올려다보기 전에 내려다보는 것'을 좋아했다. 그는 다음과 같은 기업들을 매입하는 것에 안도감을 느꼈다. 그는 모든 자산이 매각되고 모든 부채가 청산되었을 경우에도 여전히 먹을 것이 있고, 시장 가격을 넘어서는 이익이 남아 있는 기업을 매입하는 것을 선호했다. 이런 기업들은 글자 그대로 살아 있는 것보다 사라지는 것이 더 값어치가 있었다. 이 기업들은 때때로 청산됐지만, 자주 청산되지는 않았다. 전하고자 하는 핵심은 심지어 이런 기업이 청산됐을 때에도 자본의 가치가 남아 있다는 것이다. 그레이엄의 시스템은 건강한 이익을 창출했을 뿐만 아니라, 그가 다시는 파산하지 않는다는 것을 확인시켜줬다.

버핏도 버핏투자조합의 효율적인 운용을 위해 이런 종류의 주식을 매입했다. 이런 주식이란 간단히 말해 '자산주'이다. 이런 경우에 버핏은 은행에 있는 많은 현금과 증권, 만기가 임박한 매출채권 그리고 판매가 가능한 재고자산들의 일부 조합을 발견했다. 이 자산들의 청산가치를 합치면 그 기업이 가진 모든 부채에 대해 충분한 보호막이 됐다. 그러고서도 그 기업의 시장가치*보다 많은 가치가 남아 있을 경우, 그는 많은 안전마진을 확보할 수 있었다.

그레이엄과 버핏, 네드 에반스Ned Evans—그는 당시 오늘날의 버핏만큼 유명 투자자로 소문났던 인물이다—같은 투자자들은 이런 종류의 주식에 투자함으로써 그 시기를 자산주 투자 시기로 특정했다. 그들이 이익을 얻고 사업을 마무리하기로 결정했든 혹은 그 기업 스스로 회복하는 것을 허락하든 간에 그들은 해당 기업의 주식을 청산가치보다 낮은 가격에 매입했다. 그렇게 함으로써 그 기업을 공짜로 얻거나 심지어 돈을 받고 획득했다.

---

* 어느 기업이 주식시장에서 거래되는 매매 가격을 말하며, 시가총액이라고도 한다. 시장가치는 한국거래소, 미국 뉴욕증권거래소 등 증권당국이 실시간으로 발표한다. 어느 기업의 시장가치가 45달러인데, 이 기업이 은행에 보유한 현금과 증권이 65달러라면 이는 명백히 저평가된 것이다. 왜냐하면 이 기업을 45달러를 주고 통째로 매입하고 나서 이 기업이 은행에 예치한 현금과 증권 65달러를 매각하면 25달러의 차익을 챙길 수 있기 때문이다. 상식적으로는 이해하기 어렵지만 주식시장에서는 이런 경우가 심심치 않게 벌어진다.

다음과 같은 상황을 한번 생각해보라. 시장가치가 45달러이고 부채는 없으며 은행에 있는 현금과 증권의 가치가 65달러인 기업이 있다고 해보자. 이와 같은 시장가치가 이해될 수 있는 유일한 방법은 그 기업이 큰 손실을 보거나, 미래에 지속적으로 손실을 보는 것이다. 그것 말고 어떻게 '마이너스 20달러의 순현재 가치'를 가질 수 있겠는가?

만약 그 기업이 단순하게 청산된다면 45달러에 그 기업을 매입한 매입자는 자산을 분할해서 매각하거나 정리 작업 비용이 발생하기도 전에 현금과 같은 65달러를 받게 됨으로 45%(20달러)의 수익을 얻게 된다.

물론 어느 기업이 무한정 손실을 본다면 그 기업은 결국 사라지고 지금 현재 존재하는 잉여분도 결국 잠식될 것이다. 그러한 경우 그 가치를 유지하기 위해 어떤 조치가 취해져야만 할 것이다. 이 조치는 동기부여된 경영진의 행동일 수도 있고, 주주의 행동에 의해서 이루어질 수도 있는데, 어느 쪽이든 간에 결국 주주들(기업의 오너들)에게 궁극적인 발언권이 있는 셈이다. 그들은 이사진을 선출하며, 이사진은 경영진을 채용하고 기업 운영의 전략을 수립한다.

버핏이 묘사한 것처럼, 대량 지분의 가능성을 제공하는 투자 주식은 '시위를 두 개 갖고 있는 활Two strings to our bow'*과 같은 상황, 즉

---

* 의역하면 '비상시를 위한 대비책을 갖고 있다'는 의미이다. 중세 영국에서 활을 쏘는 병사들이 전쟁에 나갈 때 만일의 경우에 대비해 시위를 하나 더 휴대하던 관행에서 유래한 관용어구이다. 이들은 전투를 벌이다가 시위가 끊어지면 여분의 시위를 사용했는데, 촌각을 다투는 전투에서 여분의 시위를 갖고 있는지 여부는 승패로 직결되었다.

활시위가 두 개가 됨으로써 과녁 적중률은 더 높아지는 상황이다. 투자자 입장에서 좋은 투자 대상인 것이다. 이 상황에서 외부 환경의 변화로 해당 기업의 시장가격이 회복될 수도 있고, 저가에 경영권을 행사할 수 있는 수준으로 지분을 매입함으로써 시장가격을 재평가 시킬 수도 있다.

전자는 대부분의 경우에 벌어지는 일이지만, 후자의 경우는 대부분의 투자 활동에서는 포함되지 않는 보험 증권을 의미한다.[8] 다시 말해, 버핏은 필요할 경우 자신의 자산 가치도 풍부하고 경영권 참여 가능성도 높은 주식의 가치를 현실화하는 데 필요한 행동을 기꺼이 실행했다. 1980년대에 이런 기업들은 기업 사냥꾼들의 목표가 됐다. 이런 투자 행위는 현재 '행동주의'라는 좀 더 고상한 표현으로 바뀌어 불린다. 버핏은 가치를 창출하기 위해 필요하다면, 기업의 경영을 직접 떠맡을 의향도 갖고 있었다.

그렇지만 버핏이 주주들을 대표해서 그 일을 할 수 있는 다른 사람을 선출했을 때 더 좋은 성과가 났다. 그리고 버핏은 그 성과에 편승할 수 있었다. 그들과 함께하면서도 직접적으로 행동주의에 참여하지 않는 것을 '편승하기'라고 한다. 우리는 누구나 편승하기를 할 수 있다. 행동주의자가 주식 대량 보유 보고서(13D)*를 신고한 직후에 주식을 매입하는 것은 장기간에 걸쳐서 시장을 뛰어넘는 의미 있는 전략이다. 13D는 어느 투자자가 기업의 의사결정에 영향을 미칠

---

* 상장기업 주식의 지분 5% 이상을 취득한 개인, 기관, 혹은 기업이 미국 증권거래위원회에 신고할 때 사용하는 보고서 양식이다. 5% 이상 취득한 날로부터 10일 이내에 제출해야 한다.

의도를 갖고 있다는 신호를 알리는 미국 증권거래위원회의 공식 문서이다.[9]

오늘날 그레이엄의 투자법에 영향을 받은, 매우 저렴한 주식은 잘 알려지지 않고 불명확한 소형주에서 나타나는 경향이 있다. 그러한 소형주들은 주요 거래소에서 거래되며 그들의 가격은 매일 신문에 실리는 것이 아니라 종종 정기적으로 공개될 뿐이다. 이들 기업은 월스트리트의 조사로도 알아낼 수 없다. 버핏과 그의 동료들은 그 기업을 사냥해야만 했다. 그리고 그들은 사냥을 좋아했다.

이것은 소액을 운용하고, 도전을 즐기는 투자자에게는 유익한 방법이다. 우선, 당신은 시장에서 이중 그물망을 가진 주식들과 친숙해져야 한다. 버핏은 〈무디스 매뉴얼〉을 한 페이지씩 통독했지만 요즘에는 당신이 주식 매입을 시작할 수 있도록 도와주는 무료 주식 검색 방법이 웹사이트에 지천으로 깔려 있다. 당신이 그것들을 따라하다 보면 분명 자격에 미달하는 주식을 발견하게 될 것이다.

그럴 경우 그 주식은 제외하라. 주식 스크린 도구에는 이중 그물망으로 되어 있지만, 실제는 법적인 소송이나 혹은 숨겨진 부채에 의해 자격이 미달되는 주식은 제거하라는 의미이다.

그리고 경고 한 마디. 이런 투자 기회를 누군가가 당신에게 가져다줄 가능성은 거의 없다. 당신은 스스로 그것을 발견해야만 한다. 특히 시장에서 주식 종목을 마케팅하는 주식 홍보가들을 의심해야 한다. 만약 이런 주식을 소개받았다면 당신은 당신의 지갑을 쥐고 부디 자리를 빨리 뛰쳐나가길 바란다.

오늘날 이 같은 이중 그물망 주식의 사례로는 남 타이 부동산Nam

Tai Property. Inc 주식을 들 수 있다.[10] 남 타이 부동산은 시가총액이 작은 미국 기업이며, 상장 코드는 'NTP'이다. 이 기업은 주력 사업을 전자부품 제조에서 중국 부동산 개발로 변경했다. 이 기업의 시가총액은 현재 약 2억 1,900만 달러이다. 이를 이 회사의 총 발행주식 수인 3,962만 주로 나누면 한 주당 가격이 5.52달러다. 게다가 이 회사는 2억 5,000만 달러의 현금을 은행에 보유하고 있다. 이를 총 발행주식 수 3,962만 주로 나누면 주당 6.15달러가 된다. 다시 말해 남 타이 부동산 주식 1주를 갖고 있으면 주당 5.52달러 말고도 주당 6.15달러의 현금을 덤으로 갖고 있는 셈이다.

이것은 투자자가 지금 은행에 있는 남 타이 달러 지폐를 90센트에 매입하면 그 외의 이 회사의 다른 모든 자산을 공짜로 가질 수 있음을 의미한다. 내가 알기로 중국에 있는 대부분의 자산은 상당한 가치가 있다. 남 타이 부동산처럼 극단적으로 낮은 주가는 이례적인데, 다음의 몇 가지 이유 때문이다. 첫째, 이 기업은 매우 작은 기업이다. 시가총액 2억 5,000만 달러 규모라면 대부분의 전문 투자자들은 매입하기에 너무 작은 규모의 기업이라고 생각할 것이다. 둘째, 이 기업은 비즈니스 모델을 제조업에서 부동산업으로 전환하고 있는 과정에 있으며 그렇기 때문에 장래에 이 기업이 어느 정도의 수익을 창출할지는 현재로서 정확히 예측하기 어렵다. 셋째, 이 기업에 대해서 기업 평가 보고서를 내는 월 스트리트 애널리스트가 없다. 끝으로 그들의 영업 근거지는 모두 중국에 있는데 중국은 현재 관심권 밖에 있다.

버핏,
담배꽁초식 투자의 한계를 깨닫다

그레이엄-도드 마을의 모든 위대한 투자자들은 저렴한 주식에서 저렴한 주식으로 돌아다니도록 가르침을 받았다. 그렇게 한 결과 그들이 거둔 성과는 대개의 경우 매우 뛰어났고 손실을 볼 가능성은 낮았다. 그러나 다시 한 번 말하지만, 이들이 투자한 기업의 대부분은 사업 구조가 양호하지 않았으며, 단지 주가가 매우 저렴했다. 이들 주식의 포트폴리오를 매입한 투자자들은 결과적으로 매입가보다 양호한 결과를 얻었다. 버핏은 버핏투자조합을 운영했던 12년의 세월을 되돌아보면서 다음과 같이 회고했다.

> 평균 수익률로 환산할 경우, 여러 해 동안 일반 투자 주식은 우리가 운용했던 주식의 카테고리 중 최고의 카테고리였습니다. 뿐만 아니라 수익이 나는 거래에서 가장 높은 비중을 유지했습니다. 이 접근법은 내가 배운 방식이었고, 우리가 구사했던 모든 투자의 방식 중 가장 높은 비중을 차지했습니다. 지난 12년간의 버핏투자조합 운용 기간 동안 일반 투자 주식을 통해 얻은 이익은 우리가 입은 총 손실의 50배일 것입니다.

이후 버핏은 이중 그물망 주식들과 다른, 극단적으로 저렴한 주식들을 '축축한 담배꽁초Soggy Cigar-Butts'라고 명명했다. 오늘날 버핏은 담배꽁초 주식을 비즈니스의 관점에서 거북하고 매우 부정적이며 수익성이 미미한 기업으로 묘사한다. 그렇지만 그런 버핏도 이런 기업들의 주식에 투자를 한 전례가 있다. 왜냐하면 이 주식들은 영구적 손실의 리스크가 매우 낮은 '공짜 담배 피우기Free Puff'를 제공했기 때문이다. 오늘날의 버핏은 남 타이 부동산 같은 시가총액 2억 2,000만 달러에 달하는 주식에 관심을 갖지 않는다. 왜냐하면 그는 수십억 달러의 주식을 찾고 있기 때문이다. 설령 그가 현재 가격으로 남 타이 부동산을 살 수 있다 하더라도 그에게는 바늘 하나의 자극도 줄 수 없다.

투자조합 기간을 보내면서 자신의 자산이 증가하고 생각이 발전함에 따라 버핏은 지속적으로 '가치'라는 것이 진정으로 무엇을 의미하는가에 관한 쪽으로 시야를 넓혔다. 그는 주가 하락에 대한 방어의 형태로 그가 얻는 것에 대한 범위를 지속적으로 넓히고자 했다. 그는 기업의 품질에 대해 면밀히 관찰하기 시작했으며, 어떻게 기업이 수익성을 지속적으로 유지하고 가치를 지키는지 살펴보았다. 그래서 버핏은 이중 그물망의 담배꽁초식 투자에 활용되는, 통계적으로 저가인 자산 가치 접근법에 거리를 두기 시작했다. 버핏은 1967년 가을, 주주에게 보내는 편지에서 자신의 투자에 대한 생각의 혁명적인 변화를 표현했다. 당시 그는 다음과 같이 말했다.

> 투자 목적으로 주식이나 기업을 평가하는 작업에는 언제나 '양적 요인'과 '질적 요인'이 혼합되어 있습니다. 이 가운데 질적 요인만을 특별히 더 강조하는 애널리스트는 이렇게 말합니다. "올바른 기업을 매입하라. 다시 말해 사업 전망이 밝고, 그 기업이 속해 있는 산업의 조건이

양호하고, 경영진이 우수한 기업을 매입하라. 그러면 주가는 스스로 알아서 움직일 것이다." 반면, 양적 요인을 대변하는 애널리스트는 이렇게 말합니다. "좋은 가격에 매입하라. 그러면 기업과 주가는 알아서 잘 될 것이다." 주식의 세계에서는 두 가지 관점 가운데 어느 쪽으로 접근하든 돈을 벌 수 있습니다. 물론 모든 애널리스트들은 이 두 가지 관점을 적절히 결합합니다. 어떤 애널리스트가 양적 관점에 치중하는 분석가인가, 질적 관점에 치중하는 분석가인가를 가리는 기준은 그가 이 두 가지 관점 가운데 상대적으로 어느 쪽에 더 비중을 두는지에 따라 결정되며, 어느 쪽에만 완벽하게 매몰되어 있는 경우는 없습니다.

흥미롭게도 나는 스스로를 양적 요소를 중요하게 생각하는 쪽에 속해 있다고 생각하지만, 내가 지난 몇 년간 발견했던 정말로 훌륭한 아이디어들은 질적 측면에 매우 치중되어 있었습니다. 이것이야말로 금전등록기에 돈이 쌓이게 만드는 비결이지요. 다시 말해 질적 측면이야말로 나로 하여금 돈을 벌게 만들어주었습니다.

물론 양적 측면에서는 통찰력이 필요하지 않습니다. 하지만 마치 야구 배트로 머리를 맞듯이 떠오르는 중요한 통찰은 매우 드물게 찾아옵니다. 따라서 정말 큰돈은 질적 판단을 중요시하는 투자자가 벌게 되지만, 최소한 나의 사견으로는 더 확실한 수익은 명확한 양적 결정에 의해 얻게 됩니다.

버핏의 코멘트를 읽다 보면 그가 1967년에 발견했던 담배꽁초식 주식은 이제 사라졌고, 정량적으로 기업을 분석하는 투자자도 이제 없다고 표현하고 있지만, 이것은 단지 일시적인 현상임을 알 수 있다.

양적 요소에 근거한 기회는 특히 시장 흐름이 하락세일 때 유효하다. 시장이 한 사이클에서 다른 사이클로 넘어가면서 극단적으로 저렴한 주식은 더 드물게 되지만, 양적 분석에 기울어진 투자자들은 약간 저렴한 주식에 관해 덜 엄격한 기준을 갖고 있으면 자신들이 발견한 염가 주식을 갖고 여전히 주식투자를 잘하게 된다.

1967년 편지에서 버핏은 다음과 같이 말을 이어갔다.

> 이러한 통계적 매수는 지난 몇 년간 사라지고 있는 중입니다. 이런 현상이 생긴 배경에는 1930대까지만 해도 미국인들에게 만연해 있던 주식에 대한 편견이 1950년대부터 경제적 불황 없이 주식시장이 상승을 거듭한 것과 관련이 있는 것으로 생각됩니다. 어쩌면 이는 주식투자를 긍정적으로 받아들이는 사회 분위기에 기인할 것입니다. 그리하여 기업 인수가 성행하고 얼마나 주식을 싸게 샀는지에 대해 사회적 관심이 집중되는 경향과도 관련이 있는 것으로 보입니다. 원인이 무엇이든 이 같은 경향으로 인해 결과적으로 양적인 관점에서 할인 가격에 거래되는 주식이 사실상 사라지고 있습니다. 이에 따라 우리에게 수익을 가져다줄 만한 투자 기회도 사라지고 있습니다. 여전히 드물게 약간의 기회들이 존재하지만 말입니다.
>
> 물론 내가 중요한 질적 판단을 내릴 수 있는 주식들 또한 존재할 것입니다. 이는 우리에게 큰 이익을 볼 수 있는 기회를 선사할 것입니다. 그러나 그런 경우는 드뭅니다. 지난 3년간 우리가 달성한 좋은 성과는 모두 양적인 관점에 기반한 투자 아이디어 덕분입니다.[11]

여기에서 우리는 전혀 다른 두 개의 요소가 동시에 작동하는 것을 볼 수 있다. 강세장의 막바지 무렵이 되면 저렴한 주식을 찾기가 점점 더 어려워진다. 이는 시장이 맞이하는 모든 흐름에서 나타나는 전형적인 현상이다. 그렇지만 시장의 흐름과는 무관하게 흥미로운 점이 있다. 그것은 버핏이 단지 주가가 저렴한 종목을 찾던 것과는 반대로 어떤 기업을 '우량하게' 만드는 요인이 무엇인지에 대한 정성적 평가에 점점 더 관심을 기울이기 시작했다는 것이다. 그가 '지난 3년 동안의 우리의 양호한 성과의 많은 부분들이 이런 단순한 아이디어에 바탕'했다고 말한 것은,[12] '아메리칸 익스프레스American Express' 주식에 큰 비중을 실었던 것을 가리킨다. 당시 아메리칸 익스프레스는 그레이엄의 관점에서는 싸지 않았지만 미래의 거대한 수익을 가지고 있는 고품질의 프랜차이즈 기업이었다. 운용하는 자산이 지속적으로 늘어감에 따라 버핏은 담배꽁초식 투자 전략을 뒤로 할 수밖에 없었다. 버핏은 투자자로서 놀라울 정도로 성장했고, 그에 따라 그가 운용하는 자산의 규모가 매우 커지자 담배꽁초식 투자가 몸에 맞지 않게 됐다.

자, 이제 시간을 훌쩍 뛰어넘어 버핏이 2014년 주주들에게 보낸 편지를 살펴보자. 이 편지에서 그는 자신의 젊은 날을 되돌아보면서 담배꽁초식 투자의 좋은 점을 말하고 있다.

> 담배꽁초식 투자는 내가 적은 금액을 운용하는 동안에는 매우 잘 들어맞았던 투자 방식이었습니다. 1950년대, 나는 수십 개의 담배꽁초 주식을 매입했고, 그것은 내 투자 인생에 있어서 거둔 성과를 상대적

평가에서나 절대적 평가에서나 최고로 만들었습니다. 그렇지만 담배꽁초식 투자법은 치명적인 약점이 있었습니다. 투자금의 규모가 커지면, 담배꽁초식 투자법은 제대로 작동되지 않습니다. 수익성이 낮은 기업의 주식을 낮은 가격에 매입하는 것은 단기적 투자 전략으로서는 매력적일 수 있지만, 애초에 그런 기업들은 큰 기업으로 성장하기엔 부족한 기반 위에 놓여 있기 때문입니다. 우리가 현실에서 결혼 상대를 고를 때를 생각해봅시다. 결혼 상대는 데이트 상대를 고를 때보다 명백히 더 많은 조건을 고려합니다. (물론 버크셔 해서웨이가 매우 만족스러운 '데이트' 상대였다는 점은 언급되어야 할 것입니다. 공개 매수 청구의 관점에서 계산해보면 버핏투자조합에 대한 투자는 지금의 버크셔 해서웨이에 투자하는 것보다 40%나 많은 연간 수익률을 가져다주었습니다.)

아메리칸 익스프레스에서 찾은 '정성적 복리법'

이미 널리 알려진 사실이지만, 버핏은 통계적 저가 매입, 자산주, 담배꽁초식 투자에서 탈피해 더 나은 기업을 찾는 쪽으로 투자 방식을 진화시켰다. 이는 버핏에게 새로운 아이디어를 받아들이도록 만들었다. '상대적으로 저평가된 일반 투자 주식'이라는 새로운 하위 카테고리를 만들게 된 것이다. 이를 계기로 버핏은 몇몇 측면에서 스승인 벤저민 그레이엄이 세운 틀을 깨고 나왔는데, 이 변화에는 찰리 멍거의 영향이 크다.

버핏은 스스로를 회고하는 편지에서 지속적으로 다음과 같이 말하고 있다. "멍거는 내가 담배꽁초식 투자법이라는 습관을 깨고, 규모가 크고 만족할 만한 수익을 가져다줄 기업을 만드는 코스를 만들어준 사람입니다. 멍거가 나에게 건넨 청사진은 단순했습니다. 그것은 내가 아는 '그저 그런 기업을 놀라운 가격에 사는 법'을 잊고, 대신에 '놀라운 기업을 합리적인 가격에 매입하라'는 것이었습니다." 멍거는 버핏과 자신의 생각이 진화하는 것을 회고하면서 다음과 같이 말했다.

> (버핏이) 그레이엄의 추종자로 투자자로의 인생을 시작한 것은 결과적으로 잘된 일이지만, 우리는 점차적으로 그보다 더 나은 통찰이라고 부를 수 있는 방법을 알게 됐습니다. 우리는 장부가치의 2배 혹은 3배에 거래되는 기업이 이 기업에 내재된 모멘텀, 그리고 한 개인, 한 시스템에 존재하는 보기 드문 경영 능력을 갖고서도 여전히 저렴한 가격에 시장에서 거래되고 있음을 발견했습니다. 벤저민 그레이엄의 정량적 투자의 한계를 뛰어넘은 다음, 우리는 더 나은 기업들은 무엇이 있는지 생각하기 시작했습니다. 예를 들어 버핏투자조합이 '아메리칸 익스프레스'와 '디즈니' 주식이 하락했을 때, 이들 주식을 매입한 것처럼 말이지요.[13]

버핏은 1964년, 앞에서 설명한 이 새로운 주식의 카테고리를 투자조합 조합원들에게 소개했다. 이 시기 버핏은 아메리칸 익스프레스 주식을 대량 매입했다. 당시 아메리칸 익스프레스 자회사에서 '샐러드 오일 스캔들'이라고 불리는 불미스러운 사건이 발생했다. 샐러드 오일 스캔들이란 아메리칸 익스프레스 자회사가 사기꾼의 속임수에 넘어가 샐러드 오일 대신 바닷물이 들어간 오일 저장 탱크에 창고증권을 발행해준 사건을 말한다.

이 자회사는 부채가 많았는데, 엎친 데 덮친 격으로 이 사건은 시장에서 아메리칸 익스프레스라는 브랜드의 명성과 가치를 위협하게 만들었다. 결과적으로 아메리칸 익스프레스의 주가는 폭락했다. 그러나 버핏은 시장의 판단과는 반대로 이 사건으로 인해 폭락한 주가가 이후에 회복이 가능하며, 아메리칸 익스프레스의 가치는 여전히 훼손되지 않을 것이라고 생각했다. 버핏은 이 주식을 자신의 포트폴리오에 주워 담았다. 버핏이 판단한 아메리칸 익스프레스의 미덕은 '상대적으로 저평가된 일반 투자 주식'과 마찬가지로 해가 갈수록 엄청난 이익을 창출해내리라는 점이었다. 그는 이 주식을 꽤 오랫동안 보유했다. 이에 반해 대부분의 '개인 오너형 일반 투자 주식'은 한 번 담배를 빨고 나면 장기간의 휴식을 요구했다.*

아메리칸 익스프레스 주식은 이후 수년 동안 버핏투자조합 포트

---

* 버핏은 샐러드 오일 스캔들로 아메리칸 익스프레스가 겪은 어려움이 일시적이라고 판단했다. 아메리칸 익스프레스의 본업인 카드 사업은 여전히 잘되고 있다는 사실을 발견했기 때문이다. 그는 오마하에 있는 단골 레스토랑의 카운터 앞을 하루종일 지켜 보면서 손님들의 카드 결제 건수를 실제로 세어보기도 했다. 1964년 버핏은 주당 65달러에서 35달러로 떨어진 아메리칸 익스프레스에 1,300만 달러를 투자했다. 이 자금을 마련하기 위해 버핏은 버핏투자조합의 '기본 원칙'을 수정해 자본금의 40%까지 한 종목에 투자할 수 있다는 규정을 만들었다.

폴리오의 상당 부분을 차지했다. 이 주식을 바탕으로 버핏은 자신이 세운 기본 원칙들을 개정했고, 그 결과 버핏투자조합에 있는 자금의 40%까지 한 기업에 투자할 수 있었다. 아메리칸 익스프레스에 투자한 1,300만 달러는 결과적으로 2,000만 달러의 이익을 가져다줬다. 이 수치는 버핏투자조합이 단일 종목으로 얻은 최고의 수익률 기록이다.

같은 카테고리로 묶을 수 있는, 버핏이 매입했던 또 다른 주식은 멍거가 이야기했던 월트 디즈니Walt Disney 사의 주식이다. 버핏은 멍거와 함께 가족 휴양 차 디즈니 공원을 여행하면서 이 기업을 분석했다. 그리고 1965년, 월트 디즈니 사의 주식 400만 달러어치를 매입함으로써 이 회사의 지분 5%를 확보한다.[14]

버핏은 월트 디즈니가 손에 잡히지 않는 서비스를 제공하고 있지만 보유하고 있는 비디오 라이브러리의 가치만으로도 해자를 가지며 주가를 정당화 할 수 있다고 생각했다. 그는 월트 디즈니 사가 운영하는 공원과 스튜디오는 '공짜로 버려져 있는' 상태라고 보았다. 어떤 측면에서 버핏은 고품질의 주식과 담배꽁초 주식 사이를 오가고 있었다. 오늘날 버핏은 위대한 기업을 합리적인 가격에 매입하는 것의 중요성에 대해 줄곧 이야기하지만, 당시에는 위대한 기업을 끝내주는 가격에 매입하고 있었다.

그러나 버핏은 월트 디즈니의 매입 사실을 비밀로 했다. 버핏은 버핏투자조합 시절 투자했던 개별 기업의 이름을 공식적으로 언급하지 않았으며, 그의 조합원들에게 그가 이 두 기업의 지분을 상당한 수준으로 보유하고 있다는 사실을 한 번도 말하지 않았다.

성공적인 투자를 위한
다섯 가지 체크 리스트

우리가 이번 장을 열면서 던졌던 질문으로 다시 돌아가보자. 당신이 소액 투자자라면 양적 요인에 중점을 두는, 그레이엄과 초기의 버핏이 구사했던 투자법에 중점을 둘 것인가, 아니면 질적 요인에 중점을 둘 것인가? 질적 요인에 근거한 정성적 분석은 버핏이 버핏투자조합을 운영하던 후반부에 구사했던 투자법이다. 당신은 재무제표에 바탕한 저가의 확실한 주식에 집중할 것인가? 아니면 1967년 이후에 버핏이 보여주었던, 버크셔 해서웨이를 인수할 때의 전략적 특징이자 수많은 존경받는 투자자들이 구사하는 투자법인 위대하며 지속성을 가진 우량한 기업을 찾을 것인가?

두 가지 방법 모두 좋은 결과를 낼 수 있겠지만 당신에게 무엇이 적합한지는 당신이 운용하고 있는 펀드의 규모, 당신의 기질, 그리고 기업의 가치를 제대로 평가하고, 투자자로서의 당신이 가진 능력 이외의 것이 무엇인지 객관화해 볼 수 있는 당신의 능력에 달려 있다.

이 시대의 가치투자자 중 한 명인 토비아스 칼라일Tobiase Carlisle은 2014년 저서 『심층 가치*Deep valuation*』에서 근본적인 그레이엄주의자로서 탁월한 본보기를 제시한다. 그의 연구는 기업의 펀더멘탈이 나쁠수록 주식은 더 매력적이라는 사실을 보여준다. 토비아스 칼라일은 철저한 계량적 연구를 바탕으로 '인수자 배수Acquirer's Multiple'*[15]

---

* 인수자가 어느 기업을 인수한다고 가정했을 때, 그 기업에 대해 지불하고자 하는 배수.

로 불리는 개념을 발전시켰다. 인수자 배수는 체계적으로 탁월한 의사결정을 가려내기 위한 방법이다. 그가 기업의 가치를 파악하는 자신의 분석법에서 정성적 분석을 배제했다는 점에 주목해보자. 어떤 산업의 수익성이 평균 미만이면 동종업계의 경쟁자들이 시장을 떠나는 경향이 있다. 그런 상황에서, 시간과 비용 대비 적절한 수익을 회복하고 싶은 기업의 경영진은 종종 경영 전략을 바꾸고, 제품 생산의 프로세스를 개선하고, 손실을 보고 있는 사업은 정리한다. 이렇게 기업이 악전고투하고 있을 때에 그 기업의 주식을 저렴한 값에 사들이면 투자자는 두 배의 보상을 얻게 된다.

두 배의 보상이 주어지는 이유는 첫째, 기업이 경영 전략의 변화를 꾀함으로써 그 결과에 대한 보상이 이루어지기 때문이다. 또 하나는 더 나은 비즈니스 성과와 그에 부합하는 시장가치의 개선 덕분이다.

자신에게 맞는 투자 방법을 발견했다는 점에서 토비아스 칼라일은 영리한 투자자이다. 그는 자신에게 맞지 않는 것은 피했다. 물론 그도 당장에 헐값의 주식을 가진 형편없는 기업보다 미래에 더 많은 이익을 가져다줄 것이라는 확신이 서는 위대한 기업을 매입하는 것을 선호한다. 그렇지만 칼라일은 적어도 경쟁자로부터 그 같은 높은 이익을 방어하는 요소를 가진 기업을 식별하는 체계적인 방법을 발견하지 못했다. 그래서 애초에 그런 기업들에 대한 평가를 배제한 것이다.

자유 시장주의 시스템에서 높은 수익을 내는 사업은 자연스럽게 그 시장에 참여하려는 경쟁자들을 끌어들인다. 진입 장벽이 없을 경우, 이와 같은 경쟁자들은 지속적으로 해당 산업에 뛰어들고, 마침내 해당 산업의 전체적인 수익은 평준화된다. 이런 시장의 역동성은 자본주의 경제 시스템을 움직이게 하는 엔진이며, 미국 기업들의 대량 생산 체제 배후에 깔린 논리이기도 하다. 또한 그것은 미국 기업의 자기자본이익률이 지속적으로 12~14%를 유지하는 이유이기도 하다. 그것은 1950년대에도 사실이었고 오늘날에도 사실이다. 경쟁은 몇몇 극단적인 경우를 제외하고 탁월한 수익률을 떨어뜨리는 경향이 있다. 수익성이 굉장히 높은 기업의 가치를 발견하기를 선호하는 투자자라면, 그 기업이 그런 높은 수익을 지속적으로 낼 수 있게 만드는 것이 무엇인지를 발견해내야 될 것이다.

금융회사 마켈Markel Corporation의 오랜 펀드 매니저인 톰 가이너Tom Gayner는 심도 있는 정성적 분석을 하는 현대적 투자자의 훌륭한 사례이다. 그는 시장에서 높은 수준의 성과를 거두는 회사가 그런 성과를 유지할 수 있는 능력이 무엇인지 평가한다. 그는 과거 기업 사이클에서 성공한 강력한 기록을 가지고 있으며 재능과 품성을 겸비한 관리자가 운영하는, 고수익 비즈니스가 확실한 기업을 찾았다. 그는 기업이 수익을 얻었을 때 그 수익을 재투자하기를 원했고 기업의 경영진들이 그렇게 할 수 없을 경우에는 주주들에게 잔여 이익을 나눠주기를 희망했다. 그런 뒤 합리적인 매입가를 찾는 것이다. 그는 자신이 세운 이 기업 평가 시스템을 통해 수십 년 동안 인덱스 지수를 초과하는 방법을 발견했다.

톰 가이너는 이 같은 유형의 투자 전략이 현실에서 결실을 맺기 위해서는 투자자들이 투자자로서 소수의 권한만 있어도 된다고 강조한다. 그는 투자자들이 평생에 걸쳐서 20개가량의 기업을 적절하게 매입한다면 그렇게 매입한 20여 개 가운데 한두 종목이 점점 성장하여 순자산의 상당한 비중을 차지할 것이라고 말한다.

톰 가이너는 벤저민 그레이엄을 근본적인 가치투자자로만 보아서는 안 된다는 점을 상기시켜주는 좋은 사례이다. 그레이엄은 가이코 GEICO 보험사를 매입할 때 정성적 분석에 시간을 썼다. 그가 가이코라는 단일 기업에 투자해 얻은 수익은 그가 나머지 모든 기업에 투자해 얻은 수익을 초과했다.[16]

톰 가이너의 투자 전략은 앞서 설명한 토비아스 칼라일의 투자 전략과 거의 정반대이다. 그럼에도 불구하고 톰 가이너는 자신이 구사한 투자 방법이 자신에게는 잘 들어맞는다는 점을 알았다. 그 어떤 투자 전략도 전적으로 옳거나 전적으로 틀리지 않다. 각각의 전략은 저마다의 방식으로 투자자 자신에게 잘 맞는 가치 평가 시스템으로 발전시켜왔다. 투자에서 올바른 방식이란 투자자 자신에게 가장 잘 맞는 방식이다.

앞서 언급한 투자자들 외에 세간의 존경을 받는 현존하는 현대의 투자자들은—이들은 자본 규모에 제한받지 않는다—두 가지 방식을 모두 사용해 투자할 수 있다. 뛰어난 펀드 매니저인 조엘 그린블라트Joel Greenblatt 교수는 특별한 상황에 놓이거나 잘못 이해된 소형주에 투자함으로써 역사상 최고의 투자 기록을 달성했다. 그는 매력적인 가격에 거래되는 우량주를 계량적으로 식별해내는 자신만의 시스템을 활용하고 있다. 그는 이것을 '마법 공식'이라고 부르는데 이 공식은 매우 잘 들어맞고 있다.

버핏이 버핏투자조합을 운용하는 기간 동안 구사했던 투자 전략 가운데에는 현대의 투자자들이 성공적으로 활용할 수 있는 다양한 방법이 담겨 있다. 버핏은 한 가지 투자법만 고수하는 대신 상황에 따라 투자 방식을 바꿨다. 다시 한 번 이야기하지만, 어떠한 투자 방식이든 가장 중요한 것은 그 방식이 당신에게 잘 맞는지를 판단하는 것이다. 버핏은 훗날 이것을 '능력 범위Circle of Competence'라고 일컬었다. 자신의 능력 범위 안에서 움직이는 것이 버핏이 보여준 성공적인 투자의 핵심이다. 그는 자신이 좋아하는 기업을 발견하고 그 기업에 대해 제대로 이해한 뒤에야 어떤 투자 방법으로든 그 기업의 주식을 매입했다. 그는 자신이 아는 영역 밖에 있는 기업들에 대해서는 관심을 가지지 않았다. 2007년 매사추세츠공과대학교MIT 대학생들과의 대화에서 버핏은 어떻게 해야 자신의 마음속에 있는 능력 범위를 이해하고 주식에 투자할 수 있는지에 관해 조언했다.

나는 사무실에 세 가지 메일 박스를 갖고 있습니다. 세 개의 메일 박스의 이름은 '미해결In', '해결Out', '난제難題, Too Hard to Value'입니다. 나는 MIT 대학생들에게 내가 '난제 쓰레기통'을 갖고 있어야만 할 것 같다고 농담을 한 적이 있는데, 실제로 MIT 대학생들이 그 쓰레기통을 만들어주기도 했습니다. 나는 지금도 그 쓰레기통을 이용하고 있지요. 나는 내가 진정으로 좋아하는 경기장에서만 야구 배트를 휘두르려고 합니다. 만일 당신이 평생에 걸쳐서 야구 배트를 열 번만 휘두른다면 당신은 분명 부자가 될 것입니다. 투자를 할 때, 당신에게 야구 배트를 휘두를 수 있는 기회가 스무 번밖에 없다고 가정하고 투자

해야만 합니다.[17]

나는 사람들에게 평생에 걸쳐서 딱 열 번의 매입 기회만 주어진다면 그들이 투자를 더 잘하게 될 것이라고 생각합니다. 만약 그런 일이 현실에서 진짜 일어난다면 어떻게 될까요? 아마도 우리는 매번 매입을 할 때마다 제대로 한 것인지를 확인할 것이며, 주식을 매입하기 전에 아주 많은 연구를 할 것입니다. 부자가 되기 위해서 우리는 투자금을 4배로 불려준다는 식의 기회를 많이 가질 필요가 없습니다. 우리는 많은 행동을 할 필요가 없습니다. 그저 환경이 당신에게 뭔가를 해야 할 필요가 있다고 느끼게 만드는 것일 뿐입니다.[18]

여기서 잠깐, 주식투자를 할 때 잠재적 투자를 평가하기 위한 다섯 가지 체크 리스트를 알아보자.

(1) 성향

그 상황을 이해하는 데에 필요한 특별한 도구 혹은 지식은 무엇인가? 내가 그것들을 갖고 있는가?

(2) 분석

해당 기업과 그 기업이 속한 산업에 내재된 경제적 특성은 무엇인가? 그것들은 어떻게 나의 장기적인 수익과 현금 흐름에 대한 기대치와 연결되어 있나?

(3) 뒤집기

내가 잘못된 판단을 할 가능성은 없는가? 만일 나의 판단이 틀린다면 나는 얼만큼의 손실을 볼 것인가?

(4) 내재가치

해당 기업의 현재 시점에서의 내재가치는 얼마인가? 그것은 앞으로 얼마나 더 빨리 증가할 것인가, 아니면 축소될 것인가?

(5) 비교

내재가치에 대한 할인은 주가가 하락할 경우의 위험과 상승할 경우의 보상, 양쪽에 대해서 적절하게 가중치가 매겨졌는가? 내가 얻을 수 있는, 다른 모든 옵션에 대해서 호의적으로 비교했는가?

만약 당신이 체크 리스트에 나오는 것을 모두 다 만들 수는 없다고 생각한다면, 당신이 하고자 하는 투자의 장점을 단 하나의, 한 문장으로 정리하여 적어보자. 버핏은 오랜 기간 동안 많은 기업에 투자했지만 그가 창출해낸 부의 대부분을 차지하고 있는 것은 소수의 몇 개 종목이었다. 다음 페이지에서는 버핏이 버핏투자조합 운용 초기에 투자했던 일반 투자 주식인 커먼웰스 트러스트의 사례를 세부적으로 다룰 것이다. 버핏은 이 주식에 자신이 보유한 초기 자산의 20%를 투자했다.

버핏투자조합 사례 분석:
커먼웰스 트러스트

1959년 2월 11일

전반의 상황

여러분들이 우리의 주식 운영 방침을 잘 이해하고 있으므로, 나는 1958년의 특별한 활동을 되돌아보는 것이 좋다고 생각합니다. 지난해 나는 현재 운용하고 있는 다양한 투자조합 중에서 전체 자산의 10~20%를 구성하는 우리의 가장 큰 지분에 관해 언급한 바 있습니다. 나는 이 주식의 주가가 하락하거나 현 상태 그대로 유지되는 편이 우리에게 이익을 가져다줄 것이라고 이야기했습니다. 그렇게 되면 우리는 이 회사의 주식을 좀 더 매입할 수 있으며, 이후 강세장에서 상대적으로 수익률 성과가 더 나올 것으로 전망됩니다.

이 주식은 바로 뉴저지 주 유니온 시에 위치한 금융회사인 '커먼웰스 트러스트'입니다. 1958년 당시 우리는 이 회사의 주식을 매입하기 시작했습니다. 커먼웰스 트러스트의 주식은 보수적인 관점에서 평가했을 때, 주당 125달러의 내재가치를 갖고 있었습니다. 그런데 이 회사는 정당한 이유로 주당순이익이 10달러이지만, 현금 배당을 전혀 하지 않았으며, 이런 이유 때문에 시장에서 주당 50달러에 거래되고 있었습니다. 덕분에 우리는 상당한 수익력을 갖고 있는, 매우 잘 경영되는 은행의 주식을 내재가치 대비 굉장히 할인된 가격에 보유할 수 있었지요. 커먼웰스 트러스트의 경영진은 새로운 주주인 우리를 우호적으로 대우했고, 우리가 영구적으로 손실을 볼 위험은 매우 낮아 보였습니다.

커먼웰스 트러스트 주식의 25.5%는 시중의 대형 은행이 소유하고 있었습니다. 이 대형 은행은 오래전부터 커먼웰스 트러스트와의 M&A Mergers & Acquisitions*를 희망했습니다(커먼웰스 트러스트는 5,000만 달러의 자산을 보유 중이었는데, 이는 오마하에 있는 가장 큰 은행인 퍼스트 내셔널First National이 소유한 자본의 절반에 해당되는 금액입니다). 이 M&A는 개인적인 이유들로 인해 그간 성사되지 못하고 있었습니다. 하지만 이런 상황이 무한정 지속되지는 않을 것이라는 판단의 근거가 있었고, 우리는 다음과 같은 사항들을 조합해보았습니다.

- (커먼웰스 트러스트는) 매우 강력한 방어적 특성을 갖고 있다.
- 명백한 기업가치의 상승이 만족할 만한 속도로 이뤄지고 있다.
- 그와 같은 기업가치의 상승은 1년이 걸릴 수도 있고, 혹은 10년이 걸릴 수도 있겠지만, 결국은 종국에 이 기업의 가치가 드러날 것이라는 증거가 있다. 추정컨대 이 가치는 매우 큰 수치가

* 기업합병.

될 것으로 예상된다. 좀 더 구체적으로 이야기한다면, 커먼웰스 트러스트의 주식은 주당 250달러가 될 것이다.

1년여 간의 기간에 걸쳐 우리는 커먼웰스 트러스트의 주식을 평균 주당 51달러에 매입하여 이 은행의 지분 12%를 확보하는 데 성공했습니다. 커먼웰스 트러스트의 주가가 한동안 변동 없이 유지되는 편이 우리에게 이익이 되리라는 사실은 명백했습니다. 우리의 주식 포트폴리오에서 커먼웰스 트러스트 주식의 보유량이 증가함에 따라 나날이 이 주식의 가치도 상승했습니다. 우리는 궁극적으로 어떠한 M&A 제안에 대해서도 충분한 투표권을 행사할 수 있는, 커먼웰스 트러스트의 2대 주주가 되었습니다. 커먼웰스 트러스트에는 고작 300명가량의 주주가 있었을 뿐이었고, 그들은 한 달에 두 차례 정도만 거래했기 때문에 주식시장의 활동이 우리 자산의 가격 변동에 거의 영향을 미치지 않았습니다.

어떤 경우 우리는 불행하게도 매입 경쟁을 맞닥뜨리기도 했습니다. 이것은 주가를 주당 65달러까지 끌어올리는 결과를 가져왔습니다. 그렇지만 우리는 우리가 보유한 커먼웰스 트러스트의 주식을 사지도 팔지도 않았습니다. 소량의 주식 매입 주문은 거래 없는 주식에서는 주가 변화를 일으킬 수 있습니다. 이것은 우리 투자조합의 포트폴리오 내용이 외부로 알려지지 않는 것이 왜 중요한지를 설명해줍니다. 지난해 우리는 매력적인 가격으로 우리가 최대 주주가 되는 특별한 상황을 맞이했습니다. 덕분에 당시 시장 상황은 20%로 낮아졌음에도 불구하고 우리는 커먼웰스 트러스트의 주식을 주당

80달러에 팔 수 있었습니다. 우리는 끈기 있게 커먼웰스 트러스트의 주식을 소액으로 매입하면서 주가를 50달러로 유지할 수 있었습니다.

우리는 여전히 인내심을 가지고 이 주식을 50달러에 보유하고 있는 중입니다. 덕분에 비록 지난해 시장 대비 우리의 상대적인 수익률 평가가 부진해보였을지라도, 나는 무척 만족했습니다. 커먼웰스 트러스트에 투자한 결과가 궁극적으로 이익을 내는 방향으로 결말을 맺은 것은 상당 부분 운이 따른 덕도 있을 것입니다. 우리가 어느 특정한 해에 거둬들이는 성과는 장기적으로 거둬들일 성과에 대비해 극명한 한계를 갖고 있을 수밖에 없습니다. 그렇지만 커먼웰스 트러스트의 경우처럼 시장에서 저평가되고 보호받는 투자 포트폴리오는 장기적으로 확실한 성과를 보장한다고 나는 믿습니다.

나는 이 은행의 주식을 주당 80달러에 매입한 사람은 장기적 관점에서 투자를 매우 잘한 것이라고 봅니다. 그렇지만 내재가치가 145달러인 주식이 80달러의 저평가 상태에 있는 것은 내재가치가 125달러인 주식이 50달러에 거래되는 것과는 매우 다릅니다. 나는 우리의 자본이 새로운 상황의 투자처에 쓰이는 편이 더 낫겠다고 보았습니다. 이 새로운 상황은 커먼웰스 트러스트보다 더 컸고, 내가 운용하고 있는 다양한 투자조합의 전체 자산의 25%를 차지했습니다. 이러한 저평가의 정도는 우리가 가지고 있는 다른 많은 주식보다 크지 않았지만, 우리는 최대 주주였습니다. 이는 이 저평가 상태가 수정되는 데 필요한 시간을 결정하는 데에 많은 이점이 있습니다. 이 같은 특별한 주식 지분을 가지고 있는 기간 동안, 우리는 사실상 다우지수보다 더 나은 성과를 확실히 얻을 수 있었습니다.*

현재의 상황

시장의 수준이 높아질수록 저평가된 주식은 적어지고, 매력적인 투자처를 확보하는 데 어려움이 있습니다. 이때 나는 우리의 자산 비중에서 워크아웃을 늘리는 방식을 선호합니다. 그렇지만 제대로 된 조건에 있는 워크아웃을 발견하기는 매우 어려운 일입니다.

따라서 가능한 범위 내의 저평가된 주식을 대량 매입함으로써 나만의 고유한 워크아웃을 창출하려고 합니다. 물론 이런 투자 정책은 나의 초기 예상—강세장에서 평균 성과를 넘어서는 수준—을 현실에서 실현해낼 수 있어야만 합니다. 나는 조합원들의 평가를 받는 사람이기 때문입니다. 여러분, 이에 대해 궁금한 것이 있으시다면 자유롭게 질문해주시기를 바랍니다.

---

* 버핏의 커먼웰스 트러스트 주식 거래는 우리가 흔히 말하는 '주식(일반 투자 주식)'을 어떻게 발견하고, 분석하며, 매도해야 하는지를 잘 보여주는 사례이다. 버핏은 주식투자 과정에서 '종목 발견→분석 및 적정주가 산정→매입→매도'의 단계를 거친다는 사실을 알 수 있다. 그는 미국의 기업 편람인 〈무디스 매뉴얼〉에서 커먼웰스 트러스트를 처음 발견했고, 분석 결과 커먼웰스 트러스트가 훌륭한 경영진에 의해 경영되고 있고, 이익이 꾸준히 증가하고 있다는 사실을 발견했다. 적정주가를 계산해본 결과, 보수적으로 계산을 해도 125달러인데, 주식시장에서는 50달러에 거래되고 있었다. 그래서 버핏은 커먼웰스 트러스트의 주식을 평균 51달러에 매입해 12%까지 확보했고, 주가가 상승하자 80달러에 매도했다고 밝히고 있다. 수익률이 56%인 셈이다. 적정 주가(125달러)에 도달하지 않았는데도 주식을 매도한 이유에 대해 버핏은 더 나은 투자 기회(주식)가 있을 경우 매도할 수 있음을 밝히고 있다.

'일반 투자 주식'에 관하여

1964년 1월 18일

일반 투자 주식이란 저평가된 주식의 한 카테고리이며, 주로 양적 요소에 의해 결정됩니다. 그렇지만 질적인 요소에도 상당한 관심을 기울여야만 합니다. 즉각적인 시장의 개선을 나타내는 것은 드물거나 거의 없는 경우가 많습니다. 돋보이는 이슈가 없기에 시장이 뒷받침해주지 않기 때문입니다. 이들 저평가주의 중요한 포인트는 '저렴한 매입가'여야 한다는 점입니다. 다시 말해 그 기업에 대한 전반적인 평가는 오너 개인이 그 가치를 신중하게 분석할 경우의 가격보다 낮습니다. 양적 수치가 가장 첫째로 필수적인 요소이기 하지만, 질적 가치도 중요합니다. 우리는 해당 기업이 좋은 경영진과 양호한 산업 구조를 가지고 있는 편을 선호합니다. 우리는 그전까지 휴면 상태에 있던 경영진이나 주주 그룹에서 어떤 열정이 샘솟아나기를 바랍니다. 그렇지만 우리는 궁극적으로 그 기업의 내재가치를 중시합니다.

1962년 1월 24일

여러 해 동안 일반 투자 주식은 우리의 투자처 가운데 가장 큰 카테고리였습니다. 그리고 다른 카테고리에 비해 이 카테고리에서 많은 수익을 얻었습니다. 우리의 포트폴리오는 보통 5~6개의 일반 투자 주식이 상당히 많은 비중을 차지하고 있었고(이들 주식은 각각의 투자조합이 보유한 전체 자산에서 각각 5~10%를 차지합니다), 그것을 뺀 나머지 10~15개 주식들이 전체 자산에서 차지하는 비중은 5~10% 정도에 불과합니다.

때때로 이 일반 투자 주식들은 시장에서 매우 빠르게 내재가치를 실현했지만, 대부분의 경우 수년이 걸렸습니다. 매입 당시에는 왜 이 주식들이 가격을 평가받아야 하는지는 특별한 이유를 알기가 어렵습니다. 그렇지만 시장에서 두드러지지 못하고, 즉각적인 시장의 움직임을 이끌어내기 어려운 주식들이었기 때문에 우리는 그렇게 저평가된 주식을 굉장히 싼 값에 매입할 수 있는 것입니다. 돈을 들이면 가치가 높은 주식을 매입할 수 있습니다. 싼 값에 매입한 저평가된 주식은 가치의 잉여분 덕분에 거래를 할 때마다 여유로운 안전마진을 창출해냅니다.

그리고 각각의 안전마진들은 다양하게 분산된 보유 자산과 더불어서 안전성과 잠재된 가치에서 매우 매력적입니다. 지난 수년간 우리의 매입 타이밍은 우리의 매도 타이밍보다 상당히 좋았습니다. 우리는 이들 주식들에서 마지막 한 푼까지 다 챙기려고 매입하지는 않습니다. 우리는 일반적으로 이 주식들을 매입가와 개인 소유자 입장에서 적정하다고 여겨지는 어느 선의 가격에서 팔면서 만족할 만한 결과를 얻었습니다.

일반 투자 주식은 다우지수와 연동되어 움직이는 경향이 있습니다. 어떤 주식이 싸다고 그 주식이 더 이상 하락하지 않는다는 것은 아닙니다. 시장이 갑자기 하락하는 동안 이 부문은 다우지수와 유사하게 하락하는 경향이 있습니다. 수년에 걸쳐 나는 일반 투자 주식이 다우지수를 초과할 것이라고 믿어왔습니다. 그리고 1961년의 경우처럼 매우 급등하는 해에 일반 투자 주식은 포트폴리오 수익을 크게 올려주었습니다. 물론 이런 일반 투자 주식은 하락장에서 가장 취약하다는 단점도 있습니다.

1963년 1월 18일

여러 경우 일반 투자 주식은 '편승하기'의 형태를 갖고 있는데, 우리가 지배 주주 집단이 수익이 나지 않거나 활용성이 떨어지는 자산을 더 나은 용도로 바꾸기 위한 계획이 있다는 것을 느끼는 경우입니다. 우리는 이와 같은 사례를 샌본Sanborn 지도 회사와 뎀스터 밀Dempster Mill 매뉴팩처링 컴퍼니(이하 뎀스터 밀)의 경우를 통해 확인했습니다. 모든 것이 동등한 상황이라면 차라리 다른 사람이 그것을 하도록 하게 하는 것이 나았습니다. 이런 경우에 그 가치는 충분해야 할 뿐만 아니라 우리가 어떤 말을 하고 있는지도 신중하게 검토할 필요성이 있습니다.

1965년 1월 18일

많은 경우 이 카테고리에서 우리는 '시위를 두 개 갖고 있는 활'과 같은 상황을 마주치게 됩니다. 이 상황에서 외부 환경의 변화로 해당 기업의 시장가격이 회복될 수도 있고, 저가에 경영권을 행사할 수 있는 수준으로 지분을 매입함으로써 시장가격을 재평가 시킬 수도 있습니다. 대부분 전자의 경우가 벌어지고, 후자의 경우는 투자 활동이 이루어지지 않는 보험 정책에서 대부분 발생합니다. 우리는 1964년 보고서에서 언급한 회사 세 곳의 지분을 지속적으로 늘려가 최대 주주가 되었습니다. 이 세 개의 회사 모두 자신들의 기본 가치를 만족할 만한 속도로 키우고 있었습니다. 우리는 세 곳 중 두 곳에 대해서는 완전히 수동적인 입장을 보였고, 나머지 한 곳에서는 미약하게 활동했습니다. 우리는 이 세 곳 중 어느 곳에서도 실제로 경영에 참여할 가능성이 높지 않습니다. 그러나 필요할 경우 경영권을 수행할 준비를 하고 있는 중입니다.

1966년 1월 20일

1964년 연말, 이 부분 최대 규모의 투자는 1965년에 있었던 공개 매수에 응하면서 이뤄졌습니다. '개인 오너형 일반 투자 주식' 카테고리의 배후에 깔린 기본 개념은 위의 사례를 통해 나타납니다. 개인 오너들은 기꺼이(우리 의견으로는 또한 매우 현명하게) 기업의 경영권을 위한 가격을 지불하려고 합니다. 이와 반대로 고립된 주식 매입자들은 기업의 매우 작은 지분에 대해서 돈을 지불하려고 하지 않습니다. 이는 수년 동안 주식시장에서 매우 일반적인 상황이었습니다. 이 카테고리에서의 매입은 일반 주식시장의 움직임에서는 매우 만족스럽게 수익을 내지만, 앞서 언급한 기업 활동으로 인해 때로는 극적인 이익이 종종 발생하기도 합니다.

1967년 1월 25일

1965년 중반 우리는 매우 매력적인 주식 하나를 매입하기 시작했습니다. 그런데 이 주식은 개인 오너형 일반 투자 주식의 관점에서 매우 낮은 가격에서 매매되고 있었습니다. 우리의 희망 사항은 향후 2, 3년 동안에 1,000만 달러 이상을 벌어들이는 것이었습니다. 이 기업이 운영하는 다양한 비즈니스들을 이해할 수 있었고, 우리는 이 기업의 장점과 단점을 경쟁사, 유통업자, 고객, 공급자, 전 직원에 대해 철저히 조사했습니다. 주식시장 특유의 여건 때문에 우리는 참을성 있게 이 주식을 대량으로 매입할 수 있었습니다.

1965년 말에 우리는 195만 6,980달러를 투자했고 이 지분의 시장가치는 235만 8,412달러였습니다. 40만 1,432달러가 1965년의 성과금액이었지요. 우리는 물론 주가가 낮은 수준에 머물러 있기를 원했습니다. 왜냐하면 우리의 관심사는 추가 매도가 아니라 추가 매수에 있었기 때문입니다.

물론 이것은 버핏투자조합의 1965년 성과에는 도움이 되지 않을 것이고 유한책임 조합원들의 즐거움을 감소시킬 수 있습니다. 하지만 장기적 성과는 크게 개선될 수 있을 것입니다. 실제로는 주가가 우리가 매입한 가격을 넘어섬으로써 우리의 추가 매입을 어렵게 했고 궁극적 이익을 감소시켰습니다. 단기적 성과와 장기적 성과의 극대화 사이의 갈등에 더 극적인 사례는 1966년에 발생했습니다. 이전에는 전혀 몰랐던 또 다른 세력이 주식 공개 매수에 들어감으로써 미래의 유리한 매입 기회를 저지했습니다. 그 당시의 가장 현명한 결정은 우리의 지분을 매각하는 것이라고 결론을 내렸고, 총 126만 9,181달러의 이익을 그 해 2월에 실현했습니다. 그중 86만 7,749달러는 1966년으로 이연되었습니다.

1966년의 우호적인 시장 환경에서 수익을 얻기는 했지만 큰 수익을 놓친 것에 우리는 아쉬움이 더 컸습니다. 이 주식의 주가가 오르지 않아 1966년 수익률이 5%p가 나빴더라면 우리는 매우 낮은 가격에 계속해서 주식을 매입했을 것입니다. 그러면 장기적인 관점에서는 더 나은 결과를 가져왔을 것입니다.

만약 좋은 아이디어가 흔해 빠진 것이라면 그처럼 너무 빨리 수익을 실현했더라도 크게 아쉽진 않을 것입니다. 물론 기업을 경영하다 보면 몇몇 실패는 소박한 이익을 가져다주곤 한다고 합니다. 그렇지만 우리가 개인 오너형 일반 투자 주식 카테고리에서 우리의 평균적인 투자를 살펴본다면 대체 아이디어를 개발하는 것이 얼마나 어려운지 알 수 있습니다. 우리는 주식시장의 하락에도 불구하고 그 해의 남은 기간 동안 아이디어를 발굴하지 못했습니다.

1969년 1월 22일

개인 오너형 일반 투자 주식은 수년 동안 평균 수익률 기준으로 우리에게 최고의 카테고리였습니다. 그리고 수익성이 좋은 거래에서 가장 많은 비중을 차지했습니다.

이 접근법은 내가 기업 경영에서 배운 방법이고 이전에는 모든 투자 아이디어에서 가장 많은 비중을 차지했습니다. 버핏투자조합의 역사에서 이 카테고리에서 거둔 총 개별이득은 우리가 얻은 손실의 50배 이상입니다. 하나의 단순한 아이디어(실행은 몇 가지 방법으로 이뤄졌습니다)에서 실로 높은 수익을 거두었습니다. 우리는 심지어 이 분야에서 상당한 수수료(이는 회계상으로 영업 외 이익으로 계상됐습니다)를 얻었습니다.

1965년 1월 18일

지난 편지에서까지 나는 항상 우리가 수행하는 투자 활동을 세 가지 카테고리로 나누었습니다. 이제 나는 카테고리를 세 가지가 아니라 네 가지로 분류하는 것이 좀 더 적절하다고 생각합니다. 즉, 근본적인 차이를 고려한 내용을 반영하여, '상대적으로 저평가된 일반 투자 주식'이라는 새로운 섹션을 추가한 것입니다. 한때는 매우 작은 하위 카테고리였지만 지금은 좀 더 많은 비중을 차지하게 되었으며 그 중요성이 커지고 있습니다.

이처럼 중요성이 커지면서 이 분야에서 추가적인 기회를 발견하는 데 들어가는 상당한 시간과 노력이 들어가는 것이 아깝지 않을 만큼 뛰어난 성과를 가져오고 있습니다. 그리고 결국에는 부분적으로 새롭고 어느 정도 독특한 투자 기법의 발전과 실행을 어느 정도 반영하고 있습니다. 이것은 이 카테고리에서의 기대와 지속성을 향상시키기 위해 고안된 투자 기법입니다.

1965년 1월 18일

상대적으로 저평가된 일반 투자 주식이라는 카테고리는 동종업종에서 동일한 품질을 가지면서도 저렴하게 거래되는 주식으로 이뤄져 있습니다. 이 카테고리의 주식은 현재 가치 대비 상당한 정도로 저평가되어 있지만 이 기업을 대량 매입할 의사가 있는 투자자에게 의미 있는 가치는 아닙니다. 이 카테고리에서 물론 사과는 사과와 비교되는 것이 중요합니다. 사과가 오렌지와 비교되어서는 안 되는 것이지요. 그리고 우리는 이 목표를 달성하기 위해서 열심히 노력했습니다. 많은 경우 우리는 합리적인 판단을 내릴 수 있을 만큼 기업이나 산업을 충분히 모릅니다. 이 경우 우리는 그냥 패스합니다.

앞서 언급했듯이 이 카테고리는 성장했고 매우 만족스러운 결과를 가져왔습니다. 우리는 최근에 전반적인 평가 기준에서 발생하는 변화의 리스크를 상당히 줄여주는 기법을 실행했습니다. 예를 들어 경쟁사 혹은 더 경쟁력이 떨어지는 기업의 주식이 이익의 20배에서 거래되고 있을 때, 우리가 이익의 12배에 거래되는 기업을 샀다고 해봅시다. 그런데 시간이 지나 다시 가치 평가를 해보니 경쟁사 주식이 이익의 10배 수준으로 바뀔 수 있습니다.

이 리스크는 항상 우리를 몹시도 당황스럽게 만들었는데 왜냐하면 개인 오너형 일반 투자 주식 혹은 워크아웃과 비교했을 때 우리가 이 기업에 대해 갖고 있는 지분이 많기 때문입니다. 이 같은 리스크가 감소될 경우, 우리는 이 카테고리가 전도유망한 카테고리가 될 것이라고 생각했습니다.

1966년 1월 20일

우리의 최종 카테고리는 '상대적으로 저평가된 일반 투자 주식'입니다. 이 카테고리는 다른 카테고리들의 기회가 줄어들면서 상대적 중요성은 커졌습니다. 솔직히 이 분야에서 주식을 운영하는 것은 나머지 세 개의 카테고리보다 다소 미묘합니다. 미묘한 것을 다루는 것은 나의 투자 스타일이 아닙니다. 나는 여기에서 이룬 성취는 다른 카테고리에 비해 덜 확실하고 덜 의미가 있다고 생각했습니다. 그럼에도 불구하고 1965년의 상대적으로 저평가된 일반 투자 주식에서 거둔 우리의 성과는 꽤 좋은 편이었습니다. 이는 지난해의 편지에서 언급했던 기술의 구현 덕분입니다. 이 기술은 리스크를 줄이고 잠재적으로 이익을 증가시키는 데 기여했습니다. 어떤 해에서든 리스크를 줄여야만 합니다. 1965년의 이익은 확실히 늘었습니다. 이 카테고리의 성과는 오직 두 가지 투자에서 성과가 났다는 점을 짚고 넘어갈 필요가 있습니다.

1967년 1월 25일

상대적으로 저평가된 일반 투자 주식 카테고리에 대해 마지막으로 한마디를 덧붙이겠습니다. 우리는 1966년도의 성과를 내는 데

이 카테고리의 도움을 받았습니다. 그렇지만 우리의 장기적 전망에는 해를 끼쳤습니다. 우리는 1966년, 이 카테고리에서 오직 하나의, 정말 중요한 아이디어를 갖고 있었습니다. 우리의 매입은 늦은 봄에 시작됐지만 겨우 160만 달러에 도달했을 뿐이었습니다(이 매입은 꾸준하게, 하지만 완만한 속도로 이루어졌습니다). 이때 외부 환경으로 주가가 매력적이지 않은 가격까지 올랐습니다. 비록 1966년 6개월 보름의 기간 동안 우리의 전반적인 이익이 72만 8,141달러였지만 그 주식이 장기간에 걸쳐서 움직이지 않았더라면 그 성과는 훨씬 바람직했을 것입니다. 그 주식이 장기간에 걸쳐 오르지 않았다면 그 기간 동안에는 상당한 정도의 지분을 매입할 수 있기 때문입니다.

일반 투자 주식에 관한 버핏의 이야기를 통해 우리는 버핏이 '원칙을 가르치는 것'에서 '방법을 가르치는 것'으로 진화했음을 알 수 있다. 원칙은 바뀌지 않지만—원칙은 영원하다—방법은 주어진 투자 환경에 따라서 유연하게 바뀔 수 있고, 자주 바뀌어야만 한다. 우리는 버핏이 자신이 운용했던 버핏투자조합과 시장이 다양한 환경의 변화를 맞이할 때, 원칙에 근거한 가장 효과적인 투자 방식을 고민하며 여러 가지 다양한 방식의 투자법을 구사했음을 볼 수 있다.

'개인 오너형 일반 투자 주식'과 '상대적으로 저평가된 일반 투자 주식'은 그가 우리에게 보여주는 최초의 두 가지 도구이며 이것들은 다양한 잠재적 선택을 제공한다. 우리는 다음 두 장에서 다루게 될 '워크아웃'과 '경영 참여 주식'에 관한 내용을 통해 투자법 도구 모음에 담길 도구들을 지속적으로 늘려나갈 것이다. 더불어서 버핏이 상황에 맞춰 어떻게 유연하게 그 도구들을 선택했는지 확인하게 될 것이다.

7장
워크아웃과 차익거래

"어떤 사람에게 물고기 한 마리를 건넨다면 당신은 그 사람을 하루 먹여 살리는 것입니다. 그렇지만 그 사람에게 차익거래를 가르친다면 당신은 그 사람을 영원히 먹여 살리는 것입니다."[1]

_1988년 버크셔 해서웨이 연례 사업 보고서 중

유년 시절 버핏은 할아버지의 가게에서 여섯 개들이 코카콜라를 25센트에 사서 한 캔당 1니클(5센트)에 팔았다. 여섯 개들이 한 꾸러미를 팔 때마다 20%의 차익을 얻은 셈이다. 버핏은 이미 어린 시절에 '차익거래'로 불리는 금융 트릭을 구사했다. 차익거래의 기본은 어떤 물건을 X에 사서 거기에 가치를 더하거나 위험을 감수하여 원가 X에 이익을 더하는 구조이다.

전통적으로 '무위험Risk-Free' 차익거래는 동일 제품 혹은 유사 제품이 같은 시기에 다른 장소에서 각기 다른 가격에 거래될 때 이루어진다. 예를 들어 어떤 주식(모든 면에서 똑같은 주식)이 런던보다 뉴욕에서 더 낮은 가격에 거래된다면, 차익거래자는 비교적 가격이 저렴한 특정 도시(뉴욕)에서 주식을 매입해 그보다 높은 가격으로 거래되는 다른 도시(런던)에서 팔 수 있다. 이와 같은 차익거래는 극도로 짧은 시간 안에 행해지기 때문에(프로그램 매매는 극도로 짧은 시간에 주식을 런던에서 사고 뉴욕에서 파는 것을 가능케 한다) 이런 활동은 일반적으로 무위험 차익거래로 여겨진다. 현실에서 '공짜 돈을 만들어내는 무위험 차익거래Riskless Arbitrage'가 일어나는 일은 드물다.

버핏은 자신의 스승 그레이엄의 사무실에서 근무하던 스물네 살 무렵, 초기 형태의 차익거래를 실현했다. 완벽한 무위험 차익거래는 아니었지만 위험 요소가 매우 낮은 차익거래였다. 당시 버핏이 어떤 방식으로 차익거래를 했는지 살펴보자.

브루클린에 본사를 둔 록우드Rockwood 사는 수익성이 낮은 초콜릿 제조기업이었습니다. 이 회사는 1941년부터 초콜릿의 원재료인 코코아를 매입해 재고자산으로 쌓아두고 있었는데, 재고자산 평가방법으로 후입선출법LIFO, Last Order In Out을 채택하고 있었습니다. 이는 가장 최근에 들어온 재고자산이 시장에 먼저 팔려 나간다고 가정하는 평가법입니다. 당시 코코아는 1파운드당 5센트에 팔리고 있었는데, 1954년이 되자 일시적 공급 부족으로 1파운드당 60센트로 가격이 치솟았습니다.

그러자 록우드 사의 재고자산(코코아) 가치는 폭등했습니다. (후입선출법은 가장 최근에 들어온 코코아 가격을 재고자산 가격으로 평가합니다.) 록우드 사 입장에서는 가치가 높아진 재고자산을 시장에 내다 팔면 큰 이익을 거둘 수 있었지만 세금을 50%나 내야 했기 때문에 그렇게 하지 못하고 있었습니다.

그런데 1954년 세법이 개정되어 기업이 후입선출법으로 생긴 이익을 주주에게 배분하면 세금을 내지 않아도 된다는 조항이 생겼습니다. 그래서 록우드 사는 이 조항을 활용해 코코아를 판매하는 방법을 생각해 냅니다. 록우드 사는 코코아 사업부를 매각하고 1,300만 파운드의 코코아 재고자산을 처분하겠다고 발표합니다. 이와 동시에 이 회사는 주주들에게 주식을 코코아로 바꿔주겠다고 발표합니다. 구체적으로 주주가 주식 1주를 가져오면 코코아 80파운드로 바꿔주겠다고 했습니다.

나는 주식시장에서 록우드 사의 주식을 매입한 다음, 이 주식을 슈뢰더 트러스트에 들러 창고증권으로 바꾸고, 이 창고증권을 다시 코코아로 교환해 시장에 내다 팔았습니다. 이 투자는 좋은 결과로 이어졌습니다. 이때 내가 들인 비용이라고는 지하철 요금뿐이었습니다.*

록우드 사의 경우 코코아빈의 가격이나 주가가 지나치게 움직이지만 않는다면 이익을 손쉽게 얻을 수 있다. 이 회사의 주식을 34달러어치 매입하면 그 주식을 36달러어치의 코코아빈으로 교환할 수 있었다. 그러면 결과적으로 2달러의 이익을 현금으로 얻게 된다. 코코

---

* 1954년 록우드 사는 초콜릿 판매 사업이 그다지 수익을 내지 못하자 이 사업부를 정리하게 된다. 이에 따라 보유하고 있던 코코아 1,300만 파운드를 처분해야 했는데, 이 회사는 주주가 주식 1주를 가져오면 코코아 80파운드로 바꿔주겠다고 발표한다. 당시 록우드 사의 주가는 34달러였고, 코코아 80파운드를 시장에서 팔면 36달러가량을 손에 쥘 수 있었다. 여기에서 차익거래의 기회가 생긴다. 주식시장에서 록우드 사 주식 1주(34달러)를 매입해 록우드 사에 가져가 코코아 80파운드로 바꾼 다음에 이를 시장에 36달러에 팔면 2달러의 차익이 생기는 것이다. 버핏은 실제로 주식시장에서 록우드 사의 주식을 매입해 코코아로 바꾼 다음, 이를 시장에 내다 팔아 차익을 얻었다는 이야기를 하고 있다.

아 가격이 높게 유지되는 한, 투자자는 확실하게 2달러의 이익을 얻을 수 있다. 즉, 거래가 이루어질 때마다 자본 대비 5.8%의 이익을 얻게 되는 것이다. 록우드 사에 100달러를 투자해서 이 같은 과정을 연간 10회 반복하면 그 투자자는 1년 동안 58달러를 얻는다(복리는 적용하지 않았다). 아쉬운 점은 록우드 사의 경우와 같은 위험성이 낮은 차익거래가 자주 발생하지 않는다는 사실이다. 따라서 투자자는 차익거래를 통해 보다 더 많은 이익을 얻고 기회를 충분히 발견하기 위해서는 리스크의 사다리를 타고 올라가야만 한다.

합병 차익거래는 무엇인가?

버핏투자조합 입장에서 이러한 방식의 '위험 차익거래Risk Arbitrage'는 '워크아웃'이라는 투자 카테고리를 의미했다. 워크아웃은 일반적으로 '합병 차익거래Merger Arbitrage', '기업인수 차익거래Takeover Arbitrage'로 불린다. 이것은 어떤 공표된 거래(일반적으로 어느 기업이 다른 기업을 매입하려고 한다는 사실)가 사실상 종료될 것이라는 가능성에 투자하는 것이다.

어느 기업이 다른 기업을 매입할 예정이라고 시장에 공표할 때, 매수되는 기업의 주가는 일반적으로 공표된 매입가에 근접한 가격으로 거래된다. 그렇지만 모든 기업이 전부 공표된 매입가로 끝나지는 않는다. 제안된 가격과 실제 주가 사이의 차이는 그 거래가 무산될 수 있다는 위험, 현 시점과 기대되는 마감 시점 사이의 '화폐의 시간

가치'를 반영한다. 바로 그곳에 차익거래로 이윤을 남길 기회가 존재한다. 버핏은 그 '차이'의 영역이 충분히 넓고, 그 거래가 실제로 해결될 가능성이 높은 경우를 노렸다.

버핏투자조합에서 행했던 수많은 투자 활동과 마찬가지로 버핏은 이와 같은 합병 차익거래의 방법을 벤저민 그레이엄으로부터 배웠다. 버핏은 그레이엄-뉴먼 사, 버핏투자조합 그리고 버크셔 해서웨이에 이르는 지난 60여 년간 차익거래를 통해 연간 20%의 이익을 얻었다. 1988년 버크셔 해서웨이의 연례 사업 보고서에서 버핏은 다음과 같이 말했다. "어떤 사람에게 물고기 한 마리를 건넨다면 당신은 그 사람을 하루 먹여 살리는 것입니다. 그렇지만 그 사람에게 차익거래를 가르친다면 당신은 그 사람을 영원히 먹여 살리는 것입니다."

우리는 앞에서 이야기했던 '복리의 마법'을 통해, 65년에 걸쳐 연간 20%의 수익을 거두면 궁극적으로 어떤 결과를 얻게 되는지 알고 있다. 자그마치 100달러가 1,400만 달러가 된다. 보다 큰 포지션을 구축하기 위해 차입된 돈이 조합 자본과 함께 투자되기 때문에 수익이 커지는 만큼 위험도 커질 수 있다.

버핏은 차익거래를 위한 차입금의 한도를 조합 자본의 25% 수준으로 설정했다. 이 방식으로 투자를 할 때에는 가급적 실수하지 않아야 한다. 물론 부채를 활용했기 때문에 투자자들로서는 더 많은 이익을 얻을 수 있었다.

합병 차익거래로 이윤을 남기기 위해서는 그 거래가 꼭 성사되어야 하는 것이 필수조건이다. 대개의 경우, 기업의 인수합병이 진행되는 과정에서 불리한 독점 금지법, 세금 규정, 주주들의 승인 거부 등으로 무산되기도 한다. 그런 일이 발생하면, 목표로 하는 주식은 너무 빨리 매입 이전 가격으로 회귀하는 경향이 있다. 버핏은 이런 거래에서 수익이 나는 경우를 "다른 사람이 95센트를 챙긴 뒤에 남은 니클(5센트)을 갖는 것"이라고 표현했다. 이런 거래는 잘못될 경우 치러야 할 대가가 크다. 5센트를 벌지 못할 뿐만 아니라, 이미 있는 95센트마저도 잃을 수 있다. 버핏은 주식거래를 할 때 대부분의 경우 기업을 분석하고 평가했지만, 이런 경우는 특별히 매우 심사숙고했다. 워크아웃은 많은 실수를 허용하지 않는 사업이다.

버핏이 모든 거래에서 대부분 집중투자를 했다. 대부분의 합병 차익거래 기업들은 그들의 투자를 여러 기업에 동시에 분산투자하는 반면에, 버핏투자조합은 일반적으로 10~15개 기업에 집중했다. 버핏은 소수의 기업에 투자를 집중했기 때문에 혹여 워크아웃 과정에서 실수가 생길 경우 그 결과는 매우 큰 손실을 가져올 수 있었다. 버핏은 워크아웃 사업을 실행하면서 힘들었던 해에 다음과 같이 말했다.

> 1967년, 거리에는 '뒤집어진 사과 카트'가 넘쳐났습니다. 뒤집어진 카트는 바로 우리의 사과 카트였지요. 1,724만 6,879달러의 평균 투자 금액에 대해 그 해 우리가 올린 평균 이익은 15만 3,273달러에 불과했습니다. 이는 주판알을 튕겨보면 1%도 채 되지 않는, 0.89%의 이익이었습니다. 정확한 수치를 갖고 있진 않지만, 과거 우리는 10% 미만의 이익을 얻었을 것이라고 생각합니다. 다른 카테고리에서처럼 워크아웃의 경우에도 우리는 소수의 기업에 한정해서 집중투자하는 경향이 있습니다. 이 기법은 일반적으로 진행되는 투자보다 연간 성과의 편차가

큽니다. 나는 우리의 접근법이 장기적 관점에서는 높은 수익을 가져올 것이라고 확신했지만 1967년에 한해서는 그 사실을 증명할 수 없었습니다.[2]

버핏은 1988년 버크셔 해서웨이의 주주들에게 보내는 편지에서 워크아웃을 평가하기 위해 필요한, 다음과 같은 네 가지 질문을 언급했다. (1) 그 거래는 어떤 기회를 갖고 있는가? (2) 워크아웃이 종료되기까지 소요되는 기간은 얼마인가? (3) 또 다른 인수합병자가 나타나 더 나은 제안을 할 가능성은 어느 정도 되는가? (4) 거래가 무산될 경우, 어떤 일이 벌어질 것인가?

일반 투자 주식 못지않은 성과를 보장하는 워크아웃

장기적으로 워크아웃은 일반 투자 주식과 유사한 결과를 낼 것으로 기대됐다(다시 말해 시장의 평균적인 성과보다 더 나은 결과를 낸다는 의미로, 버핏은 구체적으로 연평균 15~17%의 이익을 기대했다). 이것은 확실하고 안정적인 이익을 가져다주었을 뿐만 아니라, 다우지수와 무관하게 성취를 거두었다. 결과적으로 워크아웃은 하락장에서 버핏투자조합의 성과를 전반적으로 보호해주었다.

거의 대부분의 기간에 걸쳐 워크아웃은 버핏투자조합 전체 자산의 30~40%를 차지했다. 워크아웃 투자를 통해 버핏은 시장 상황에 맞춰 포트폴리오의 일반 투자 주식 비중을 조절할 수 있었다. 그는 조합원들에게 보낸 첫 번째 편지에서 버핏투자조합은 시장이 하락장일 때는 주식에 좀 더 비중을 싣고, 시장이 상승장일 때는 워크아웃에 비중을 싣는 쪽으로 투자금을 운용하겠다고 말한 바 있다. 훗날 경영 참여 주식의 일부는 워크아웃 주식으로 전환됐다. 버핏은 경영 참여 주식이 어떤 경우에는 성과에 도움을 주고, 또 어떤 때에는 성과를 내지 못하게 되는 것은 '우연한' 요소 때문이라고 말했다.

이들 카테고리 사이에 분류가 얼마나 중요한지를 보여주기 위해 나는 지난 3년간의 사례를 인용하고자 합니다. 버핏투자조합의 성과를 전체적으로 평가하는 대신에 완전히 다른 평가 방법을 사용해보겠습니다. 이때 카테고리당 평균 월간 투자 금액은 시장에서의 투자 가치에 계산되지만 빌린 돈과 사무실 운영비는 제외하겠습니다(이것은 그룹 간에 비교를 정확하게 해주지만 버핏투자조합의 전반적인 성과를 반영하지는 않습니다). 1962년과 1963년의 일반 투자 주식, 워크아웃, 다우지수의 성과는 다음과 같습니다.

(단위: %)

연도	일반 투자 주식	워크아웃	다우지수
1962	-1.0	14.6	-8.6
1963	20.5	30.6	18.4
1964	27.8	10.3	16.7

워크아웃은 (경영 참여 주식과 더불어) 1962년 우리 투자조합이 맞이한 어려움으로부터 우리를 구해주었습니다. 우리가 그 해에 워크아웃 카테고리에서의 성과가 부진했다면 우리가 거둔 최종 수익률은 훨씬 더 나빴을 것입니다. 우리의 기준에서 좋지 않은 수치라고 해도 그 해의 시장 조건을 고려하면 확실히 괜찮은 결과이긴 하지만, 우리는 그 해 우리의 투자 포트폴리오에서 워크아웃의 비중을 훨씬 더 낮출 수 있었습니다. 효용성이 그것을 결정합니다. 나로서는 시장이 어느 방향으로 갈지 알 수 없었습니다. 그러므로 우리가 1962년, 일반 투자 주식과 워크아웃의 비중을 적절히 설정한 것은 순전히 운이 좋았기 때문이라고 생각합니다.

1963년, 우리는 버핏투자조합의 성과에 큰 영향을 미친 한 건의 놀라운 워크아웃을 진행했습니다. 그 해에 일반 투자 주식 카테고리에서는 좋은 성과를 거두어 결과적으로 버핏투자조합 전체적으로 성공적인 수익률을 거둘 수 있었습니다. 만일 그 해에 워크아웃 성과가 평범했다면(1962년과 유사했다면) 우리는 최종적으로 다우지수 대비 훨씬 더 나쁜 성과를 마주했을 것입니다. 이 결과는 우리가 두 카테고리를 잘 조합하여 투자한 덕분이 아니라 시장 상황 자체가 매우 좋았던 것에 기인합니다.

결국 워크아웃은 우리의 성과에 크게 기여했다고 볼 수 있습니다. 1964년 우리의 수익률은 다우지수를 초과했습니다. 워크아웃의 수익률은 양호했지만 평범한 결과에 가깝습니다. 그럼에도 불구하고 워크아웃은 큰 성과였습니다.

당시를 되돌아보면 일반 투자 주식을 전부 가지고 있었다면 훨씬 더 좋았을 것입니다. 그렇지만 우리는 그렇게 하지 않았습니다. 나는 앞서 보여준 표를 통해 여러분들이 한 가지 사실을 알았으면 합니다. 어떤 특정한 해의 결과가 나오기까지 많은 변수가 작용한다는 사실입니다. 어떤 변수들은 우리가 통제할 수 없으며, 그로부터 투자를 위한 어떤 통찰을 이끌어낼 수 없습니다. 나는 일반 투자 주식, 워크아웃, 경영 참여 주식이라는 각각의 카테고리가 모두 다 좋은 비즈니스라고 생각합니다. 즉, 단 하나에만 의지하는 것이 아니라 여러 가지 요소를 신뢰할 수 있다는 사실이 만족스럽습니다. 이 세 가지 주식의 카테고리는 상호보완적인 관계를 이루고 있습니다. 그리하여 하나의 카테고리에 의지함으로써 생기는 통제 불능의 가능성을 줄여줍니다.[3]

실전 차익거래

자, 이제 차익거래를 시작할 준비가 되었는가? 부채 없이, 연평균 20%의 수익을 기대하는가? 부디 신중하길 바란다. 버핏이 거둔 성공은 차익거래를 통해 이익을 거두는 방식의 투자를 쉽게 생각하게 할 수 있다. 하지만 언제나 큰 재앙은 미세한 부분에서 발생한다는 사실을 기억하자. 앞에서도 언급한 바 있지만, 차익거래 역시 당신의 '능력 범위' 내에 있을 경우에만 시도해야 한다. 즉, 당신이 투자하고자 하는 상품에 대해 잘 이해하고 난 뒤에야 차익거래를 시작해야 한다. 당신은 차익거래를 하기 이전에 당신이 무엇을 해야 하는지에 대해서 먼저 알아야만 한다. 부채 없이 투자를 하기 때문에 투자금 규모가 적은데다, 이익을 연간 단위로 환산하지 않은 경우 당장에 거두는 이익이 약소해 보일 것이다. 그럼에도 불구하고 차익거래는 일반적으로 거래가 성사될 가능성이 높아 투자자는 투자 수익을 확신하게 된다. 차익거래의 성공 기회가 확실해보이지 않는다면 이와 같은 투자는 외면받을 수 있다.

다음에 나오는 텍사스 국립 석유 회사Texas National Petroleum의 사례를 보면서 서던캘리포니아대학의 자선 구호적인 성격, ABC 방송사의 재무구조가 미국 국세청에 문제가 되지 않을 가능성을 스스로가 얼마만큼 이해하고 평가할 수 있는지 알아보자.

버핏투자조합 사례 분석:
텍사스 국립 석유 회사

1964년 1월 18일

텍사스 국립 석유 회사 워크아웃 사례는 최근에 있었던 여러 일반적인 워크아웃들 중 하나입니다. 석유 및 가스를 생산하는 기업의 매각에 관한 내용이지요. 나는 최근 수년간 텍사스 국립 석유 회사를 상대적으로 규모가 작은 석유 생산 기업이라고만 막연하게 알고 있었습니다. 1962년 초, 나는 이 회사가 캘리포니아에 있는 유니온 오일Union Oil 사에 매각된다는 소문을 접했습니다. 당시 나는 그 정보를 듣고 즉각 행동에 나서지는 않았습니다. 이 매각의 경우는 그 매각이 공표되는 단계보다 매각이 될 것이라는 소문이 도는 단계에 행동을 개시하면 더 많은 이익을 얻을 수 있는 경우이긴 했습니다. 하지만 적어도 나는 그 경우에 해당되지 않았습니다.

소문대로 1962년 4월 초순, 텍사스 국립 석유 회사 매각에 관한 조건이 공시됐습니다. 당시 텍사스 국립 석유 회사는 세 가지 종류의 증권을 갖고 있었습니다.

(1) 6.5%의 채무증서

이 채무증서는 104.25달러에 청구할 수 있으며, 매각이 일어날 때까지 이자가 붙게 됩니다. 이 주식은 650만 달러어치가 발행됐으며 이 가운데 우리는 26만 4,000달러어치를 매입했습니다.

(2) 370만 주의 보통주

이 가운데 40%는 임원과 이사진이 보유하고 있었습니다. 위임장에 따르면 채무증서를 변제할 경우 주당 7.42달러가 발생될 것으로 추정됐습니다. 우리는 그 매각이 공시되고 완료된 6개월 동안에 총 6만 4,035주를 매입했습니다.

(3) 보통주를 3.5달러에 매입할 수 있는 워런트Warrant* 65만 주

위임장을 활용하면 보통주 1주당 워크아웃으로 7.42달러를 받고 보통주 1주를 살 수 있는 워런트 1개의 가격이 3.5달러이므로 워런트 1개는 워크아웃으로 3.92달러를 받게 됩니다. 우리는 6개월에 걸쳐 워런트 8만 3,200주를 살 수 있었습니다. 이는 전체 발행된 주식수의 13%에 해당합니다.

주주들이 이 매각을 거부할 위험은 없었습니다. 그 거래는 경영권

---

* 주식이나 채권을 일정 가격에 살 수 있는 권리가 부여된 증서. 워런트는 기업이 주식, 채권 등으로 자금을 조달할 때 이를 쉽게 하기 위하여 투자자에게 일종의 인센티브를 부여할 목적으로 발행되기 시작했다. 워런트 매입자는 자본 참여를 통해 기업의 성장에 관여할 기회를 얻게 된다.

을 가진 주주들의 협상을 통해 좋은 가격에 성사되었습니다. 이 같은 종류의 거래는 서류 검토와 법률적 의견에 근거하여 진행됩니다. 그 과정에서 매각이 무산될 위험성은 사실상 거의 없었고 반독점 문제도 없었습니다. 이처럼 법률적 문제나 반독점 문제가 없는 경우는 결코 흔하지 않습니다. 이 거래가 돋보였던 부분은 조세 적용을 받는 것이었습니다.

유니온 오일 사는 ABC 생산 상환 방식*이라는 자금 상환 방법을 채택하고 있었습니다. 서던캘리포니아대학은 이 자금 상환증서의 보유자였는데, 자선기관의 성격을 갖고 있어서 자금이 풍부하지 않아 상환이 지연되고 있었습니다. 미국 국세청에게는 새로운 문제였지요.

그렇지만 미국 국세청은 서던캘리포니아대학이 은행에서 모든 돈을 빌린 후에 만족할 만한 수익을 남기고 그들의 문제를 기꺼이 해결할 것이라고 생각했습니다. 이 문제를 바로 잡는 것은 일정한 시간을 필요로 했지만, 거래의 성사 여부 자체를 위협하는 문제는 아니었습니다. 우리가 그 회사와 4월 23~24일 양일에 걸쳐 이야기를 나눴을 때, 그들의 추정으로는 그 문제의 동결은 8월 혹은 9월에 발생할 예정이었습니다.

위임장은 5월 9일에 발송됐는데 거기에는 매각이 "1962년 여름에 완료되고 그로부터 몇 개월 후에 그 금액의 대부분이 주주에게 상

---

* 원유 채굴에 소요되는 자금을 조달하는 방식 중 하나이다. 원유 채굴은 막대한 비용이 소요되면서도 실패 가능성이 높기 때문에 채굴 당사자에게 세금 혜택 등의 인센티브를 부여할 필요성이 있다. 그래서 미국 정부는 국세청, 금융기관 등과 협의해 이 같은 인센티브를 부여하는 방식으로 원유 채굴 사업을 장려하고 있다.

환금으로 배분될 것"이라고 쓰여 있었습니다. 앞서 언급했듯이 그 추정가는 주당 7.42달러였습니다. CEO 빌 스콧은 5월 29일에 휴스턴에서 열린 주주총회에 참석해 "인수합병 종결이 9월 1일에 이뤄질 것"이라고 말했습니다.

다음은 우리가 그 회사 임원과 전화 통화로 나눈 내용입니다.

6월 18일에 비서는 "유니온 오일 사의 텍사스 국립 석유 회사 인수를 위해 우호적으로 세무조정에 나설 것"이지만, 또 다른 국세청의 임원에게 "추가적인 승인이 통과되어야만 한다. 그렇지만 세무조정이 7월에는 해결되기를 희망한다"고 말했습니다.

7월 24일 유니온 오일 사 회장은 "미국 국세청의 세무조정이 다음 주 초에 있을 것으로 기대한다"고 말했습니다.

8월 13일 회계 담당자는 "텍사스 국립 석유 회사, 유니온 오일 사 그리고 서던캘리포니아대학 담당자들이 그 세무조정을 논의하기 위해서 워싱턴에 모였다"고 말했습니다.

9월 18일 회계 담당자는 "미국 국세청이 우리에게 다음 주에 세무조정이 끝날 것 같다고 말한 것 이외는 특별한 뉴스가 없다"고 했습니다. 당시 지불 금액의 추정치는 여전히 7.42달러였습니다.

그 세무조정은 9월 말에 접수되었고 매각은 10월 31일에 종료됩니다. 우리의 채권은 11월 3일에 상환됐고, 곧바로 워런트를 보통주로 전환했습니다. 그리고 우리는 상환금을 수령합니다. 1962년 12월 14일에는 3.5달러를 받았고, 1963년 2월 4일에는 3.9달러를, 1963년 4월 24일에는 15센트를 받았습니다. 우리는 아마도 1, 2년 후에 또 다른 4센트를 받게 될 것입니다. 14만 7,235주(워런트 행사 후)에 대해 주당 4달러는 의미가 있는 수치입니다.

이것은 특별한 패턴을 보여줍니다. (1) 그 거래는 원래 예상보다 시간이 더 걸렸다. 그리고 (2) 그 지불금은 당초 추정치보다 조금 더 많아지는 경향이 있었다. 텍사스 국립 석유 회사의 경우에는 또 다른 몇 개월이 소요됐고 우리는 몇 %를 추가로 받았다는 것을 보여줍니다.

텍사스 국립 석유 회사를 차익거래의 방식으로 투자한 재무적 결과는 아래와 같습니다.

(1) 버핏투자조합은 26만 773달러를 채권에 투자했고 보유 기간이 5개월에 조금 못 미쳤다. 우리는 우리의 투자금에 대해 6.5%의 이자를 받았고 자본이득 1만 4,446달러를 얻었다. 이것은 연간 약 20%의 이익을 가져다주었다.

(2) 주식과 워런트에 대해 우리가 실현한 8만 9,304달러의 자본이익을 실현했다. 우리는 현재 2,946달러를 나머지로 갖고 있다. 4월에 투자금 14만 6,000달러에서 시작했는데, 우리 보유금은 10월이 되자 73만 1,000달러로 뛰었다. 그 돈이 운용된 시간을 기준으로 하면 수익률은 연간으로 환산할 경우 약 22%이다.

양쪽 모두의 경우에 수익률은 총 자본 투자금액을 기준으로 계산

됩니다. 나는 일부 빌린 돈이 워크아웃(차익거래 주식)에 사용됐다고 확신합니다. 그렇지만 그 행동은 일반 투자 주식에서는 매우 위험한 행동일 수 있습니다. 우리는 텍사스 국립 석유 회사의 사례를 워크아웃의 대단한 성공을 거둔 사례로 여기지는 않습니다. 워크아웃 투자의 결과는 어떤 경우 성공적이었고 어떤 경우에는 부진했습니다.

그것은 버핏투자조합을 운용하는 데 있어 일반적인 투자의 유형입니다. 우리는 가능한 모든 사실을 수집하려고 노력했고, 진행 과정을 지속적으로 챙기고 우리의 경험을 바탕으로 평가했습니다. 우리는 우리가 맞닥뜨리는 모든 거래에 뛰어들지는 않았습니다. 종목의 매력도에 따라서 상당한 편차가 있습니다. 워크아웃이 완료되지 못할 경우, 이 결과가 초래하는 시장가치의 하락은 상당합니다. 투자를 하다 보면 종종 실수를 할 수도 있지만, 특히 워크아웃을 할 때에는 많은 실수를 저지르지 않아야 합니다.

'워크아웃과 차익거래'에 관하여

1962년 1월 24일

우리의 두 번째 카테고리는 워크아웃으로 구성됐습니다. 워크아웃 주식의 재무적 성과는 증권 매도자와 매수자에 의한 수요와 공급 요소보다는 기업의 행동에 의해 결정됩니다. 다시 말해 이들은 우리가 합리적인 오차 한계 내에서 사과 카트가 언제, 그리고 어떻게 뒤집어질 것인가에 관해 우리가 예측할 수 있는 시간표를 가진 증권입니다. 합병, 청산, 기업 재편, 분사 같은 기업 이슈들은 워크아웃을 초래합니다. 최근 수년 동안의 중요한 워크아웃의 핵심은 석유 생산업자(텍사스 국립 석유 회사)에 의한 매각이었습니다.

이 카테고리는 다우지수와 무관하게 매년 상당한 수준으로 안정적인 이익을 가져옵니다. 우리 포트폴리오의 많은 비중을 워크아웃으로 운용한다면 다우지수가 하락하는 해에 우리의 성과는 매우 좋을 것이고, 다우지수가 상승하는 해였다면 우리의 성과는 나빴을 것입니다. 수년 동안 워크아웃은 우리 투자조합에서 두 번째로 비중이 높은 카테고리가 되었습니다. 우리는 언제나 10~15개의 워크아웃을 보유하고 있었습니다. 이들 가운데 일부는 이제 막 시작 단계에 있고, 다른 어떤 것들은 마무리하는 단계에 있기도 합니다. 나는 우리의 워크아웃 포트폴리오의 일부를 보충하기 위해서 빌린 돈을 활용하는 것이 좋다고 생각합니다. 왜냐하면 워크아웃은 최종 결과와 중간 단계의 시장의 움직임에서 본다면 매우 높은 안전성을 가지고 있기 때문입니다. 차입금의 사용으로 인한 이익을 제외한 워크아웃의 성과는 일반적으로 10~20%였습니다. 차입과 관련해 설정한 마지노선은 투자조합 순자산의 25%입니다. 우리는 거의 돈을 빌리지 않았고 만약 돈을 빌리게 되면 워크아웃을 통해 차입금을 상쇄할 수 있는 경우로 차입금에 제한을 두었습니다.

1965년 1월 18일

장기적 관점에서 나는 일반 투자 주식이 다우지수 대비 얻는 이익을 초과하는 수준의 이익을 워크아웃이 얻을 것이라고 기대합니다.

1968년 1월 24일

다른 카테고리에서처럼 워크아웃의 경우에도 우리는 소수의 기업에 한정해서 집중투자하는 경향이 있습니다. 이 기법은 일반적으로 진행되는 투자보다 연간 성과의 편차가 큽니다. 나는 우리의 접근법이 장기적 관점에서는 높은 수익을 가져올 것이라고 확신했지만

1967년에 한해서는 그 사실을 증명할 수 없었습니다.

1964년 1월 18일

워크아웃 카테고리에서 우리는 소문 혹은 내부 정보에 관해 관심을 갖는 대신 공표된 활동에 대해서만 집중할 예정입니다. 문서로서 공표 사실을 읽을 수 있을 때까지 기다리는 것이지요. 워크아웃의 리스크는 전반적인 시장의 행동에 관련되는 것이 아니라(때때로 어느 정도는 그것에 연관돼 있지만) 사과 카트를 뒤흔들 것으로 기대됐던 전개 과정이 구체화되지 않는 것들 때문입니다.

많은 경우, 워크아웃으로 거둘 수 있는 총 이익은 매우 적어 보입니다. 나의 친구는 이 같은 상황을 다른 사람이 95센트를 얻고 난 뒤의 마지막 1니클(5센트)을 얻는 것으로 묘사하더군요. 그렇지만 짧은 보유 기간과 더불어 그 예측 가능성은 상당히 괜찮은 연간 수익을 가져다줍니다. 워크아웃은 주식에 비해 매년 더 많고 꾸준한 절대적 이익을 가져다줍니다. 특히 하락장인 해에 워크아웃은 우리에게 매우 큰 수익을 가져다줄 것입니다. 강세장 기간에는 이익이 감소합니다. 장기적 관점에서 나는 워크아웃이 일반 투자 주식과 유사한 다우지수 대비 마진을 성취할 것이라고 믿습니다. 내가 전에도 언급했듯이 세 가지 카테고리에서 포트폴리오의 구분은 우연히 결정되기도 하고 혹은 효용성에 근거해 결정되기도 합니다.

다우지수 대비 마이너스인 해에, 우리가 일반 투자 주식을 많이 갖고 있는가, 아니면 워크아웃을 많이 갖고 있는가는 운에 달려 있는 문제입니다. 그렇지만 그것은 다우지수 대비 우리의 성과에 매우 큰 영향을 미칩니다. 이것은 왜 어느 특정 해의 성과가 좋고 나쁜지에 연연할 필요가 없는지를 설명해줍니다.

우리의 자산이 늘어가는 과정에서 만약 일정한 경향성이 있다면, 나는 그것이 경영 참여 주식으로 가기를 원합니다. 경영 참여 주식은 초기, 우리의 투자 포트폴리오에서 가장 큰 비중을 차지했습니다. 나의 이런 기대는 앞으로 틀릴 수도 있습니다. 많은 부분은 미래의 시장의 움직임에 달려 있기 때문입니다. 시장이 향후 어떻게 움직일 것인가에 관한 한 나의 추측이나 당신의 추측이나 다를 바 없습니다(나는 시장 움직임에 관해 아무런 의견이 없습니다). 이 글을 쓰는 현 시점에서 이야기하자면, 현재 우리 투자 포트폴리오에서 가장 많은 비중을 차지하고 있는 것은 일반 투자 주식이며 두 번째가 워크아웃, 세 번째가 경영 참여 주식입니다.

워크아웃을 비롯해 차익거래 방식의 투자는 투자자들에게 매우 매력적일 수 있다. 워크아웃은 연간 이익의 원천을 다양화시켜주며, 하락장에서 전반적인 성과를 보호해준다. 워크아웃은 전반적으로 시장이 고조됐을 때 버핏에게 에너지를 주는 수단이었다. 할 일이 아무것도 없을 때 아무것도 하지 않는 건 열정적인 투자자에게는 도전일 수 있다. 찰리 멍거는 훗날 워크아웃을 끝내기로 했을 때 다음과 같이 말했다. "좋습니다. 적어도 그것은 당신을 평균적인 이익에서 벗어나게 하지는 않을 것입니다."[4]* 버핏에게 이것은 연평균 20%의 수익을 의미했다. 주가가 상승할 때 워크아웃은 자본의 많은 부분을 차지했다. 주식에 투자할 기회가 풍부할 때 포트폴리오에서 워크아웃의 비중은 줄어든다.

어느 누구든 워크아웃이 제공하는 장점의 혜택을 얻을 수 있다. 그렇지만 워크아웃은 모든 사람이 편하게 할 수 있는 투자 방식은 아니다. 당신에게 워크아웃 방식이 맞지 않는다면, 굳이 할 필요는 없다. 그리고 여기, 투자에 관한 또 다른 방법이 존재한다. 이 방법은

---

* 워크아웃 투자로 얻을 수 있는 수익률은 소박하지만 실현 가능성은 확실하기 때문에 워크아웃이 포함된 투자를 하면 전체적으로 평균 정도의 이익은 가져올 것이라는 의미이다.

높은 수익을 가져다주며, 시장이 보여주는 매일의 향방과도 깊게 관련되어 있지 않다. 우리는 다음 장에서 '경영 참여 주식'이라고 불리는 투자 방법에 대해 배울 것이다.

8장
경영 참여 주식

"나는 단지 활동을 위한 활동은 원치 않습니다. 모든 조건이 동일하다면 나는 다른 사람들이 이 같은 일을 대신 해주기를 원합니다. 그렇지만 자본의 활용을 최적화하기 위해서 적극적인 역할이 필요할 때면 나는 그저 이 사회 의자에 가만히 앉아만 있지는 않을 것입니다."[1]

_1966년 1월 20일의 편지 중

버핏, 처음으로 기업 경영권 장악에 나서다

1950년대 후반, 소규모 상장기업의 이사진으로 활동하는 고루한 원로들의 모임을 상상해보라. 기업의 경영 전반에 대해 토론하고 검토하고자 모였지만, 담배를 피우며 자신들의 직위를 누리기만 하는 사람들 말이다. 이들은 기업 경영에 대해 어떤 질문도 하지 않고, 어떤 일도 적극적으로 추진하지 않았다. 이들에게는 직함에 따른 관대한 보수도 주어졌다. 만일 주주의 가치를 순서대로 매긴 리스트가 존재한다면 이들은 우선순위에서 낮은 곳에 위치했을 터였다. 그런데 이와 같은 상황은, 한 번도 듣도 보도 못한 사람이 갑자기 회사의 지분 20%를 획득한 뒤, 거듭 20%의 지분을 획득해 경영권을 얻게 되면서 모든 것이 바뀌게 된다. 경영권을 획득한 '이 사람'은 누구일까? 경영권을 획득할 정도로 많은 주식을 소유한 '그는' 어떤 의도를 가지고 이 회사의 주식을 대량 매입했을까?

앞선 설명은 내가 샌본 지도 회사의 초기 상황을 묘사한 것이다. 샌본 지도 회사는 버핏투자조합이 최초로 경영권을 행사한 기업이다. 1959년, 버핏이 샌본 지도 회사의 주주총회에 처음 등장했을 때, 이 회사의 이사진들이 지었을 표정을 상상해보라. 그들은 적어도 두 차례의 충격을 받았을 것이다. 첫 번째 충격은 당시 20대 후반에 불과했던 버핏이 주주로 등장했을 때 찾아왔을 것이다. 새파랗게 젊은 대주주가 샌본 지도 회사가 보유한 막대한 증권의 배당금을 요구했을 때, 두 번째 충격파가 찾아왔을 것이다. 당시 이 증권의 포트폴리오 가치는 주당 65달러였다. 샌본 지도 회사의 전체 시장가치보다 20달러 많은 금액이다. 샌본 지도 회사의 이사진들은 처음에 버핏의 요구사항에 대해 무엇을 어떻게 해야 할지에 아무런 대응법을 갖고 있지 못했지만, 이윽고 그들은 한 가지 방법을 발견한다.

다음은 1961년 1월 30일, 버핏이 버핏투자조합의 조합원들에게 보내는 편지에 나오는 이야기이다. 두 가지를 유념하며 읽기를 바란다. 첫째, 당시 샌본 지도 회사는 총 자본 430만 달러의 매우 작은 기업이었다는 사실, 둘째, 버핏은 버핏투자조합이 보유한 투자금의 3분의 1 이상을 이 주식에 투자했다는 사실이다.

버핏투자조합 사례 분석:
샌본 지도 회사

1961년 1월 30일

지난해 나는 우리의 순자산에서 매우 높고 이례적인 지분을 차지하고 있는 투자에 관해 언급했습니다. 그 언급과 더불어 나는 이 투자가 1960년에 마무리될 것이라는 전망을 피력하기도 했습니다. 이 같은 전망은 이제 현실이 되었고, 이 투자에 관한 이야기는 여러분들에게도 무척 흥미롭게 들리리라 생각됩니다.

샌본 지도 회사는 미국의 모든 도시의 상세 지도를 출판하고 개정하는 사업을 해오고 있는 기업입니다. 제가 사는 이 오마하 시의 지도는 약 20파운드의 무게가 나갈 정도로, 각 지역에 대한 상세한 내용이 정리되어 있습니다. 이 지도는 미봉법Paste-Over Method*에 따라 신축 건물, 용도 변경된 건물, 새로운 화재 예방 시설 및 변경된 구조물 등에 대한 정보를 업데이트합니다. 이러한 업데이트는 거의 매년 이루어지고, 20~30년에 걸쳐서는 대대적인 정비가 이루어집니다. 오

* 색깔을 덮어 씌워 지도를 제작하는 방법.

마하 시의 경우, 이렇게 매년 지도를 업데이트하는 데 드는 비용이 연간 100달러 정도 됩니다.

상수도관의 지름, 건물과 건물 사이의 거리, 소화전의 위치, 각 건물들의 지붕 재료 등을 보여주는 샌본 지도 회사의 상세 지도는 특히 화재보험사에게 유용한 자료입니다. 그들의 보험 인수 부서는 본사에 자리 잡고 있는데 전국의 에이전트에 의해서 기업을 평가할 수 있습니다. 샌본 지도 회사에서 제작한 지도 한 장은 수천 단어의 말보다 값어치가 있습니다. 이 지도에 근거해 보험사가 매긴 위험도 등급이 제대로 된 것인지, 어떤 지역이 화재 위험에 노출될 비율이 얼마나 되는지, 재보험 절차는 어떠해야 하는지 등이 결정됩니다.

샌본 지도 회사의 주요 고객사는 30개 보험사이며, 보험사 외의 고객들에게도 지도가 팔립니다. 미국의 공공 전기회사, 에너지 사업자, 모기지 회사, 세무 당국 등이 여기에 해당합니다. 75년간 샌본 지도 회사는 종이 지도 제작 사업을 미국 내에서 거의 독점적으로 운영했고 경기 불황과 무관하게 매년 이익을 거뒀습니다. 마케팅적인 노력을 전혀 하지 않음에도 불구하고 말입니다. 초기에 보험업계는 샌본 지도 회사가 거두는 이익이 너무 크다는 사실을 우려해 샌본 지도 회사의 이사진에 자신들의 사람을 배치하기도 했습니다. 그런데 1950년대 초반에 '캐드CAD'라고 불리는, 컴퓨터를 활용한 자동 도면 시스템을 통해 지도를 제작하는 새로운 방식이 도입되면서, 1930년대 후반 50만 달러였던 샌본 지도 회사의 세후 순이익이, 1958~1959년에 10만 달러로 격감합니다. 이 시기가 미국 경제의 상승기였던 것을 고려하면 이러한 수치는 샌본 지도 회사가 이전에 거두었던 대규모의 수익 창출 능력을 완전히 잃어가는 상황이었다고 도 볼 수 있습니다.

1930년대 초반, 샌본 지도 회사는 증권 투자를 해서 자사의 투자 포트폴리오를 쌓기 시작했습니다. 이 회사는 외부로 지출되는 자금이 없었기 때문에 모든 유보 이익은 이 프로젝트에 투입됐습니다. 시간이 흐르면서 훗날 250만 달러가 투자되었는데, 이 금액의 절반은 채권에, 절반은 주식에 투자되었습니다. 특히 지난 10년 동안을 보면 운용했던 투자 포트폴리오에서는 수익이 난 데 반해, 종이 지도 제작 사업은 손실을 보았습니다.

이에 대해 구체적으로 더 설명을 해보겠습니다. 1938년 다우지수가 100~120을 오갈 때, 샌본 지도 회사의 주식은 주당 110달러에 거래됐습니다. 1958년, 다우지수가 550 정도일 때는 주당 45달러에 거래됐지요. 같은 기간 동안 샌본 지도 회사가 운용한 투자 포트폴리오의 가치는 20달러에서 65달러로 급등했습니다. 이는 1938년에 샌본 지도 회사의 주식을 매입한 사람은 이 회사의 지도 제작 사업과 주식시장 가치가 하락하는 기간에 주당 90달러(샌본 지도 회사의 주가 110달러에서 지도 제작 사업과 무관하게 이루어진 투자 사업의 가치 20달러를 차감한 금액)의 이익을 본다는 의미입니다. 1958년의 우호적인 분위기에서도 똑같은 사업이 20달러로 평가받았다는 뜻입니다. 샌본 지도 회사의 주식 매입자는 투자 포트폴리오에서 70센트 이상을 지불하려고 하지 않았고, 종이 지도 제작은 가치가 아예 없는 것으로 내팽개쳤습니다.

어떻게 이런 일이 벌어졌던 것일까요? 샌본 지도 회사는 1938년은 물론이고 1958년에도 보험업계 입장에서는 상당한 가치가 있는 정보를 보유하고 있었습니다. 샌본 지도 회사는 지도 제작을 위한 상세한 정보를 재생산하기 위해 수백만 달러를 투자했습니다. 5억 달러의 화재 보험료에 해당하는 신기술인 캐드가 도입되었음에도 불구하고 이 회사의 제품과 정보를 판매하고 홍보하는 수단은 수년간 바뀌지 않았습니다. 관성적으로 기업을 운영하던 방식은 곧장 수익에 영향을 미쳤습니다. 투자 포트폴리오가 잘 운영되자, 샌본 지도 회사의 이사진은 굳이 종이 지도 제작 사업을 회생시킬 생각을 하지 않았습니다. 연간 200만 달러의 매출액, 700만 달러의 유가증권을 보유한데다가 투자 포트폴리오에서 나오는 이익은 상당했기 때문에 이 회사는 재무적 걱정이 없었습니다. 거래하던 보험사들도 이 회사에서 판매하는 지도의 가격에 만족했고 주주들은 여전히 배당을 받았습니다. 그렇지만 그 배당은 8년 동안 다섯 차례 삭감됐으며 직원의 급여와 이사진과 위원회에 지급되는 수수료도 삭감됐습니다.

내가 샌본 지도 회사의 이사진이 되기 전까지, 이사진 14명 중 9명은 보험업계의 유명인이었으나, 이 회사의 주식 10만 5,000주 가운데 고작 46주를 갖고 있는 상태였습니다. 한 기업의 이사진은 회사에 재정적으로 큰 기여를 해야만 하는 높은 지위임에도 불구하고, 이사진 가운데에서 샌본 지도 회사의 주식을 가장 많이 보유한 이들도 겨우 10주를 갖고 있을 뿐이었습니다. 이사진 가운데 일부가 경영하고 있는 보험사가 샌본 지도 회사의 주식을 소량 갖고는 있었지만, 그들이 갖고 있는 투자 포트폴리오에 비교하면 그 주식은 미미한 금액에 불과했습니다. 지난 수십 년 동안 보험사는 샌본 지도 회사의 주식을 오직 팔기만 했지 사지는 않았습니다.

샌본 지도 회사의 주식 10주를 갖고 있었던 이들 중 한 명은 이 회사의 변호사였고, 또 다른 이는 은행가였습니다. 은행가인 이사진은 처음에 샌본 지도 회사의 주식 10주를 보유하고 있었지만, 이에 대해 문제를 제기하면서 자신의 지분을 늘렸습니다. 이 회사의 최고 경영진이었던 또 다른 두 명의 이사는 합쳐서 총 300주를 갖고 있었습니다. 이들은 회사 운영의 문제점을 인지하고 있었지만, 이사회 업무를 부차적인 일로 여겼습니다. 마지막으로 지금은 사망한, 샌본 지도 회사의 전임 회장의 아들과 그의 부인이 약 1만 5천 주를 갖고 있었습니다. 1958년 말, 아들은 기업의 운영 방식에 불만을 품고, 이 회사의 최고 경영자 자리를 요구했는데, 이사회에서 거부를 당하고 사임해야만 했습니다.

그런 일이 있은 직후 우리는 그의 어머니에게 샌본 지도 회사의 주식을 버핏투자조합에 매각할 것을 요청했고, 그 요청은 이내 받아들여졌습니다. 이외에도 샌본 지도 회사의 주식을 보유한 사람들이 있었습니다. 그중 어떤 한 사람은 1만 주가량(브로커 회사의 고객들에 의해서 분산되어 있었습니다)을, 또 다른 집단은 8천 주가량을 보유하고 있었습니다. 이들은 샌본 지도 회사의 기업 운영 상황에 꽤 많은 불만을 갖고 있었는데, 투자 사업을 지도 제작 사업과 분리할 것을 원했습니다. 나 역시 그렇게 하고 싶었습니다. 그래서 우리는 주식시장을 통해서 이 회사의 주식을 사 모아 총 2만 4천 주를 모았고, 결과적으로 우리를 포함한 세 그룹의 보유 주식은 4만 6천 주로 늘어났습니다. 우리는 샌본의 지도 제작 사업과 투자 사업을 분리, 투자 포트폴리오의 공정 가치를 실현하고, 지도 제작 사업의 수익을 재확립하기를 원했습니다. 내가 보기에 샌본 지도 회사의 지도 사업의 수익을 배가시킬 진짜 좋은 기회가 시장에 있다고 판단했기 때문이지요. 그것은 바로, 샌본 지도 회사가 보유하고 있는 풍부한 데이터를 고객이 잘 활용할 수 있도록 전자 시스템으로 바꾸는 것이었습니다.

이런 변화에 대해 기존의 이사진은 강력한 반대 의사를 보였습니다. 특히 이런 변화가 외부자에 의해 이루어지는 것을 완강히 반대했습니다. 그렇지만 결과적으로 경영진은 우리의 뜻에 완벽히 동의했고, 이와 유사한 계획이 부즈 앨런 앤드 해밀턴Booz Allen & Hammilton*에 의해 공식적으로 제안되었습니다. 위임장 대결을 피하기 위해(이런 일이 벌어질 가능성은 낮지만 만약 그렇게 될 경우, 우리가 이길 것이리라고 확신했습니다), 그리고 블루칩이라고는 생각하지만 현재의 가격이 만족스럽지 않은 주식에 묶이는 시간 지체를 피하기 위해, 나는 이 회사의 주식을 보유하고 있는 기존 주주들에게 공정한 가격을 지급하고 주식을 매입하려는 계획을 진행했습니다. 미 증권거래위원회는 그 계획이 공정하다고 승인해주었습니다. 그 결과, 샌본 지도 회사의 주주 1,600명의 지분 50%를 포함해서 약 72%가 공정한 가격의 주식으로 교환됐고, 125만 달러의 국공채가 준비금으로 남았습니다. 그리고 100만 달러의 잠재적인 기업 자본이득세가 소거됐습니다. 남아 있는 주주들은 좀 더 증가된 자산가치와 상당히 높아진 주당순이익 그리고 증가된 배당률을 받았습니다.

---

* 미국의 경영 컨설팅 회사.

필연적으로 앞서 언급한 이 '작은 멜로드라마'의 서사는 우리가 그간 벌인 투자 활동을 매우 간략히 묘사한 내용입니다. 이것은 우리의 투자 활동에 관련된 비밀 유지의 필요성뿐만 아니라 우리의 성과를 한 해 정도의 성과로 측정하는 것이 의미가 없다는 것을 보여 줍니다. 이와 같은 방법으로 경영권을 장악하는 일은 매우 드뭅니다. 우리가 하는 주된 투자 활동은 저평가된 주식을 매입해 그 저평가된 금액이 시장에서 올바르게 수정될 때 매각하는 일입니다. 물론 우리 버핏투자조합의 투자금이 지속적으로 증가한다면 기업의 경영권 장악을 활용할 기회가 더 많아질 것입니다.

'뎀스터 밀'에서도 성공을 거두다

샌본 지도 회사의 주식을 다량 매입해 경영권을 획득한 이후, 버핏은 기업의 경영권을 장악하기 위한 투자를 지속적으로 이어나갔다. 샌본 지도 회사의 사례 이외의 나머지 두 가지 사례는 '뎀스터 밀'과 '버크셔 해서웨이'의 사례이다. 이 두 개의 사례는 오늘날의 투자자들에게 가치투자에 관한 핵심적인 통찰력을 던진다. 즉, 증권 가치와 비즈니스 가치 사이의 차이, 회계적으로 적힌 숫자를 통해 기업의 현실적인 가치를 분석하는 데에도 도움이 된다.

당신은 아마도 "모든 투자는 가치에 기반하여 이루어지기 때문에 '가치투자'라는 단어는 불필요하다"라고 주장하는 사람들의 말을 들어봤을 것이다. 어느 누구도 그 주식이 가진 실제 가치를 초과한 금액을 주고 주식을 사려고 하지는 않을 것이다. 이때 주식은 단지 '통로'로, 이 통로를 통해 우리는 기업의 자산을 소유한다. 우리가 자신이 가진 자본을 특정 기업의 주식에 투자할 때, 우리는 이 기업이 운용하는 사업에 발을 들여놓는 것이나 마찬가지이다. 1960년, 버핏투자조합 포트폴리오의 3분의 1이 샌본 지도 회사의 주식이었다. 이것은 버핏투자조합이 그만큼의 비율로 지도를 판매하고 증권 포트폴리오를 운영하는 사업에 몸담고 있었음을 의미한다. 버핏은 우리에게 '주식에 투자하는 것Investing in a Stock'이라고 생각하지 말고, '기업에 몸담고 있는 것Being in a Business'이라고 생각하라고 조언한다.

당신이 직접 기업을 운영하건, 간접적으로 투자를 하건 간에 이 질문을 던지는 것은 중요하다. '이것의 가치는 무엇인가?' 여기에서 말하는 가치란 보유 자산과 창출된 이익을 말한다. 그 질문을 다시 '어떻게 그 가치는 극대화될 수 있는가?'라는 질문으로 이어나가는 것이 중요하다. 이 질문에 대답하는 기술이 투자의 성공 여부를 결정한다. 버핏은 "투자는 그것이 가장 비즈니스다울 때 가장 현명하고, 비즈니스는 그것이 가장 투자다울 때 가장 현명하다"라는 말을 했다. 이제부터 그가 말한 이 투자의 지혜가 현실에서 실제로 어떻게 실행되었는지를 들여다보자.

경영 참여 주식은 종종 '사적 시장가치*'에서 할인된 가격에 매입된 주식이다.

이 주식을 매입한 사람들은 이 주식이 시장에서 제대로 평가될 때까지 보유하겠다는 마음으로 매입한다. 이에 대해 버핏은 다음과 같이 말했다. "우리는 이들 주식들에서 마지막 한 푼까지 다 챙기려고 매입하지는 않습니다. 우리는 일반적으로 이 주식들을 매입가와 개인 소유자 입장에서 적정하다고 여겨지는 어느 선의 가격에서 팔면서 만족할 만한 결과를 얻었습니다." 그렇지만 어떤 경우에는 주식의 가격이 오랫동안 낮은 상태에 머물러 있어서 버핏투자조합이 이 회사의 주식의 대부분을 소유하는 데까지 이르렀다. 이 같은 일은 수년 동안 주식을 매입하는 과정에서 일어나며, 지분이 늘어나는 과

---

* 어느 기업의 내부 사정을 잘 아는 기업가가 그 기업을 인수하고자 할 때 지불하고자 하는 금액(가치)을 말한다. 그 기업의 내부 사정을 잘 알고 있으므로 이 기업가는 재무제표에 나와 있지 않은 자산이나 신규 사업 가능성을 알고 있을 것이다. 여기에다 경영권 프리미엄도 추가돼야 하므로, 사적 시장가치는 주식시장에서 매겨지는 시가총액보다 높아지는 경향이 있다. 미국의 투자 대가 마리오 가벨리Mario Gabelli가 창안한 개념으로 그는 실제로 이 방법으로 주식에 투자해 큰 성과를 냈다.

정에서 자연스럽게 경영 참여 주식이 된다.

잠재적으로 개인 소유자가 된다는 것은 자유로움을 증가시킨다. 이것은 결국 일거양득이다. 이러한 이점은 '개인 오너형 일반 투자 주식' 카테고리를 매력적으로 만들고 투자조합을 독특하게 만드는 데 도움을 준다. 우리가 일반 투자 주식에 지불한 가격은 그 자체로써 매력적인 안전마진을 제공한다. 여기에다 일반 투자 주식은 지분을 지속적으로 매입하다 보면 경영 참여 주식이 될 가능성이 있기 때문에 투자로 인한 위험은 더 감소된다.

앞서 보여진 것처럼 경영 참여 주식을 보유하게 될 경우, 자신의 이익을 위해 적극적으로 행동하거나 때로는 반대 의사를 가진 이들에게 적대적으로 행동할 책임이 뒤따른다. 이는 오늘날의 '행동주의자'와 유사하다. 그리고 아마도 이런 부분들이 버핏이 결국 경영 참여 주식을 포기한 이유일 것이다(버핏이 행동주의자로 움직였던 시기는 버핏투자조합을 운영하던 시기로 한정된다). 예를 들어 버핏은 샌본 지도 회사의 이사진을 움직이기 위해 위임장 대결(법적 대결)이라는 위협을 샌본 이사진들에게 가해야만 했다. 주주 가치에 집중하지 않는 이사진과 상대하면서 버핏은 피가 끓어올랐다.[2] 뒤이어 나올 뎀스터 밀의 사례에서 우리는 버핏이 최고 경영자를 해고하고 자신의 사람인 해리 보틀Harry Bottle을 그 자리에 앉히는 모습을 볼 수 있을 것이다. 이와 더불어 해당 기업의 경제적 성과를 복원하기 위해서 조직의 많은 부분을 청산했다. 당시 한 지역 신문은 버핏의 이 같은 행동을 비난했다.[3] 버핏은 기업의 썩은 부분을 도려냄으로써 기업을 살린다고 생각했지만, 비평가들은 일자리를 잃는 것에 주목했다. 버크셔 해서웨이 초기에도 버핏은 최고 경영자를 해고해야만 했고, 섬유 사업 부분의 자본 지출에 제동을 걸어, 이 회사의 주력 사업을 보험업과 금융업으로 재조정했다. 이런 기업의 구조 조정 작업은 절대 쉽지 않으며 엄청난 스트레스를 유발한다. 그렇지만 행동이 필요할 경우 버핏은 행동했다. "나는 단지 활동을 위한 활동은 원치 않습니다. 모든 조건이 동일하다면 나는 다른 사람들이 이 같은 일을 대신 해주기를 원합니다. 그렇지만 자본의 활용을 최적화하기 위해서 적극적인 역할이 필요할 때면 나는 그저 이사회 의자에 가만히 앉아만 있지는 않을 것입니다."[4]

버핏은 기업을 통제하는 능력을 행사함으로써 적극적으로 행동하고자 했을 뿐만 아니라, 경영권 행사에 집중했다. 기업을 어떻게 경영할 것인가에 관해 언급해야 할 때면 기업의 단점에 대해서는 가급적 말을 아꼈다. 증권의 가치 그 자체만으로도 사실상 그가 돈을 벌게 될 것이라는 것을 보증했다. 버핏은 샌본 지도 회사 같은 이익이 날 가능성은 매우 높고 손실을 볼 상황이 매우 낮은 우호적인 상황에서는, 해당 기업에 대한 지분을 늘리는 것을 두려워하지 않고 크게 배팅했다. 그 결과, 1959년이 되자 샌본 지도 회사의 주식은 버핏투자조합의 35%를 차지했다. 가치는 명백히 거기에 있었고 그가 해야 할 일은 그것이 실행되도록 하는 것이었다.

샌본 지도 회사에서 버핏은 최대 주주가 아니었지만 상당한 양의 주식을 보유하고 있었다. (그와 경영에 대한 의견을 같이 하는) 다른 주주들과 합치면 이 회사 주식의 절반 이상을 보유하고 있었다.

버핏투자조합이 완벽한 경영권 장악을 의미하는 대주주의 지분을 가지고 있었던 첫 번째 사례는 뎀스터 밀의 경우이다. 뎀스터 밀은 농기계 제조회사였다. 버핏은 이 회사 주식을 5년에 걸쳐 매입한 결과, 1961년이 되자 이 주식은 일반 투자 주식에서 경영 참여 주식이 되었다. 버핏은 뎀스터 밀의 지분 70%를 소유하게 되자 재빠르게 이 회사의 주가에 영향이 미칠 수 있는 행동을 실행했다. 그런데 이와 똑같은 일이 버크셔 해서웨이 지분 매입 과정에서도 일어났다. 이 두 회사 모두, 시장에 매물로 나온 주식의 절대량이 적었기 때문에 이들 주식을 소량으로 매입하거나 매도하는 것만으로도 주가에 급격한 영향을 미칠 수 있었다. DRC라는 소매 유통 기업은 비상장기업으로 버핏투자조합이 뒤늦게 인수한 기업인데 이 기업의 주식은 한 번도 주식시장에서 거래되지 않았다. 그래서 이 기업의 주식 가치는 세 가지 방법으로 측정되어야만 했다.

"경영권에 관련된 이해관계가 걸려 있을 때 우리는 주식에 투자하기보다는 기업을 소유합니다. 그리고 이 경우 기업 평가가 적합합니다."[5] 버핏이 경영권을 장악한 기업은 대부분 비공개 기업이어서 연말에 주식 가치를 평가하기 어려웠기 때문에 그는 자신만의 고유한 가치 평가법으로 해당 기업의 가치를 평가할 수밖에 없었다. 이것은 하락장에서 긍정적인 영향이 있었는데, 왜냐하면 시장의 변동이 버핏투자조합이 갖고 있는 포지션의 가치에 영향을 미치지 않기 때문이다. 시장 급등기에 이 접근법은 반대의 결과를 가져온다. 어찌됐건 미스터 마켓은 개입되지 않는다. 경영 참여 주식의 가치는 오로지 그 기업의 사적 시장가치 평가법에 의해 좌우됐다. 그 기업의 평가는 버핏에 의해 수행되고 해마다 회계사에 의해서 확증됐다. 연말에 이루어지는 가치평가는 현재 기준에 비해 보수적으로 평가가 이루어졌고 경영 참여 주식의 미래 가치는 아니었다. 버핏은 조합원들에게 다음과 같이 말했다. "뎀스터 밀의 추정가치는 우리가 희망하는 가치여서는 안 되고, 적극적으로 매입하기를 희망하는 투자자가 매기는 가격이어서도 안 됩니다. 그것은 우리가 뎀스터 밀을 현재의 상태에서 합리적으로 매각할 때 매기는 가격이어야 합니다."[6]

버핏의 기본 원칙에 따르면 버핏투자조합의 조합원들은 1년에 딱 한 번 자신의 자본을 늘리거나 빼낼 수 있었다는 사실을 떠올려보자. 그러므로 이 가치 평가는, 특히 투자조합 자산의 3분의 1을 차지하는 주식의 가치에 대한 평가는 매우 중요한 일이었다. 버핏투자조합이 소유하고 있는 일반 투자 주식과 워크아웃 주식은 시장이 평가하기 때문에 그것의 값어치가 얼마인지 평가하는 것은 단순하고 복잡하지 않다. 그렇지만 경영 참여 주식을 평가하는 것은 추정가치를 요구한다.

경영 참여 주식의 평가는 다양한 해석과 논쟁을 불러일으킨다. 여기에 정확하고 올바른 정답은 존재하지 않는다. 경영 참여 주식에 관한 한, 만약 버핏이 자신이 보유한 주식을 과대평가를 한다면 그의 성과는 부풀려질 수 있다. 그에 따라 그가 받을 성과 수수료도 부풀려질 수 있다. 이는 투자조합의 모든 조합원들에게 득이 되는 일은 아니다. 경영 참여 주식의 가치가 너무 높게 추정된 어느 해에 투자조합을 떠나는 조합원들은 남아 있는 조합원들이 희생한 대가로 혜택을 입게 될 것이다. 반대로, 버핏이 자신이 보유한 경영 참여 주식의 가치를 지나치게 보수적으로 평가한다면, 추가로 자본에 참여한 조합원들은 조합을 떠나는 회원들이 희생한 대가로 혜택을 입는다. 버핏은 자본을 늘리기를 희망하거나, 투자조합을 떠나는 조합원들 입장에서 자신이 내린 경영 참여 주식에 대한 가치 평가가 공정할 수 있도록 세심한 배려를 했다. 그러한 배려의 연장선에서 가치 평가 내역을 회계와 컨설팅을 주력으로 하는 다국적 기업인 KPMG에 감사를 맡기기도 했다.

1966년 11월에 쓰인 편지에는 버핏이 경영 참여 주식의 가치를 평가했던 방법에 관해 매우 상세하게 소개되어 있다.

> 경영 참여 주식의 평가에 영향을 미치는 지배적인 요소는 수익력과 자산 가치입니다. 경영 투자 기업의 성격, 자산의 품질, 순자산에 적용되는 연방소득세의 과세 기초가 우리의 평가치를 상당히 초과한다는 사실은 자산 가치에 더 많은 비중을 두게 합니다. 이는 대부분의 기업 가치 평가에서는 일반적이지 않은 일입니다. 우리 투자조합의 계약에 따르면 나는 경영 투자 지분에 대해서 공정한 가치 평가를 해야만 합니다. 이것은 어떤 특정한 시기에 돈을 넣거나 투자조합을 떠나는 조합원들 모두에게 공정해야 한다는 것을 의미합니다. 비록 가치 평가 과정에서 자산의 요소(특히 유동자산의 비중이 높을 때)가 기업의 수익력보다 중요할 때가 있지만 시장가치의 급격한 변동은 기업의 가치에도 영향을 미칩니다.[7]

버핏이 운용했던 버핏투자조합의 경영 참여 주식의 성격이 대부분의 기업가치 평가에서 일반적이지 않은 자산적인 요소에 더 많은 가중치를 두었다는 사실에 주목하자. 샌본 지도 회사, 뎀스터 밀, 버크셔 해서웨이는 모두 자산이 중요한 역할을 하고 있다. 이 세 가지 기업들의 부채를 차감한 자산(순자산 가치)은 그 주식의 시장가치를 훨씬 뛰어 넘는다. 이 기업들은 좋은 기업이 아니었고, 보유하고 있는 자산을 활용하여 충분한 혹은 더 나은 이익을 만들어내지 않았다. 당시 올리고 있던 수익에 대해서도 제대로 된 평가가 이루어지지도 않았다. 만약 그들이 그랬다면 이 기업들의 과거와 미래의 이익에 관한 합리적인 연구가 좀 더 큰 역할을 했을 것이다.*

숨겨진 자산이 풍부한 기업이 투자 가치가 높다

버핏의 경영 참여 주식에 해당하는 기업은 이익을 거의 내지 못했거나 돈을 잃었다. 이러한 초기의 담배꽁초식 투자는 이 기업들의 진짜 가치를 드러내기 위해 이들 기업의 재무제표에 보고된 자산의 장부가치를 조정하는 방법인 그레이엄의 방법을 적용하도록 요구했다. 그 조정은 대부분 통계에 기반했지만, 한편으로는 과학적이면서

---

* 샌본 지도 회사, 뎀스터 밀, 버크셔 해서웨이는 공통적으로 부동산, 증권을 비롯한 자산 가치가 시가총액보다 많다는 공통점을 갖고 있다. 이것은 이들 기업이 자산 가치가 풍부하다고 긍정적으로 평가할 수 있지만 거꾸로 생각하면 이들 기업의 자산이 이익 창출의 수단으로 적절하게 활용되지 못하고 있다는 의미이기도 하다. 위의 글에서 '이 기업들은 좋은 기업이 아니었고'라고 표현한 것은 이 점을 지적한 것이다.

동시에 예술적인 측면도 있었다.

벤저민 그레이엄의 『증권 분석』의 43장은 이 방법에 대한 근거를 완벽하게 제공한다. 그레이엄에 따르면 기업의 재무제표는 기업 청산 시, 기업의 가치에 관한 정확한 정보를 전달하는 것이 아니라 나중에 유용할 것으로 판단되는 단서나 힌트를 제공하는 것이다. 청산가치를 제공하는 첫 번째 규칙은 '부채는 현실이지만 자산의 가치는 의심받아야만 한다'는 것이다. 재무제표에 나오는 모든 진짜 부채는 그들의 명목 금액만큼 차감되어야 한다. 그렇지만 자산으로 할당되는 가치는 그들의 성격에 따라서 변화한다.[8] 그레이엄에 따르면 청산과 관련해 어림잡아 재무제표에 기재된 현금 1달러는 실제로는 100센트이고, 매출채권 1달러는 실제로는 80센트이고, 재고자산 1달러는 67센트이고(이것은 기업에 따라 많은 차이가 있다), 비유동자산 1달러는 15센트이다.

우리는 샌본 지도 회사에 관한 버핏의 상세한 설명을 접했고, 뒷장에서 뎀스터 밀과 버크셔 해서웨이의 관한 설명도 들을 예정이다. 여기에서 우리는 버핏이 어떻게 기업의 자산에 대해 파악했는지를 알아볼 것이다. 샌본 지도 회사는 재무제표에 드러나는 것보다 훨씬 더 많은 증권을 숨겨진 자산으로 갖고 있었다(당시 증권은 시장가치가 아니라 원가로 기록됐다. 그러므로 이 가치는 높아져야만 했다). 뎀스터 밀의 부채를 차감한 순자산은 재무제표에 드러나 있었으며, 이 가치는 이 회사의 시가총액보다 훨씬 높았다.

회계적 가치는 소박했다. 여기에서 버핏이 스스로에게 던진 질문은 '진정으로 가치 있는 자산이란 무엇인가'라는 물음이었다. 버크셔 해서웨이의 경우에 이르러서는, 그 질문은 '이 기업의 자본이 어떻게 좀 더 나은 자본으로 재활용될 수 있을 것인가'라는 질문으로 진화했다.

버핏은 자신이 평가한 가치가 회계적 가치와 차이가 날 경우, 이를 철저히 생각해보고 적합하게 조정하는 예술을 보여주었다. 회계적 가치는 이 기업이 유형자산에 대해 지불한 금액과 그것을 획득한 이후 감가 상각을 반영했다.

자산 가치 평가하는 법

그 프로세스가 어떻게 작동하는지를 설명하는 데 도움이 될 사례가 있다. 예를 들어 티켓 브로커가 월드 시리즈 야구 티켓 5장을 1,000달러(1장당 200달러)에 매입했다고 치자. 이 티켓은 뉴욕 양키즈 스타디움 야구장에서만 유효하다. 만약에 뉴욕 양키즈가 월드 시리즈에 진출한다면, 이 티켓은 훨씬 더 가치가 있을 것이다. 반대의 경우라면 그 티켓은 가치가 소멸될 것이다. 회계적 관점에서 보면 티켓 브로커는 관습에 따라 각각의 티켓을 재무제표의 자산에 원가로 기록할 것이다.

그렇다면 야구 시즌을 1개월 남겨놓고 이 기업 전체가 매물로 나왔다고 해보자. 당신은 이것의 가치를 얼마라고 할 것인가? 쉽게 생각해 티켓 5장이 이 기업의 유일한 자산이라고 가정해보고, 이것을 획득하기 위해 300달러를 빌렸다고 해보자. 당신이 그 자산을 얼마로 생각하든지 간에, 부채를 차감한 자산이 그 기업의 가치가 될 것이다.

그린블라트 교수는 컬럼비아대학 비즈니스 스쿨에서 제자들에게 다음과 같은 말을 했다. (이 학교는 지금까지도 가치투자의 중심지로 남아 있다.) "만약 당신이 훌륭하게 평가 업무를 하고 있다면 미스터 마켓이 당신에게 돈을 돌려줄 것이다."[9] 당신이 그 티켓 브로커의 가치를 평가하거나 기업을 평가할 때의 프로세스는 당신의 투자 품질을 결정할 것이고 그것이 가치투자 프로세스의 핵심으로 남는다.

최초의 질문은 언제나 똑같다. 그것은 '당신은 이 자산의 가치가 얼마인지를 평가할 능력을 갖고 있는가?'이다. 다시 말해 버핏이 말한 것처럼 당신은 당신의 능력 범위 안에 있습니까? 만약 대답이 "아니오"라면 당신은 지금까지 평가해오던 것을 잊어버리고 다른 것을 평가하는 게 낫다. 그 점은 아무 문제가 없다. 그리고 당신이 무엇인가를 평가할 능력이 없다는 사실, 그 자체를 안다는 것에 자부심을 느껴야 한다. 자기를 이해한다는 것은 위대한 투자가와 그렇지 않은 투자가를 구분짓고, 실수를 피하는 것은 승자를 가리는 것만큼이나 중요하다. 버핏은 잠재적 투자 대상의 대부분을 '난제' 폴더에 넣어놓고 다른 곳으로 이동했다.

우리는 우리의 티켓 브로커의 재무제표에서 무엇을 볼 것인가? 우선 우리는 부채가 고정되어 있다는 사실을 알고 있다. 가장 알기 쉬운 사실이다. 우리에겐 300달러의 부채가 있다. 우리는 그 티켓들이 1,000달러에 매입됐고 그 내용이 재무제표의 원가에 기록된다는 사실도 안다. 1,000달러로 기록된 자산에서 부채 300달러를 차감하고 남는 700달러는 주주 자본 또는 장부가치로 남는다.

자산을 1,000달러에 매입했다는 사실은 그것의 현재 가치가 1,000달러라는 이야기는 아니다. 상황은 언제든 바뀔 수 있다. 재무제표에 적힌 모든 내용은 과거에 발생한 일을 기록한 것이다. 가치평가 작업을 할 때 자산(지금 우리의 경우에는 티켓)은 항상 팔릴 수 있는 것들의 가치이며 부채는 만기에 모두 상환해야 하는 것을 의미한다. 이것이 회계적 가치와 경제적 가치 혹은 진짜 가치의 차이이다.

기업이 재정적으로 건전하지 않을 때, 해당 기업의 자산은 회계적 가치보다 더 적을 것이다. 그레이엄이 장부에 기재된 현금 1달러를 100센트로 생각했고, 매출채권 1달러는 80센트, 장부의 재고자산은 67센트, 비유동자산 1달러는 15센트라고 했음을 기억하라(이는 사업영역에 따라 편차가 크다). 물론 그것은 어림짐작한 수치일 뿐이다. 당신은 당신만의 기업의 가치를 평가하는 논리적인 방법을 만들 필요가 있다. 만약 뉴욕 양키즈가 이길 승산이 없거나, 티켓 매매 사이트인 스터브허브StubHub가 똑같은 티켓을 100달러에 판매하고 있다면, 당신은 그 티켓을 200달러 이상의 가치로 평가해서는 안 된다. 그런 경우, 티켓 브로커가 보유한 티켓 5장의 가치는 모두 합쳐 500달러의 가치를 가질 뿐이다.

뎀스터 밀의 주식을 매입할 때, 버핏은 우리가 티켓을 비유해서 표현한, 바로 이와 같은 상황을 마주쳤다. 1961년, 이 회사의 장부가치는 76달러였다. 이런 평가는 이 회사의 주가인 주당 28달러라는 가격을 믿기 힘들 정도로 저렴하게 보이게끔 했다. 적어도 장부상으로는 그러했다. 버핏은 뎀스터 밀이 보유한 자산들의 진짜 시장가치를 한 줄 한 줄 보수적으로 평가하면서 능숙하게 깎아내렸다. 이렇게 깎아내리고 나서도 여전히 이 회사의 진짜 시장가치가 매우 낮다는 것을 발견했다. 반대로 어떤 기업이 우량할 경우, 재무제표에 나오는 수치는 그 회사의 자산가치를 매우 과소평가하게끔 만든다.

티켓 브로커의 사례로 다시 돌아가보자. 만약 뉴욕 양키즈가 월드 시리즈의 우승 후보로 올라서고 스터브허브에서 해당 티켓을 장당 500달러(총 2,500달러)에 내건다면 어떻게 될 것인가? 장부가치는 어떠한 경우에도 700달러이겠지만, 이 티켓의 실제 청산가치는 2,200달러가 된다. 이는 버핏이 샌본 지도 회사의 주식을 매입할 때 내다본 내용이다. 버핏은 시장가치가 아닌 장부에 기록된 투자 포트폴리오를 획득했다. 평가를 받았기 때문에 이 주식들은 재무제표에 반영된 금액 이상의 가치가 있었다. 앞서 샌본 지도 회사의 사례를 통해 우리는 버핏이 재무제표를 상향했으며 투자 포트폴리오에 대해서 70센트만 지급하고 그 나머지를 어떻게 공짜로 얻을 수 있는지 알 수 있다.

경영을 알아야 플러스 알파의 이익을 얻는다

자산의 경제적 가치, 다시 말해 실제 가치를 제대로 측정하는 것은 투자에서 일종의 예술과도 같다. 기업의 가치를 평가하는 과정은 당신이 해당 기업의 일부를 평가하건 전체를 평가하건 동일하다. 물론 당신이 소수의 지분을 소유한 투자자라면 기존의 경영진 혹은 기존의 이사진의 자비심에 의존해야 하는 부분도 있다. 주주가 거둘 최고의 이익을 위해 행동하는 것이 기업 이사진의 임무이지만 항상 그들이 책임을 다하는 것은 아니다. 이것은 경영진을 평가하는 것과 기업에 대한 직접 경영권이 없을 경우 치르게 되는 잠재적 대리인 비용이 투자 결정의 중요한 부분인 이유이다.

반면에 실제로 기업의 경영권을 획득할 경우, 기업의 활동에 변화를 가져올 수 있다. 버핏은 일반 투자 주식을 경영 참여 주식으로 바꿈으로서 기업의 행동을 직접적으로 바꿀 수 있었다. 그는 뎀스터 밀과 버크셔 해서웨이의 기업가치를 파괴하는 활동을 멈추게 만들었다. 또한 샌본 지도 회사의 한쪽으로 기울어진 자본 구조를 수정했다. 경영 참여 주식을 통해서 우리는 버핏이 저평가된 주식을 어떻게 인식하는지를 봤을 뿐만 아니라 그가 그 기업이 갖고 있는 자본의 이익을 개선함으로써 그가 그 기업을 어떻게 더 가치 있게 만드는지를 보았다. 최적으로 운영되는 경우에는 재무적 매입자에게 경영권의 가치는 제로이다. 변화를 강요할 수 있는 권리는 오직 무엇인가를 바꿔야 할 필요가 있을 때만 가치가 있다. 버핏이 보유한 모든 경영 참여 주식은 변화를 위한 중요한 기회를 가져왔다.

행동주의 투자자를 따라하는 것도 방법

당신 스스로 의미 있는 투자를 진행할 수 있는데, 또 다른 투자자가 경영진의 의사결정을 개선하기 위한 작업을 하고 있다면 이 일반 투자 주식은 최상의 상황을 제공한다. 오늘날 행동주의자들은 여전히 경영진을 자극해서 그들의 활동을 개선하고자 한다.

이것은 세간의 관심을 불러일으키는 매우 인기 있는 전략이다. 이 활동에 투입되는 자금은 아주 많은 자산을 기업으로 유입시킨다. 칼 아이칸Carl Icahn, 넬슨 펠츠Nelson Peltz, 댄 로브Dan Loeb, 빌 에크만Bill Ackman 같은 오늘날의 행동주의자들은 투자자로서 록스타에 버금가는 인기를 얻었다. 그렇지만 그들이 한 행동이 모두 따라할 만한 것은 아니다. 버핏은 2015년 버크셔 해서웨이의 주주총회에서 오늘날의 행동주의자들을 비판했다. 그는 오늘날 행동주의자들이 취하는 전략들이 대부분은 사실상 '지나친 행동'이라고 지적했다. 그들의 요구는 버핏이 보기에는 장기적인 관점에서 주주들의 이해관계에 반드시 도움을 주는 것은 아니었다.[10]

버핏투자조합 시절의 버핏은 오늘날의 행동주의자들보다 훨씬 더 영향력이 있었다. 그가 참여한 회사들은 규모가 작고 훨씬 더 저렴했다. 오늘날 많은 행동주의자들은 당시 버핏의 경우보다 더 큰 기업의 더 적은 지분을 가지고 있음에도 불구하고 경영진에게 보내는 편지를 비롯해 여러 가지 방법을 통해서 기업 구조 개선의 압력을 행사한다. 이를 통해 일반 주주들의 지지를 얻기를 바라기 때문이다.

그때나 지금이나 핵심은 주식이 시장에서 평가되는 가격보다 어떻게 더 많은 가치를 가질 수 있도록 하느냐이다. 그 격차를 줄이기 위해 행동주의자들은 모종의 움직임을 도모하고, 그 과정에서 종종 적대적 상황을 연출하기도 한다. 넬슨 펠츠의 사례가 바로 그런 대표적인 사례이다.*

당시 넬슨 펠츠의 트라이언과 듀퐁Du Pont은 공개적으로 난타전을 벌였다. 트라이언은 듀퐁이 원가 절감 대책을 세우고 궁극적으로는 기존 기업 구조의 해체를 원했다. 이에 반해 듀퐁의 최고 경영자는 기존의 전략을 그대로 유지하기를 원했다. 투자자들은 누가 옳은지를 스스로 결정해야만 했다. 아마도 이 상황을 벤저민 그레이엄이 보았다면 이렇게 말할 것이다. "대중은 사실의 진술과 이성적인 근거로 발전한 논쟁에 대해서는 그것들의 장점에 근거해 판단하는 법을 배워야만 한다. 대중은 단순한 비방이나 무관한 인격에 휩쓸려서는 안 된다."[11]

오늘날의 투자자들은 현대의 행동주의자들과 그들이 벌인 그간

---

* 넬슨 펠츠는 칼 아이칸에 버금가는 행동주의 투자자이다. 그는 경영에 어려움을 겪고 있거나 지배구조가 좋지 않은 기업에 투자해 일정 수준 이상의 의결권을 확보한 후, 경영 전략의 변화, 구조 조정, 지배구조 개선 등을 통해 주가를 높이는 방법을 구사하고 있다. 2013년 넬슨 펠츠가 운영하는 트라이언은 듀퐁 측에 회사를 분할 매각하거나 구조 개선을 할 것을 요구해 상당 부분을 관철시켰다. 실제로 듀퐁은 그 해 자동차 페인터 사업을 사모펀드인 카알라일에 49억 달러를 팔아치웠다. 2011년에는 식품원료와 효소 제조업체 다니스코를 334억 크로너(약 59억 달러)에 인수했다. 이런 일련의 구조재편의 결과 듀퐁의 주가는 상승했다. 넬슨 펠츠는 적절한 방법으로 기업가치를 높인다는 점에서 무조건 나쁘게만 볼 인물은 아니라는 평가를 받고 있다. 버핏은 그가 투자한 기업, 하인즈의 가치를 높게 평가해 매입하기도 했다.

의 행적들을 신중하게 연구할 수 있다. 그런 다음, 어떤 행동주의자가 행동에 들어갈 때는 당신 스스로 그의 주장의 장점을 판단해야 한다. 만약 그의 주장에 찬성한다면 함께 '편승하기'는 훌륭한 전략이다. 행동주의자에 편승함으로써 가치는 그 상태가 유지됐을 경우보다 훨씬 더 빨리 해결될 수 있다. 예를 들어 듀퐁의 경우, 트라이언이 대중을 상대로 캠페인에 들어간 직후 재빨리 엄청난 원가 절감을 방편으로 실행했다. 행동주의자의 존재 자체가 때로는 경영진으로부터 가치를 만들어내는 변화의 자극제가 될 수 있다. 모든 주주들에게 최선의 장기적인 이익을 추구하는 행동주의자들은 오너가 없는 경영진 체제에서 자연스럽게 발생하는 대리인 비용을 줄이는 데 중요한 역할을 한다. 누군가가 기꺼이 그 역할을 떠맡으려고 한다면 우리는 투자자로서 기뻐해야만 한다. 다른 모든 조건이 동일하다면 다른 사람들이 그 일을 하도록 한다. 그렇지만 "당신이 누구의 차에 편승해야 할지를 주의하라."

버핏은 버핏투자조합 시절을 마무리한 이후에는 한 번도 적대적 인수를 하지 않았다. 그가 보유한 자금이 너무 많아져서 적대적 인수를 하지 않더라도 수익을 낼 수 있는 더 나은 전략을 발견했기 때문이라는 것이 세간의 통설이다. 그렇지만 나는 그 이상이 있다고 생각한다. 그가 보유한 자금은 (오늘날의 달러 가치로 환산했을 경우) 그가 버핏투자조합을 마치고 수년이 지나기까지 오늘날의 위대한 행동주의자들이 이룬 자금에 미치지 못했다. 그는 또한 버핏투자조합 시기에 자신이 사용했던 경영 참여 방법이 오늘날에도 여전히 효과가 있을 것이라고 말했고, 우리는 행동주의자들이 취하는 이익을 통해서 그의 주장을 뒷받침할 만한 증거를 갖고 있다.

버핏이 기업의 일부를 갖는 것보다는 기업 전체를 갖는 것을 선호하는 것에는 의심의 여지가 없다(어느 누가 그러하지 않겠는가?). 그렇지만 그의 기록을 보면 그가 담배꽁초식 투자를 포기한 이유는 그가 투자한 돈에 대해서 더 많은 이익을 내는 다른 방법을 발견했기 때문이 아니라 그가 단지 그 방법을 좋아하지 않았기 때문이라는 사실을 발견하게 된다. 담배꽁초식 투자를 포기함으로써 그는 버핏투자조합 초기, 연간 수익률이 잠시 떨어지는 상황을 맞이하기도 했을 것이다. 그럼에도 불구하고 그 선택은 그에게 더 나은 선택이었을 것이다. 이미 많은 돈을 갖고 있는데 굳이 푼돈을 더 얻기 위해 심리적 불편을 감내할 필요는 없지 않은가. 나는 당신이 이 사실을 버핏투자조합 후반기에서 발견할 수 있다고 확신한다. 이 시기는 버핏이 버핏투자조합을 폐쇄하기로 마음먹은 때이다.

> 경영권을 획득한 기업에서의 우리의 활동이 만족스러운 것은 10월 9일의 편지에서 논의된 완화된 투자 목적의 사소한 이유일 뿐입니다. 나는 내가 좋아하는 사업에서, 스스로가 자극을 받는 것을 발견하고, 투여된 자본에 대해 만족할 만한 수준의 수익을 얻습니다(예를 들면 10~12%). 고작 몇 %의 수익을 더 얻자고 이런 적대적 상황에 뛰어드는 것은 어리석다고 여겨집니다. 소박한 이익을 얻자고 좋은 사람들과의 유쾌할 수 있는 개인적인 관계를 포기하는 것은 합리적으로 보이지 않습니다.[12]

찰리 멍거의 표현대로 "만약 당신이 스스로 서서 면도할 수 있다면" 행동주의적 투자를 하는 것이 잘못은 아니다. 적정한 수준의 행동을 취하기만 한다면, 그것은 버핏이 했던 것과 유사한 수준으로 오늘날의 행동주의자들이 좀 더 나은 연간 수익률을 창출할 수 있을 것이다. 건강한 주장을 하는 행동주의자를 따라 투자하는 것은 경우에 따라 놀라운 투자 전략일 수 있다. 단, 당신 스스로 그것에 대해 판단할 수 있어야 한다. 맹목적으로 따르지 말아야 한다. 다시 한 번 말하건대, 당신이 누구의 차에 올라탈 것인지를 항상 유의해야 한다.

'경영 참여 주식'에 관하여

1962년 1월 24일

마지막 카테고리는 경영 참여 주식입니다. 기업의 지분을 많이 보유함으로써 이 기업의 경영 전략에 영향을 미치는 것입니다. 이런 활동은 수년을 기준으로 정확하게 측정되어야만 합니다. 어떤 기간 동안에는 아무런 소득이 없을 수도 있습니다. 이는 장기간 시장이 침체되면서 그 기업의 주식을 얻을 수 있게 해주기 때문에 일반적으로 유리합니다.

이러한 상황은 다우지수의 움직임과 무관합니다. 때때로 나는 일반 투자 주식을 매입하면서 이 주식이 훗날 경영 참여 주식의 상태가 될 수 있다는 생각을 합니다. 만약 가격이 장기간에 걸쳐서 저가 상태를 유지한다면 이것은 매우 호재입니다. 그러나 우리가 그 기업 주식의 상당한 비중을 차지하기 전에 주가가 상승한다면 높은 수준에 매각을 하고 성공적으로 투자를 종료하면 될 것입니다. 버핏투자조합은 현재 어떤 기업의 주식을 보유 중인데 이는 수년 후에 경영 참여 주식으로 전환될 것입니다.

1964년 1월 18일

우리가 애초부터 주식을 상당한 규모로 매입하지 않는 한, 경영 참여 주식은 일반 투자 주식에서 시작하고 발전합니다. 매우 저가의 주식이 장기간에 걸쳐서 그 가격을 그대로 유지할 경우, 그것을 상당한 비중으로 매입할 수 있게 됩니다. 그렇게 되면 훗날 어느 정도 혹은 완전하게 해당 기업의 활동을 통제할 수 있는 위치에도 이르게 됩니다. 우리가 적극적으로 행동하느냐 상대적으로 수동적으로 행동하느냐는 그 기업의 미래와 경영진의 능력에 대한 우리의 평가에 달려 있습니다. 최근 수개월 간 우리가 가장 공격적으로 매입한 일반 투자 주식은 뛰어난 경영진을 보유하고 있었고, 매우 좋은 경영 전략을 갖고 있었습니다. 이 기업의 주식을 지속적으로 매입하여 미래의 어느 시점에 경영권 행사까지 가능한 위치에 도달할 경우에도 나는 이 회사의 경영에 대해 적극적으로 관여하지 않을 것입니다.

나는 단지 활동을 위한 활동은 원치 않습니다. 모든 조건이 동일하다면 나는 다른 사람들이 이 같은 일을 대신 해주기를 원합니다. 그렇지만 자본의 활용을 최적화하기 위해서 적극적인 역할이 필요할 때면 나는 그저 이사회 의자에 가만히 앉아만 있지는 않을 것입니다. 적극적이건 소극적이건 경영 참여 주식의 경우, 확실히 이익을 얻을 수 있습니다. 물론 매력적인 가격에 매입을 해야 합니다. 그렇게 일단 경영 참여 주식을 확보하면, 투자의 가치는 시장의 불합리성이 아니라 그 기업의 가치에 의해서 결정됩니다.

우리는 경영 참여 지위까지 올라갈 수 있는 의지와 재정 능력을 가지고 있습니다. 이로 인해 우리는 주식 매입 시 두 가지 이점이 있습니다. 만약에 시장이 자신의 의견을 더 나은 방향으로 바꾼다면 주가가 오를 것입니다. 만약 그렇지 않다면 우리는 싼 가격에 지속적으로 그 주식을 매입해 우리의 판단을 시장에 맡기기보다 우리가 그 기업 자체를 들여다볼 수 있는 수준까지 지분을 확보할 수 있습니다.

경영 참여 주식에서의 투자 성과는 적어도 수년 동안의 활동을 근거로 매겨져야 합니다. 적절한 매입을 위해서는 시간이 필요합니다. 경영진을 강화하고, 자본 활용의 방향을 바꾸고, 그리고 만족스러운 매각이나 합병의 효과를 내기 위해서는 수년의 시간을 필요로 합니다. 이러한 이유로 경영 참여 주식은 아주 높은 수준의 이익을 낼 수 있습니다.

매입 단계에서의 경영 참여 주식은 다우지수와 유사하게 움직입니다. 그다음 단계에서는 그들의 움직임은 워크아웃 주식에 가까워집니다.

1964년 1월 18일

우리의 자산이 늘어가는 과정에서 만약 일정한 경향성이 있다면, 나는 그것이 경영 참여 주식으로 가기를 원합니다. 경영 참여 주식은 초기, 우리의 투자 포트폴리오에서 가장 큰 비중을 차지했습니다. 나의 이런 기대는 앞으로 틀릴 수도 있습니다. 많은 부분은 미래의 시장의 움직임에 달려 있기 때문입니다. 시장이 향후 어떻게 움직일 것인가에 관한 한 나의 추측이나 당신의 추측이나 다를 바 없습니다(나는 시장 움직임에 관해 아무런 의견이 없습니다). 이 글을 쓰는 현 시점에서 이야기하자면, 현재 우리 투자 포트폴리오에서 가장 많은 비중을 차지하고 있는 것은 일반 투자 주식이며 두 번째가 워크아웃, 세 번째가 경영 참여 주식입니다.

1965년 1월 18일

권위를 갖고 있거나 유명한 기관이나 투자자가 주식을 최종적으로 매입했다는 사실에 의존하는 투자는 부당한 거래를 만듭니다(월스트리트에서는 이를 '더 큰 바보 이론Bigger Fool Theory'이라고 말하지요). 얼마나 더 낮은 가격에 매입해야 더 만족할 수 있을까요? 나는 적당히 낮은 가격에 매입하는 것이야말로 만족스러운 결과로 이어진다고 생각합니다.

1966년 1월 20일

경영 참여 주식은 개인 오너형 일반 투자 주식 카테고리의 비중이 커지면서 자연스레 만들어집니다. 버크셔 해서웨이의 주식은 1962년 11월 이후, 앞서 언급했던 개인 오너형 일반 투자 주식에서 경영 참여 주식이 되었습니다. 그렇지만 버크셔 해서웨이의 경우, 우리가 기존에 보유했던 주식을 매각하거나 또 다른 단일 매입자에게 매각하는 일반적인 방식이라기보다는 경영 참여 포지션(비중)을 얻을 정도로 충분한 주식을 매입하는 것으로 종결되었습니다.

나는 1962년 주당 7.6달러에 버크셔 해서웨이의 주식을 사기 시작했습니다. 당시 버크셔 해서웨이의 주가는 부분적으로 전임 경영진에 의해 발생한 대규모 손실을 반영하고 있었습니다. 전임 경영진은 변화하는 방직 사업 환경을 파악하고 버크셔 해서웨이의 일부 방직 공장을 폐쇄하는 조처를 취했습니다. 전임 경영진이 이 사실을 인정하기까지는 꽤 오랜 시간이 걸렸지요. 제2차 세계대전을 거치며 버크셔 해서웨이의 사업은 상당히 쇠락했습니다. 버크셔 해서웨이가 절정을 구가하던 시절인 1948년에는 세전 이익이 2,950만 달러였고 약 1만 1천 명의 노동자가 일했습니다. 이는 열한 개의 공장에서 거둬들이는 생산량을 반영한 수치입니다.

그러나 1965년 봄, 우리가 버크셔 해서웨이의 경영권을 인수했을 때는 두 개의 공장과 약 2,300명의 노동자가 일하는 규모의 회사가 된 상태였습니다. 그럼에도 불구하고 이 회사의 다른 부문들에 뛰어난 경영진들이 존재한다는 사실을 발견한 것은 매우 놀랍고도 즐거운 일이었습니다. 덕분에 새로운 경영진에 외부 인사를 투입할 필요가 없었지요. 우리가 이 회사를 주가 7.6달러에 매수하던 초기(평균 매입가는 주당 14.86달러였습니다. 이는 1965년의 대량 매입을 반영합니

다) 상황과 관련해 언급한다면, 1964년 버크셔 해서웨이의 순운전자본*만 해도 주당 19달러였습니다. 이는 공장과 설비의 가치를 제외한 수치입니다.

버크셔 해서웨이를 소유하게 된 것은 좋은 일이었습니다. 나는 방직 사업의 (기울어가는) 상황이 이 기업의 수익력을 결정하는 데 주요한 요소인 것에 의심의 여지가 없었습니다. 하지만 나는 이 회사에 켄 체이스Ken Chace**라는 인물이 존재한다는 사실에 안심했습니다.

또한 그 외에도 버크셔 해서웨이에는 각 부서를 이끌고 있는 최고의 세일즈 담당자들이 있었습니다. 버크셔 해서웨이는 뜨겁게 달아오른 시장에서 제록스Xerox, 페어차일드 카메라Fairchild Camera, 내셔널 비디오National Video만큼 높은 수익성을 낼 가능성은 거의 없었습니다. 그럼에도 불구하고 이 회사의 주식은 저가에 매입했기 때문에 소유하는 동안 심리적으로 매우 편안했습니다. 나의 또 다른 스승인 필립 피셔Philip Fisher의 표현을 빌리면 "맛있는 크림 퍼프만큼 소박한 오트밀로 차려진 식사도 괜찮다"는 말입니다.

우리가 경영권을 확보한 지분의 이해관계 때문에 버크셔 해서웨이의 투자는 감사를 통해 유가증권이 아니라 기업으로 평가받았습니

---

* 가치투자에서 말하는 순운전자본은 기업이 일상적인 영업 활동을 수행하는 과정에서 소요되는 금액을 말한다. 기업이 '영업 활동을 수행하는 과정에서 소요되는 금액'에서 '영업 활동을 수행하는 과정에서 현금 지출을 감소시키는 금액'을 공제해 산출한다. 순운전자본은 적을수록 좋다.

** 1965년 워런 버핏은 버크셔 해서웨이의 경영권을 획득하고 켄 체이스를 최고 경영자로 임명한다. 켄 체이스는 버크셔 해서웨이의 경영 효율성을 높이는 데 기여했다.

다. 만약 버크셔 해서웨이 주가가 시장에서 5달러가 오른다면 그것은 좋은 일이 아닙니다. 우리가 보유한 지분은 매각될 것이 아니기 때문입니다. 만약 5달러 하락한다면 그것 또한 그리 좋은 일은 아닙니다. 우리의 지분의 가치는 직접적으로 이 회사의 가치에 의해서 평가되었습니다. 나는 우리 지분의 평가에 관해 어떤 신성한 영감을 얻지는 못했습니다. 나는 자산, 수익력, 산업 여건, 경쟁 포지션에 관한 나의 지식에 근거해서 보수적 평가를 하고자 했습니다. 우리는 그와 같은 낮은 가격에는 우리 지분을 팔지 않을 계획입니다. 연말 평가에서 현재 우리 투자 포트폴리오에 존재하는 다른 종목들도 매각하지 않을 예정입니다.

1967년 1월 25일

경영권을 확보한 기업과 관련해 1966년, 주요한 세 가지 이익의 원천이 있었습니다. 이 시기의 이익은 (1) 1966년에 우리의 보유 주식 수에 적용할 수 있는 유보 이익 (2) 우리의 경영권 평가를 밑도는 가격의 주식을 공개 시장에서의 추가 매입 (3) 경영권 지배 기업이 보유하고 있는 유가증권의 실현되지 않은 이익에서 비롯됐습니다. 이 모든 종목들을 합한 총액은 1966년 260만 838달러에 달합니다. 그렇지만 1966년 11월 1일의 편지에서 언급한 요소들과 특별한 산업 조건, 그리고 적절한 가격으로 평가된 종목들 때문에 이익은 103만 4,780달러까지 줄었고, 1966년 12월 31일에는 경영권 지분에 적용할 만한 공정한 평가에 도달했습니다. 그리하여 그 해에 경영 참여 주식의 카테고리에 있는 평균 이익은 156만 6058달러로 줄어들었습니다.

1966년 우리는 주식이 아니라 기업에 우리 순자산의 상당 비중을 투자했는데 이것은 행운으로 작용했습니다. 일반 주식시장에 똑같은 금액으로 투자했다면 아마도 상당한 손실이 났을 것으로 짐작됩니다. 이것은 전망하고 계획된 상황은 아니었습니다. 똑같은 상황이 올해에도 벌어지리라 생각됩니다.

1969년 1월 22일

전반적으로 1968년에 경영권을 확보한 기업들은 괜찮은 성과를 나타냈습니다. 소매 유통 기업 DRC(지분 80%), 방직 회사인 버크셔 해서웨이(지분 70%)는 합쳐서 세후 순이익 500만 달러를 기록했습니다. 특히 뛰어난 성과를 낸 회사는 ACS Associated Cotton Shops였는데, 이 회사는 DRC의 자회사로 벤 로즈너Ben Rosner가 경영하는 면직 회사입니다. 또 다른 회사인 내셔널 인뎀너티National Indemnity는 보험사로 수익이 좋았습니다. 이 회사는 버크셔 해서웨이의 자회사로 잭 링왈트Jack Ringwalt가 경영했습니다. 두 회사 모두 그들 기업이 투입한 자본의 20%의 이익을 거뒀습니다. 미국 경제 전문지 〈포춘〉이 선정하는 '500대 기업' 가운데 1967년에 이 수치를 기록한 기업은 오직 37곳이었는데, 이들 가운데 IBM, 제너럴일렉트릭General

Electric, 제너럴모터스General Motors, 프록터앤드갬블Procter&Gamble, 듀퐁, 컨트롤 데이터Control Data, 휴렛팩커드Hewlett-Packard 등과 같은 잘 알려진 회사들보다 두 회사가 훨씬 수익이 좋았습니다.

나는 지금도 때때로 조합원들이 다음과 같은 이야기하는 것을 듣습니다. "이봐 버크셔 해서웨이의 주가가 4포인트나 올랐어. 대단하군!", "우리에게 무슨 일이 일어난 거죠? 버크셔 해서웨이 주가가 지난주 3포인트나 내려갔어요." 하지만 우리가 경영권을 가진 기업에 대해서는 시장 가격을 거론하는 것은 적절하지 않다고 생각합니다. 1967년 말에 주식시장에서의 버크셔 해서웨이의 주가가 20달러였을 때 나는 실제 가치를 25달러로 평가했습니다. 1968년 말에 시장에서의 주가가 37달러였을 때는 31달러로 평가했습니다. 우리는 시장에서의 주가가 15달러 혹은 50달러였을 때도 그와 똑같은 가격으로 평가했을 것입니다. '가격은 당신이 지불하는 것이고 가치는 당신이 얻는 것이다'라는 명제를 명심하시길 바랍니다. 우리는 기업의 영업 성과와 관련해 번영하거나 손실을 겪을 것입니다. 그렇지만 주식시장에서 다양한 게임을 하면서 이익을 얻으려고 하지는 않을 것입니다.

당신이 기업을 경영하건, 기업을 소유하건, 혹은 기업에 부분적 권리(주식)를 가지고 있건 버핏의 경영 참여 주식에 대한 코멘트는 당신이 기업의 오너처럼 생각하도록 배우게 하는 데 도움이 된다. 그것은 또한 당신이 기업 전체를 사는 것처럼 자산에 기반한 평가 작업을 할 수 있도록 도움을 준다.

다음 장에서 우리는 뎀스터 밀의 사례를 들여다볼 것이다. 뎀스터 밀은 버핏이 편지에서 대부분의 시간을 할애한 경영 참여 주식이다. 뎀스터 밀은 경영 참여 주식을 깊이 탐구할 수 있는 완벽한 사례이다. 우리는 뎀스터 밀의 사례를 통해 자산이 최초에 어떻게 평가를 받고, 나중에 어떻게 기업의 이익을 증진시키며, 또한 어떻게 중요한 주주 가치를 실현하는지 확인할 수 있을 것이다.

9장
무용한 자산에서 수익성 자산으로의 전환

"우리는 폭넓은 수익을 낼 수 있는 안전마진을 확보하고자 합니다. 만일 안전마진을 확보할 수 없다면 우리는 해당 기업에 투자를 하지 않고자 합니다."[1]

_1964년 1월 18일의 편지 중

투자 과정에서 발생하는 대다수의 흥미로운 일들은 투자처를 찾는 중에 발생한다. 이를테면 뎀스터 밀의 사례처럼 적정 가치 대비 저평가된 종목을 발견하는 것은 한 미술품 거래업자가 어느 부동산 가게에서 25달러에 판매되고 있던 〈벨벳 아래의 개들〉이라는 그림 아래에서 르누아르의 작품을 발견한 것과 유사하다. 이런 일은 매우 드물다. 진짜 가치를 발견하려면 어느 정도의 노력이 필요하다. 그런 작은 행동은 분명 커다란 이익을 창출하는 바탕이 된다.

1956년, 버핏이 〈무디스 매뉴얼〉을 뒤적이다가 작고 이름 없는 이 농기구 제조회사의 이름을 발견하고 흥분했을 순간을 상상해보자. 당시 뎀스터 밀의 주가는 전년 대비 75% 떨어진 상태였다. 버핏은 뎀스터 밀을 운전자본의 일부, 심지어 이 회사의 장부가치 일부만 지불하고도 소유할 수 있으리라는 사실을 깨달았다. 버핏은 뎀스터 밀의 주식을 주당 17달러의 낮은 가격에 매입하기 시작했다. 그는 80달러에 이 회사를 매각했다. 조합원들에게 보낸 편지에서 '뎀스터 밀의 전설'에 관한 버핏의 코멘트는 그의 버핏투자조합 시절 투자를 설명하는 내용 중에서 가장 적절하게 그의 초기 투자 방식을 설명해준다. 또한 그가 어떤 식으로 그레이엄의 개량적 투자 스타일을 실행했는지도 보여준다. 뎀스터 밀의 사례는 집중투자가 무엇인지 알려준다. 버핏은 뎀스터 밀의 경영에 적극적으로 참여해 자산을 효율적으로 매각했고, 세제 혜택을 적극적으로 활용했다. 버핏의 뎀스터 밀 투자 사례는 오늘날의 저평가된 담배꽁초식 투자에서 자산 가치 평가법을 활용해 기업의 가치를 평가해낸 좋은 본보기이다.

죽어가는 기업을 기사회생시킨 버핏

버핏은 첫 번째 투자조합을 만든 직후, 뎀스터 밀의 주식 매입을 시작했다. 그 해에 〈무디스 매뉴얼〉은 뎀스터 밀을 "풍차, 펌프, 실린더, 수로 시스템, 원심력 펌프, 강철 탱크, 수력 공급 장비, 비료 장비, 그리고 농기계를 제조하는 회사"라고 설명했다. 뎀스터 밀은 네브래스카 주 베아트리체 시에 위치한 기업으로, 가족 경영 형태로 운영되었으며 매우 낮은 이익을 창출하고 있었다. 그와 같은 기업의 성격은 벤저민 그레이엄의 정신을 계승하는 눈 밝은 젊은 투자자의 시선을 사로잡았다. 당시 뎀스터 밀의 주식은 시장에서 매우 낮은 가격으로 평가되어, 엄청나게 저렴한 값에 거래되고 있었다.

뎀스터 밀의 주식을 처음 매입하고 얼마 지나지 않아서 버핏은 이 기업의 이사진으로 합류했다. 이후에도 버핏은 5년에 걸쳐 뎀스터 밀의 주식을 꾸준히 매입한다. 1961년, 뎀스터 밀의 경영진 일가가 소유한 주식을 대량 매도하자 버핏은 해당 주식을 매입했고, 그 해 8월 뎀스터 밀의 대주주로서 경영권을 획득하게 된다. (버핏은 뎀스터 밀의 지분 70%를 소유했으며, 그의 지인들 중 또 다른 일부가 10%를 소유했다.) 버핏이 뎀스터 밀을 매입한 평균가는 총 120만 달러(주당 28달러)였는데, 이는 운전자본 대비 절반 가까이 할인된 가격이었다. 장부가치에 대비해서는 65%나 할인된 가격이었다. 버핏은 뎀스터 밀 주당 35달러의 청산가치를 부여했다. 이는 특별히 기억해야 할 중요한 부분이다. 왜냐하면 이 가격에 근거해서 매입과 매도가 이루어지기 때문이다.[2] 그 해 연말, 버핏이 보유한 총자산의 20%를 뎀스터 밀이 차지했다.

사실 뎀스터 밀은 처음에 버핏에게 '골칫덩어리'였다. 원래도 많은 편이었던 재고자산이 계속해서 급증했기 때문이다. 뎀스터 밀과 거래하던 은행은 대출에 대한 담보를 잡겠다고 으름장을 놓았고, 결국 은행이 뎀스터 밀의 폐쇄 조치를 언급했을 때 버핏은 최후의 행동에 나서야만 했다. 그는 뎀스터 밀의 경영권을 획득하고 기존 경영진과 함께 일하고자 했지만, 재고자산이 줄지 않고 오히려 더욱 악화일로를 걷자 기존의 경영진에 대한 해고 조치를 취했다.[3] 총자산의 20%를 투자한 기업의 경영 상태가 나빠지면, 이 기업에 투자한 투자조합은 심각한 문제에 봉착하게 된다. 다행스럽게도 버핏은 찰리 멍거의 추천으로 기업 혁신 전문가 해리 보틀을 소개받았고 그를 곧바로 채용한다.

해리 보틀은 이내 뎀스터 밀의 기업 구조 개선 작업에 들어갔다. 버핏은 당시 뎀스터 밀의 재고 문제를 해결해나가던 과정을 이렇게 회상했다.

> 나는 절박한 심정으로 페인트공을 고용했습니다. 해리 보틀의 도움으로 우리는 가장 큰 창고 안쪽 벽에 10인치 높이로 6인치 두께의 흰색 선을 칠했습니다. 그러고 나서 그 공장의 공장장을 불러 "내가 만약 이 창고 안에 들어갔을 때 박스 더미가 쌓여 있어서 이 하얀 선을 볼 수 없게 된다면 그 즉시 이곳에서 일하는 모든 사람들을 해고하겠다"고 선언했지요. 선적부서를 제외한 모든 부서는 재고를 줄이는 일을 해야만 했습니다. 나는 창고 벽면에 그어놓은 흰색 선의 높이를 점차 낮추어 나갔고 마침내 만족스러운 수준까지 낮출 수 있었습니다.[4]

해리 보틀이 뎀스터 밀의 임직원들을 채근해가며 재고자산을 놀라운 수준으로 감소시키는 일을 해내자 버핏은 이듬해, 조합원들에게 보내는 편지에서 해리 보틀을 '올해의 인물Man of the year'로 명명했다. 그는 재고자산을 400만 달러에서 100만 달러로 감소시킴으로써 은행의 걱정을 덜어줬을 뿐만 아니라, 은행 대출금 역시 쉽게 상환했다. 그는 또한 판매관리비를 절반으로 삭감했고, 수익성이 나지 않는 지점을 폐쇄했다. 버핏과 멍거의 조언으로 뎀스터 밀은 중고 장비 판매 가격을 500% 인상했다. 그러나 판매량에는 거의 영향이 없었을 뿐만 아니라, 고객들의 가격 저항도 거의 없었다.[5] 이 모든 일들이 기업의 수익성을 회복시키는 과정 중 진행됐다.

발로 뛴 경영 혁신

뎀스터 밀의 경영권을 획득하고 기업의 구조를 조정해가는 과정에서 버핏은 대다수의 사람들과 차이를 보여주었다. 버핏은 유연한 사고를 하는 사람이었다. 그는 대부분의 통념과는 달리 궁극적으로 기업의 오너가 하는 역할과 투자자의 역할이 동일하다고 생각했다. 버핏은 '자본의 흐름과 배분을 결정하는 역할'을 한다는 점에서 그 둘이 같은 일을 한다는 사실을 일찌감치 깨달았다. 수익성이 빈약한 기업의 펀드 매니저들은 종종 그들이 얻게 되는 이익을 해당 기업에 재투자할 수밖에 없다고 느낀다. 그러고 나서 그들은 자신들이 거둔 성공을 동종 산업과 비교해 판단한다. 이는 호스피스 병동에서 가장 건강한 사람이 누구인지 가려보자는 말과 다름없다. 호스피스 병동에 입원할 정도의 환자라면 건강이 매우 좋지 않은 사람일 텐데, 이곳에서 아무리 건강한 환자를 가려봐야 어차피 건강이 나쁜 사람일 수밖에 없지 않은가. 건전한 자본이 낮은 이익률을 내는 업종에 재투자되면 이는 결국 낮은 이익률이 지속되는 상황을 영구적으로 고착화시킬 뿐이다.

버핏은 이런 상황에서 다르게 행동했다. 그는 절대적 기준에 근거해 투자했고, 덕분에 더 나은 결과를 얻을 수 있었다. 뎀스터 밀의 경우, 버핏은 자신이 뎀스터 밀의 기존 사업을 잘해서 이익을 내야 한다고 생각하지 않았다. 그는 기업의 자산에 묶어놓은 자본 대비 최고의 이익을 내는 방향으로 행동했다. 버핏은 뎀스터 밀의 재고자산과 다른 자산을 현금화함으로써 이익을 얻었고, 그것으로 고수익을 내는 기업의 주식을 매입했다. 이런 과정이 진행될수록, 뎀스터 밀은 점차 제조업에 기반한 기업에서 오히려 투자조합과 같은 금융 기업으로 변모해가는 것처럼 보였다. 투자 자본을 완벽하게 다른 관점에서 볼 수 있는 의지와 능력은 그 자본이 기업의 자산과 연결되어 있건 혹은 증권에 투자된 자본이건 간에 매우 보기 드문 자질이다. 기업 운영의 키를 잡고 있던 버핏에게 재배치될 수 있는 자본은 적절하게 재배치되어야만 했다.

그다음으로 버핏은 뎀스터 밀의 주식을 주당 20달러에 확보했다. 1961년 35달러의 가치를 가진 것으로 평가되었던 뎀스터 밀의 주식은 1962년 말이 되자 1주당 52달러가 되었다. 52달러는 시장가치 35달러의 주식들과 제조 사업의 가치 16달러로 구성되었다. 뎀스터 밀의 주식 포트폴리오는 투자조합의 나머지만큼 커졌다.[6] 버핏은 이 같은 변화에 대해 주의하는 메시지를 보냈다.

지난해 뎀스터 밀은 자산이 효율적으로 전환되지 않는 문제를 갖고 있었고, 주가가 꼼짝도 하지 않았습니다. 뎀스터 밀은 결국 우리가 이 회사의 자산을 효과적으로 활용하면서 가치가 높아졌습니다. 1963년이 제조 자산은 여전히 중요할 것입니다. 그렇지만 가치 평가의 관점에서 그것은 상당히 일반 투자 주식과 유사할 것입니다. 왜냐하면 우리는 그 돈을 버핏투자조합에 있는 것과 유사하게 일반 투자 주식에 많이 투자했기 때문입니다.

뎀스터 밀은 버핏이 처음으로 두 발로 뛰면서 경영에 직접 참여한 경영 참여 주식이었다. 버핏은 뎀스터 밀의 최고 경영자인 해리 보틀을 지켜보면서 유능한 최고 경영자가 차별화된 시각으로 기업을 경영할 경우, 얼마나 큰 혁신을 이룰 수 있는지 체험했다. 버핏은 조합원들에게 보내는 편지에서 해리 보틀을 격찬했다. 이 편지를 통해 우리는 칭찬을 할 때에는 직접 실명을 거론해서 격찬하고, 비판을 할 때에는 개인의 이름이 아니라 그가 속한 집단을 거명하면서 우회적으로 비판하는 버핏만의 독특한 칭찬과 비판 스타일의 시초를 볼 수 있다. 이런 스타일은 데일 카네기Dale Carnegie로부터 연원한 것이다.

버핏과 보틀은 뎀스터 밀의 효율적인 자산 운용을 위한 혁신 작업을 1963년까지 수행했다. 그리고 그 해에 뎀스터 밀에 남아 있던 제조업 부문 자산은 뎀스터 밀이라는 회사명과 함께 매각했다. 이 매각에 대한 이야기는 세후 이익을 극대화하는 버핏의 감각을 보여준다. 회사의 모든 제조업 부문의 자산이 없어졌기 때문에 남은 것은 오직 이 회사의 증권뿐이었다. 덕분에 버핏은 뎀스터 밀에 부과될 자본이익세를 피할 수 있었고, 이는 결과적으로 버핏투자조합의 이익을 배가시키는 데 일조했다. 버핏투자조합은 주당 45달러의 이익을 실현했다. 뎀스터 밀에 대한 투자는 매우 많은 이익을 남겼지만, 버핏은 이후 이와 같은 투자는 하지 않았다. 왜냐하면 지역 신문이 버핏을 두고 '청산인Liquidator'*이라고 비난했기 때문이다.[7] 훗날 1969년, 버핏은 버크셔 해서웨이의 섬유업 분야를 청산할 것인지에 대한 질문을 받았을 때 이렇게 대답한 바 있다.

> 어느 기업이 1,100명의 노동자를 고용하고 경영진이 그들과 관련된 산업에서의 지위를 상승시키기 위해 많이 노력하고 있으며, 그에 합당한 성과를 내고 있고, 이 기업이 상당한 양의 추가적인 투자를 요구하지 않는다면, 나는 이를 현금화하고 싶지 않습니다. 나는 고작 몇 %의 추가적인 연 수익을 내기 위해 경영진에게 심각하게 노동자의 해고를 권고하고 싶지 않습니다.[8]

적은 금액으로도 가능한 경영 참여

버핏이 뎀스터 밀의 경영권을 획득하고 기업의 구조를 조정해나가던 과정 중에서 자신의 투자 원칙을 어떻게 적용했는지 살펴보는 것은 오늘날의 투자자들에게 유익한 정보가 될 것이다.

첫째, 기업의 경영권을 획득하는 것은 대규모 투자금을 운용하는 투자자들에게나 가능하다는 가정이 틀렸음을 증명한다. 1961년 뎀스터 밀의 시가총액은 160만 달러였다. 오늘날의 달러 가치로 환산하면 1,330만 달러에 준하는 금액이다. 둘째, 뎀스터 밀 같은 '경영권

---

* 사업체 정리와 부채 청산 작업을 맡아 하는 사람.

을 비교적 자유롭게 행사할 수 있는' 기업을 잘 활용하는 능력은 젊은 시절 투자자로서 버핏이 가진 커다란 재능이었다. 이는 오늘날의 소액 투자자 누구에게나 유효한 사실이다. 개인 오너 일반 투자 주식은 '시위를 두 개 가지고 있는 활'로 불리는데, 이는 경영 참여 주식의 관점에서 수익을 낼 수도 있고, 행동주의의 관점에서도 수익을 낼 수 있기 때문이다. 소액 투자자들도 초소형 기업의 주식을 매입한다면 이와 같은 장점을 적용할 수 있다.

저평가된 기업의 주식을 매입하는 것으로 투자의 전설을 써 나가기 시작한 인물은 버핏만이 아니다. 데이비드 아인혼David Einhorn은 1996년, 지금은 거대한 헤지펀드가 된 그린 라이트 캐피탈Green Light Capital을 100만 달러도 채 되지 않는 금액으로 설립했다. 그는 순운전자본의 50% 수준에서 거래되는 초소형 기업인 C. R. 엔서니를 발견하고, 자기 자산의 15%를 C. R. 엔서니에 투자해 그 해 그 기업이 인수되자 500% 이익을 내는 것으로 투자를 종료했다.[9] 지금은 억만장자가 된 아인혼이 그때와 같은 기회를 활용해 투자하기란 쉽지 않을 것이다. 2014년, 투자 전문가들은 100만 달러 이상 되는 규모의 투자금을 분산투자하기가 얼마나 어려운지를 지적한 바 있다.[10] 당신이 만일 분산투자를 할 만큼의 투자금을 보유하고 있지 않다면, 초소형주를 찾아 투자하는 것이 좋은 방법이다.

회계적 가치와 내재가치

오늘날 인터넷상에는 장부에 적힌 회계적 가치 혹은 순운전자본 미만으로 거래되는 주식을 적절하게 선별해주는 수많은 도구들이 존재한다. 실제로 이 같은 타입의 주식을 적절하게 골라 동일한 비중으로 매입해 1년 혹은 2년 정도 보유하는 것이 매우 효과적인 투자 방법임이 역사적으로 증명되고 있다. 이는 앞서 언급했던, 미국의 유명한 가치투자자이자 『심층 가치』의 저자인 토비아스 칼라일의 전략 중 하나이기도 하다.

그러나 당신이 만일 버핏처럼 좀 더 집중된 방식의 투자를 하고 싶다면 약간의 분석이 필요하다. 그 분석은 투자하고자 하는 기업이 보유한 자산의 경제적 자치, 즉 실현 가능한 청산가치를 이해하는 데에서 시작한다. 버핏이 조합원들에게 보내는 편지에서 뎀스터 밀 투자와 관련하여 설명하는 부분에는 뎀스터 밀과 비슷한 종류의 어려움에 빠진 기업의 자산을 평가하는 버핏만의 실질적인 프로세스가 자세하게 담겨 있다. 이는 오늘날의 진정한 가치투자자들이 사용하는 방법과 같은 방식이다. 우리는 뎀스터 밀의 인수와 구조 조정 전반에 대한 버핏의 설명을 통해 그가 투자자로서 처음으로 어떤 식으로 기업의 가치를 평가했는지를 확인할 수 있을 뿐만 아니라, 인수합병 및 구조 조정과 같은 이슈를 거치면서 기업의 가치가 어떤 식으로 바뀌어가는지 살펴볼 수 있다.

중요한 것은 수익을 평가할 때와 반대로 자산을 평가할 때는 보수적으로 계산된 청산가치에 대해 말해야 한다는 점이다. 벤저민 그레이엄은 "추정된 가치는 우리가 희망하는 가치가 아니고, 적극적 매입자가 매기는 가치도 아니며, 단기간에 지금의 조건에서 합리적으로 매각될 경우 내가 매기는 가치"라고 말했다.

버핏은 뎀스터 밀 재무제표의 계정과목을 적극적으로 할인했다. (구체적인 수치는 이 책 뒤에 수록한 '부록 D'를 참조.) 그런데 이 항목은 유동성에 따라 나열되었다. 현금은 유동성이 강해서 가치를 하향 조정할 필요가 없다. 외상매출금*은 장부상 1달러당 85센트로 매겨진다. 재고자산은 장부에 원가로 기재되는데 65센트로 할인된다. 선불금과 기타 항목은 장부상에 1달러로 기재되었지만 실제 가치는 겨우 25센트로 평가된다. 이렇게 조정된 수치가 합쳐지면 장부상으로 뎀스터 밀의 자산은 550만 달러이지만, 실제로는 360만 달러의 가치를 갖고 있는 것으로 평가된다. 버핏은 뎀스터 밀의 실제 가치를 그렇게 평가했다.

다음으로 그는 비유동성 자산을 평가했다. 일반적으로 유동성이 떨어지는 비유동성 자산은 추정된 경매가치를 적용하여 평가했다. 뎀스터 밀의 경우, 제조설비와 장비들이 비유동성 자산에 포함됐다. (공식적으로 이것들은 재무제표에 유형자산으로 기재됐다.) 회계적 가치 140만 달러와 비교해서 80만 달러의 가치를 주목해보았는가? 곧바로 매각될 경우, 이 같은 비유동성 자산들의 실제 가치가 있는지 여부에 관한 버핏의 계산법을 꼭 기억하자. 회계적 가치는 기업의 주식을 매입할 때 얼마를 지불했는지를 보여주는 지표일 뿐이다. 버핏

---

* 고객이 갚아야 하지만 아직 회수되지 않은 돈.

은 그것들이 매각될 경우, 그 기업에 유입될 가격이 얼마인지를 계산하고자 했다. 그는 이렇게 가치를 추정하는 과정에서 발생할 수 있는 실수를 감안해 의도적으로 보수적으로 계산했다.

어떤 기업들은 다른 기업들보다 더 보수적인 평가 작업을 요구하기도 한다. 예를 들어 유행이 지난 티셔츠가 재고자산의 대부분을 차지하는 어떤 소매기업의 가치를 평가할 경우, 원재료(이를테면 강철 도금업)가 재고자산의 대부분을 차지하는 제조기업보다 가치를 더욱 할인하여 평가해야 한다. 당신은 산업별로 보다 정확한 조정치를 발견하기 위해 연구를 할 수 있다. 벤저민 그레이엄의 『증권 분석』은 복잡한 자산 평가법을 깊게 분석하고 있다. 당신이 초보 투자자라면 기업가치 평가 과정이 어떻게 이루어지는지에 대한 기본 개념을 파악하고, 당신이 기업가치를 평가하는 데 있어서 실수를 할 수 있다는 사실을 인지하는 것만으로도 충분하다. 버핏은 조합원들에게 보내는 편지에서 이렇게 말했다. "우리는 폭넓은 수익을 낼 수 있는 안전마진을 확보하고자 합니다. 만일 안전마진을 확보할 수 없다면 우리는 해당 기업에 투자를 하지 않고자 합니다."[11]

부록 D의 표를 살펴보면 뎀스터 밀의 조정된 자산 가치는 총 440만 달러이다. 부채 230만 달러가 공제된다면(이는 언제나 액면가 기준이다) 220만 달러가 조정된 기업가치가 된다. 뎀스터 밀의 주식은 총 6만 주였으므로 최초의 1주당 가치는 35달러인 셈이다. 버핏이 뎀스터 밀 1주의 평균가로 매긴 28달러는 그가 보수적으로 계산한 조정된 청산가치의 80%에 해당하는 금액이다. 그 금액은 회계적 가치에 대비해 믿기 힘들 정도로 낮은 가격이다. 그것은 조정된 가치와 비교해도 여전히 낮은 가격이다.

왜 저렴하게 매입해야 하는가?

해리 보틀은 뎀스터 밀의 기업 구조 개선 작업에 나선 지 6개월이 지나서야 기업을 턴어라운드Turnaround* 시키는 데 상당한 진전을 거둘 수 있었다. 우리는 부록 D의 표를 통해 그의 이런 작업이 뎀스터 밀을 얼마나 어떻게 더 가치 있는 기업으로 끌어올렸는지 확인할 수 있다. 당시 버핏이 조합원들에게 보낸 편지를 보면, 그가 해리 보틀의 성과에 흐뭇해하고 있음을 알 수 있다. "뎀스터 밀 자산의 상당 부분을 성공적으로 현금으로 전환시킨 것은 1962년의 하이라이트라고 할 수 있습니다. 예를 들어 지난 연말의 재고자산 420만 달러어치는 올해 연말 190만 달러어치에 해당합니다. 이는 할인되는 금액을 재무제표에 반영한 것입니다." 나머지 아이템에 대해서도 동일한 조정을 함으로써 이 기업의 가치는 높아졌다.

버핏은 조합원들과 함께 이 수치를 들여다보았다.

> 세 가지 사실이 두드러집니다. (1) 비록 구조 조정과 재고자산 가운데 55만 달러의 상각이 있어 순자산 가치가 어느 정도 감소했지만 우

---

* 넓은 의미에서의 기업 회생을 의미한다. 구조 조정, 리엔지니어링Reengineering 등이 포함된다.

리가 연초 평가에서 암시했던 것보다 훨씬 더 높은 비율로 자산을 현금으로 전환했습니다. (2) 우리는 제조업(당시 업황이 열악했던 산업) 자산을 우리가 생각하기에 전망이 좋은 사업이라고 생각하는 증권으로 바꾸었습니다. (3) 자산을 할인된 가격에 매입함으로써 우리는 극단적으로 양호한 이익을 얻기 위해서 무리하지 않아도 괜찮습니다. 이것은 우리 버핏투자조합 투자 철학의 전환점이었습니다. 우리는 당시 투자 철학을 다음과 같이 정립했습니다. "기업의 매출을 늘리려고 하기보다는 원재료 매입가격을 낮춰서 매출을 적당한 수준에서 하더라도 양호한 결과를 내도록 하자. 만약 매출도 증가한다면 금상첨화이다."

재무제표를 절대 잊지 말 것

버핏은 투자자들에게 주식을 '통로'로 여기라고 가르친다. 주식을 통해 투자자들은 기업을 구성하는 자산의 일부를 소유할 수 있다. 기업의 가치는 다음의 두 가지 방법 중 하나에 의해 결정될 것이다. (1) 만약 자산이 매각된다면 얼마의 가치가 있는가? (2) 자산의 가치와 관련된 이익의 수준은 얼마인가? 이 두 가지 사실은 모든 사업에서 통용되는 생각이며, 이 두 가지 내용은 서로 상관관계가 있다. 버핏은 다음과 같이 말했다. "해리 보틀은 올해 지속적으로 활용되지 않은 자산을 현금으로 바꾸었습니다. 게다가 그는 남아 있는 자산을 생산적으로 만들었습니다."

기능적으로 기업은 오직 세 가지 방법으로써만 개선될 수 있다. (1) 매출을 증가시키는 방법 (2) 매출의 일부분으로써 원가를 감소시키는 방법 (3) 매출의 일부분으로써 자산을 감소시키는 방법. 그 밖에 취할 수 있는 다른 방법으로는 다음과 같은 것들이 있다. (4) 부채 늘리기 (5) 세율 낮추기. 이들은 기업의 가치를 높이는 재무적 방법이자, 기업이 스스로를 더 가치 있게 만드는 방법들이다.

버핏은 뎀스터 밀의 경영을 회생시키기 위해 모든 방법을 동원했다. 교체 파트에서의 가격을 인상하고(매출 증가) 운영 원가를 감소시켰다(원가 감소). (3)의 방법은 재고자산을 줄임으로써 실행했고, (4)의 방법은 버핏이 좀 더 많은 주식을 매입하기 위해 이루어졌다. (5)는 그가 뎀스터 밀의 모든 영업 자산을 매각하고 거액의 세금을 피하는 것으로 이루어졌다. 수익성이 높아지고 그것을 생산하는 데 요구되는 자본이 감소하면서 뎀스터 밀의 수익과 가치는 급상승했다. 버핏은 이렇게 되기까지의 과정을 본능적으로 이해하고 실행했다. 뎀스터 밀의 사례는 (3)을 희생하고, (1)과 (2)를 얻는 것에 몰두해 있는 오늘날의 투자자들에게 강력한 본보기이다. 기업에서 활용되고 있지 않은 자산은 다른 곳에서 활용될 현금을 창출할 뿐만 아니라 기업을 더 가치 있게 만들 수 있다. 이는 개인 투자자와 전문 투자자 모두에게 재무제표를 집중해서 잘 들여다보는 것의 중요성을 상기시켜준다. 실물 자산 없이는 이익도 없다는 사실을 절대 잊어서는 안 된다.

'뎀스터 밀 경영 혁신'에 관하여

1961년 7월 22일

우리는 주식시장에서 잠재적으로 중요한 주식의 인수를 시작했습니다. 나는 적어도 향후 1년간은 이 주식이 시장에서 반응이 없기를 희망합니다. 주식시장에서 반응이 없다면(주가가 움직이지 않는다면) 우리는 단기적으로는 투자 성과가 부진할 것입니다. 그렇지만 수년 후에는 우월한 성과를 약속할 것입니다.

1962년 1월 24일

뎀스터 밀 매뉴팩처링 컴퍼니

우리는 현재 네브래스카 주 베아트리체 시에 있는 뎀스터 밀의 경영에 관여하고 있습니다. 5년 전 우리가 처음 뎀스터 밀의 주식을 매입할 당시, 이 주식은 일반적으로 저평가된 주식이었습니다. 이후 이 회사의 주식을 대량 보유할 수 있었고, 4년 전에 나는 이 회사의 이

사진으로 합류했습니다. 1961년 8월, 우리는 지분을 추가 매입해 경영권을 획득했습니다. 이것은 우리의 활동이 하룻밤 사이에 부리는 변덕이 아니라는 사실을 보여줍니다.

현재 우리는 뎀스터 밀의 주식을 70% 보유하고 있습니다. 10%는 소수의 동료들이 가지고 있습니다. 뎀스터 밀의 주주는 150명 안팎이어서 시장에 유통되는 주식은 거의 없는 편입니다. 그렇기 때문에 우리가 조금만 주식을 사거나 팔아도 주가는 크게 영향을 받을 것입니다.

그런 까닭에 나로서는 우리의 경영권 지분을 연말 가치로 평가할 필요가 있습니다. 이는 특별히 중요한데 사실상 새로운 조합원들은 그 가격을 기준으로 매입하고 기존의 조합원들은 자신의 지분을 마찬가지로 그 가격에 팔 것이기 때문입니다. 뎀스터 밀의 추정가치는 우리가 희망하는 가치여서는 안 되고, 적극적으로 매입하기를 희망하는 투자자가 매기는 가격이어서도 안 됩니다. 그것은 우리가 뎀스터 밀을 현재의 상태에서 합리적으로 매각할 때 매기는 가격이어야 합니다.

뎀스터 밀은 농기계와 관개 시스템을 제조하는 기업으로 1961년도 매출액은 약 900만 달러입니다. 뎀스터 밀은 투입되는 자본에 비해 많지 않은 이익을 내고 있습니다. 이는 악화된 업황과 더불어서 경영진의 활동이 부진함을 반영합니다. 뎀스터 밀의 현재 통합 순자산(장부가치)은 450만 달러(주당 75달러)이고, 통합 운전자본은 주당 60달러입니다. 연말에 우리는 우리의 지분을 주당 35달러로 평가했습니다. 나는 이 같은 문제에 관해 신의 계시와 같은 비전을 갖고 있지는 않지만, 이것이 새로운 조합원와 기존의 조합원 모두에게 공정한 판단이라고 생각합니다. 만일 적당한 수익력이 확실하게 회복된다면 높은 평가를 하는 것이 정당화될 것입니다. 심지어 그렇게 되지 않더라도 뎀스터 밀의 가치는 높은 수치로 계산되어야 합니다. 우리는 경영권을 가진 지분을 주당 평균 28달러에 매입했고, 주당 35달러를 기준으로 이 지분은 현재 우리 버핏투자조합 순자산의 21%를 차지하고 있습니다.

물론 우리의 포트폴리오에 제너럴모터스나 유에스 스틸US Steel 사의 주식이 포함되어 있고, 이 주식들이 높은 가격에 팔린다는 이유만으로 우리 포트폴리오의 가치가 높게 매겨지지는 않을 것입니다. 시장이 어마어마하게 강세장일 때는 보통주에 비교하여 경영 참여 주식으로 돈을 벌기란 매우 어려운 것으로 보입니다. 그렇지만 나는 기회의 요인보다는 현재의 시장 수준에서 발생할 수 있는 리스크를 더 많이 의식합니다. 경영 참여 주식은 워크아웃과 더불어서 이와 같은 리스크에서 우리 포트폴리오의 일부를 보호해주는 수단을 제공합니다.

1962년 11월 1일

우리는 지난해 연말에 그랬던 것처럼 올해 연말에도 뎀스터 밀의 지분을 평가하는 데 똑같은 방법을 적용하고자 합니다. 이는 재무제표의 계정과목들을 다양하게 할인하는 것과 관련이 있습니다. 할인의 기준은 이 계정과목들이 즉각적으로 매각될 경우, 무엇이 실현될 것인가에 달려 있습니다. 지난해의 경우 재고자산은 40% 할인했고, 매출채권은 15% 할인, 비유동자산은 추정 경매가치로 평가했습니다. 그 결과 주당 35달러라는 추정치가 나왔습니다.

뎀스터 밀의 자산 상당 부분을 성공적으로 현금으로 전환한 것은 1962년의 하이라이트였습니다. 현금은 1달러당 사실상 100센트 그대로 전환됩니다. 그렇지만 지난해 연말 420만 달러였던 재고자산은 올해 연말 190만 달러가 될 것입니다. 이는 이 아이템을 약 92만 달러 할인한 것입니다(재고자산 감소분 230만 달러의 40%). 나는 이 이야기를 나의 연례 편지에서 분석적으로 다룰 예정입니다.

위에서 언급한 동일한 할인을 적용할 경우, 적어도 주당 50달러의 가치를 가져올 것입니다. 자산을 전환하는 업무는 다음의 문장으로 가장 잘 설명될 수 있을 것입니다. 우리는 1961년 11월 30일(뎀스터 밀의 회계상 기말)에 현금 16만 6,000달러와 부채 231만 5,000달러를 갖고 있었는데, 올해는 현금 및 투자상품(이는 버핏투자조합이 매입한 것) 100만 달러와 부채의 총계가 25만 달러가 되기를 기대합니다. 1963년 이러한 상황의 추가적 개선 가능성은 양호합니다. 우리는 내년에 뎀스터 밀의 투자 포트폴리오가 상당히 증가하기를 기대합니다.

뎀스터 밀 주식을 주당 50달러로 평가할 경우, 10월 31일 기준 우리의 평균 수익률(조합원들에게 지급할 금액을 공제하기 전 기준)은 5.5%였습니다. 이 수치는 다우지수와 비교해보면 22.3%p 더 많은 수치입니다. 만약 이러한 상태가 연말까지 유지된다면 뎀스터 밀은 우리 투자조합 지분 가운데 가장 큰 비율을 차지하는 종목 중 하나가 될 것입니다. 이 같은 성과의 40%는 뎀스터 밀의 가치가 증가한 결과입니다. 나머지 60%의 성과는 뎀스터 밀을 제외한 포트폴리오로부터 얻었습니다.

1963년 1월 18일

뎀스터 밀 매뉴팩처링 컴퍼니

성과의 관점에서 봤을 때 1962년의 하이라이트 장면은 우리의 경영권 상황을 보여줍니다. 우리는 뎀스터 밀의 지분 73%를 소유하고 있습니다. 뎀스터 밀의 주력 사업은 농기계(대부분 1,000달러 미만에 판매되는 소매용 농기계), 관개 시스템, 배관선 제조입니다.

지난 수십 년 동안, 뎀스터 밀은 정체된 매출, 낮은 재고자산 회전율, 그리고 투하 자본에 대비 사실상의 무수익 상태였습니다. 우리는 1961년 8월, 주당 28달러에 이 회사의 경영권을 획득했습니다. 일부 주식은 초기에 주당 16달러에 매입했지만 대부분의 주식은 8월에 30.25달러에 매입했습니다. 어떤 회사의 경영권을 획득할 때 중요한 것은 종잇조각(주식)에 대한 시장의 인용(주가)이 아니라 실제 자산의 가치입니다. 지난해 우리가 보유한 뎀스터 밀의 지분은 내가 생각하기에 보유 자산에 비해 낮게 평가받았습니다.

이 가치는 이익을 내지 못하는 자산이나 잠재성에 기반해 평가되는 것이 아니라 내가 매각을 하고자 하는 시점의 가치에 근거한 것입니다. 이 가치를 소박한 비율로 복리화하는 것이 우리가 하고자 하는 일입니다. (1962년의 재무제표와 공정 가치의 계산 내역은 '부록 D'를 통해 알 수 있다.)

뎀스터 밀의 회계 연도는 11월 30일에 종료됩니다. 완전한 형태의 감사 보고서는 아직 참조할 수 없기 때문에 나는 일부 수치를 대략적으로 반올림해서 지난해 뎀스터 밀의 실제 가치를 주당 35달러로 추정했습니다. 애초에 우리는 좀 더 효과적인 자본 활용, 더 나은 영업 마진, 간접비 절감을 위해서 기존의 경영진과 함께 일을 해왔습니다만, 이러한 노력은 아무런 성과를 거두지 못했습니다. 약 6개월이 지나는 동안 이들이 우리가 설정한 목표를 위해 한 일이라곤 그저 말뿐이었지요. 그것이 무능력에서 발로한 것이든, 비자발성에서 발로한 것이든 간에 결과적으로 어떠한 것도 이루지 못했습니다. 변화가 필요한 시점이었습니다.

평소 조용한 성격을 가진 나의 한 좋은 친구가 우리의 이 같은 문제를 풀기 위해 해리 보틀이라는 인물을 강력히 추천해주었습니다. 1962년 4월 17일, 나는 로스앤젤레스에서 해리를 처음 만났습니다. 나는 그에게 우리가 세운 목표가 이루어진다면 충분한 보상을 제공하겠다는 거래를 제안했습니다. 그리고 4월 23일, 그는 뎀스터 밀의 최고 경영자로 취임했습니다. 해리는 의심할 바 없이 '올해의 인물'이었습니다. 우리가 해리에게 요청했던 모든 목표는 완수되었습니다. 그리고 그 모든 놀라운 일들은 긍정적으로 이루어졌습니다. 그는 불가능하다고 낙인 찍혔던 일들을 하나씩 해결해나갔습니다. 해리는 우선 어려운 일들부터 해결했습니다. 덕분에 이익을 내기 시작하는 매출액을 의미하는 손익분기점은 이전에 비해 절반으로 낮아졌고, 잘 팔리지 않거나 사실상 판매가 중지된 상품은 매각되거나 멸실 처리되었습니다. 마케팅 프로세스는 업그레이드됐고, 수익성이 없는 설비는 매각됐습니다.

이와 같은 결과는 부분적으로 아래의 재무제표를 통해 드러납니다('부록 D' 참조). 그것은 지난해와 똑같은 방식으로 평가됩니다. 1963년 1월 2일, 뎀스터 밀은 무보증으로 125만 달러를 대출받았습니다. 이 자금은 이미 유동적인 자금과 더불어 우리가 뎀스터 밀을 주당 35달러의 증권 포트폴리오로 만들 수 있게끔 해주었습니다. 이는 뎀스터 밀의 가치가 우리가 이 기업의 주식을 매입하기 위해 지불한 금액보다 훨씬 높아졌음을 의미합니다. 뎀스터 밀의 현재 가치는 본업에서의 주당 16달러와 보유 증권에서의 주당 35달러로 이루어져 있습니다.

우리는 물론 본업에서의 주당 16달러를 늘리는 것에 힘을 쏟고 있습니다. 우리는 이것을 어떻게 이뤄낼 것인가에 관해 좋은 아이디어를 갖고 있습니다. 만약 뎀스터 밀이 현재처럼 계속해서 수익을 낸다면 이는 쉽게 성취될 것입니다. 설령 그렇지 않다고 하더라도 우리에게 유망한 투자 아이디어가 있는 것은 확실합니다.

지난해 뎀스터 밀은 자산이 효율적으로 전환되지 않는 문제를 갖고 있었고, 주가가 꿈짝도 하지 않았습니다. 뎀스터 밀은 결국 우리가 이 회사의 자산을 효과적으로 활용하면서 가치가 높아졌습니다. 1963년 이 제조 자산은 여전히 중요할 것입니다. 그렇지만 가치 평가의 관점에서 그것은 상당히 일반 투자 주식과 유사할 것입니다. 왜냐하면 우리는 그 돈을 버핏투자조합에 있는 것과 유사하게 일반 투자 주식에 많이 투자했기 때문입니다. 세금상의 이유 때문에 우리는 아마도 뎀스터 밀을 워크아웃에 넣지는 않을 것입니다. 그러므로 만약 다우지수가 상당히 떨어진다면 그것은 뎀스터 밀의 가치 평가에 상당한 영향을 미칠 것입니다. 마찬가지로 뎀스터 밀의 가치는 올해 다우지수의 상승으로부터 혜택을 받을 것입니다. 지난해 우리는 다우지수의 혜택을 거의 보지 못했습니다.

버핏투자조합 입장에서 정말 중요한 하나의 마지막 포인트가 있습니다. 우리는 훌륭한 경영자와 관계를 맺게 되었다는 사실입니다. 해리는 뎀스터 밀의 최고 경영자로 취임하기 6일 전까지 자신이 이 제조업 기업을 경영하게 되리라고는 상상도 하지 못했습니다. 그는 활동적이고 열심히 일하며 목표로 설정한 일은 해내고야 마는 사람입니다. 그는 자신이 열심히 일한 것에 상응하는 대가를 받는 것을 좋아합니다. 나는 욕실 조명을 금으로 어떻게 치장할 것인지 고민하지 않는 경영자를 좋아합니다. 해리와 나는 서로에게 호감을 갖고 있지요. 그와 버핏투자조합이 맺은 이 관계는 우리 모두에게 수익을 가져다줄 것입니다.

1963년 7월 10일

조합원들에게 보낸 최근의 편지들에서 나는 해리 보틀을 '올해의 인물'이라고 표현한 바 있습니다. 이 표현은 사실 그를 과소평가한 말입니다. 지난해 해리는 뎀스터 밀의 비생산적인 자산을 현금으로 전환하는 일을 탁월하게 수행해냈습니다. 우리는 그 현금을 저평가된 증권에 투자하기 시작했습니다. 해리는 올해에도 계속해서 제대로 활용되지 못하고 있는 자산을 현금으로 전환시켰습니다. 여기에 덧붙여 그는 남아 있는 자산을 생산적으로 만들었습니다. 그리하여 우리는 지난 19개월 동안, 재무제표에 다음과 같은 전환을 남겼습니다('부록 D' 참조).

나는 버핏투자조합 주주들에게 뎀스터 밀의 자산을 전환해야 한다는 사실을 언급했습니다. 이는 수익을 내지 못하는 자산이 곧바로 매각될 경우의 가치를 반영하기 위해서입니다. 해리는 내가 생각했던 것보다 훨씬 더 효율적으로 자산을 수익화했습니다. 이것은 해리의 전문성, 그리고 가치 평가에 관한 나의 보수성에 어느 정도 기인했을 것입니다.

뎀스터 밀은 전반기에 만족스러운 영업이익을 거두었습니다. (뿐만 아니라 상당한 양의 증권에서 미실현이익도 얻었습니다.) 지금 가동되고 있는 비즈니스가 적당한 수익력을 갖고 있다는 점에는 질문의 여지가 거의 없습니다. 매우 중요한 계절적 요인과 향후 다가올 세금의 이연 때문에 뎀스터 밀의 수익력은 1962년 11월 30일과 1963년 6월 30일의 재무제표를 비교해보면 추정된 것에는 미달할 것입니다. 이는 부분적으로는 계절적 요인 때문이지만, 1963년 이전 뎀스터 밀의 가능성 있는 발전 때문에 1962년 연말 금액을 그대로 적용했습니다. 그렇지만 나는 뎀스터 밀의 수익력이 추정치를 초과하지 않는다면 놀랄 것입니다. (뎀스터 밀의 수익력은 크게 개선될 것입니다.)

우리 그룹의 근본주의자들에게 한 가지 부차적인 측면이 있습니다. 버핏투자조합은 원가 126만 2,577.77달러에 획득한 뎀스터 밀의 지분 71.7%를 보유하고 있습니다. 1963년 6월 30일, 뎀스터 밀은 오마하 내셔널 은행에 있는 작은 안전 금고에 202만 8,415.25달러의 가치가 있는 증권을 보유 중입니다. 우리의 202만 8,415.25달러어치 주식의 71.7%는 145만 4,373.70달러입니다. 뎀스터 밀이 보유한 종전 가치가 우리가 뎀스터 밀을 매입했던 가격보다 많으므로 우리는 기본적으로 이익을 내고 있는 것입니다. 나의 애널리스트 친구들은 아마도 이것을 원시적인 회계법이라고 생각할 것입니다. 하지만 어리석은 누군가가 내년 측정 이익의 35배로 나의 주식을 사주기를 기도하며 투자하는 것보다 나의 구식 방법이 훨씬 더 실질적이라고 생각합니다.

1963년 7월 20일

뎀스터 밀 주주들에게 보내는 편지

(버핏투자조합 편지에 포함되지 않은 내용)[12]

지금부터 전하는 내용은 1963년 7월 31일 베아트리체 시에서 열릴 예정인 뎀스터 밀의 특별 주주 총회 주요 내용입니다. 이 편지는 총회에서 투표로 부쳐질 안건에 대해 당신이 미리 입장을 정할 수 있도록 쓰였습니다.

첨부된 내용은 1963년 6월 30일, 뎀스터 밀의 재무 상황을 보여주는 재무제표와 더불어 7개월간의 회계 기간 동안 감사를 받지 않은 수익을 보여주는 재무제표입니다. 지난해 최고 경영자로 임명된 해리 보틀이 일궈낸 성과가 올해까지 계속되고 있음은 명백한 사실입니다. 그런데 뎀스터 밀의 사업은 계절적 요인에 상당한 영향을 받습니다. 그래서 손익분기점은 연말에 가서야 도달할 것으로 예상됩니다. 그럼에도 불구하고 전체 연도의 영업 상황을 살펴봤을 때 가장 최고의 해가 될 것임은 명백합니다.

영업 성과의 극적인 개선은 수익이 나지 않는 공장 라인과 지점을 폐쇄하고, 불필요한 경상비를 제거하고, 보증된 가격을 조정하는 것에서 비롯되었습니다. 이 같은 조치들은 뎀스터 밀을 이익이 나는 조직으로 회생시켰고, 이 회사의 필요자본을 극적으로 감소시켰습니다. 그 결과 6월 30일, 우리는 177만 2,000달러어치의 유가증권을 보유하게 됐는데 이것의 시장가치는 202만 8,000달러입니다. 이 회사 자산의 겨우 60%만이 본업에 활용될 것으로 보입니다. 이 같은 과다 자본은 이 회사의 자기자본이익률을 높이고자 하는 경영진에게 중요한 문제를 가져다줍니다. 경영진은 사업을 운영하면서 이 자본을 활용하는 많은 대안들을 고려했고, 또한 이 같은 과잉 금액이 일반적인 세금을 부담하지 않는 상태에서 주주들에게 곧바로 제공될 수 있는 가능성을 조사했습니다.

그런데 세금을 내지 않고 주주들에게 이 금액을 배분하는 것은 불가능한 것처럼 보입니다. 우리의 법무대리인에 따르면 이 자본을 뎀스터 밀 주주들의 손에 쥐어주기 위한 효과적인 방법은 이 회사의 자산을 매각하는 것입니다. 그러고 나서 이것을 현금화(청산)하는 것입니다. 그렇지만 이것은 영업을 그만둔다는 것을 의미하지는 않습니다. 왜냐하면 그 자산은 법인 형태로 매각될 것이기 때문입니다. 그러면 모든 금액은 주주들에게 비례해 배분될 것이고 자본이득세는 주주들이 자산의 주식에 근거한 세금의 초과분에 부과될 것입니다. 이 같은 행위는 즉각적으로 시행되기 때문에 특별히 추천할 만합니다. 왜냐하면 뎀스터 밀은 우리의 회계사가 계산한 소득세 이월분을 거의 소진했고 그와 같은 이유로 영업이익은 연방소득세의 21%가 될 것이기 때문입니다.

이제 자산 매각이 시행되었으므로 우리 이사진은 뎀스터 밀이 단순한 청산가치 이상의 영속 기업의 가치를 갖고 있다고 믿습니다. 그러므로 우리는 뎀스터 밀이 존속 가능한 존재로서 매각되는 것이 주주, 종업원, 고객들에게 최선의 이익이라고 믿습니다. 해리 보틀은 누가 이 회사를 매입하건 간에 이 회사의 최고 경영자로서 합당한 인물입니다. 그는 매각되기 전의 과도기에 우리의 영업 계획과 일치하는 방식으로 회사를 경영하도록 지시를 받았습니다. 뎀스터 밀의 올해 사업은 지난해와 마찬가지 방식대로 원재료 매입, 생산이 이뤄질 것입니다.

최근 경영 위원회와 이 매각을 영속적인 기업으로 바라보는 몇몇 매입 희망 기업의 대표자들 간의 협상이 있었습니다. 이 협상에서 매각하는 측과 매입하는 측의 견해 차이가 상대적으로 작았지만 계약에 이르지는 못했습니다. 현재 한 기업이 뎀스터 밀을 인수할 의향을 갖고 있으며, 이 기업 경영진은 뎀스터 밀의 본업을 개선하여 자신들의 기업을 확장시킬 생각을 가지고 있습니다.

뎀스터 밀의 사업은 계절적인 영향을 받는데, 초봄에 실적이 양호합니다. 그러므로 뎀스터 밀을 인수하는 시기는 초가을이 유리합니다. 이사진은 가까운 미래에 벌어질 인수에 대비해 준비를 철저히 할 필요가 있습니다. 특별 주주총회에 포함된 주의 사항은 다음과 같은 절차를 서술하고 있습니다.

9월 13일까지 우리는 뎀스터 밀을 매각하기 위해 노력할 것입니다. 이 같은 의도는 주주총회 직후에 광범위하게 알려질 것입니다. 그러고 나면 펌프, 기자재, 비료 분야의 주요 기업들이 접촉해올 것입니다. 우리는 9월까지 협상에 근거해 매각권을 보유하게 될 것입니다. 이 기간 동안 매입 측의 희망사항에 맞춰 계약 조건을 조정하는 것이 가능하리라고 여겨집니다.

9월 13일까지 매각 협상이 실패할 경우, 9월 30일부터는 표준 매각 계약에 근거해 공개 매각이 진행될 예정입니다. 표준 계약의 내용은 우리가 제공할 것이고, 모든 입찰자들은 이를 준수해야만 합니다. 이 매각은 현금 확보를 위한 매각입니다. 뎀스터 밀 주식 4만 4,557주를 가지고 있는 버핏투자조합은 만약 이 매각이 이뤄지고, 투자조합 혹은 조인트 벤처 혹은 주주그룹이 응찰 과정에서 참여하도록 조정된다면 입찰에 응할 생각입니다. 뎀스터 밀의 어떤 주주라도 개인 자격으로 입찰할 수 있습니다.

우리는 뎀스터 밀이 활동을 이어나가는 기업으로서 매각되기를 희망합니다. 그리고 매입자가 '뎀스터 밀'이라는 사명을 영업 활동에서 사용할 권리까지 매입하기를 원합니다. 매각이 끝나면 우리 이사진은 뎀스터 밀의 나머지 자산을 분배하는 작업이 순차적으로 이뤄지기를 바랍니다. 주주에게 주어지는 최종적인 실현 이익이 얼마인지를 추정하는 것은 명백히 불가능한 일이지만, 뎀스터 밀이 현재 혹은 과거에 보여준 수치보다는 현저히 높을 것이라는 점은 확실합니다. 그러므로 적어도 매각을 위한 노력이 어떻게 진행되고 있는지에 관한 추가적인 이야기가 있을 때까지 주주들은 뎀스터 밀의 주식을 보유하고 있는 편이 현명한 일이라고 말씀드립니다.

우리는 모든 질문에 대한 답변이 이뤄지는 특별 주주총회에 모든 주주들이 참석하기를 희망합니다. 만일 주주총회에 참석이 불가능한 경우, 서면으로 궁금한 점을 문의해주신다면 곧바로 답변드릴 수 있도록 하겠습니다.

1963년 11월 6일

1963년 우리는 과중한 법인세(해리는 세금 이월로 인한 손실을 우리에게 신속하게 알려줌으로써 나를 놀라게 했습니다)에 직면했습니다. 그래서 우리는 뎀스터 밀을 해체 혹은 매각해야 했습니다.

우리는 1963년 말 이전까지 뎀스터 밀의 해체와 매각 가운데 하나를 이행하기 위해 준비했습니다. 기업 해체는 많은 문제를 갖고 있지만 사실상 우리 조합원들의 이익을 배가시켰고 뎀스터 밀이 갖고 있는 자본이득세의 문제를 제거해주었습니다.

몇몇 거래가 무위로 돌아간 사실상 마지막 단계에서 뎀스터 밀의 매각이 이루어졌습니다. 그런데 매각은 잘 이뤄졌지만 수익은 장부 가치 정도에 불과했습니다. 여기에 덧붙여 보유 증권을 처분함으로써 우리는 주당 80달러를 남겼습니다. 뎀스터 밀은 이제 현금과 유가증권을 가진 기업이 되었습니다. 버핏투자조합의 연말 회계 감사에 따르면 우리가 보유한 이 회사의 지분은 20만 달러에 미달하는 자산 가치를 가진 것으로 평가됩니다.

나는 뎀스터 밀의 매입자들이 매우 잘해나갈 것이라고 말하고 싶습니다. 그들은 우리에게 능력이 있는 사람들이라는 인상을 주었습니다. 더불어서 기업의 수익성을 개선시키고자 하는 건강한 계획을 갖고 있었습니다. 우리는 뎀스터 밀을 경영하면서 매우 행복했습니다. 또한 우리는 그것을 합리적인 가격에 매각할 수 있게 되어 역시 매우 행복합니다. 우리의 일은 뛰어난 매각을 하는 것이 아니라 뛰어난 매입을 하는 것입니다. 해리는 나와 똑같은 방법으로 함께 일해왔습니다. 그는 그에게 주어진 큰 보상을 좋아했습니다. 그는 현재 버핏투자조합의 유한책임 조합원이자 유능한 경영자입니다. 그는 우리 버핏투자조합에서 중요한 인물입니다. 뎀스터 밀이 거둔 신화는 몇 가지 도덕적인 교훈을 우리에게 건네줍니다.

1. 우리의 일은 인내심을 요구하는 일입니다. 그것은 고공행진하는 매력적인 주식과는 그다지 관련이 없습니다. 매력적인 주식들이 시장에서 인기를 누리는 동안, 우리는 매우 지루할 수 있습니다.

2. 수개월 혹은 수년 동안 가격 변화에 둔감한 주식을 보유하는 것은 우리 투자조합의 장점입니다. 우리는 왜 그것들을 매입해야 하는 것일까요? 이는 적절한 기간 동안 우리의 성과를 측정할 필요가 있음을 지적합니다. 우리는 그 최소한의 기간이 3년은 되어야 한다고 제안합니다.

3. 우리는 우리가 진행 중인 현재의 투자 활동에 대해 말할 수 없습니다. 공개적인 정책은 우리의 성과를 절대 개선시키지 못하고 어떤 경우에는 해를 끼치기도 합니다. 이런 까닭으로 누군가가 우리에게 특정 주식에 대한 흥미가 있는지 물어볼 때, 우리는 묵비권을 행사해야만 합니다.

시간이 훌쩍 흘러 뎀스터 밀 시절을 회고하면서 버핏은 이렇게 말했다. "해리를 채용한 것은 내가 내린 가장 중요한 결정이었습니다. 뎀스터 밀은 그전까지 두 명의 전임 경영자 아래에서 큰 문제에 처해 있었습니다. 시중 은행들은 우리를 잠재적 파산자로 대했지요. 만일 뎀스터 밀이 문을 닫았다면 나의 인생과 운은 그 이후로 많이 달랐을 것입니다."[13]

뎀스터 밀의 사례는 그것 자체로 흥미로운 이야기일 뿐만 아니라, 버핏의 투자 방법이 해마다 어떻게 진화했는지 알 수 있는 좋은 표본이다. 가치투자를 위해 벤저민 그레이엄이 행했던 기본적인 방법들이 뎀스터 밀의 사례에서 발견된다. 우리는 버핏이 기업을 개선시키고 더 가치 있게 만들기 위한 다섯 가지 방법을 어떻게 적용했는지 볼 수 있다.

다음 장에서 우리는 투자에서 벌어질 수 있는 몇몇 실수들—관습적인 생각을 보수적인 행동과 혼동하는 것, 세금에 과도하게 집착하는 것, 기업의 규모가 성과에 미치는 영향—을 어떻게 피할 수 있는지에 관해 버핏투자조합 시절의 버핏이 우리에게 던지는 교훈을 집중해서 들여다볼 것이다.

10장
당신은 보수주의자입니까, 관습주의자입니까?

"대중의 의견은 우리 스스로 한 생각을 대체할 수 없습니다."

_1965년 1월 18일의 편지 중

대개의 경우 대세를 따르는 것은 놀라운 전략일 수 있다. 이를테면 당신이 낯선 장소로 빅매치를 관람하러 갔을 때, 경기장을 찾기 어렵다면 사람들이 우르르 몰려가는 곳을 따라가는 것은 좋은 방법이다. 이와 비슷하게 만일 당신이 어떤 극장에서 누군가가 공포에 질린 얼굴로 빠져 나오는 모습을 보았다면, 그것은 당신이 그 극장에 들어가서는 안 된다는 것을 알려주는 꽤 좋은 신호이다. 이제, 모든 사람들이 의식적으로 같은 방향을 보고 있는 것을 당신이 목격했을 때, 당신은 그쪽을 쳐다보지 않을 수 있는지 살펴보자. 나는 당신이 그렇게 할 수 없다는 쪽에 돈을 걸겠다. 이처럼 인간에게는 대중을 따라가고자 하는 본능이 프로그램화 되어 있는데, 이를 '사회적 증거 Social Proof'라고 한다.

사회적 증거는 투자의 세계에도 존재한다. 그것은 당신을 대중의 일부라고 느끼게끔 하여 안도하게 한다. 그런데 이는 높은 수익을 낼 기회를 차단한다. 왜냐하면 대중의 일부가 된다는 것은 당신이 다양한 관점과 기준을 가지고 투자할 기회가 부족해짐을 의미하기 때문이다. 대중의 선택이 평균을 뛰어넘기란 매우 어려운 일이다. 성공적인 투자는 당신 스스로 생각한 바대로 행동할 것, 다수와 반대로 행동했을 때에도 당신 스스로 불편함을 느끼지 않도록 마음을 단련할 것을 요구한다. 좋은 성과는 자만심과 겸손함 사이의 적당한 균형 상태에서 비롯된다. 당신이 시장의 집단적 지혜를 뛰어넘는 통찰력을 가질 수 있다고 생각하는 것은 자만심이다. 당신 능력의 한계를 깨닫고 실수를 인지했을 때 기꺼이 그간의 방식을 바꾸려고 하는 것은 겸손함이다.

당신은 투자 이론을 형성하는 논리와 근거를 적용해서 사실과 상황을 평가해야만 한다. 그러고 나서 어떤 사실들이 나열되면 당신은 다수가 당신의 결론에 동의하건 그렇지 않건 간에 당신의 판단에 따라 행동해야만 한다. 투자는 사회적 증거에 반해 이루어지는 경우가 많다. 그것은 인간에게 유전적으로 내재된 본능과 반대되는 방식으로 이루어진다. 이것이 투자를 어렵게 만드는 이유이다.

버핏과 동시대의 인물이자 문학적 재능을 가지고 있었던 하워드 막스Howard Marks*는 더 나은 투자자가 되기 위해서는 '감히 위대해질 것Dare to be great'을 재촉한다. 그는 독자들에게 "진짜로 중요한 질문은 당신이 위대해지기 위해 필요한 것들을 감히 할 수 있느냐이다"라고 말했다. "당신은 기꺼이 달라질 용기가 있고, 기꺼이 틀릴 수 있는가? 위대한 성과를 낼 기회를 갖기 위해서 당신은 양쪽 모두에 열려 있어야 한다."[1] 버핏은 자신의 커리어를 통틀어 기꺼이 용감해지고 드물게 틀리는 데 성공했다.

버핏이 버핏투자조합의 조합원에게 보낸 편지들은 버핏의 확고하고 독자적인 접근법 이면에 숨겨진 두 가지 핵심적인 통찰을 제공한다. 첫째, 투자에서의 보수주의Conservatism는 올바른 사실과 건전한 추론에 기반한다는 사실이다. 그것은 관습적Conventional일 수도 있지만, 종종 일반적인 통념을 벗어나기도 한다. 투자는 당신에게 맞는 방식으로 이루어져야 한다. 다수가 선호하는 방식으로 인해 당신의 고유한 결정이 흔들려서는 안 된다. 실제로 다수와 함께 막차를 타는 사람은 높은 비용을 지불하는 경향이 있다. 최고의 매입은 당신의 생각이 관습적인 지혜나 추세에 반할 때에 이루어진다.

둘째, 좋은 조건들이 충족되었을 경우, (특정 종목에) 집중된 포트폴리오는 다양하게 분산투자된 포트폴리오보다 더욱 보수적이다. 학계의 관습적인 생각은 이와 다르다. 학계는 길을 잃게 만드는 복잡한 수학에 의해 "적은 것이 더 낫다Less is more"는 결론을 벗어나게 만든다. 그런데 이 복잡한 수식은 주식의 베타 값**이 그 주식의 리

---

* 가치투자로 유명한 글로벌 투자회사인 오크트리 캐피탈Oaktree Capital의 공동 설립자이자 최고 재무 책임자. 2016년 기준 이 회사는 뉴욕증권거래소에 상장되어 있으며, 운용자금은 750억 달러에 달한다. 그는 버핏처럼 해마다 주주들에게 편지를 보내는데, 2014년 초, '감히 위대해질 것'이라는 제목으로 보낸 편지가 유명하다.

** 어떤 주식이 주식시장의 움직임과 어느 정도 관계가 있는지를 보여주는 지표. 이를테면 어느 주식의 베타 값이 1이면 주식시장이 100% 상승할 때 이 주식도 100% 상승한다는 의미이다. 이는 주식시장이 100% 하락했을 때 이 주식도 100% 하락한

스크에 대한 정확한 측정 값이라는 잘못된 전제에 근거한다.

이런 잘못된 전제에서 베타 값이 낮은 포트폴리오의 리스크가 더 낮다는 결론이 나온다. 수학적으로, 다른 주식을 추가하는 것은 포트폴리오 전체의 베타 값을 낮추기 때문에, 점진적으로 포트폴리오를 다양하게 구성하는 것은 전체 투자에 있어 리스크를 감소시키는 것으로 보인다. 만일 A=B이고 B=C이면 A=C라는 명제가 있다고 하자. 이 말은 과연 맞는 말인가? '베타 값=리스크'라는 아이디어는 투자의 관념에 혼란을 가져왔다. 이에 대해 멍거와 버핏은 수학이 너무 우아해서 벌어지는 실수라고 말할 것이다. 공학과 미적분의 도구(=수학)를 사용하는 사람들은 소수점 이하의 숫자들까지 계산하면서 잘못된 결론에 도달하는 능력을 지니고 있다. 그와 같은 정밀함은 잘못된 (심리적) 안정감을 선사한다. 경제학자 존 메이너드 케인즈는 "대강 맞는 것이 정확하게 틀리는 것보다 낫다"고 즐겨 말하곤 했다.

버핏은 대단히 집중투자를 했고 스스로를 보수적이라고 일컬었다. 매력적인 가격에 당신이 좋아하는 것을 더 많이 살 수 있는데, 왜 굳이 매력적인 첫 번째 아이디어에 근거해 한꺼번에 사지 않고 열 번째의 아이디어에 근거해 소량이나마 매입하는가? (100번째로 좋은 아이

다는 의미이기도 하다. 주식의 베타 값은 과거의 자료를 바탕으로 계산되기 때문에 어느 정도의 근거는 있지만, 미래에도 반드시 그러할 것이라는 보장은 없다. 예를 들어 어느 주식의 베타 값이 0.1이면 시장 움직임과 거의 무관할 것 같지만 실제로는 그렇지 않다. 그럼에도 불구하고 상당수의 재무 전문가들은 베타 값이 높으면 리스크가 높은 주식, 베타 값이 낮으면 리스크가 낮은 주식으로 분류하고 있다. 버핏은 미래는 불확실하며 따라서 주식의 베타 값은 무의미하다고 말한다.

디어를 사는 일은 말할 것도 없다.) 보수주의의 진정한 의미에 대한 버핏의 논평으로부터 우리는 위험을 관리하는 법과 한정된 투자금액을 제1순위 투자대상에 집중하지 않았을 경우, 포기해야 하는 기회비용에 관해 많은 것들을 배울 수 있다.

독자적으로 생각하고 판단하라

보수적인 것은 무엇일까? 버핏에게는 합리적인 것이 보수적인 것이었다. 시류에 따른 접근법은 때로는 관습적인 것으로 끝났고, 어떤 때는 그렇지 않기도 했다. 버핏은 이렇게 말한 바 있다. "당신이 세운 가설이 올바르고, 사실에 맞으며, 추론이 정확하다면 많은 거래 과정에서 당신은 옳은 방향으로 갈 것입니다. 진정한 보수주의는 지식과 이성을 통해서만 가능합니다."

투자에서 다수가 움직이는 방향은 일반적으로 틀린다. 증권을 매입할 최적의 시기는 대중들이 극단적으로 공포에 휩싸였을 때이다. 반대로 택시 운전사들조차도 자신의 주식 포트폴리오에 대해 이야기할 때는 신중해야 한다.

월 스트리트에는 다음과 같은 오래된 교훈이 전해져온다. "처음에는 좋았던 생각이 종종 결국에는 그렇지 않은 생각이 된다."

버핏은 많은 사람들이 자신의 의견에 동의했을 때 마음이 편치 않다고 말했다. 그는 영향력과 권위를 가진 사람들이 어떻게 생각하든 상관하지 않았다. 그는 관습적으로 전문가를 포함한 많은 사람들이 같은 생각을 하고 있을 때, 보수주의가 필요하다고 생각했다. 그는 '무언가를 보수적으로 만드는 것에 관한 관점'과 '관습적인 관점'을 구별해야 한다고 강조했다.

버핏은 버핏투자조합 시절의 편지를 통해 투자를 하기 위한 중요한 사실들을 완벽하게 이해했으며, 바로 실행에 옮길 수 있을 만큼 준비되었을 때만이 투자를 할 수 있는 유일한 상황임을 가르쳐준다. 그렇지 않다면 그냥 지나가야 한다. 앞에서 이야기했던 샌본 지도 회사의 사례를 예로 들어보자. 버핏은 자신이 1달러를 70센트에 사는 방식으로 주식을 매입한다면, 자신이 수익을 낼 수 있을 것이라고 확신하고 샌본 지도 회사의 주식에 거액을 투자했다. 버핏은 뎀스터 밀이 잉여 재고자산 가치 이하로 거래되고 있는 것을 발견했을 때, 이 주식에 몸을 실었다. 각각의 사례에서 버핏은 자신의 인지 능력 범위 안에 있고, 투자의 결과에 영향을 미치는 요인들을 온전히 이해했을 때, 비로소 행동을 취했음을 알 수 있다.

"우리가 만면에 미소를 머금고 진정으로 편안하게 앉아 있는 순간은 우리가 이해 가능한 상황에 처해 있을 때, 사실들을 확인할 수 있고 그것들이 명백할 때, 어떻게 행동해야 할지에 대해 확신할 때입니다. 이런 경우에 우리는—그것이 관습적이든 그렇지 않든, 다른 사람들이 동의를 하건 그렇지 않건 간에—보수적인 방법으로 발전하고 있다고 느낍니다."

확신이 서면 비중을 늘려라

버핏이 조합원들에게 말한 것처럼, 만약 우리가 다우지수보다 15%를 초과하는 수익을 가져다줄 것이 확실한 50가지의 기회를 발견할 수 있다면 이는 이상적일 것이다. 몇 가지 기회가 빗나가더라도 그 결과는 여전히 믿을 수 없는 정도일 것이다. 하지만 그가 말했듯이, "그런 방식으로는 작동하지 않는다. (…) 우리는 그저 소수의 매력적인 투자 상황을 찾기 위해 매우 열심히 노력해야 한다."

서로 연관이 없는 주식 6~8개로 포트폴리오를 구성하면 분산투자의 장점이 발휘된다. 즉, 어느 종목이 하락하더라도 다른 종목이 상승하기 때문에 분산에 의한 상쇄 효과가 발생하는 것이다. 여기에서 우리는 그 주가의 공분산Covariance* 혹은 그 밖의 다른 기술적인 것들이 아니라 개별 기업의 이익을 이끌어내는 방법에 대해 논하고자 한다. 당신이 여러 가지 투자 아이디어에 의해 주식들을 매입한다면 예상치 않은 불확실성에 직면했을 때 주가 하락의 리스크를 감소시킬 수 있다. 어느 한 가지의 투자 아이디어가 실패하더라도 다른 투자 아이디어들이 이를 상쇄할 수 있기 때문이다. 예를 들어 당신이 정유 회사 엑슨모빌Exxon Mobil 주식과 페인트 회사 셔윈 윌리엄즈Sherwin-Williams의 주식을 갖고 있다면 당신은 유가에 대해 다소 무관심할 것이다. 유가 상승은 엑슨모빌의 수익에는 대체로 긍정적으로 작용하지만, 셔윈 윌리엄즈의 수익에는 좋지 않다. 왜냐하면 석유

---

* 두 변수의 관계 정도.

와 석유를 원재료로 하는 파생상품은 엑슨모빌의 매출에는 매우 긍정적이지만, 셔윈 윌리엄즈의 제조 원가에는 나쁘게 작용하기 때문이다. 추측하건대 당신은 유가가 어떻게 흘러갈 것인지에 대한 당신의 견해와는 별개로 이 두 가지 사업에 투자했을 것이다. (즉, 당신은 유가에 대한 견해가 없는 것이다.) 그렇다면 당신의 포트폴리오에 잠재적으로 영향을 미칠 수 있는 요소로서 유가를 중립화하는 편이 낫다. 만일 당신이 이와 같은 6~8개의 투자 아이디어를 발견할 수 있다면 당신은 의도하지 않은 결과들이 초래하는 것을 대부분 상쇄시킬 수 있을 것이다.

그런데 이후에 당신의 포트폴리오에 추가로 주식을 늘리는 것은 리스크를 줄이는 효과가 사실상 없다. 반면 기대이익은 크게 줄어든다. 문제는 낮은 리스크와 높은 이익의 가능성을 가진 투자 기회들은 그렇게 자주 찾아오지 않는다는 것이다. 투자 아이디어들을 탁월함의 순서대로 1번부터 7번까지 나열했을 경우, 일곱 번째 아이디어에서 기대되는 이익은 첫 번째 아이디어에 비해 매우 낮다.

버핏은 조건이 맞을 경우, 해당 주식의 비중을 포트폴리오에서 늘리는 것의 중요성을 확신했다. 1965년, 버핏은 버핏투자조합 순자산의 40%를 한 종목에 투자하는 것을 허용하는 조항을 기본 원칙들에 추가했다. 그렇지만 버핏은 "우리의 사실과 추론이 맞을 확률이 극단적으로 높고 그 투자의 근본적인 가치를 급격히 변화시킬 가능성이 극도로 낮은 경우"에 한한다고 언급했다. 다시 말해, 사실이 확인 가능하고 명백할 때, 행동의 과정이 명백하고 손실을 볼 가능성이 매우 낮을 때에만 우리는 그 주식에 투자를 해야 한다.

그는 1990년대 후반, 일군의 학생들에게 다음과 같이 말했다.

만약 당신이 여섯 개의 놀라운 기업을 발견했다면, 그것이 당신에게 필요한 전부입니다(그 여섯 개의 종목에 집중투자하라는 의미). 그렇게 한다면 당신은 많은 돈을 벌 수 있을 것입니다. 나는 (그 여섯 개의 종목 중) 첫 번째 종목 대신에 일곱 번째 종목에 돈을 투자하는 것은 엄청난 실수라고 말하고 싶습니다. 일곱 번째의 아이디어에 근거해서 부자가 된 사람은 거의 없습니다. 부자가 된 많은 사람들은 자신이 떠올린 최고의 아이디어로 부자가 될 수 있었습니다. 나는 자신이 몸담고 있는 사업을 제대로 알고 있는 사람이 보통의 자본을 가지고 투자할 때 여섯 가지 정도의 투자 아이디어로도 충분하다고 말하고 싶습니다. 그리고 나라면 내가 최고라고 생각하는 기업으로 절반을 채우겠습니다.*[2]

버핏이 버핏투자조합을 운용하던 시기에도 그랬지만, 100개 이상의 종목이 들어 있는 포트폴리오를 운영하는 적극적 펀드 매니저들이 지금도 여전히 많다. 버핏은 조합원들에게 보내는 편지에서 이들에 대해 다음과 같이 냉소적으로 말했다.

어떤 주식의 가치를 연구한 이후에도 그처럼 많은 주식에 투자하는 사람이라면 (나는 그들이 보유한 주식이 얼마나 명성이 높은지는 상관

---

* 버핏이라면 3개의 종목에만 투자하겠다는 의미.

하지 않습니다.) 누구나 내가 '투자의 노아의 방주파'라고 부르는 바를 따르는 사람입니다. 성서에 나오는 노아는 대홍수에 대비해 자신의 방주에 이 세상의 모든 동물을 한 쌍씩 실었습니다. 이는 어떤 동물이든 향후 생존 가능성이 동일하다는 생물학적 원칙에 따른 것입니다. 그렇지만 투자의 관점에서 이는 비효율적입니다. (나는 우리 버핏투자조합에서 수학자들을 신중히 배제했습니다. 수학자들은 현상을 계량적으로만 평가하기 때문입니다.)

하락장에서의 성과가 진짜 실력

버핏은 자신의 아이디어가 매우 주관적이라는 사실을 재빨리 인정했고, 좀 더 설득력 있는 설명을 제시했다. "지난 정책의 보수성을 평가하는 한 가지 합리적인 방법은 하락장에서의 성과를 연구하는 것입니다." 그러고 나서 그는 자신이 언급한 이야기의 증거를 찾아 나섰고 버핏투자조합이 하락장 시기에 얼마나 지속적으로 좋은 성과를 거두었는지 보여줬다. 이것은 어느 투자자에게나 자신이 어느 정도로 보수적인지를 테스트하는 기회를 제공한다.

버핏이 버핏투자조합을 시작했을 때부터 1965년까지 총 세 차례의 하락장이 있었다. 이 세 번의 하락장 시절, 버핏투자조합이 거둔 누적성과는 45%였던 데 반해 같은 시기 다우지수는 마이너스 20%를 기록했다. 그리고 버핏이 정기적으로 자신의 성과와 비교했던 다른 펀드 매니저들이 같은 시기 거둔 성과는 마이너스 24%에서 마이너스 9% 사이를 맴돌았다.

그는 이런 비교가 "전혀 중요하지 않다"고 인정하면서도 "투자 프로그램이나 경영(자기관리 포함)의 보수성 평가는 합리적이고 객관적인 기준에 근거해야 하며", "하락장에서의 실적은 최소한 하나의 의미 있는 시험이라고 제안한다"고 말했다.

버핏이 버핏투자조합을 운용하던 모든 기간에 걸쳐 단 한 번도 마이너스 수익률을 기록한 적이 없었다는 점은 놀랄 만한 사실이다. 스탠리 드러켄밀러Stanley Druckenmiller*는 조지 소로스George Soros**와 함께 수십억 달러를 벌었는데, 그는 헤지펀드 듀케인 캐피탈Duquesne Capital을 20년간 운영하는 동안 단 한 번도 손실을 본 적이 없었다.

---

* 글로벌 헤지펀드 회사인 듀케인 캐피탈의 창업자. 그는 1992년 9월 조지 소로스가 영국 파운드화를 공매도해 영란은행을 위기에 빠뜨리고 막대한 수익을 거둘 당시, 소로스의 펀드를 실질적으로 위탁 운용하면서 이 사건을 주도했다. 당시 통일 독일 정부는 낙후된 구 동독 지역을 지원하기 위해 천문학적인 투자를 단행했고, 이로 인해 영국 파운드화가 폭락 징후를 보이고 있었다. 드러켄밀러는 영국 파운드화의 폭락을 필연으로 보고 대규모 공매도에 나섰고, 영국 정부는 드러켄밀러를 비롯한 헤지펀드들의 공세에 맞섰으나 결국 이겨내지 못하고 환율 안정 정책을 포기했다. 이는 파운드화 폭락을 불러왔고 드러켄밀러가 운용한 소로스 펀드는 11억 달러의 수익을 냈다. 그 해 드러켄밀러는 68%에 달하는 수익률을 올렸다.

** '헤지펀드계의 살아 있는 전설'로 불리는 인물. 그는 헤지펀드의 다양한 전략을 적절히 구사해 천문학적인 수익을 거두었고, 이 때문에 헤지펀드의 역사는 '소로스 이전'과 '소로스 이후'로 나뉜다는 평가가 있다. 1992년 유럽 각국의 통화가 불안정해지자 소로스는 앞서 이야기한 드러켄밀러와 함께 영국 파운드화를 투매해 영국에 '검은 수요일'을 야기하고 일주일 만에 11억 달러를 벌어들였다. 그 때문에 영국 국민들로부터 '우리의 세금을 투기꾼이 가로채갔다'는 비난을 받았다. 그는 1997년 아시아 금융위기 때에도 환투기로 거액을 벌어 말레이시아 마하티르 총리로부터는 동남아 통화위기의 주범으로 공격받았다.

조엘 그린블라트* 역시 유명한 투자자인데 그는 고담Gotham Capital이라는 펀드를 운영하면서 연평균 50%의 수익을 거두었다. 1985년부터 1994년까지 10년 동안에는 단 한 번도 마이너스 수익률인 적이 없었다. 이들 세 투자자들의 사례와 같이, 하락장에서 성과를 올리는 능력은 위대한 투자자들에게서 공통적으로 나타나는 특징이다.

교실에서 가르치는 투자 이론은 대부분 쓸모없다

당신이 이미 진행 중인 투자에 새로운 아이디어를 더하고자 할 때, 당신이 이미 하고 있는 최선의 생각과 비교해보라. 이와 같은 프레임워크 안에서 당신의 생각을 이해하는 것은 너무 많은 주식을 보유하는 것이나 수익을 줄어들게 만드는 것으로부터 당신을 보호해 줄 것이다.

만일 당신이 '자본 비용' 혹은 '자본자산 가격결정 모형'이라는 용어를 들어본 적이 없다면, 오히려 더 나은 성과를 얻을 수도 있다. 이런 용어들은 단순한 질문을 오히려 복잡하고 어렵게 만든다. 어떤 특정한 시기에 몇몇 투자를 해야 할 경우, 이 투자를 위한 선택이 가

---

* 미국의 헤지펀드인 고담 캐피탈의 설립자. 고담 캐피탈은 1985년부터 2006년까지 연평균 40%의 경이로운 수익률을 기록했다. 그는 자신의 투자법을 '마법의 투자 공식'으로 명명했다. 그에 따르면 저렴하면서도 이익을 잘 내는 기업군을 정기적으로 분산 매입하면 장기적으로 고수익을 거둘 수 있다.

져올 수 있는 최소한의 기대 수익률은 얼마인가? 이 같은 숫자를 계산기나 엑셀 스프레드시트를 이용해서 구하는 사람은 다시 한 번 베타 값과 리스크 사이에 관계가 있다고 혼동하는 실수를 하는 것이다. 이런 것들은 모두 잊어버려야 한다. 새로운 아이디어가 떠오르면 당신이 이미 가지고 있는 주식을 더 사기보다 그것이 매력적일 때만 매입해야 한다.

버핏이 투자에 있어서 보여준 진정한 보수주의자로서의 면모는 전통적인 보수주의에 대한 정의와 극명한 대조를 이룬다. 버핏의 보수주의는 스스로 생각하는 것, 타당한 근거에 바탕해 추론하는 것에 뿌리를 두고 있다. 이것은 투자자로 하여금 대세에 상관없이 자신이 내린 최선의 생각에 집중하도록 허용한다.

'보수적인 것과 관습적인 것'에 관하여

1962년 1월 24일

보수주의에 관한 질문

우리가 얼마나 다양한 영역을 조사하는지를 설명하는 것은 우리의 포트폴리오가 얼마나 보수적으로 투자되고 있는지에 관한 단서를 제공할 것입니다. 몇 년 전 많은 사람들은 중장기 지방채와 국채를 매입하는 것을 가장 보수적인 행동이라고 생각했습니다. 그런데 이는 많은 경우, 상당한 시장가치의 하락을 가져왔고 실제 구매력을 유지하거나 늘리는 데 확실하게 실패했습니다.

많은 사람들이 인플레이션을 과도하게 의식하고 있습니다. 그래서 이들은 주가수익률 혹은 배당 수익과는 거의 무관하게 우량주를 사는 것이 보수적인 투자법이라고 느끼고 있습니다. 나는 이런 행동이 위험으로 가득 차 있다고 느낍니다.

나는 탐욕스럽고 변덕스러운 대중이 얼마나 높은 배수에 돈을 투자하는지에 관한 한, 보수적이라는 것은 있을 수 없다고 생각합니다. 많은 사람들이 잠시 당신의 생각에 동의한다고 해서 당신의 생각이 옳은 것은 아닙니다. 중요한 사람들이 당신의 생각에 동의한다고 해서 당신의 생각이 옳은 것도 아닙니다. 당신의 행동이야말로 당신이 보수주의적인지 그렇지 않은지를 평가하는 기준입니다. 당신이 세운 가설이 올바르고, 사실에 맞으며, 추론이 정확하다면 많은 거래 과정에서 당신은 옳은 방향으로 갈 것입니다. 진정한 보수주의는 지식과 이성을 통해서만 가능합니다.

나는 우리의 포트폴리오가 관습적이지 않다는 사실이 우리가 표준적인 투자법에 대비해 보다 더 보수적이거나 혹은 덜 보수적이라는 것은 아니라고 덧붙이고 싶습니다. 우리가 덜 보수적인지 혹은 더 보수적인지는 오직 성과에 의해서만 결정될 수 있습니다.

우리의 투자법이 얼마나 보수적인지에 관해 알 수 있는 가장 객관적인 방법은 하락장에서의 성과를 평가하는 것이라고 나는 생각합니다. 다우지수가 크게 하락한 시기를 살펴보는 것도 좋을 것입니다. 1957년부터 1960년 사이, 우리가 거둔 성과 중 얼마간의 하락은 우리가 극단적으로 보수적인 방법으로 투자했다는 가설을 확인시켜줍니다. 나는 우리 투자법이 진실로 보수적인지를 객관적으로 테스트해보자는 어떤 조합원들도 환영하는 바입니다. 우리는 총 순자산의 1% 중 0.5%도 손해 본 적이 없습니다. 우리의 총 실현 이익 대비 총 손실의 비율은 100 대 1입니다. 물론 이는 우리가 상승장에서 활동했을 때를 감안한 수치입니다. 그렇지만 이 같은 상승장에서도 손실을 낼 가능성은 많았습니다. (당신은 내가 말한 상승장에서의 손실을 실제로 겪었을 수도 있습니다.) 나는 위의 사실들이 어느 정도 유의미하다고 생각합니다.

1965년 1월 18일

보수주의에 관한 질문

전문 투자회사들의 성과를 살펴보면 다음과 같은 질문이 생길 것입니다. "그렇지만 이 투자회사들은 버핏투자조합보다 더 보수적으로 운영되고 있지 않습니까?" 만약 여러분이 이 질문을 해당 투자회사 경영진에게 던진다면 그들은 매우 정직하게 더 보수적이라고 대답할 것입니다. 만약 여러분이 만나게 될 100명의 애널리스트들에게 질문을 던진다면 나는 그들 가운데 대다수가 투자회사에 대한 긍정적인 답변을 할 것이라고 생각합니다. 나는 거기에 반대 의견을 갖고 있습니다. 나는 내 순자산의 90% 이상을 버핏투자조합에 투자했습니다. 나의 가족들 대부분도 나와 비슷한 비중으로 버핏투자조합에 투자했습니다. 이것이 표리부동하지 않은 나의 진실함을 보여준다고 생각합니다. 물론 이것이 내가 옳다는 것을 보여주지는 못하겠지요.

투자회사들이 자신들의 돈을 우리보다 관습적으로 운용한다는 것은 의심할 바 없는 사실입니다. 대다수의 사람들이 관습주의와 보수주의를 구분하지 않습니다. 이것은 잘못되었다고 생각합니다. 관습적인 접근이든 비관습적인 접근이든 그 자체가 보수적인 것은 아닙니다.

진정으로 보수적인 행동은 현명한 이론, 올바른 사실, 건전한 추론으로부터 비롯됩니다. 이 같은 성품들은 관습적인 행동을 초래할 수 있습니다. 그렇지만 많은 경우, 이는 통념에서 벗어남을 초래할 때가 많았습니다. 이 세계의 한구석에서 그들은 아마도 여전히 지구는 평평하며 태양 주위를 회전한다고 믿는 '평평한 지구학회The Flat Earth Society, 일명 천동설학회' 모임을 정기적으로 갖고 있을 것입니다.

우리는 세간의 주요 인사들, 목소리를 높이는 사람들, 혹은 많은 사람들이 우리에게 동의한다고 해서 편안함을 느끼지 않습니다. 또한 우리는 그들이 우리에게 동의하지 않는다고 해서 편안함을 느끼지도 않습니다. 대중의 의견은 우리 스스로 한 생각을 대체할 수 없습니다. 우리가 만면에 미소를 머금고 진정으로 편안하게 앉아 있는 순간은 우리가 이해 가능한 상황에 처해 있을 때, 사실들을 확인할 수 있고 그것이 명백할 때, 어떻게 행동해야 할지에 대해 확실할 때입니다. 이런 경우에 우리는—그것이 관습적이든 그렇지 않든, 다른 사람들이 동의를 하건 그렇지 않건 간에—보수적인 방법으로 발전하고 있다고 느낍니다.

앞에서 말한 것은 매우 주관적인 생각으로 보일 것입니다. 사실, 그렇습니다. 여러분은 질문보다는 객관적인 접근법을 더 선호해야만 합니다. 나는 그렇게 하고 있습니다. 지난 정책이 얼마나 보수적인지를 평가하는 한 가지 합리적인 방법은 하락장에서의 성과를 연구하는 것이라고 제안하고 싶습니다. 우리의 성과 표를 보면 하락장에서 오직 세 번의 해에만 약간의 하락을 했고, 불행하게도 모두가 사소한 손실이었습니다. 이 세 번의 해에 거둔 성과를 모두 합치면 고맙게도 우리는 좀 더 관습적인 포트폴리오보다 더 나은 성과를 올렸습니다.

만약 이 세 번의 해가 순차적으로 발생했다면, 누적 수익률은 다음과 같을 것입니다.

(단위: %)

트리-콘티넨탈*	-9.7
다우지수	-20.6
매사추세츠 투자 트러스트**	-20.9
리먼***	-22.3
투자 주식 펀드	-24.6
유한책임 조합원	45.0

우리는 이 비교 수치를 중요하게 여기지는 않지만, 어느 정도의 타당성이 있다고 생각합니다. 우리는 우리가 가격에 관계없이 AT&T, 제너럴일렉트릭, IBM 그리고 제너럴모터스의 주식을 갖고 있다고 말하는 것보다는 더 보수적입니다. 어떤 경우에서건 투자 프로그램 혹은 경영진의 보수주의에 대한 평가는 합리적이며 객관적인 기준

* 1929년 설립된 역사 깊은 펀드이자 투자회사로 지금도 미국 뉴욕증권거래소에 상장되어 거래되고 있다. 기업코드명은 'TY'.

** 1924년 L. 셔먼 애덤스L.Sherman Adams, 찰스 리로이드Charles H. Learoyd, 애슈톤 카Ashton L. Carr가 5만 달러로 만든 미국의 1세대 펀드이다. 고객을 유치하기 위해 당시로서는 새로운 마케팅 방법인 중개인 채널을 만들어 좋은 반응을 얻었고, 1929년 대공황기에 83%의 손실을 냈지만 극적으로 살아남았다. 1959년에는 미국 최대의 펀드로 성장했고 현재는 MFS 투자 매니지먼트라는 회사로 이어지고 있다.

*** '리먼 브라더스Lehman Brothers'로 더욱 잘 알려진 투자은행으로 2008년 글로벌 금융위기를 촉발시킨 진원지이기도 하다.

에 근거해야만 합니다. 그리고 나는 하락장에서의 성과가 적어도 하나의 의미 있는 테스트라고 제안하고 싶습니다.

1966년 1월 20일

투자의 분산화

나는 대다수의 적극적으로 운용되는 펀드들이 인덱스 펀드의 수익률을 초과하지 못하는 것이 다음의 다섯 가지 이유 때문이라고 생각합니다.

첫 번째 이유는 '집단적 의사결정'입니다. 이것은 나의 편견일 수 있는데, 수많은 주체들이 의사결정에 참여하는 집단에서는 뛰어난 투자 경영진이 나오기란 거의 불가능합니다.

두 번째는 규모가 크고 평판이 좋은 조직의 정책과 포트폴리오를 따라 하려는 '열망'입니다.

세 번째는 기관의 '성향'입니다. 이는 평균이란 '안전하다'는 인식을 말하며, 개별적인 행동에 대해 개인에게 주어지는 보상은 그 같은 행동에 따라 다니는 일반적인 리스크와 일치하지 않습니다.

네 번째는 비합리적인 분산에 대한 '집착'입니다.

다섯 번째는 '관성'입니다.

올해 11월에 발표된 자료에서, 나는 특히 우리의 새로운 기본 원칙을 주목해달라고 요청드린 바 있습니다. 새로운 일곱 번째 기본 원칙은 다음과 같습니다.

> 7. 우리는 대다수 투자 활동보다 훨씬 덜 분산화한다(집중투자한다). 우리는 우리의 사실과 추론이 올바를 가능성이 매우 높고 그 투자의 근본적인 가치를 급격히 바꿀 가능성이 극단적으로 낮을 경우, 한 종목에 우리 자산의 40%까지 투자할 수 있다.

우리는 사실상 모든 대중 투자 활동과는 매우 다른 분산투자 정책을 따르고 있습니다. 솔직히 이야기하자면, 50개의 서로 다른 투자 기회를 갖는 것보다 더 좋은 기회가 있었으면 좋겠습니다. 이 모든 것들은 수학적 기대치(이 용어는 모든 가능한 상대적인 성과의 범위를 반영합니다. 여기에는 마이너스 성과율도 포함되어 있고, 각 종목의 성과가 다우지수보다 10%를 초과하는 내용도 포함됩니다)를 가지고 있습니다. 만약 50개의 개별 기대치가 서로 관련이 없다면, 나는 우리 자본금의 2%를 각 자본에 투자하고, 우리의 전체 결과가 이와 같은 15% 우위에 매우 근접할 것이라는 매우 높은 확신을 가지고 뒤로 물러설 수 있을 것입니다.

그런데 그것은 그런 방식으로 작동하지 않습니다.

극소수의 매력적인 투자 상황을 찾기 위해서 우리는 정말 열심히 일해야만 합니다. 그러한 상황이란 성과에 대한 기대가 적어도 다우지수보다 연간 10% 더 우월할 수 있는 상황을 의미합니다. 우리가 발견한 투자 대상들의 기대 수익률은 천차만별입니다. 기대 수익률이 가장 높은 투자 대상을 1번, 가장 낮은 투자 대상을 8번이라고 합시다. 문제는 항상 "얼마나 많은 금액을 1번과 8번에 투자할 것인지" 여부입니다. 이 결정은 1번과 8번의 수학적 기대치에 달려 있습니다. 또 1번이 얼마나 상대적으로 저조한 성과를 낼 것인가에 달려 있습니다. 여기 두 개의 주식이 있다고 합시다. 다우지수를 15% 이상 초과할 확률이 첫 번째 주식은 5%이고, 두 번째 주식은 1%라고 합시다. 이 경우 첫 번째 주식에 집중투자 하기는 쉽지 않습니다. 첫 번째 주식의 확률 5%가 높지 않기 때문입니다.

위의 내용은 전체 투자 활동을 매우 정확하게 보이게 할 수 있습니다. 그렇지만 실제로는 그렇지 않습니다. 그럼에도 불구하고 우리가 하는 일은 기대치에 도달하기 위해 어떤 종류의 사실을 확인하고 경험과 추론을 그 같은 사실에 적용하는 것입니다. 개별 투자자인 우리의 시도가 부정확하고 감정에 휘둘리듯, 기업 또한 마찬가지입니다. 주식에서 장기간에 걸친 의사결정의 결과는 여러분이 그 같은 계산을 얼마나 잘하는지를 보여줄 것입니다. 여러분이 의식적으로 그와 같은 계산 여부를 인지하고 있건 아니건 간에, 나는 투자자가 자신의 사고 과정이 어떤 경로를 따르고 있는지를 알고 있을 때 분명한 이점을 갖는다고 생각합니다.

여러분에게 이것 하나는 장담합니다. 만일 어떤 펀드가 양호한 성과를 내고 있더라도 (펀드 매니저가 1,000달러를 운용하건 10억 달러를 운용하건 간에) 어떤 포트폴리오가 100개나 되는 종목을 담고 있다면 이는 사실상 운용되지 않고 있는 것입니다. 100번째로 종목을 추가한다고 해서 변동성이 줄어드는 것도 아닙니다.

어떤 주식의 가치를 연구한 이후에도 그처럼 많은 주식에 투자하는 사람이라면(나는 그들이 보유한 주식이 얼마나 명성이 높은지는 상관하지 않습니다) 누구나 내가 '투자의 노아의 방주파'라고 부르는 바를 따르는 사람입니다. 성서에 나오는 노아는 대홍수에 대비해 자신의 방주에 이 세상의 모든 동물을 한 쌍씩 실었습니다. 이는 어떤 동물이든 향후 생존 가능성이 동일하다는 생물학적 원칙에 따른 것입니다. 그렇지만 투자의 관점에서 이는 비효율적입니다. (나는 우리 버핏투자조합에서 수학자들을 신중히 배제했습니다. 수학자들은 현상을 계량적으로만 평가하기 때문입니다.)

종목 100개를 보유하고 있는 것은 비논리적이며, 이런 투자자들이 비논리적으로 행동하는 것은 자연스러운 일입니다. 그렇지만 이들의 행동이 우리의 집중투자가 합리적이라는 점을 증명하는 것은 아닙니다. 우리는 우리의 집중투자 원칙에 적합한 논리를 개발해야 합니다.

최적의 포트폴리오는 사용 가능한 선택에 대한 다양한 기대치와 허용 가능한 성과의 차이 정도에 따라 달라집니다. 선택의 횟수가 많을수록 실제 결과치와 기대되는 결과치의 평균 연간 분산이 줄어들 것입니다. 또한 선택이 다를 경우 기대되는 성과도 다를 것이라고 가정한다면 기대되는 결과치도 낮아질 것입니다.

나는 장기적인 관점에서 전반적으로 더 나은 성과를 성취하기 위해 연간 결과를 평준화하는 것을 기꺼이 포기할 것입니다. (내가 '결과'라고 말하는 것은 다우지수 대비 상대적 성과임을 기억해주시길 바랍니다.)

간단하게 말하자면, 나는 내가 최선의 투자 기회라고 믿는 것에 굉장히 집중하고자 합니다. 나는 이러한 선택이 이따금 매우 쓰디쓴 손해를 가져올 수 있다는 사실을 압니다. 어떤 해는 내가 분산투자를 했을 때보다 더 큰 손해를 입을 수도 있습니다. 이것은 우리의 결과가 더 많이 반등할 것을 의미함과 더불어 또한 장기적으로 우리가 거둘 수익이 더 클 것이라는 점을 의미한다고도 생각합니다.

여러분은 이미 이에 관한 몇 가지 사례를 보았습니다. 다우지수 대비 우리의 초과분은 1958년, 2.4%p에서 1965년, 33.0%p가 됐습니다. 만약 이것을 다른 펀드 자금의 편차와 비교한다면 우리의 변동 폭이 훨씬 더 크다는 것을 발견할 수 있을 것입니다. 나는 우리의 변동 폭을 줄이기 위해 노력할 수도 있습니다. 하지만 그렇게 하면 버핏투자조합의 성과 역시 줄어들게 될 것입니다. 되돌아보면, 그리고 이 문제를 지속적으로 생각해보면, 나는 과거에 그랬던 것보다 좀 더 집중했어야만 했다고 생각합니다. 이런 까닭에 새로운 기본 원칙과 이에 대한 긴 설명을 드리게 되었습니다.

다시 한 번 설명하지만, 이것은 비관습적 추론입니다. (이는 그것을 옳거나 틀리게 만들지 않습니다. 다만 이것은 당신이 그것에 대해 스스로 생각해야 한다는 것을 의미합니다.) 그리고 당연히 여러분 중 누군가는 다른 의견을 가질 수 있습니다. 만일 그런 분이 계시다면 버핏투자조합은 당신을 위한 곳은 아닙니다. 우리는 분명히 아주 드문 상황에서만 40%의 지분을 가질 것입니다. 물론 이런 드문 경우와 같은 기회를 발견했을 때, 우리는 그것에 집중해야 할 필요가 있습니다.

버핏투자조합을 운영했던 지난 9년 동안 25%를 초과하는 상황이 대여섯 번 정도 있었습니다. 그 같은 상황은 어떤 것이든 간에 당시에 활용할 수 있는 모든 기회를 통해 다우지수 대비 상당히 뛰어난 성과를 약속드렸습니다. 이것들은 또한 심각한 영구적 손실이 매우 적은 우월한 질적, 양적 요소를 가지고 있었음에 틀림없습니다. (단기적 지수를 근거로 할 경우, 어떤 것도 발생할 수 있는데 이는 부분적으로 성과에 있어서의 연간 편차를 설명합니다.) 어떤 종목을 얼마만큼 살 것인지 최대 한도를 결정해야 할 때 나는 단일 투자가 우리의 전체 포트폴리오의 성과를 다우지수 대비 10% 이상 나쁘게 할 가능성을 최소화시키려고 노력합니다.

우리는 25% 이상의 수익률을 내는 범주에 속하는 두 개의 회사 주식을 가지고 있습니다. 하나는 우리가 경영권을 가지고 있는 기업이고, 또 다른 곳은 우리가 적극적으로 경영 참여를 하지 않을 기업입니다. 1965년에 거둔 우리의 실적은 압도적으로 다섯 가지 종목에서 성과를 거둔 결과였습니다. 1965년에 거둔 이익은 종목에 따라서 80만~350만 달러에 걸쳐 있습니다. 일부의 경우 지난해와 똑같이 보유하고 있는 종목에서 발생하는 이익도 또한 있습니다. 만약 당신이 1965년에 우리 포트폴리오에서 가장 비중이 낮은 다섯 종목의 성과를 본다면 별 볼 일 없다는 것을 알 수 있습니다.

흥미로롭게도 투자 관리에 관한 어떤 문헌에도 최적의 분산화에 관해 연역적으로 계산한 자료는 없습니다. 모든 텍스트들은 적절한 분산을 조언합니다. 그렇지만 '적당하다'는 말을 계량화하는 사람들은 그들이 어떻게 해서 그런 결론을 내렸는지에 대해서는 설명하지 않습니다. 과도한 분산에 대해 우리가 결론을 내리자면 우리는 저명한 학술위원 빌리 로즈Billy Rose의 말에 눈을 돌려야 합니다. 그는 "만약 당신이 70명의 소녀로 구성된 하렘을 갖고 있다면 당신은 그들 가운데 어느 누구도 잘 알지 못할 것이다"라고 말한 바 있습니다.

1967년 1월 25일

상대적으로 저평가된 일반 투자 주식 카테고리에서 우리는 최고의 성과를 거두었습니다. 이는 1965년과 1966년 말에 가장 큰 비중으로 투자했던 한 종목 덕분입니다. 이 종목을 보유하고 있었던 1964년부터 1966년까지 이 종목은 시장의 수익률을 현격히 능가했습니다. 어떤 특정한 해의 성과는 변덕스러울 수 있지만, 향후 3년 혹은 4년의 기간 동안 우수한 성과를 거둘 가능성은 매우 높다고 생각합니다. 이 같은 특정 종목의 매력과 상대적인 확실성 때문에 나는 1965년 11월, 일곱 번째 '기본 원칙'을 새롭게 도입하게 되었습니다. 기본 원칙 7항의 내용은 우리가 보유한 순자산의 최대 40%까지 앞서 언급한 해당 종목에 대해 단일 지분을 허용하는 것입니다. 우리는 지속적으로 이 기업의 모든 측면을 평가하고, 이 주식이 대안적인 투자 선택보다 우월하다는 우리의 가설을 지속적으로 테스트하기 위해 상당한 노력을 기울이고 있습니다. 지속적으로 가격을 평가하고 비교하는 것은 투자 운용에 있어 절대적으로 필수적입니다.

상대적으로 저평가된 일반 투자 주식 카테고리가 10개 업종에 걸쳐 15개의 주식으로 구성되어 있는데, 사실상 이들의 수익률이 시장의 그것을 능가함을 보고 드리는 것은 매우 즐거운 일입니다. 사실 우리는 좋은 투자 아이디어를 많이 갖고 있지는 않았습니다. 앞서 언급했듯이 새로운 아이디어들은 지속적으로 현재의 아이디어들과 비교 측정되었고, 그 효과가 저조하다면 우리는 변화를 선택하지 않았습니다.

우리가 보유한 순자산의 40%까지 한 종목에 투자할 수 있다는 정책은 최근 수년 동안 별다른 성과를 내지 않았습니다. 이 정책에 근거한 종목의 수익률도 높지 않았습니다. 또 이는 이 정책에 근거한 종목의 비중이 낮았다는 것을 의미하기도 합니다.

이 카테고리에서 우리가 취하고 있었던 이 같은 집중투자 방식은 단기적 성과를 보면 변동 폭이 매우 큽니다. 단기간의 성과를 조합원들에게 보고하면서 조합원들에게 혼란을 주었습니다. 이런 이유로 우리처럼 장기 투자를 근간하는 하는 투자조합이 성과를 빈번하게 보고하는 것은 어리석은 일이며, 전반적으로 왜곡된 결과를 가져올 수 있다고 나는 생각합니다.

개인적으로, 분산화에 관해 내가 지난해의 편지에서 표현했던 한계의 범위 내에서 나는 기꺼이 상당한 단기적 변동의 고통을 감수함으로써 장기적 성과의 극대화를 얻고자 합니다. 그렇지만 나는 더 나은 장기적 성과를 얻기 위해서 영구적으로 자본 리스크를 감내할 생각은 없습니다. 좀 더 명백히 말하자면, 집중투자 방식 아래에서 조합원들은 1965년과 1966년에 우리가 겪었던 초과 성과의 반대

급부로 성과가 상당히 저조한 기간도 있을 수 있음을 알고 대비해야 합니다. 이 같은 장황한 설명을 들은 한 조합원은 나에게 "물속에 머리가 잠기면 5분도 긴 시간"이라고 말하기도 했습니다. 우리는 이런 이유로 빌린 돈을 매우 조금만 사용했습니다. 1966년, 은행 평균 차입금은 평균 순자산의 10%에 조금 못 미쳤습니다.

버핏은 최소한의 분산투자가 이뤄지는 한, (이를테면 서로 다른 영역의 6~8개의 종목으로 포트폴리오를 구성하는 식으로) 연간 성과의 진폭은 클 수 있지만, 결과적으로 누적 이익은 높을 수밖에 없다고 지적했다.* 버핏은 "이 문제에 대해 지속적으로 되돌아보건대, 나는 과거에 보다 더 집중했어야만 했다"고 말했다.

스탠리 드러켄밀러는 투자자로서 자신의 믿기 힘든 성공을 회고하면서, 월등한 이익을 내는 유일한 방법은 "대단히 집중하는 것"이라고 말했다. 그가 생각하기에 "분산투자를 비롯해서 오늘날 비즈니스 스쿨에서 가르치는 모든 내용들은 오도된 개념들"이다. 그는 "워런 버핏, 칼 아이칸Carl Icahn, 캔 랭곤Ken Langone과 같이 남다르게 행동하는 투자자를 보면, 그들은 엄청나게 집중하여 베팅하는 경향이 있음을 알 수 있다. 그들은 거기에 모든 것을 베팅한다. 개인 투자자

* 분산투자를 하면 특정 종목이 급락하더라도 나머지 종목들이 보완해주기 때문에 성과가 어느 정도 일정하게 유지된다. 이는 분산투자의 장점이다. 그런데 거꾸로 이는 특정 종목이 크게 오르더라도 나머지 종목들이 이를 상쇄하기 때문에 큰 이익을 달성하기는 어렵게 만든다. 버핏은 포트폴리오의 종목 수를 수십 개로 하는 대신에 6~8개로 줄이면 단기적으로는 수익률이 들쭉날쭉하겠지만 장기적으로 누적되면 좋은 성과를 가져온다는 사실을 지적하고 있다. 쉽게 말해 집중투자가 분산투자보다 우월한 성과를 낸다는 의미이다.

들과 펀드 매니저들의 98%가 저지르는 실수는 그들이 아주 많은 것들을 가지고 투자를 해야 한다고 느끼는 것"이라고 말했다.[3]

보수주의과 관습주의에 관한 버핏의 견해는 성공적인 가치투자의 중요한 핵심 개념을 내포하고 있다. 독자적으로 생각하라. 대세라 불리는 대중들의 의견은 무시해라. 그리고 오직 당신 스스로의 확신을 신뢰하라. 이것은 가치투자의 핵심 개념이다. 투자의 현장에서 균형을 유지하는 최선의 방법은 대중으로부터 충분히 떨어져 있을 만큼 자신감을 갖고, 그들의 한계를 이해하는 데에 필요한 겸손함을 갖는 것이다. 위대한 투자자들은 어떤 기회를 포착했을 때, 기왕이면 크게 베팅을 한다.

과도하게 분산투자를 하는 사람들은 자신들이 분산투자를 통해 리스크를 줄이고 있다고 생각한다. 그렇지만 분산투자로 거둘 수 있는 장점은 한계가 있고, 투자는 수학적 연습이 아니라는 사실을 우리는 알 필요가 있다. 수학적 도구는 광범위하게 활용되고 있지만 그것은 때때로 잘못된 가정에 기반해, 잘못된 결론을 내놓기도 한다.

세금에 대한 모호한 생각도 이와 마찬가지로 같은 종류의 오류를 범하게 한다. 다음 장에서 살펴볼 테지만, 투자자들은 종종 세금계산서를 최소화하려고 노력하는데, 결과적으로 세후 이익이 감소되는 위험을 짊어진다.

11장
세금 문제

"제법 똑똑하다는 투자자도 세금 문제에 있어서는 실수를 저지르곤 합니다."[1]

_1965년 1월 18일의 편지 중

서로 다른 두 가지 투자 옵션을 감안할 때, 더 낮은 세율이 부과되는 투자로부터 더 나은 수익이 창출될 것이라는 사실은 자명하다. 만일 세율이 같다면 세금을 늦게 내는 것이 더 나은 이익을 가져다준다는 것은 진실이다. 투자에 있어 납세의 의무는 이익이 발생하는 순간부터 발생하지만, 실제로 투자 대상이 매각되기 전까지는 세금을 납부하지 않기 때문이다.

(기업 회계에서) 실현되지 않은 자본이득에 대해서 세금이 유예되는 것을 회계 용어로 '이연법인세부채DTLs, Deferred Tax Liabilities'라고 한다. 이연법인세부채는 정부로부터 무이자 대출을 받는 것이나 다름없다. 정부는 이연법인세부채에 대해 이자를 부과하지 않는다. 이연법인세부채에는 상환 만기일도 따로 없다. 이연법인세부채는 당신

이 더 많은 자산을 통제할 수 있도록 해준다. 이연법인세부채는 세금 납부를 연기하는 것이 어떻게 수익을 창출하는지 보여준다.*

다음의 두 주식을 비교해보자. 주식 A와 B는 공통적으로 30년 동안 연복리 수익률 15%를 가져다준다. 계산을 쉽게 하기 위해 두 주식에 대한 자본이득 세율이 35%라고 가정해보자. 해마다 이 두 개의 주식을 사고파는 투자자가 있다면 그는 해마다 발생하는 이익에 대해 세금을 내야 한다. 그러면 세전 이익 15%는 세후 이익 9.75%까지 줄어든다(15%×[1-0.35]=9.75%). 이 계산에 따르면, 오늘 투자한 1만 달러가 연복리 수익률을 기준으로 15%씩 증가한다면 30년 후에는 66만 2,118달러로 불어나 있을 것이다. 나쁘지 않은 결과이다. 그렇지만 투자자가 A주식을 30년 동안 절대 팔지 않고 그대로 보유했다가 매각하면, A주식에 대해서는 딱 한 번만 과세가 이루어진다. 그런 경우, 세후 이익은 13.3%로 개선되어, 1만 달러에 대한 세금은 3.55%에 그칠 것이며, 결국 30년 후에는 앞선 경우보다 2.5배 더 많은 이익을 얻을 수 있을 것이다. 이처럼 세금의 이연은 투자자에게 더 많은 자산을 더 오랫동안 통제할 수 있는 일종의 재무적 레버리지를 제공한다. 만일 매년 소득에 세금을 부과하여 이연이 발생하지 않는다면 레버리지로 인한 혜택도 없다. 이 점이 바로 이연법

---

* 주식, 채권을 비롯한 자본적 자산에서 평가 차익으로 수익이 나는 것을 '자본이득'이라고 한다. 주가 상승에 기인한 평가 이익이 여기에 해당한다. 그런데 기업 회계에서는 미실현 자본이득에 대해 세금을 유예해준다. 예를 들어 A주식을 1주에 1만 원에 매입했는데 주가가 1만 5,000원으로 상승했다면 5,000원의 평가 이익을 낸 셈이고, 여기에 해당하는 세금이 매겨진다. 그렇지만 세금이 매겨질 뿐이지 이 주식을 보유하고 있는 한 실제로 세금을 납부하지는 않는다.

인세부채를 매력적으로 만든다.

버핏은 이연법인세부채를 높게 평가했다. 그렇지만 그는 여기에서 한 걸음 더 나아갔다. 그는 이연법인세부채의 혜택에 지나치게 도취되지 않았으며 애매모호한 세금 계산에 집중할 경우 투자에 있어 나쁜 결정을 내릴 수 있다는 점에 주목했다. 우리가 앞서 살펴보았듯이, 세금을 최소화하는 결정이 당신의 투자 성과를 끌어올릴 수 있다는 점에는 의심의 여지가 없지만, 투자자가 세율을 낮추는 것에만 지나치게 집중하다 보면 투자 성과의 핵심인 전체 수익률 개선을 경시할 수 있다. 조세 회피 유혹 때문에 똑똑한 사람들이 큰 실수를 하는 경우가 많은데 이번 장 시작 부분의 인용구에서 버핏이 지적하듯이, 세금 문제에 대한 지나친 고려는 종종 투자자들로 하여금 올바른 결정을 하지 못하게 만들 수도 있다.

세금 회피가
목적이 되어서는 안 된다

버핏은 조합원들에게 보낸 편지를 통해 투자자들에게 자신이 갖고 있는 주식의 가치를 항상 이미 청산된 것처럼 측정하라고 가르친다. 그는 당신의 순자산은 당신이 갖고 있는 것에서 '아직 내지 않은 세금'을 차감한 것의 시장가치라고 말했다.[2] 이는 순자산을 계산하는 적절한 방법이다. 당신은 미래에 갚아야 할 납세액(채무)을 설령 그것이 훗날 실제로 빠져 나가지 않는다고 해도 당신의 이익에서 차감해야 한다. 예를 들어 만약 당신이 투자금 5만 달러로 이후에 두 배의 가격이 될 몇 종의 주식을 매입했다고 치자. 당신의 주식 중개인이 보여주는 주식 거래 내역서의 맨 윗칸에 10만 달러라고 적혀 있다고 할지라도 당신의 실제 순자산은 10만 달러가 아니다.

일반적인 자본이득률 35%를 적용한다고 가정해보면, 5만 달러에 대한 미납세금은 1만 7,500달러이다(5만 달러×0.35). 1만 7,500달러는 그 주식을 매각할 때 실제로 납부해야 하는 금액이다. 당신은 보유하고 있는 주식의 가치를 순자산의 관점에서 평가할 수 있는 훈련을 해야 한다. 내일 당신이 보유하고 있는 주식을 모두 팔고 세금까지 납부했을 때 당신에게 남는 금액이 얼마인지를 생각해야 한다. 앞에서 든 예시의 경우, 당신의 순자산은 10만 달러가 아니라 세금을 제하고 남은 8만 2,500달러이다. 이것이 바로 당신이 보유한 주식의 진짜 가치이다. 이것을 버핏의 표현법에 따르면 "식료품을 함께 사는 것"이라고 말할 수 있다. 할인점이나 시장에 갔을 때, 식료품들이 저렴하다고 해서 이것저것을 장바구니에 모두 담으면 당신이 지불해야 하는 총액은 한도를 초과할 수도 있다. 당신이 투자자로서 극대화하려고 노력해야 하는 것은 식료품의 매입 총액을 낮추는 것이다. 당신이 어떤 투자상품을 수익을 내고 매각하는 시점에는 그동안의 밀린 세금을 내야 한다. 세금을 이 같은 방식으로 생각하는 것, 다시 말해 세금을 내는 것과 대출금을 상환하는 것을 대칭되는 개념으로 생각하는 것은 투자의 목적을 혼동하지 않는 데 도움이 된다. 투자의 최우선 목표는 순자산의 극대화이며, 세금을 최소화하는 것은 부차적 목표임을 기억하자.

세금을 낮추는 것에만 집중하다 보면 투자 성과의 핵심인 '좋은 종목 고르기'에 소홀해질 수 있다. 이는 매우 값비싼 실수가 될 수도 있다. 버핏도 여기에 동의하고 있다. 버핏은 "만약 기대되는 성과가 매우 크다면 세금은 중요하지 않다"고 말했다.[3] 수익률이 탁월하고 확실하다면 세금은 부차적이라는 의미이다. 다시 말해 투자에서 이익을 내기 위해서는 세금에 신경 써야 하지만 더 중요한 것은 좋은 종목을 고르는 것이다. 또한 그는 "사소한 주식들을 여기저기 방치해두는 것은 그 금액만큼의 순자산을 그냥 묶어두는 것과 같다. 이는 투자 성과를 저조하게 만드는 행위"라고 말했다.[4] 단지 세금을 피하기 위해 매력이 떨어지는 주식을 갖고 있는 것은 나쁜 전략이라는 것이다.

버핏은 이 사안에 관해 더 명백하게 밝히고 있다.

투자의 세계에 참여하고 있는 투자자가 진정으로 하려는 것은 무엇일까요? 이 질문에 관한 답변으로 내가 확실히 말할 수 있는 것은 적어도 '세금을 적게 내는 것'은 아니라는 사실입니다. 다시 말해 세금을 적게 내는 것은 어떤 목표를 달성하기 위해 고려해야 할 사항이기는 하지만, 그것이 투자의 최종 목표가 될 수는 없다는 것입니다. 투자의 세계에서 투자자의 진정한 목표는 '세후 복리 수익률을 최대로 만드는' 것입니다. 주식시장에서 3,000개의 선택 가능한 주식 중 무작위로 스무 개를 골랐다고 합시다. 이 스무 개의 주식이 지금은 물론이고 지금으로부터 1년 후에도 최고의 포트폴리오라고 증명되기란 사실상 불가능합니다. 만일 우리의 목적이 최대의 세후 복리 수익률을 창출하는 것이라면 우리는 단순하게 현재의 가격에서 획득할 수 있는 최고로 매력적인 주식을 소유해야만 합니다. 3,000개 주식들은 빠르게 변화할 것이며, 이는 세금도 증가시킬 것임에 틀림없기 때문입니다.[5]

앞서 언급한 이연법인세부채는 일반적으로 당신의 세후 복리 수익률을 증가시키지만 항상 그런 것은 아니다. 세전 이익이 지속적으로 높고 기간이 길면 이연법인세부채는 독약이 될 수 있다.* 그렇지만 만약 당신이 포트폴리오를 적절히 구성해 세전 이익을 개선할 수 있다면 이연법인세부채를 활용하는 것은 현명한 방법이다.

다시 장기 보유 투자자와 연중 수시로 사고파는 트레이더의 사례로 돌아가보자. 두 사람의 수익률이 똑같이 15%일 때 장기 보유 투자자는 연중 수시로 사고파는 트레이더에 비해 2.5배 더 성과를 낸다고 했었다. 그런데 장기 보유 투자자가 자신의 주식이 연간 15%의 이익을 낼 것으로 기대했는데 실제로는 10%의 이익을 냈다고 생각해보자. 만약 그가 이 같은 기대 이하의 수익에도 불구하고 장기 보유 전략을 고수한다면 세후 연평균 8.4%의 연복리 수익을 얻을 것이다. 이번에는 연중 수시로 사고파는 두 번째 투자자가 연복리 15%를 유지할 수 있는데 해마다 이 주식에서 저 주식으로 옮겨가며 거래한다면 이 투자자는 세후 9.75%의 이익을 얻는다는 것을 기억할 것이

* 법인세는 이익에 대해 부과되므로 기업 이익이 많으면 세금이 많아지고, 여기에다 기간이 장기가 되면 종국에는 이연법인세부채의 금액이 어마어마하게 커질 수 있기 때문이다.

다. 이것만 보면 세후 9.75%의 이익을 얻는 트레이더가 8.4%의 세후 연평균 수익을 얻는 장기 보유 투자자보다 의미가 있다고 생각할 수 있다. 그래서 해마다 15%의 세금이 과세되는 것이 딱 한 번 10% 과세되는 것보다 유리하다고 생각할 수 있다. 그렇지만 30년이 지나면 장기 보유 투자자의 그것은 40% 이상 더 커지게 된다. 기간과 연복리 수익률이 줄어들거나 늘어나면 이연법인세부채의 이점도 마찬가지로 줄어들거나 늘어난다. 이것이 시사하는 바는 만약 포트폴리오가 개선된다면 설령 이로 인해 세금을 납부하게 되더라도 당신은 포트폴리오를 개선하는 편이 유리하다는 사실이다.

세금을 이연시키는 주식 장기 보유

1970년 이후로 버핏은 주식에 관한 한 자신은 '영원히' 보유하는 것을 선호한다고 말해왔다. 그렇지만 버핏이 처음부터 주식의 영구 보유를 선호했던 것은 아니다. 버핏은 버핏투자조합을 운용하는 대부분의 기간 동안, 하나의 담배꽁초 주식에서 또 다른 담배꽁초 주식으로 옮겨갔다. 다시 말해 버핏투자조합 초기의 버핏에게 주식을 영구 보유하는 것은 고려 대상이 아니었다. 그는 공짜로 담배 한 모금을 빨고 나서 곧바로 다른 곳으로 움직였다. 만약 그렇지 않았다면 이익을 얻을 수 없었을 것이다. 그렇지만 이것은 좋은 방식이 아니었다. 이것은 보잘것없는 전환 거래였다. 저렴한 주식을 찾아 투자하는 그레이엄 학파에 경도된 사람들은 고품질의 복리 수익을 가져다주는 주식을 투자하는 사람들에 비해 거래를 더 빈번하게 한다. 버핏은 결국 위대한 주식을 영구 보유하거나 장기 투자하는 것에 관심을 갖게 된다. 버핏이 이렇게 된 이유는 주식을 영구 보유하면 장기간에 걸쳐 높은 복리 수익을 얻을 수 있을 뿐만 아니라 세금을 나중에 내게 됨으로써 레버리지 효과를 거둘 수 있기 때문이다. 버핏투자조합이 아메리칸 익스프레스 주식을 대량 매입한 것 혹은 오늘날의 버크셔 해서웨이가 보유하고 있는 주식은 위대한 기업에 장기 투자한 사례에 해당한다. 위대한 기업을 장기 보유하는 것의 장점은 더 있다. 위대한 기업은 스스로의 가치를 지속적으로 높여간다는 사실이다. 위대한 기업에 장기 투자함으로써 거두는 성과는 실은 여기에서 비롯된다.

오늘날의 버크셔 해서웨이는 버핏이 버핏투자조합을 운용하던 초기와 두 가지 점에서 다르다. 첫째, 보유 기간과 그 결과 발생하는 이연 세금 레버리지의 활용에 차이가 있다. 오늘날의 버크셔 해서웨이는 충분한 현금을 갖고 있다. 때때로 그것은 어마어마하게 큰 금액이다. 그래서 버크셔 해서웨이는 어떤 주식을 사기 위한 자금을 마련하기 위해 다른 주식을 파는 일이 거의 없다. 이에 반해 초기의 버핏투자조합은 상대적으로 소규모였기에 거의 언제나 보유 자금의 전액을 투자했고, 주식을 빈번하게 사고팔았다. 둘째, 오늘날의 버크셔 해서웨이는 운용 자금이 어마어마하기 때문에 버핏이 투자할 수 있는 모집단은 공정한 가격에 거래되는 대기업으로 제한된다. 이에 반해 버핏이 버핏투자조합을 운용하던 초창기에는 작은 기업에 자유롭게 투자할 수 있었으며, 이를 통해 대기업 투자에서는 기대할 수 없는 높은 수익률을 올릴 수 있었다.

세금 문제에 관한 최고의 전략

우리는 살아 있는 한 세금을 피할 방법이 없다. 세금에 관련해 버핏은 우리에게 다음과 같이 가르친다.

> 인간이 세금을 내지 않는 방법은 다음의 세 가지 경우뿐입니다. 첫째, 자산을 갖고 죽는 것입니다. 이건 상당히 부담스러운 일이지요. 제정신을 갖고 있다면 이를 세금을 내지 않기 위한 해법으로 생각하기란 쉽지 않습니다. 둘째, 자산을 기부하는 것입니다. 이 경우 당신은 세금을 낼 필요가 없습니다. 그렇지만 당신은 잡화점의 물건들을 돈 주고 살 수도 없고, 임대료도 낼 수 없게 됩니다. 셋째, 다시 손실을 보는 것입니다. 정부는 손실에는 과세하지 않기 때문입니다. 당신이 이와 같은 세금 절약 전략에 관심을 갖는다면, 나는 당신을 존경해야만 할 것입니다. 당신은 당신의 확신에 대해 용기를 갖고 있음에 틀림없기 때문입니다.[6]

버핏은 우리에게 세금을 납부하는 것을 성공한 투자에 대한 논리적 결과로 받아들이라고 말한다. 그렇지만 많은 사람들은 세금 납부를 '대출금의 상환'이 아니라 '부의 몰수'로 생각한다. 월 스트리트는 후자에 관심을 집중했고, 그리하여 관대한 수수료 대신에 세금을 회피하는 상품을 만들어내고 있다. 투자자들이 원하는 것이라면 월 스트리트는 그것이 무엇이든 만들어낸다. 2004년 버크셔 해서웨이의 연례 주주총회에서 버핏과 멍거는 매우 유명한 회계법인이 세금을 회피하기 위해 고안한 것들에 대해 역겨움을 표시했다. 멍거에 따르면 그 계획의 일부는 오직 해당 회계법인이 VIP라고 여긴 스무 명의 사람들에게만 제공됐고, 정부는 이를 눈치채지 못했다.[7]

이런 수요에 부응하기 위해 1960년대에는 '스와프 펀드Swap Fund'가 도입되기도 했다. 스와프 펀드란 투자 회사가 투자자로부터 주식을 매입하고 대신에 펀드 주식을 교부하는 것을 말하는데, 이렇게 되면 투자자는 주식을 매각할 때 생기는 세금을 내지 않아도 된다. 버핏은 자신의 편지에서 스와프 펀드에 대해 다음과 같이 묘사했다. "스와프 펀드는 세금을 연기할 수 있다는 장점이 있으며, 이 과정에서 투자자는 세금을 절약할 수 있다고 알려져 있습니다. (스와프 펀드를 판매하는 열정적인 세일즈맨들은 세금의 '연기[Deferment]'를 빠르게 발음하면서, 마치 세금이 '아예 없는[Elimination]' 것처럼 말합니다.)"[8]

세금에 관해 버핏이 한 이 말의 요지는 선택할 수 있다면 가능한 한 오로지 최고의 이익을 가져다주는 포트폴리오에 집중하라는 것이다. 세금을 가지고 진땀을 빼지 말라는 메시지는 수년 동안 버핏의 주문이었다. 버핏은 자신의 투자 경력을 통털어 첫 수십 년 동안 뛰어난 성과를 냈고 그만큼 세금도 많이 냈다. 내야 할 세금이 더 많을수록 그는 더 성과를 냈다. 당신이 투자를 한다면 가장 낮은 세율로 가장 많은 세금을 내도록 해라. 그렇게 할 수 있다면 당신은 투자를 매우 잘하고 있는 것이다.

'세금 문제'에 관하여

1963년 7월 10일

우리는 올해 상당한 이익을 실현할 가능성이 높습니다. 물론 이는 실제로 구체화되지 않을 수도 있고, 올해 우리가 올린 투자 성과와 아무런 관련이 없을 수도 있습니다. 나는 솔직히 소득세를 많이 납부하는 것을 옹호하는 입장입니다. 물론 세율이 낮은 것을 선호하지만 말입니다. 다시 말해 투자 수익이 많아져서 여기에 비례해 세금 납부액이 많아지는 결과를 선호하며, 여기에다가 세율까지 낮다면 금상첨화라는 말이지요. 그런데 오로지 세금 문제만을 고려하다 보니 투자의 세계에서 아주 많은 혼란스러운 결정이 합리화되고 있습니다.

나에게 순자산이란 내가 보유하고 있는 주식 지분에서 아직 납부하지 않은 세금을 차감한 시장가치를 의미합니다. 이러한 미납세금은 그 자산이 감소하거나, 그 자산이 사라지거나, 혹은 내가 사망하는 일이 발생하지 않는다면 실제로 존재하는 것입니다. 만일 내가 세상을 떠남으로써 세금을 내지 않게 된다면 그것은 상처뿐인 영광에 가깝겠지요. 투자에 있어 의사결정은 리스크를 최소화하고, 순자산을 세후 복리로 극대화하는 것을 기준으로 행해져야 합니다. 어떤 주식을 세율이 높다는 이유만으로 (포트폴리오에서) 제외하는 것은 순자산을 동결시키는 것과 다름없습니다. 이것은 개별 케이스로서는 잘 실행될 수도 있고, 그렇지 않을 수도 있는데 전체적인 관점에서 보면 투자 성과를 떨어뜨립니다. 물론 나는 세율이 높은 주식을 많이 보유하는 것을 최적의 선택이라고 생각하지는 않습니다.

만일 지금까지 버핏투자조합에서 발생한 이익이 잠재적으로 여러분의 과세 소득의 상당한 부분을 차지한다면, 여러분이 취할 수 있는 안전한 행동은 지난해에 부담했던 똑같은 세금을 추정해보는 것이라고 말한 바 있습니다. 만일 그렇게 한다면 벌금을 내지는 않을 것입니다. 어떤 경우에서건 1963년 1월 1일 이후에 버핏투자조합에 들어온 조합원들에 대한 세금은 매우 적을 것입니다. 왜냐하면 우리 투자조합의 규약에 따르면 아직 실현되지 않은 이익에 대한 자본이익 할당은 적기 때문입니다.

1964년 7월 8일

1964년 초, 우리는 실현되지 않은 순이익 299만 1,090달러를 보유하고 있었습니다. 이 금액은 1963년도 조합원들의 이익이었습니다. 그 해 6월 30일까지 우리는 282만 6,248.76달러의 자본 이익을 실현했습니다. 이 중 96%는 장기 자본입니다. 그러므로 여러분의 실현되지 않은 모든 평가는 여러분의 이익에 속하고, 이는 1964년 1월 25일자 편지를 통해 여러분에게 보고됐습니다. 나는 다시 한 번, 이것이 우리가 어떻게 투자하고 있는가와는 무관하다는 점을 강조하고 싶습니다.* 버핏투자조합 지분의 시장가치는 1월 1일 이후에 상당히 감소했을 수도 있습니다. 그래서 우리가 대규모의 실현된 가치를 가지고 있다는 것은 자랑할 거리가 되지 않습니다. 동일하게 우리는 실현된 이익이 매우 적을 때에도 의기소침할 이유가 없습니다. 우리는 세금을 가속화하거나 연기하기 위해서 어떠한 게임도 하지 않습니다. 우리는 가장 가능성이 높은 이익의 평가에 기반하여 투자에 관한 의사결정을 하고 있습니다. 만일 이것이 세금을 내는 것을 의미한다면 세율이 낮을수록 기쁠 것입니다.

1965년 1월 18일

투자자는 세금을 어떤 관점에서 봐야 할까요? 우리는 조합원들이 세금에 대해 입을 모아 불평하는 것을 들었습니다. 세금은 항상 모든 사람들을 불편하게 만드는 법이지요. 제법 똑똑하다는 투자자도 세금 문제에 있어서는 실수를 저지르곤 합니다.

내 친구 중 한 사람은—실은 그는 찰리 멍거 버크셔 해서웨이 부회장입니다—인생에서 벌어지는 대부분의 실수는 그가 자신이 진정으로 무엇을 원하는지를 잊어버리는 것에서부터 시작한다고 이야기한 적이 있습니다. 이 같은 실수는 어떤 감정이 지나치게 넘쳐흐를

* 버핏은 자신이 보유한 주식을 공개하지 않는 것을 원칙으로 한다.

때 생깁니다. 투자자는 세금을 어떤 관점에서 봐야 할까요? 이 질문에 답하기 위해서는 먼저 다음의 질문을 생각해볼 필요가 있습니다.

투자의 세계에 참여하고 있는 투자자가 진정으로 하려는 것은 무엇일까? 이 질문에 관한 답변으로 내가 확실히 말할 수 있는 것은 적어도 '세금을 적게 내는 것'은 아니라는 사실입니다. 다시 말해 세금을 적게 내는 것은 어떤 목표를 달성하기 위해 고려해야 할 사항이기는 하지만, 그것이 투자의 최종 목표가 될 수는 없다는 것입니다. 어떤 일을 수행할 때 수단과 목적을 혼동하지 마십시오. 투자의 세계에서 투자자의 진정한 목표는 '(세후 복리) 수익률을 최대로 만드는 것'입니다. 예를 들어 A, B의 투자 방안이 있다고 해봅시다. 두 가지 투자 방안에서 세전 복리 수익은 동일한데, A는 세금이 부과되고 B는 세금이 부과되지 않는다면 당연히 B가 더 우월한 투자 방안입니다. 그렇지만 이런 경우는 매우 드물지요.

주식시장에서 3,000개의 선택 가능한 주식 중 무작위로 스무 개를 골랐다고 합시다. 이 스무 개의 주식이 지금은 물론이고 지금으로부터 1년 후에도 최고의 포트폴리오라고 증명되기란 사실상 불가능합니다. 만일 우리의 목적이 최대의 세후 복리 수익률을 창출하는 것이라면 우리는 단순하게 현재의 가격에서 획득할 수 있는 최고로 매력적인 주식을 소유해야만 합니다. 3,000개 주식들은 빠르게 변화할 것이며, 이는 세금도 증가시킬 것임에 틀림없기 때문입니다. 지난해 혹은 지난달에 올린 주식 성과는 이 주식을 소유할 것인지 혹은 그렇지 않을 것인지에 관한 선택의 기준이 될 수 없습니다. 지난해에 주식을 잘 골라서 수익을 냈다고 해서 올해도 내가 좋은 주식을 선택할 수 있을 것이라고 생각하는 것은 오산입니다.

내가 가진 주식이 수익이 나서 교체하고자 할 경우 부딪치는 문제가 바로 세금 문제입니다. 세금에 관해서는 다음의 관점을 갖는 것이 중요합니다. 매우 드문 경우를 제외하면 만약 기대되는 성과의 차이가 중요할 경우 세금의 액수는 그보다 덜 중요합니다. 다시 말해 어떤 주식에 투자해서 큰 수익이 기대된다면 여기에 비례해 세금을 더 내는 것은 감수해야 합니다. 그런데 투자의 세계에 있는 대다수가 세금에 대해 필요 이상으로 민감합니다. 나는 많은 사람들에게 있어서 세금이 어째서 그렇게 커다란 충격으로 다가오는지 이해할 수 없습니다. 왜냐하면 장기간에 걸친 자본이득에 대한 세율은 대부분의 다른 유형의 세금과 비교하면 낮은 수준이기 때문입니다. (정부의 세금 정책을 보면 마치 육체노동이 주식투자보다 사회적으로 바람직하지 못하다고 생각하는 것 같습니다.)

나의 청중들 중에는 실용주의자가 많은 것으로 알고 있습니다. 따라서 세금을 회피할 수 있다는 그런 이상적 생각에서 벗어나는 것이 좋을 것이라고 말씀드립니다. 인간이 세금을 내지 않는 방법은 다음의 세 가지 경우뿐입니다. 첫째, 자산을 갖고 죽는 것입니다. 이건 상당히 부담스러운 일이지요. 제정신을 갖고 있다면 이를 세금을 내지 않기 위한 해법으로 생각하기란 쉽지 않습니다. 둘째, 자산을 기부하는 것입니다. 이 경우 당신은 세금을 낼 필요가 없습니다. 그렇지만 당신은 잡화점의 물건들을 돈 주고 살 수도 없고, 임대료도 낼 수 없게 됩니다. 셋째, 다시 손실을 보는 것입니다. 정부는 손실에는 과세하지 않기 때문입니다. 당신이 이와 같은 세금 절약 전략에 관심을 갖는다면, 나는 당신을 존경해야만 할 것입니다. 당신은 당신의 확신에 대해 용기를 갖고 있음에 틀림없기 때문입니다.

그러므로 세금을 최소화 하는 것이 아니라 투자 이익을 극대화하기 위해 노력하는 것이 우리 버핏투자조합의 지속적인 정책이 되어야 할 것입니다. 우리는 미국 재무부를 위해 최대의 매출을 창출하고자 최선을 다할 것입니다. 그렇지만 그것은 가장 낮은 세율이라는 범위 내에서 지켜질 것입니다.

최근 수년 동안, 세금과 관련된 산업에서 흥미로운 일이 나타났습니다. 이른바 스와프 펀드라는 것인데요. 스와프 펀드란 투자자들이 보유하고 있는 주식을 투자 회사의 주식과 교환할 수 있게 해주는 펀드입니다. 스와프 펀드는 세금을 연기할 수 있다는 장점이 있으며*, 이 과정에서 투자자는 세금을 절약할 수 있다고 알려져 있습니다. (스와프 펀드를 판매하는 열정적인 세일즈맨들은 세금의 '연기[Deferment]'를 빠르게 발음하면서, 마치 세금이 '아예 없는[Elimination]' 것처럼 말합니다.) 세금은 스와프 펀드의 주식을 상환할 때만 부과됩니다. 운이 좋은 경우, 세금은 앞의 두 단락에서 언급했던 대안들이 이뤄지면—자산을 갖고 죽거나, 자산을 기부하거나, 이익을 손실로 바꾸면— 완전히 면제됩니다.

스와프 펀드를 매입하는 투자자의 논리는 어느 정도 흥미롭습니

---

* 예를 들어 어느 투자자가 A금융사 계좌를 이용해 B 주식을 대량 보유하고 있을 경우, 이 투자자가 B주식을 A금융사가 가진 C 혹은 D주식으로 교환할 수 있는 펀드를 스와프 펀드라고 한다. 이 투자자가 B주식을 C 혹은 D주식으로 교환할 경우 세금이 면제되지만 영구적으로 면제되는 것은 아니며, 이들 주식이 실제로 매각될 경우에만 세금을 내야 한다. 그러므로 '세금 면제'보다는 '세금 연기'가 더 정확한 표현이다.

다. 이 투자자는 스와프 펀드를 갖고 있지만 실제로는 이 펀드를 보유하기를 원하지 않고 있음이 분명합니다. 혹은 이 투자자는 이 펀드를 다른 것으로 바꿀 기회를 건너뛴 것이 분명합니다. (그러면서도 이런 투자자들은 이 스와프 펀드를 구매한 것에 대한 수수료로 대개 10만 달러를 지불합니다.) 그러고 보면 스와프 펀드는 투자자들에게 있어 그대로 보유하기도 애매하고, 매도하기도 애매한 '뜨거운 감자'입니다. 이런 모든 사안들을 감안해보면, 어떤 주식에 대해 주어지는 혜택이 무엇이든, 이런 주식을 보유하는 비중은 낮아야 합니다. 주식은 주식 그 자체의 수익률과 장점에 의해 평가받아야 합니다.

스와프 펀드라는 개념이 탄생한 1960년 이래로 열두 개의 유사한 펀드가 출현했으며, 현재는 그 이상의 펀드들이 더 운영되고 있습니다. 스와프 펀드라는 아이디어는 매출액이 총 6억 달러를 초과했기 때문에 비즈니스적 관점에서 매력이 없지는 않았습니다. 각 펀드는 저마다 펀드 매니저를 두고 있었는데 이들은 일반적으로 자산 가치 1%의 절반을 받았습니다. 이 펀드 매니저들은 흥미로운 문제에 직면하고 있습니다. 그들은 펀드를 현명하게 운용하는 대가로 보수를 받고 있지만(현재 5대 스와프 펀드의 경우 그 수수료가 연간 25만 달러에서 75만 달러에 이릅니다) 주식의 기증자로부터 물려받은 낮은 과세 근거 때문에 사실상 펀드 매니저들의 모든 움직임은 자본이득세 납부의 의무를 발생시킵니다. 만약 펀드 매니저들이 자신들의 호주머니에서 이 같은 자본이득세를 내야 한다면 펀드를 보다 신중하게 운용할 것입니다. 펀드 매니저들은 자신이 세금을 내는 것처럼 펀드를 운용해야 합니다.

나는 이 모든 것을 좀 더 강력하게 주장하는 바입니다. 그리고 나는 일부의 경우, 스와프 펀드가 개인의 세금과 투자 문제에 대한 최선의 해답이 될 수 있는 몇 가지 사례가 있다고 확신합니다. 그럼에도 불구하고 나는 (중요한) 세금을 내지 않고도 돈을 관리할 수 있는 몇몇 저명한 투자자들의 능력을 측정하기 위한 매우 흥미로운 시험관을 제공하고 있다고 생각합니다.

3대 대형 스와프 펀드는 1961년에 조직됐습니다. 현재 이들 3개 펀드의 자산 총합은 약 3억 달러입니다. 이 가운데 하나인 '분산화 펀드Diversification Fund'는 회계연도를 기반으로 공시하기 때문에 비교를 위한 적절한 데이터의 추출이 매우 어렵습니다. 나머지 두 개의 스와프 펀드는 연방 스트리트 펀드Federal Street Fund와 웨스트민스터 펀드Westminster Fund인데 각각은 해당 업종에서 첫 번째, 세 번째 규모에 해당하는 펀드입니다. 이 두 개의 펀드는 최소 20억 달러의 기관 자금을 감독하는 투자 고문에 의해 운영되고 있습니다.

이 펀드들이 설립 이래 전 기간에 걸쳐 어떤 결과를 얻었는지 살펴봅시다.

(단위: %)

연도	연방 스트리트 펀드	웨스트민스터 펀드	다우지수
1962	-19.00	-22.50	-7.60
1963	17.00	18.70	20.60
1964	13.80	12.30	18.70
연복리 수익률	2.60	1.10	9.80

이것은 명백히 운영자의 기록입니다. 어떤 공제도 만들어지지 않았습니다. 가입비도 공제되지 않았고, 주주를 대신하여 납부한 어떠한 세금도 성과에 적용되지 않았습니다. 이쯤에서 나는 스와프 펀드에 관해 이렇게 묻고 싶습니다. 세금 혜택에 찬성하는 분, 계십니까?

세금을 둘러싼 모호한 생각은 때때로 진실로 추구하는 것에 방해가 된다. 최후의 세후 복리 이익은 세금을 공제해야 얻어진다. 일반적으로 당신은 세후 복리 수익률을 극대화하기 위해 주식을 고를 것이고, 이 과정에서 세금은 미미한 영향을 미칠 것이다. 그보다는 당신이 운용하는 주식의 규모가 수익률에 중요한 역할을 할 수 있다. 관련성을 따지자면 펀드 매니저가 운용하는 주식의 규모가 수익률에 있어서 중요한 역할을 할 수 있다. 다음 장에서는 주식의 운용 규모에 관해 알아보도록 하겠다.

12장
운용 자금의 규모와 성과의 관계

"우리가 생각해둔 투자에 대한 아이디어는 언제나 우리의 은행 계좌보다 10% 정도 더 앞서는 것처럼 보입니다."[1]

_1964년 1월 18일의 편지 중

운용 자금을 둘러싼 버핏의 딜레마

버핏투자조합을 운용하는 기간 동안 주식시장이 꾸준히 오름세를 보이면서 버핏은 지속적으로 버핏투자조합의 빠른 확장이 자신의 미래 성과에 미치게 될 잠재적인 영향을 측정했다. 여러 해 동안 그는 새로운 투자자들을 끌어들였고 버핏투자조합에서 운용하는 펀드의 숫자가 늘어나는 것을 긍정적으로 생각했다. 그렇지만 버핏투자조합의 자산이 그의 투자 아이디어를 흡수할 수 있는 수준을 넘어서자 버핏은 새로운 조합원을 받아들이는 것을 중단했다. 이 문제에 관한 버핏의 발언을 추적해보면 주식 운용의 규모와 주식시장의 주기가 얼마나 밀접하게 관련이 있는지를 알 수 있다. 여기에서 던질 수 있는 흥미로운 질문은 자본(주식 운용 규모)의 증가가 어떤 지점에서 긍정적인 것에서 부정적인 것으로 바뀌는가 하는 것이다. 일반적으로 그 지점은 자본이 아이디어를 능가하는 순간이다. 사실상 대답은 당신이 주식시장 주기의 어디 지점에 있는지에 달려 있다. 그것은 어떤 정적인 숫자가 아니라 시장 환경에 달려 있다. 약세장에서는 심지어 많은 금액을 운영하는 펀드 매니저들도 큰 금액의 자본금을 쉽게 운영할 수 있다. 투기의 정점에서는 오직 소수의 사람들만이 진정으로 고수익을 내는 방법을 발견할 수 있다.

만약 버핏의 자금이 수백만 달러 미만에 머물러 있었다면 그는 시장이 투기적 정점으로 치달았더라도 펀드의 모든 운용 자금을 투자하는 상태를 유지했을 것이다. 이와 같은 마인드는 기술적 버블장* 기간에 버핏이 했던 이야기에 구체화되어 나타난다.

> 내가 만약 100만 달러 혹은 1,000만 달러로 무언가를 해야 된다면, 나는 그 금액을 온전히 투자에 사용할 것입니다. 나는 1950년대에 최고 수익률을 기록한 바 있습니다. 나는 다우지수를 능가했습니다. 당시 나는 소액 투자를 했습니다. 많은 돈을 갖고 있지 않다는 것은 구조적으로 대단한 장점입니다. 나는 100만 달러로 연간 50%의 수익을 당신에게 안겨줄 수 있습니다. 아니, 그럴 수 있는 정도가 아니라 그렇게 할 수 있다는 것을 나는 보장합니다.[2]

* 주식시장이 '수축 → 회복 → 확장 → 정점(버블)'을 순환한다는 가정 아래, 확장기를 거쳐 정점에 진입하는 단계를 말한다.

펀드의 규모가 클수록 이익을 내기가 어려워진다는 생각은 어떤 지점을 넘어섰을 때에만 사실이다. 수천 달러 혹은 수십만 달러 정도의 상대적으로 적은 금액을 운용하는 것은 시장 환경과 무관하게 거의 대부분 어려운 일이 아니다. 그렇지만 당신이 운용하는 투자 금액이 버크셔 해서웨이만큼 크다면 당신이 주식시장의 어느 단계에 있는가와는 무관하게 성과는 저조해질 수밖에 없다. 수십억 달러의 자본금을 갖고 있다면 투자 대상으로 삼을 수 있는 기업은 적을 수밖에 없다. 이들 소수의 기업에는 시장의 관심이 집중되고, 일반적으로 효율적으로 가격이 매겨져 있다. 다시 말해 이들 소수의 기업은 저평가되어 있지 않다.

이 주제는 1962년 '규모의 질문The Question of Size'이라는 제목의 에세이를 통해 발표됐다. 버핏은 자신만의 유머러스한 방식으로 이 에세이의 서두를 열었다.

> 내가 만일 사망할 경우 어떤 일이 벌어질 것인가에 관한 질문은 논외로 합시다. (물론 이 질문은 형이상학적인 관점에서 내가 매우 깊은 관심을 갖고 있는 주제입니다.) 나는 종종 다음과 같은 질문을 던집니다. '버핏투자조합의 급속한 증가는 성과에 어떤 영향을 미칠 것인가?'[3]

10만 달러에서 시작된 버핏투자조합의 자산은 그가 이 글을 쓸 무렵 700만 달러를 막 넘은 상태였다. 이 시점에서 버핏은 여전히 규모가 클수록 더 좋다고 생각했다. 핵심은 자본금의 절대적 수준이나 시장의 전반적인 동요가 아니라 그 둘이 교차되는 지점에 있다. 당시 버핏의 투자에 관한 아이디어는 그가 보유한 자금보다 풍부했고, 그 때문에 그는 더 많은 자금을 보유하는 것이 더 좋다고 생각했다.

하지만 당시에도 약간의 단점은 존재했다. 시가총액이 작고 이름이 잘 알려지지 않은 기업의 주식을 거래하고자 할 때, 버핏은 이런 기업의 주식을 적절한 가격으로 충분히 매입하기 어려웠다. (버핏이 투자 운용 자금을 이런 소형 기업에 쏟아부으면 금방 해당 기업의 주식을 100% 소유하게 됐기 때문이다.) 이런 주식들은 대부분 개인 오너형 일반 투자 주식에 속했는데, 버핏투자조합이 일찌감치 규모가 성장하게 되면서 부정적인 영향을 미쳤다. 게다가 당시 투자에 대한 좋은 아이디어는 줄어들고 있었다. 이것은 소액으로 투자하는 것이 그것만의 장점이 있음을 상기시켜준다. 당신은 대부분의 다른 사람들이 가지 못하는 곳에 도달할 수 있다. (운용하는 주식의 규모가 작으면 당신은 소형주를 포함해 다양한 주식에 투자할 수 있다.)

다른 한편으로 증가하는 자산은 투자에 있어 장점이 될 수도 있다. 그것은 경영 참여 주식을 매입할 잠재적 자금이 된다. 경영 참여 주식에 대한 투자 기회는 펀드의 규모에 비례해 증가한다는 것이 버핏의 확고한 믿음이었다. 이 경우 이 게임에 참여하기 위해 필요한 자금 때문에 경쟁은 줄어들게 된다. 경영 참여 주식 매입에 참여할 수 있다는 생각을 비웃는 사람들이라면, 버핏투자조합의 자본이 오늘날의 달러 기준으로 수천 달러였을 때, 버핏이 이미 경영 참여 주식에 투자했다는 사실을 기억하라.

운용 자금이 늘어나면 수동적 투자에서는 뛰어난 성과를 거둘 가능성이 감소하는 반면, 경영 참여 주식에서는 뛰어난 성과를 거둘 가능성이 증가합니다. 이 두 가지 가운데에서 무엇이 더 중요할까요? 나는 이 문제에 대해 확답을 갖고 있지는 않습니다. 왜냐하면 이 문제는 상당한 정도로 우리가 참여하고 있는 시장에 달려 있기 때문입니다. 나의 현재 의견은 이것들은 보완적 요소가 되어서는 안 된다고 생각할 이유가 없다는 것입니다. 만일 나의 의견이 바뀐다면 여러분들에게 이 사실을 공지하도록 하겠습니다. 다만 확실하게 말씀드릴 수 있는 것은, 1960년과 1961년의 운용 자금이 1956년과 1957년의 운용 자금보다 적었다면 성과가 훨씬 좋았을 것이라는 사실입니다. 이 기간에는 운용 자금이 적어서 생기는 이점이 많았습니다.[4]

1966년이 되자 강세장이 찾아왔고 버핏투자조합은 환상적인 성과를 내면서 그 규모가 기하급수적으로 성장했다. 당시 버핏은 4,300만 달러의 자금을 운용하고 있었는데, 이 무렵 그의 생각이 바뀐다. 버핏은 이 시점에서 더 이상 버핏투자조합의 새로운 조합원을 받아들이지 않기로 결정한다. 이 내용은 '복리의 슬픔The Sorrows of Compounding'이라는 제목의 편지에 나와 있다. 포트폴리오의 운용 규모가 하나의 변수가 된 것이다. 버핏은 다음과 같이 설명했다.

그럼에도 불구하고 지금과 같은 상황에서 나는 포트폴리오의 운용 규모가 매우 크면 미래의 결과에 긍정적이기보다는 부정적인 영향을 미칠 것이라고 생각합니다. 이것은 내 개인적인 성과로만 본다면 사실이 아닐 수 있습니다. 그렇지만 여러분들의 성과를 기준으로 보았을

때는 사실입니다.[5]

이 마지막 문장은 우리에게 투자자이자 한 명의 인간으로서의 버핏에 관해 많은 것을 말해준다. 자본 추가와 관련해 펀드를 폐쇄하는 것은 투자자에게는 최고의 이익일지라도 펀드 매니저의 이익에는 부합하지 않는다.* 버핏 입장에서는 수익률이 25%가 넘는 펀드에 대한 첫 번째 6%의 이익을 갖게 되므로 자신이 운용하는 돈이 많아질수록 더 많은 수수료를 벌게 된다. 여기에서 우리는 버핏이 얼마나 놀랍게도 조합원들의 입장에 서 있는지를 알 수 있다.

시장이 지속적으로 강세장을 유지하고 펀드의 운용 규모가 더 커지자 버핏은 1967년 10월, 버핏투자조합의 공식적인 기대 수익률을 낮춤으로써 점진적으로 다음 단계를 취했다. 약 6,500만 달러의 자본을 가진 상태에서 그는 규모가 문제가 아니라 시장이 문제임을 명백히 밝혔다. 버핏이 생각하기에 당시 보유한 자금의 1/10 규모의 자본금을 가지고 운용하더라도 그의 성과는 약간 더 나은 정도의 수익률을 올릴 것이라고 생각했다. 시장 환경이 명백히 더 큰 변수였다.

그렇지만 적은 금액으로 투자를 하는 개인 투자자들에게 규모가 작다는 것은 거의 모든 시장에서 큰 장점으로 작용한다. 이는 전문 투자자들이 접근할 수 없는 영역에서 투자할 수 있는 기회를 준다. 기관 투자자들은 너무 작은 기업들에는 투자를 하지 않기 때문이다.

---

* 펀드 매니저의 입장에서는 펀드가 운용되기만 해도 성과와 무관하게 고정 수입(운용 보수)이 창출되기 때문이다. 펀드를 폐쇄하는 것은 펀드 매니저의 수입이 감소하는 것을 의미한다.

2005년, 버핏은 한 청중으로부터 "당신은 6년 전, '적은 금액으로는 50% 이상의 수익을 낼 수 있다'고 말했는데, 여전히 사실인가요?"라는 질문을 받은 적이 있다. 이에 대해 버핏은 이렇게 대답했다.

> 네, 그렇습니다. 나는 여전히 그때와 똑같은 말을 할 것입니다. 우리가 벌어들이는 이익은 여전히 적은 투자금액으로부터 발생하는 이익에 기반하고 있습니다. 최고의 시기는 1950년대였지요. 나는 적은 자본금으로 50% 이상의 수익을 벌었습니다. 나는 지금도 적은 금액으로 똑같은 일을 해낼 수 있습니다. 심지어 오늘날처럼 정보를 쉽게 접할 수 있는 시대라면 그 같은 일은 더욱 쉽습니다. 여러분은 이 같은 몇 안 되는 기회를 발견하기 위해서 수많은 돌더미를 뒤적여야 할 것입니다. 여러분은 지도에 나와 있지도 않은 기업을 발견해야만 할 것입니다. 여러분은 아마도 아무런 문제가 없는 지방의 기업을 발견하게 될 것입니다. 내가 발견해낸 웨스턴 보험 증권Western Insurance Securities은 한 해에 주당 20달러의 이익을 내고 있을 때 주가는 겨우 3달러였습니다. 나는 가능한 한 이 회사의 주식을 많이 구입하려고 했지요. 아무도 여러분에게 이 회사와 같은 정보를 말해주지 않을 것입니다. 여러분 스스로 그 기업을 찾아야만 합니다.

자본이 충분히 커지면 수익률이 낮아진다는 것은 언제나 사실이다. 자본이 증가하다가 어느 변곡점에 도달하면 잠재 이익은 낮아진다. 만일 당신이 자신이 소유한 자본을 투자한다면 이것은 문제가 되지 않는다. 그렇지만 당신이 펀드에 투자하고 있다면 이는 지켜볼 만한 가치가 있는 문제가 될 수 있다. 그것은 시장 주기에 따라 변동하며, 약세장에서 더욱 높아질 것이다. (대규모 자금을 운용하는 펀드매니저들은 높은 수익률로 많은 돈을 쏟아낼 수 있다.) 그리고 시장이 정점에 도달하면 낮아질 것이다. (오직 작은 규모만이 번창할 것이다.) 당신이 시장 주기의 어디에 있든지 간에 규모의 질문에 답하기 위해서는 버핏투자조합의 역사를 되돌아볼 필요가 있다. 당신의 투자 아이디어가 당신의 자본금을 뛰어넘는다면 규모가 클수록 좋다. 그렇지만 자산이 아이디어를 능가하는 지점이 오면 규모가 크다는 것은 곧 미래의 이익률이 낮아질 것이라는 의미일 수 있다. (이는 금액 기준이 아니라 수익률 기준이다.)

그러므로 규모가 변수가 되는 투자를 고려할 때에는 다음의 두 가지 사항을 가슴에 새겨두길 권한다. 모든 조건이 동일할 때, 적은 금액을 운용하는 전문 투자자의 성과가 더 낫다는 사실을 기억하자. 그리고 그들의 현재 규모가 미래의 성과에 미칠 영향을 고려하자. 전문 투자자들은 규모를 키우려는 편향을 갖기 마련인데, 이는 때때로 당신의 이익에 반하는 생각일 수 있다.

'운용 자금이 투자 성과에 미치는 영향'에 관하여

1962년 1월 24일

규모의 질문

내가 만일 사망할 경우 어떤 일이 벌어질 것인가에 관한 질문은 논외로 합시다. (물론 이 질문은 형이상학적인 관점에서 내가 매우 깊은 관심을 갖고 있는 주제입니다.) 나는 종종 다음과 같은 질문을 던집니다.

'버핏투자조합의 급속한 증가는 성과에 어떤 영향을 미칠 것인가?'

더 큰 펀드는 두 가지 방향으로 진행되는 속성이 있습니다. 기업 정책에 영향을 주기 위해서 투자 규모를 늘리지 않는 '수동적' 투자의 관점에서 보면, 대규모 자금은 성과에 부정적인 영향을 미칩니다. 매우 넓은 시장을 가진 주식에 투자하는 뮤추얼 펀드나 신탁부서의 경우, 대규모 자금이 성과에 미치는 부정적인 영향은 미미합니다. 예를 들어, 제너럴모터스 주식 1만 주를 사는 것은 1,000주나 100주를 사는 것보다 약간의 비용이 더 들어갈 뿐입니다.

그런데 우리가 거래하는 일부 주식의 경우에는 1만 주를 사는 것이 100주를 사는 것보다 훨씬 더 어렵고 심지어 불가능합니다. 우리 투자조합이 운용하는 포트폴리오 입장에서 많은 금액은 확실히 단점으로 작용합니다. 나는 우리 투자조합에 자금이 늘어나는 것은 불리하다고 말하고 싶습니다. 구체적으로, 워크아웃과 일반 투자 주식이 많은 금액이 불리하게 작용합니다.

나아가 경영 참여 주식의 경우에는 자금의 증가가 확실히 장점으로 작용합니다. 샌본 지도 회사의 경영권 획득은 자본 없이는 불가능한 일이었습니다. 경영 참여 주식의 경우, 투자 자금이 증가할수록 기회가 많아진다는 것이 나의 확고한 믿음입니다. 경영 참여 주식을 매입하기 위한 비용이 증가하면 경쟁은 급격히 감소합니다. 다시 말해 그 회사의 규모가 클수록, 지분을 더 많이 가질수록 기회는 많아집니다.

운용 자금이 늘어나면 수동적 투자에서는 뛰어난 성과를 거둘 가능성이 감소하는 반면, 경영 참여 주식에서는 뛰어난 성과를 거둘 가능성이 증가합니다. 이 두 가지 가운데에서 무엇이 더 중요할까요? 나는 이 문제에 대해 확답을 갖고 있지는 않습니다. 왜냐하면 이 문제는 상당한 정도로 우리가 참여하고 있는 시장에 달려 있기 때문입니다. 나의 현재 의견은 이것들은 보완적 요소가 되어서는 안 된다고 생각할 이유가 없다는 것입니다. 만일 나의 의견이 바뀐다면 여러분들에게 이 사실을 공지하도록 하겠습니다. 다만 확실하게 말씀드릴 수 있는 것은, 1960년과 1961년의 운용 자금이 1956년과 1957년의 운용 자금보다 적었다면 성과가 훨씬 좋았을 것이라는 사실입니다. 이 기간에는 운용 자금이 적어서 생기는 이점이 많았습니다.

1963년 1월 18일

우리 조합원들은 때때로 규모가 성과에 어떤 영향을 미치는지에 대해 관심을 보여왔습니다. 이 문제는 지난해에 보내드렸던 연례 편지에 반영되어 있습니다. 여기에서 내린 결론은 어떤 경우에는 큰 자금이 (투자에) 도움이 되고 어떤 경우에는 방해가 된다는 것이었습니다. 그렇지만 일반적으로 나는 자금의 규모가 크든 작든 성과에 부정적인 영향을 미친다고 느끼지는 않습니다. 만일 나의 의견이 바뀐다면 여러분들에게 공지할 것을 나는 약속한 바 있습니다. 1957년 초, 내가 운영하는 투자조합들의 자산 총액은 30만 3,726달러였는데 1962년 초가 되자 이 금액은 717만 8,500달러로 크게 증가했습니다. 어찌 됐든지 간에 지금까지 펀드 운용 금액이 증가한다고 해서 다우지수 대비 우리의 초과 이익이 감소하는 경향은 없었습니다.

1964년 1월 18일

우리는 올해(1964년) 순자산 1,745만 4,900달러로 한 해를 시작했습니다. 이와 같은 급격한 자산의 증가는 미래의 성과를 희석하는 결과를 초래하지 않겠냐는 의문을 항상 불러일으켰습니다. 현재까지 버핏투자조합의 규모와 다우지수 사이의 상관관계는 부정적이기보다는 긍정적입니다. 이 점은 심각하게 받아들여져서는 안 됩니다. 더 큰 자금은 어떤 경우 유리하게 작용할 수도 있고, 또 어떤 경우에는 불리하게 작용할 수도 있습니다. 내 생각에 우리의 자산이 100만 달러 혹은 500만 달러 정도로 작았다면 현재 우리의 포트폴리오를 개선할 수는 없을 것입니다. 우리가 생각해둔 투자에 대한 아이디어는 언제나 우리의 은행 계좌보다 10% 정도 더 앞서는 것처럼 보입니다. 만일 그것이 바뀌어야 한다면, 나는 여러분에게 그것을 알려줄 것입니다.

1965년 1월 18일

그간 우리 버핏투자조합의 정책에 따르면 조합원들의 가까운 친인척들은 최소 자본금의 제한 없이 우리 투자조합에 들어올 수 있었습니다. 올해 이 정책에 대해 의문을 제기하는 수많은 사례들이 쏟아졌습니다. 그래서 나는 조합원들의 직계 친척들이 우리 조합에 들어오게 될 경우, 최소 2만 5,000달러의 비용을 부담하는 정책을 도입하기로 결심했습니다.

1966년 1월 20일

복리의 슬픔

나는 보통 조합원들에게 보내는 편지가 이즈음에 다다르면, 지난 400년 혹은 500년의 역사적 오류를 설명하기 위해 잠시 멈췄습니다. 이를 단지 몇 개의 문단으로 설명하는 것은 어렵겠지만, 나는 크리스토퍼 콜럼버스, 이사벨라 여왕, 프랑수아 1세 국왕, 페터 미노이트, 그리고 맨해튼 인디언 이야기에 관한 나의 새로운 해석을 여러분들과 나누고 싶습니다.

이전에 그와 같은 편지를 썼던 까닭은 여러분들에게 복리의 위력을 보여주기 위해서였습니다. 그 편지를 읽을 독자들의 관심을 환기시키기 위해 나는 당시 그 편지의 제목을 '복리의 즐거움The Joys of Compounding'이라고 불렀습니다. 눈썰미 있는 분이라면 올해 약간의 변화를 눈치채셨을지도 모릅니다.

적정한 비율(우리에게는 적정하지 않은 비율이 더 낫습니다만)의 복리와 더불어 상당한 정도의 신규 자금 증가로 올해 우리의 자본금은 4,364만 5,000달러가 됐습니다. 과거에 나는 자본금의 증가가 우리의 투자 성과에 손해를 끼칠 것인지에 관한 질문을 여러 번 제기했습니다. 그때마다 나는 부정적으로 결론을 내렸고, 만일 나의 생각이 바뀐다면 여러분들에게 바로 알리겠다고 약속했습니다.

나는 증자된 자본금이 지금까지 우리의 투자 활동에 손해를 입혔다고 생각하지 않습니다. 사실 최근 수년간 우리 투자조합이 보유한 자본금으로 진행한 투자들이 그전에 우리가 훨씬 더 적은 금액으로 했던 투자보다 나은 성과를 냈다고 믿습니다. 이것은 부분적으로 몇몇 투자 수단의 우연한 발전에 기인합니다. 이 투자 수단들은 우리의 규모와 정확히 맞아떨어졌지요.

나는 이제 우리 투자조합의 규모가 투자에 있어 단점이 될 수 있는 지점에 거의 가까워졌다고 생각합니다. 물론 많은 변수가 관련되어 있기 때문에 앞서 언급한 말에 너무 많은 정확성을 부여하고 싶지는 않습니다. 어떤 시장과 사업 환경에 적절한 규모가 다른 상황에서는 그렇지 않을 수도 있습니다. 아주 단기적으로 보았을 때, 과거의 몇 차례, 나는 규모가 작은 것이 이점이 많다고 생각했습니다.

그럼에도 불구하고 지금과 같은 상황에서 나는 포트폴리오의 운용 규모가 매우 크면 미래의 결과에 긍정적이기보다는 부정적인 영향을 미칠 것이라고 생각합니다. 이것은 나 스스로의 개인적인 성과로만 본다면 사실이 아닐 수 있습니다. 그렇지만 여러분들의 성과를 기준으로 보았을 때는 사실입니다.

그러므로 상황이 바뀌지 않는 한 (어떤 조건에서는 자본금의 증가가 성과를 개선시킬 수도 있습니다만), 혹은 새로운 조합원이 단순한 자본금이 아니라 다른 자산을 우리 투자조합에 가져오지 않는 한, 나는 버핏투자조합의 추가 조합원을 앞으로 받지 않을 것입니다.

이것을 효과적으로 만들 유일한 방법은 그것을 전면적으로 적용하는 것입니다. 나는 나의 아내 수지에게 우리가 앞으로 자녀를 더 갖게 된다면 그들을 위한 투자조합은 따로 알아봐야 한다고, 그런 일은 당신이 맡아주면 좋겠다고 나의 의사를 전달했습니다.

나는 자본의 증가가 수익률에 미치는 영향을 그래프화한 기대 성과 곡선이 매우 완만하다는 사실을 알고 있습니다. 자본이 증가하면 추가적인 수익을 내기가 쉽지 않다는 의미입니다. 이런 까닭으로 나는 지금으로써는 우리가 기존 조합원들의 자본 증자를 제한해야 한다고 생각합니다. 의학적으로 비유하자면 이는 아마도 효과적인 항갑상선 알약이 개발되었다는 결정적인 증거라고 해석될 것입니다.*

* 갑상선은 인체 내의 모든 기관을 적절하게 유지시키는 기능을 한다. 항갑상선 알약이란 갑상선의 기능을 저하시켜 인체에 부정적인 영향을 주는 약이다. 항갑상선이 인체에 부정적인 영향을 끼치듯이 대규모 자본은 투자 성과에 부정적인 영향을 미친다는 의미이다.

적은 자본금으로 투자하는 것은 분명한 이점이 있다. 시가총액이 매우 적고 이름이 알려지지 않은 기업들은 시장에서 소외되어 있기 때문에 제값(적정 가격)으로 매겨진 경우가 거의 없으며, 기회의 관점에서 가장 비옥한 토양을 제공한다. 버핏이 버핏투자조합 초기에 투자했던 샌본 지도 회사와 뎀스터 밀은 오늘날의 초소형주에 해당한다. 시간이 지나면서 버핏투자조합의 운용 규모는 커졌고, 이에 따라 이런 작은 규모의 기업에 투자할 수 있는 기회는 크게 줄어들었다. 버핏투자조합은 개인 투자자 자격으로 투자할 때 뛰어난 이익을 가져다주고, 전체 수익에도 의미 있는 영향을 주는 기업에 충분히 돈을 넣을 수가 없었다. 물론 자기 돈을 굴리는 개인 투자자들은 이런 기업들에 집중할 수 있고 대부분의 시장 환경에서 가치를 찾아낼 것이다.

그렇지만 펀드의 운용 금액이 일정 규모를 넘어서면 시장 주기가 투자자의 잠재적인 이익과 적절한 투자처를 찾을 수 있는 능력에 영향을 미치는 요인이 된다. 버핏은 자신이 투자에 관한 아이디어를 발견하기 어려운 까닭이 자신이 운용하는 펀드의 규모 때문이라기보다는 당시 시장 상황 때문이라고 이야기했다. 시장이 낙관주의와 비관주의 사이를 오고간다는 것이 다음 장에서 다룰 주제이다. 시장은 탐욕과 공포 사이를 오가지만, 버핏은 시장 환경이 어떻든지 간에 투자의 원칙을 확고하게 지키며, 스스로 생각했을 때에 그것이 타당하다고 여겨질 때에만 투자를 한다. 다음 장에서 살펴보겠지만, 시장 주기는 때때로 투자의 원칙을 크게 벗어나기도 하지만 결국 투자의 원칙에 따라 순환하며, 그 반대의 경우는 없다.

13장
계속할 것인가, 멈출 것인가?

"새로운 시대는 성장이 무한대로 이뤄질 것이라고 믿고 있습니다. 그렇지만 나는 이 같은 철학을 적용했다가 영구적 자본 손실에 직면하기보다는 차라리 보수적으로 행동함으로써 손실을 입는 것을 선택하겠습니다."[1]

_1960년 2월 20일의 편지 중

버핏에게 고민을 안겨준 강세장

중국계 미국인 제리 차이Jerry Tsai는 1950년대와 1960년대를 풍미했던 펀드 매니저였다. 자산운용 전문업체인 피델리티에서 근무하던 그는 1957년, 그의 나이 스물아홉 살에 피델리티 캐피탈 펀드Fidelity Capital Fund를 만들면서 뮤추얼 펀드의 새로운 시작을 알렸다. 피델리티 캐피탈 펀드는 당시 펀드 매니저들이 보수적이고 관습적인 투자를 하던 것과는 확연히 다른 새로운 투자 방식을 선보였다. 그는 빠르게 성장하는 기업에 공격적으로 집중투자를 했다. 그는 '고양이처럼 빠른 속도Catlike quickness'로 투자를 진행했고, 그러다가 시장이 단기적으로 바뀌면 그 추세를 빠르게 따라잡았다.[2] 한마디로 그는 투기적인 성장 기업에 집중투자함으로써 전통적인 펀드 운용 방식을 짓뭉갰다. 당시 그가 투자했던 기업으로는 제록스, 폴라로이드Polaroid, 리톤인더스트리즈Litton Industries, 아이티티ITT 등이 있었다. 이들 기업은 당시 전통적인 방식으로 투자하던 펀드 매니저들의 판단에 따르면, 경영이 불안정하고 위험하며 투자에 적합하지 않은 기업들이었다.[3] 당시 제리 차이의 방식은 투자라기보다는 도박에 가까운 것으로 여겨졌다. 하지만 당시는 경제대공황 이후 잠들어 있던 위험 감수의 의지가 미국 사회 전반에 막 꿈틀대기 시작하던 때이기도 했다.* 제리 차이가 제시한 새로운 타입의 투자상품은 당시 맹렬하게 퍼지기 시작하던 시장의 투기적 성향에 부합하는 것이었다. 이 투자상품은 '퍼포먼스 펀드'라고 불렸다.

제리 차이는 버핏투자조합 시절의 버핏과 완전히 상반되는 인물이다. 두 사람은 1950년대 중반에 투자를 시작했으며, 1960년대가 가까워질 무렵 세상에 널리 알려졌다는 공통점이 있다. 그렇지만 그밖의 다른 부분에서 두 사람은 판이하게 달랐다. 두 사람은 투자 방식, 개인적으로 거둔 성과, 그리고 투자 수익 등에 대해 서로 거의 공유하지 않았다. 공통점이 없었다는 말이다. 비유하자면 버핏이 아이들의 뺨에 뽀뽀를 건넬 때, 차이는 아이들이 가진 사탕을 빼앗는 식이었다.

두 사람을 비교함으로써 1950년대와 1960년대에 버핏투자조합이

* 1929년 경제대공황으로 인해 기업이 줄도산하고 주식이 휴짓조각이 되자 미국인들은 극도로 보수적인 투자 스타일을 갖게 되는데, 1950년대에 접어들면서 경제가 성장하자 적극적인 투자를 수용하는 분위기를 받아들이기 시작했다.

운영되어온 환경이 어떠했는지, 버핏투자조합이 얼마나 특별했는지, 투자자로서 버핏의 행동과 사고 체계가 얼마나 독특했는지에 관한 통찰을 얻을 수 있다.

1950년대가 저물어갈 무렵, 주식 매입에만 관심이 있었던 투자자 대중들은 뮤추얼 펀드를 선호하는 쪽으로 옮겨갔다. 주식시장에 불어닥친 뮤추얼 펀드 열풍은 대단했다. 1946년 피델리티는 1,300만 달러를 운용했는데 1966년이 되자 이들의 자산은 27억 달러로 불어났다.[4] 1960년대 들어 강세장이 이어졌다. 시장이 빠르게 과열됐던 까닭에 이 시기는 '호시절Go-Go years'로 불렸다. 제리 차이의 새로운 펀드가 등장했던 시기와 그의 투기적 투자 방식이 당시 투자자 대중들의 새로운 선호와 맞물리면서 그가 운용하는 펀드, 그의 커리어와 명성은 날로 치솟았다. 이것이 버핏투자조합이 벤저민 그레이엄의 투자 방식에 따라 보수적으로 운영했던 시대적 배경이다. 당시 사회의 통념에 따르면 제리 차이야말로 투자업계의 선봉에 서 있는 인물이었다. 그에 비하면 버핏은 세상에 알려지지 않은 투자자였다.

버핏, 투자조합을 해체하다

알다시피 투자자로서 버핏의 여정은 1956년 5월에 시작됐다. 당시에 버핏과 제리 차이는 같은 시장을 바라보고 있었지만, 두 지점에서 서로 다른 것을 찾고 있었다. 당시 다우지수는 3년 전 불황을 겪으며 저조해진 시점과 비교했을 때 거의 두 배 가까이 상승한 상태였다. 이미 오를 만큼 올랐기 때문에 투자의 관점에서 매력적이라고 보기 어려운 상황이었다. 가치투자의 창시자이자 버핏의 스승인 벤저민 그레이엄도 1955년, 미국 상원의 풀브라이트 위원회에 출석해 "시장이 과열됐다"고 증언했다. 당시 버핏은 자본금의 규모가 작았고, 투자처는 많았으며, 투자에 대한 아이디어도 풍부했지만, 여전히 투자에 있어 신중했다. 이후 10여 년 동안 주가가 계속 상승하자 버핏은 시장이 과열된 상태임을 경고하기 시작했다. 그러한 내용이 1956년, 그가 버핏투자조합 초기에 조합원들에게 보낸 편지에 담겨 있다.

요즘 주식시장의 전반적인 수준에 대한 의견을 밝히자면 나는 시장 가격이 내재가치에 비해 높게 형성되어 있다고 생각합니다. 특히 블루칩* 주식들이 그러합니다. 나의 이 같은 견해가 만일 정확하다면 이는 앞으로 모든 주식들이 폭락할 가능성이 있음을 암시합니다. 어찌됐든 나는 5년 후에 지금의 시장을 되돌아보았을 때 현재의 시장 수준이 매우 저렴한 것이었다고 생각될 가능성은 매우 낮다고 생각합니다.[5]

---

* 1950년대 미국 주식시장의 상승을 주도했던 제너럴모터스, IBM, AT&T 같은 대형주를 말한다. 포커에 사용되는 흰색, 빨간색, 파란색 칩 가운데 파란색 칩이 가장 가격이 높게 매겨지던 것에서 유래한 표현이다. 블루칩 기업은 재무 상태가 건전하고 실적도 우량해 당시 투자자들에게 '일단 사두면 주가가 계속해서 오를 것'이라는 믿음을 주었다. 이런 믿음은 블루칩 주식의 주가 상승을 유발했고, 이는 다시 투자자들을 불러 모으면서 블루칩 주식의 주가를 적정 가치 이상으로 끌어올리는 현상을 유발했다. 버핏은 아무리 우량한 기업의 주식이라도 주가가 적정 가치 이상으로 매겨지는 것은 거품이며, 이는 어느 한 순간 허무하게 꺼질 것이라는 사실을 경고한 것이다.

시간이 흐르면서 시장은 지속적으로 커나갔으며, 버핏투자조합의 자산 또한 계속해서 증가했다. 그런데 버핏의 새로운 투자 아이디어는 갈수록 줄어들었고, 이에 따라 버핏은 점점 더 조심스러워졌다. 1950년대 후반과 1960년대 중반에 걸쳐 미국의 자본 시장은 미국의 기간산업이 발전하는 속도보다 더 빠르게 상승해 투기적 요소들이 한순간 터질 수 있을 만큼 과열됐다. 버핏은 자본 시장의 교정이 순식간에 이루어질 수 있다는 것을 알고 있었다. 그는 그 교정이 '언제' 이루어질지를 안다고는 절대 주장하지 않았지만, 자신의 조합원들이 주식시장 폭락을 비롯한 만일의 사태에 대비하고 있기를 진심으로 바랐다.

약 10여 년간 버핏의 경고는 오직 그의 신중한 수사법의 형태로만 드러났지만, 1966년 청과시장Fresh market이 상승했을 때 그는 마침내 행동을 취하지 않을 수 없었다.* 당시 그가 한 첫 번째 행동은 더 이상 버핏투자조합의 새로운 조합원을 받지 않겠다고 선언한 것이었다. 그는 이미 투자조합에 가입된 조합원들의 자산을 운용하는 것만으로도 충분히 힘에 겨웠다. 그러고 나서 1967년 가을, 그는 다음 단계로 넘어갔다. 그는 투자조합 정관에 명시된 '다우지수의 10%'라는 성과 달성 목표를 절반으로 줄이고, 앞으로 어느 해에도 9% 이상의 수익률을 달성할 수 없을 것이라고 경고했다. 그 시점에서 버핏투자조합은 평균적으로 연간 29.8%의 수익률을 올리고 있었다. 그

* 청과시장은 멜론, 배추, 브로콜리 같은 (미국의) 청과물이 거래되는 시장을 말한다. 미국의 청과시장에서 거래되는 상품들이 1966년에 대폭 상승한 바 있다.

럼에도 불구하고 버핏은 앞으로 그와 가까운 수익을 달성하기란 힘들 것이라고 선언한 것이다. 기대 수익률의 하향 조정을 알리는 편지에서 그는 전반적인 시장에 대해 심각하게 우려하는 의견을 표명했다.

버핏은 투자조합 조합원들에게 줄어든 기대 수익률을 감안했을 때, 만약 더 나은 투자처가 있다고 생각되면 자금을 그쪽으로 옮겨도 이해할 것이라고 밝혔다. (실제로 조합원들 중 몇몇은 돈을 인출해 갔다.) 이와 같은 신중한 표현에도 불구하고 버핏의 실제 성과는 오히려 더 개선됐다. 1968년 단 한 해의 수익률만 해도 58.8%였다. 그것은 그때까지 버핏이 달성한 사상 최고 수익률이었다. 이때는 버핏이 가장 많은 자산을 운용하고 있을 때이기도 했다. 1968년에 버핏투자조합이 거둬들인 이익은 4,000만 달러에 이른다. 불과 2년 만에 버핏투자조합의 자산은 다시 한 번 두 배로 증가했다. 그렇지만 성과가 좋았던 만큼 그가 가진 투자 아이디어들은 모두 고갈됐다. 조합원들은 이 사실을 알지 못했지만, 끝은 가까워지고 있었다.

> 나는 지금 그 어느 때보다도 투자에 관한 아이디어의 양과 질이 바닥이라는 사실을 아무리 강조해도 지나치지 않은 상황에 이르렀습니다. 1967년 10월 9일의 편지에서 언급했던, 시장 과열에 관련된 것들이 그 어느 때보다 심각합니다.[6]

복합기업의 등장

버핏투자조합의 새로운 투자 아이디어를 흡수하는 역할을 했던 1960년대 후반 미국 주식시장의 주목할 만한 측면은 복합기업Conglomerate의 등장이었다. 리톤인더스트리즈, 텔레다인Teledyne, 텍스트론Textron, 아이티티 같은 기업들이 여기에 해당한다. 이들 가운데 몇몇 기업들은 오늘날에도 존재한다. 미국의 작가 존 브룩스John Brooks는 이 시기를 '호시절'로 명명했는데, 그는 이런 복합기업들이 탄생하게 된 부조리한 방식을 이렇게 요약했다. "1960년대 월 스트리트는 세계 최초로 대중적인 주식시장을 열어젖히는 혁명을 일으켰다. 이 새로운 시대에 주식 거래를 하는 주인공들은 재무와 회계의 초보자인 수백만 명의 새로운 투자자들이었다."[7] 브룩스는 이 시기에 주가수익률PER, Price Earnings Ratio*에 따라 주식을 분석하는 새로운 현상이 등장했음을 지적했다.

예를 들어 1961년 샌본 지도 회사와 버크셔 해서웨이의 연례 사업 보고서에는 주가수익률은 물론이고, 심지어 순이익을 주식 수로 나눈 주당순이익조차 없었다. 투자 지표로서 주가수익배수의 단점

---

* 기업가치나 적정주가를 계산할 때 널리 사용되는 지표로 벤저민 그레이엄이 『증권분석』에서 처음으로 사용한 개념이다. 그레이엄은 기업의 가치를 평가할 때 주가수익률을 활용하면 유용하다고 조언했다. 예를 들어 어느 기업의 주가수익률이 2배라면, 투자자가 이 기업을 매입할 경우 2년 만에 원금을 회수하고 그 이후부터는 고스란히 수익이 나기 때문에 매수할 만하다는 것이다. 워런 버핏도 주가수익률 예찬론자이다. 버핏의 주주 서한을 살펴보면 주가수익률을 활용해 그가 기업을 사고판다는 사실을 알 수 있다. 주가수익률은 업종과 개별 기업의 특성에 따라 달라지지만 일반적으로 한 자리수(1~9배)이면 저평가, 10~20배이면 정상, 30배를 넘으면 고평가됐다고 본다.

은 수익을 측정하기 위해 사용하는 현금흐름할인DCF, Discounted Cash Flow*에 내포된 모든 가정들이 명확히 드러나지 않고 숨겨져 있다는 것이다.

예를 들어 예상되는 현금 흐름의 성장과 그만큼의 성장을 위해 필요한 투자가 명확히 구분되지 않는다. 즉, 두 회사가 똑같이 주가수익률 10배에 거래된다고 해도 결과는 매우 다를 수 있다. 주가수익률은 그 자체로는 나쁜 척도가 아니다. 다만 불분명한 도구일 뿐이다. 그것은 마치 매직을 이용해 메모를 하는 것과 다름없다. 촉이 가는 펜이 있는데, 굳이 매직을 사용할 필요는 없지 않은가?

주가수익률이 유행을 타기 시작하자 복합기업들은 곧바로 이 지표를 시장을 속이기 위한 수단으로 사용할 수 있음을 깨달았다. 그들은 낮은 주가수익률을 가진 기업을 인수하면 이전의 높은 주가수익률을 상쇄할 수 있음을 발견했다. 예를 들어 동일한 규모의 A기업과 B기업이 합병을 한다고 가정해보자. A기업의 주가수익률이 10배이고 B기업의 주가수익률이 20배라면, 이 둘을 합병한 회사의 주가수익률은 15배가 될 것이라고 예상할 수 있다. 이는 대부분의 경우

---

* 기업이 미래에 벌어들일 것으로 기대되는 현금 흐름을 현재 시점으로 환원해 계산한 것. 예를 들어 어느 기업이 향후 10년 동안 해마다 100만 원씩 현금을 벌어들인다고 가정하면, 이를 현재 시점으로 환산할 수 있다. 이 금액은 1,000만 원(100만 원×10년)보다 작은 값이 나오는데 그 이유는 미래의 어느 시점의 금액을 현재를 기준으로 환산하면 그 가치가 감소하기 때문이다. 1년 후에 내가 10만 원을 받을 수 있는 어음이 있다고 할 때, 이를 지금 당장 은행에 가서 현금화하면 10만 원 미만의 금액으로 받는 것과 같은 이치이다. 이를 '할인한다'고 표현하고, 얼마나 할인하는지를 구체적인 수치로 나타낸 것을 '할인율Discount rate'이라고 한다. 이 용어에서 알 수 있듯이 현금흐름할인의 수치는 명백하게 드러난다.

사실이지만, 복합기업들은 이를 교묘히 악용해 시장을 속였다.*

이는 브룩스가 언급한 '두 번째 순진한 참가자'인 회계사들에게도 영향을 미쳤다. 기업을 인수하는 과정에서 복합기업들은 다양한 회계 방법을 악용해 이익이 대폭 증가하는 것처럼 보고할 수 있었다. 또, 복합기업들은 발행 주식 수에 포함될 필요가 없는 다양한 유형의 신종자본증권Hybrid securities, 하이브리드 증권**을 발행해 그들이 실제 기여한 것보다 더 많은 이익을 발표할 수 있었다. 오늘날에 이런 행위는 허용되지 않는다.

이후에 법이 바뀌기는 했지만 호시절의 회계 기준은 주가수익률의 술수와 결합해 기업으로 하여금 인수합병을 통해 절대적으로 엄청난 양의 수익을 얻을 수 있도록 했다. 따라서 이들 복합기업들은 낮은 주가수익률을 가진 기업들을 종종 인수하곤 했는데, 이들 가운데에는 개별 기업으로 남아 있었더라면 버핏이 관심을 가졌을 법한 기업들도 포함되어 있었다. 1968년만 해도 4,500여 개의 미국 기업

---

* 1960년대 후반 미국 주식시장에 등장한 대기업들은 업종을 불문하고 기업을 인수하면서 문어발식으로 몸집을 늘려갔다. 이는 외환 위기 이전의 한국 재벌기업들과 유사한 측면이 있다. 이들은 기업을 인수하는 과정에서 교묘하게 이익을 부풀렸다. 예를 들어 인수 대상이 된 기업이 장부상으로 100억 원어치의 부동산을 보유하고 있을 경우, 이 부동산을 재평가해 500억 원으로 기재했다. 이때 증가한 400억 원은 재평가차익을 통해 이익으로 기재된다.

** 주식과 채권의 성격을 동시에 가진 증권. 예를 들어 전환사채, 신주인수권부사채, 영구채, 전환상환우선주가 여기에 해당한다. 대부분의 신종자본증권은 발행 당시에는 주식 수를 늘리지 않으며, 이에 따라 주가수익률을 높이지 않는다. 예를 들어 장래의 어느 시점에 주식으로 전환되는 채권인 전환사채는 발행 당시엔 부채로 잡히기 때문에 발행 주식 수와는 무관하다. 복합기업은 전환사채를 발행하더라도 자기 회사의 주가수익률이 높아지지 않는다는 점을 이용해 손쉽게 이를 발행했다.

들이 합병됐고, 최근 10여 년 동안의 거래 수준보다 세 배나 더 많은 거래들이 당시에 이루어졌다.[8]

지나치게 단순화된 기업의 가치 평가 방식과 형편없는 회계 방식이 대중들을 속이는 동안, 버핏은 정확히 이를 꿰뚫어보며 우려했다. 버핏은 그 어느 때보다도 다채로운 문체로 이에 대한 편지를 작성했다.

> 잘 속는 이들과 자기 최면에 걸린 이들과 냉소적인 이들 사이에 게임이 벌어지고 있습니다. 이렇게 제대로 된 환상을 만들어내기 위해서는 회계의 왜곡과 (어떤 진보적인 사업가는 자신은 '대담하고 창의적인 회계'를 믿는다고 내게 말해주었습니다.) 자본화의 트릭과 운용 중인 사업의 실체를 위장하는 것이 수반됩니다. 이를 통해 만들어진 최종 결과물은 인기 있고 훌륭하며 매우 수익성 있는 것이 되지요. (이러한 형용사들이 어떤 순서로 나열되어야 할지는 철학자들에게 맡기도록 하겠습니다.)

더 나아가 버핏은 그것이 비록 간접적으로 버핏투자조합의 성과를 도와주고 있기는 하지만 이와 동시에 자신의 괜찮은 아이디어들까지 빨아들이고 있다는 것을 인정했다.

> 솔직히 말해서 우리의 성과는 이러한 현상의 여파로부터 간접적인 영향을 받아 상당히 좋아졌습니다. '행운의 편지'를 더 늘리기 위해서는 아직 투자처로 주목받지 못하고 있는 더 많은 수의 기업들이 있어

야만 합니다. 그리고 이를 통해 내재가치에 비해 저평가된 (그렇다고 너무 싸지는 않은) 주식을 살 수 있어야 합니다. 우리가 그러한 주식들의 주주였을 때, 우리는 시장의 보상을 훨씬 더 즉각적으로 받을 수 있었습니다. 그런데 이 같은 기업들(복합기업들)은 펀더멘탈이 매력적인 투자처를 상당히 없애고 있습니다. (중략) '임금님은 벌거숭이'와 같은 접근법은 대부분의 투자은행과 오늘날의 성공한 펀드 매니저들의 관점과는 상충될 것입니다. ("그게 뭐 어때서?"라거나 "그냥 이 상황을 즐겨"라는 식으로 묵살되고 있는 것이 현실이지요.) 우리가 살고 있는 이 투자의 세계는 논리적으로 설득될 수 있는 사람들로 이루어진 것이 아니라 희망에 의지하고, 잘 속으며, 탐욕적인 사람들로 이루어져 있습니다.[9]

1969년 5월, 버핏투자조합에는 거의 1억 달러에 달하는 자산이 있었고, 남아 있던 투자 아이디어들이 대기업에 의해 흡수됐기 때문에 버핏은 조합원들에게 자산을 모두 청산하겠다는 그의 의지를 발표했다. 1969년의 결과는 버핏에게 실망을 안겨주었다.

… (상략) 내게 최고의 아이디어들이 있었다면, 1970년 혹은 1971년까지도 이 투자조합을 계속 운용해나갔을 것입니다. 내가 그렇게 원하기 때문은 아니고, 단지 좋지 않은 실적으로 끝맺기보다 좋은 실적으로 마무리해야 하기 때문입니다. 하지만 나는 현재 좋은 실적을 가져올 만한 어떠한 합리적인 희망도 찾을 수 없을뿐더러, 불확실한 상태에서 다른 사람의 돈으로 '운 좋게' 실적을 올릴 기회를 찾고 싶지도

않습니다. 나는 지금의 시장 환경에 익숙하지 않으며 내가 이해하고 있지도 못한 게임을 시도해서 지금까지의 괜찮은 기록들을 망쳐버리고 싶지 않습니다.[10]

제리 차이의 성공과 몰락

이제 제리 차이에게로 돌아가서 피델리티 캐피탈 펀드의 매니저였던 그의 관점에서 당시를 살펴보자. 피델리티 캐피탈 펀드는 버핏 투자조합이 출범한 때와 같은 1957년 시작됐다. 제리 차이는 당시 시장을 버핏과 다르게 보았다. 그의 투자 방식은 가치투자자들의 투자 방식과는 너무나 달랐다. 그레이엄과 버핏의 표현에 따르면 그는 투기꾼이었다. 화려한 이름과 주가의 모멘텀에 중점을 두는 스윙 트레이더Swing trader로서 그는 주식이 추세적 관점에서 꼭지에 있을 때 치고 빠지는 것을 자랑스럽게 여겼다. 그러한 방식은 그가 그동안 훈련해온 방식이었다. 그가 피델리티에서 만난 멘토이자 상사였던 에드 존스턴 2세는 그들의 방식을 이렇게 표현했다. "가치투자자들은 주식을 매입할 때, '이 주식과 결혼한다'는 표현을 쓴다. 주식이 제 가치에 이를 때까지 장기 보유하겠다는 의미이다. 하지만 우리는 주식을 살 때, 이것과 결혼했다고 생각하지 않는다. 당신은 우리와 주식의 관계를 '동반자적 결혼Companionate marriage'이라고 여길 수 있다. 하지만 우리와 주식의 관계는 동반자적 결혼도 아니다. 우리는 주식과 그저 '연락을 주고받는Liaison' 정도의 관계를 선호한다. 심지어 우리는 가끔씩 '원나이트 커플'과도 같은 관계를 선호하기도 한다."[11]

버핏이 기업의 펀더멘탈을 찾고 근본적인 내재가치를 측정하여 오랜 시간 동안 보유하고 있기를 바랐던 것에 반해, 제리 차이는 투자 결정을 내리기 위해 주식 차트를 보고 기술적인 지표들을 살폈다. 제리 차이에게 그 방식은 유효했다. 단, 그 기간은 잠시 동안일 뿐이었다.

제리 차이는 주식시장에서 재빠르게 치고 빠지며, 자신이 관리하는 자산을 매년 100% 이상씩 늘려나갔다. 그의 주식 회전율은 당시로서는 이례적으로 높았다. 그는 수년간 높은 이익을 거둘 수 있었다. 결정적인 순간은 1962년 초에 찾아왔다. 당시 시장은 25%가량 주저앉았다. 그러자 고공비행 중이던 그의 매력적인 주식들 또한 동반 폭락했다.

투자에 있어 그와 각축을 다투던 버핏은 연례 편지에서 제리 차이의 성과에 대해 언급했다.

> 올해 상반기에 가장 큰 타격을 입은 것은 이른바 성장형 펀드라고 일컬어지는 펀드들이었습니다. 성장형 펀드란 저평가되어 있는 주식보다는 향후 성장성이 기대되는 주식들로 채워진 펀드를 말합니다. 이 펀드는 올해 상반기에 거의 예외 없이 다우지수보다 훨씬 더 많이 하락했습니다. 3대 성장형 펀드에 속하는 피델리티 캐피탈 펀드, 퍼트넘 성장형 펀드, 그리고 웰링턴 에쿼티 펀드는 지난 몇 년간 최고의 성적을 거두었지만, 이번 상반기에 평균 마이너스 32.3%의 손실을 기록했습니다. 당연히 지적해야 할 것은 이들 펀드는 1959~1961년에 좋은 성

적을 달성한 덕분에 전반적인 성과는 여전히 평균보다는 좋은 편이며 미래에도 그럴 것이라는 점입니다. 그러나 아이러니하게도 이들이 보여준 초반의 우수한 투자 성과는 새로운 투자자들로 하여금 그들이 운용하는 성장형 펀드로 몰려가게끔 만들었고, 그 결과 이전 시기에 높은 수익률을 얻을 수 있었던 투자자들보다 훨씬 더 많은 투자자들이 올해의 좋지 않은 실적을 경험하게 되었습니다. 이 경험은 '투자 성과는 호황기의 시장과 불황기의 시장 모두를 포함하여 평가해야 한다'는 나의 이론을 확인시켜주기도 했습니다. 호황과 불황은 계속 이어질 것입니다: 이러한 내 주장의 핵심은 6개월 전, 이 일련의 사건이 일어나기 전보다 더 잘 이해됐으리라 생각합니다.[12]

제리 차이는 침체기가 시작되던 1962년 초반까지 자신의 주식들을 한 주도 팔지 않고 그대로 가지고 있었다. 그 해 10월, 주식시장의 하락이 완연히 진행되자 그는 태연히 2,800만 달러를 여기에 더 투입했다. 시장 참여자들이 보기에 이는 대담한 대응이었고, 심지어 도박으로까지 여겨졌다. 그런데 놀라운 일이 벌어졌다. 제리 차이가 주식을 추가 매입하자 시장이 회복세로 돌아선 것이다. 그 해 연말이 되자 제리 차이가 운용하는 전체 펀드의 수익률은 시장이 회복됨에 따라 무려 68%나 상승했다. 이는 마치 제리 차이가 주식시장의 움직임을 예측하고 있는 것처럼 보였다. 강세장은 여전했고 그의 타이밍은 흠잡을 데 없었다. 1965년은 제리 차이에게 있어 또 다른 뛰어난 해였다. 그는 거의 50%의 수익을 달성했다. 이는 다우지수보다 14.2%p나 높은 수치였고, 펀드 매니저가 거둘 수 있는 역대 최고의 진기록이었다.[13] 제리 차이로 대표되는 퍼포먼스 펀드는 인기 있는 상품으로 확고히 자리 잡게 됐다. 제리 차이는 일약 저명인사로 떠올랐다.

이윽고 그는 피델리티에 사표를 내고 뉴욕에서 자신의 투자 운용 회사를 설립한다. 그는 리젠시 호텔의 호화로운 스위트룸에서 살면서, 파크 애비뉴 680번지에 휘황찬란한 회사 사무실을 차렸다.[14] 당시 제리 차이는 투자자들 사이에서 이미 너무나 유명해졌기 때문에 그가 1966년 새로운 펀드를 개설했을 때, 자신이 예상했던 것보다 거의 10배 이상의 투자를 받았다. 적절한 시작은 250만 달러였지만, 그는 자신의 맨해튼 펀드를 이보다 10배가량 많은 2,470만 달러로 시작했다. 이는 신규 자본 조달금 수준에서 신기록이었다.[15]

그가 신규 펀드를 시작한 타이밍은 탁월했다. 그렇지만 행운은 더 이상 지속되지 않았다. 제리 차이의 맨해튼 펀드는 1966년 2월, 처음으로 주식 운용을 시작했는데, 이 시점은 다우지수가 10년 중 최고치를 찍었던 바로 그 지점이었다. 아니나 다를까. 제리 차이의 성과는 시장의 상승 모멘텀이 사라지는 것에 맞춰 동반 폭락했다. 그러나 당시 그의 명성이 너무나 굉장했기 때문에 투자자들은 맨해튼 펀드의 형편없는 성과에도 불구하고 1968년 여름에 추가로 2억 5,000만 달러를 투자한다. 아마도 그때쯤 제리 차이는 자신의 투자 방식이 가격 모멘텀 없이는 시장에 더 이상 맞지 않다는 것을 깨달았을 것이다. 이윽고 그는 재빨리 회사를 매각하기로 결정한다. 그 해 가을, 5억 달러 이상의 총자산을 가진 맨해튼 펀드의 지주사는 2,700만 달러에 팔렸고 그는 부자가 되어 빠져나갔다. 슬프게도 그의 투자자들은 제리 차이처럼 보상받지 못했다. 맨해튼 펀드는 이후 몇 년 동안 전체 가치의 90%를 날렸다.[16]

끝까지 조합원들과 함께한 버핏

버핏은 제리 차이에게 투자했던 사람들이 언제 손실을 보았는지, 그 손실의 정도는 얼마였는지 알지 못했지만, 그와 같은 유행에 영합하는 투자 방식은 거부했다. 약 10여 년간 그는 정확히 미래의 어느 시점이 될지는 몰랐지만 제리 차이의 투자 방식이 매우 좋지 않은 결말을 맞이할 것이라는 사실은 분명히 했다. 그는 버핏투자조합을 처음 시작할 때 모든 관계자들, 특히 조합원들의 기대치를 낮추기 위해 노력했다. 1968년 7월 중순, 버핏은 자신의 편지에서 제리 차이의 이름을 직접적으로 언급했다. (제리 차이는 이로부터 불과 수개월 후에 자신의 펀드를 매각했다.)

> 이른바 호시절의 수익을 잘 내던 펀드들은 이제 더 이상 수익이 나지 않는 펀드로 바뀌었습니다. 예를 들어 세계적으로 가장 공격적인 투자 수단으로 알려진 제리 차이의 맨해튼 펀드는 1968년 마이너스 6.9%로 손실을 냈습니다. 규모가 작은 수많은 투자 기관들은 1968년, 전체 시장보다 상당히 좋은 성과를 내고 있는 것으로 나타나고 있지만 1966년, 1967년과 견주어보면 그렇지 않습니다. 내가 그들의 지나친 무기력함을 꾸짖곤 했던 투자 운용업체들은 이제 많은 방면에서 극심

하게 흔들리고 있습니다. 수익을 노리는 수많은 사람들이 큰돈을 이러한 투자 방식에 쏟아붓는 한편, 적절한 주식은 한정되어 있을 때, 시장에서 벌어지는 결과는 극단적으로 예측하기가 어렵습니다. 어떤 경우에는 대단히 흥미롭겠지만 또 어떤 경우에는 간담이 서늘해질 것입니다.[17]

워런 버핏과 제리 차이는 모두 1960년대 등장하여 거의 3,000만 달러에 가까운 부를 얻었다는 점에서는 공통점이 있지만, 제리 차이의 돈은 자신의 펀드를 매각한 데에서 얻어진 반면, 버핏은 단순히 그가 버핏투자조합의 자산에서 그의 지분만큼을 가져간 것이라는 차이가 있다. 버핏은 버핏투자조합을 시작한 이래 줄곧 자신의 모든 성과 보수를 다시 투자조합에 재투자해 다른 투자조합의 투자 금액과 합쳤다. 버핏이 만일 버핏투자조합을 매각하기로 결정했다면 더 많은 돈을 벌 수 있었을 것이다. 하지만 그는 그렇게 하는 대신 청산을 선택했다. 그는 버핏투자조합을 매각할 것을 제안받은 적도 있었지만 거절했다.[18] 그렇게 함으로써 버핏은 스스로가 무척 중요하게 생각했던 '조합원들과의 연대'를 유지할 수 있었다. 그는 '그들로부터' 돈을 벌지 않았다. '그들과 함께' 돈을 벌었다. 버핏투자조합을 매각하지 않고 청산한 것은 그에게 있어 단지 올바른 행위의 실천이었다. 만일 버핏이 자신이야말로 투자받아야 할 대상이라고 생각했다면, 버핏은 투자자들에게 왜 그렇게 말하지 않았겠는가?

그가 소중히 여겼던 그 놀라운 연대는 버핏으로 하여금 버핏투자조합을 정직하고 투명하게 운용하고 소통하도록 이끌었다. 버핏은 조합원들에게 시장 전망에 관해 솔직히 이야기했고, 자신의 재정적 인센티브와 배치되는 상황에서도 조합원들의 최고 수익을 위해 행동함으로써 금융 서비스 산업에서 본받아야 할 하나의 전범을 보여주었다.

투자자에게 감성지능은 필요할까?

진실성에 관한 교훈과 함께 버핏의 이야기에서 얻어가야 할 또 다른 중요한 교훈이 있다. 그것은 주식시장이 상승하고 하락할 때마다 변해야 하는 것은 우리의 '방법Method'이지 '원칙Principle'이 아니라는 점이다. 강세장이 성숙기에 접어들면 자산을 배치할 기회가 줄어든다. 이때 '단지 음악이 계속되고 있다고 해서 따라서 그저 춤추는 것'은 잘못된 행동이다. 다시 말해 여전히 강세장이고 투자자들이 주식을 매입한다고 해서 나도 덩달아 주식을 매수하는 것은 금물이다. 오늘날 우리가 투자자로서 유리한 지점이 있다면 지나간 역사를 되돌아볼 수 있다는 사실이다. 버핏이 버핏투자조합을 운용하던 1956년부터 1969년까지 13년간 조합원들에게 보낸 그의 수많은 편지들을 살펴봄으로써 (마치 저속 촬영 사진을 보는 것처럼) 우리는 동시대의 다른 투자자들이 나무가 하늘까지 자랄 수 있다는 허상을 믿을 동안, 버핏이 얼마나 놀라울 정도로 이성적이었으며, 자신만의 투자 원칙을 확고하게 지켜왔는지를 알 수 있다.

이것은 투자를 할 때 스스로 생각하고, 심지어 대중과 반대로 행동하는 것의 중요성을 상기시켜준다. 많은 사람들은 '주식을 기업의 지분으로 생각하고, 시장은 미스터 마켓의 변덕에 따라 움직인다'는 벤저민 그레이엄의 개념이 논리적이라고 생각한다. 하지만 벤저민 그레이엄의 가치투자에 대해 말하는 것과 실제로 이를 실천하는 것은 다른 문제이다. 그것이 만일 쉬웠다면 모두들 가치투자를 해냈을 것이다. 버핏의 편지들은 우리에게 로드맵과 이론을 실제로 실행에 옮길 수 있게끔 도와주는 구체적인 사례들을 제공한다. 그것은 우리에게 투자의 기준을 제시한다. 버핏의 편지들은 단지 우리가 행동하기를 소망하는 것이나 우리가 하고 싶어 하는 것이 아닌, 우리가 어떠한 투자 환경이든 반드시 행해야 하는 가치투자의 기준을 제시한다. 길이 분명할 때 우리는 투자를 해야 하며, 분명하지 않을 때 우리는 투자해서는 안 된다. 예외는 없다. 우리 시대 최고의 가치투자자인 버핏은 자신이 버핏투자조합을 시작하기 전, 자신의 기본 원칙들을 단단하게 새겼다. 시장은 그저 일정한 주기를 갖고 순환할 뿐이었다. 투자 아이디어가 그가 세운 투자의 기준을 통과할 수 있도록 하기 위해 버핏은 기업을 이해해야 하며, 또한 그 기업의 주가가 합당한 가격이어야 한다고 믿었다. 그렇지 않은 경우, 그는 투자를 하지 않았다. 버핏은 버핏투자조합의 조합원들에게 자신의 이런 근본적인 접근법이 어떠한 경우에도 흔들리지 않을 것임을 확실히 말했다.

우리는 주식에 투자할 때 시장에 만연해 있는 기업가치를 무시하는 식의 접근법을 따르지 않을 것입니다. 그와 같은 이른바 '유행을 추종하는 투자'는 최근 몇 년간 종종 상당히 빠르게 수익을 달성했습니다.

(이런 투자법은 내가 지금 이 편지를 쓰고 있는 1월에도 그러한 수익을 냈습니다.) 그와 같은 투자법은 그 건전성을 인정할 수도, 부정할 수도 없는 투자 기법입니다. 나의 지성(혹은 나의 편견)으로는 절대 용납할 수 없으며, 무엇보다도 나의 기질과 전혀 맞지 않는 기법입니다. 나는 나의 돈을 그러한 접근법에 근거해 투자하지는 않을 것입니다. 그러므로 나는 또한 여러분의 돈으로도 절대 그렇게 투자하지 않을 것입니다.[19]

버핏투자조합을 청산하던 마지막 해(1969년)에 버핏은 존경스러운 방식이자 자신의 원칙에 맞는 방법으로 자신의 투자조합을 떠나보냈다. 그는 버핏투자조합을 채권으로 남겨두지 않았고, 현금화하지도 않았다. 그는 단지 투자금의 운용을 멈췄다. 그는 자신의 공을 챙겨 집으로 돌아갔을 뿐이었다. 1968년 말에서 1970년 말까지의 기간 동안 다우지수는 최고 수준 대비 33% 하락했다. 그런데 다우지수는 1973년 1월이 되자 다시 새로운 최고점을 기록했으며, 이후 하락세로 돌아서 1974년 말까지 45% 급락했다. 버핏은 시장이 무너지는 동안 시장에서 벗어나 있었다. 평균은 주식 급락으로 생긴 깊이를 감춘다. 많은 주식들은 다우지수에서 나타났던 형편없었던 결과보다도 훨씬 더 떨어졌다. 버핏이 자신의 자산을 이 두 차례의 침체기로부터 방어했던 것은 성과를 유지하는 데 크게 기여했다.

투자를 할 때에는 억지로 하지 않는 것이 너무나 중요하다. 시장은 순환한다. 1960년대 말 버핏이 딱 그랬듯, 당신 또한 시장에서 '발을 빼야 하는' 시기를 느끼는 때가 올 것이다. 당신은 호시절의 강세장 후기에 주식 마니아인 버핏이 자신만의 투자 기준이 명확히 설정되어 있는 상태였음을 발견했을 것이다. 성과에 대한 압박으로 인해 당시 최고의 투자자들의 기준이 추풍낙엽처럼 무너지는 동안에도 말이다. 자신의 가치투자법은 작동되지 않고 있는 반면 주변의 다른 사람들은 모두들 쉽게 돈을 벌고 있는 것처럼 보일 때, 자신의 원칙을 지켜가는 것은 매우 어려운 일이다. 하지만 다른 이들을 따라 부화뇌동할 경우, 오히려 '비싸게 사고, 싸게 파는' 전략을 취하게 될 것이다. 버핏은 자신만의 계획을 세웠고, 자신만의 기준을 설정했으며, 그러고 나서 주식시장과 전투를 벌였으며, 어떤 일이 닥치든 스스로의 신념에 대한 용기를 이어나갔다.

'강세장에 뛰어들 것인가, 피할 것인가'에 관하여

1956년 12월 27일

요즘 주식시장의 전반적인 수준에 대한 의견을 밝히자면 나는 시장 가격이 내재가치에 비해 높게 형성되어 있다고 생각합니다. 특히 블루칩 주식들이 그러합니다. 나의 이 같은 견해가 만일 정확하다면 이는 앞으로 모든 주식들이 폭락할 가능성이 있음을 암시합니다. 어찌됐든 나는 5년 후에 지금의 시장을 되돌아보았을 때 현재의 시장 수준이 매우 저렴한 것이었다고 생각될 가능성은 매우 낮다고 봅니다. 그러나 최대 규모의 하락장에서도 시장가치는 우리의 워크아웃 주식을 해칠 수는 없습니다.

만약 시장 전체가 저평가된 상태로 회귀한다면 우리의 자본은 주요 종목들에만 독점적으로 투자될 것이며 또한 그 시기에는 돈을 차입하여 운용할 수도 있습니다. 반대로 시장이 지나치게 상승한다면 우리는 일반 투자 주식 대신에 워크아웃 비중을 늘릴 것입니다.

위에 적힌 내용들은 나에게 시장 분석이 가장 중요한 요인이라는 것을 의미하지는 않습니다. 가장 우선시해야 할 사항은 언제나 상당하게 저평가된 주식들을 발견해내는 것에 있습니다.

1958년 2월 6일

지난해에 우리는 주가의 완만한 하락세를 목격했습니다. 나는 여기에서 '완만한Moderate'이라는 단어를 강조하고 싶습니다. 신문을 대충 읽었거나 최근에 막 주식투자를 접하기 시작하신 분들은 지난해에 시장이 '급격한' 하락세를 보였다는 느낌을 받으셨을 수도 있기 때문입니다. 그렇지만 장기적인 관점에서 보았을 때 지난해는 주식시장의 완만한 하락기였습니다. 사실 주가가 떨어지기는 했지만 기업의 수익력(수익성)은 훨씬 더 악화됐습니다. 다시 말해 기업의 수익력이 훨씬 나빠졌는데, 주가는 덜 떨어진 것이지요. 이는 시장이 여전히 블루칩 주식들과 전반적인 경제 상황에 대하여 굉장히 낙관적이라는 것을 의미합니다. 나는 기업이나 주식시장에 대한 어떠한 예측도 하지 않습니다. 나는 단지 주식이 급격히 하락해 시장 전체가 낮은 수준에서 형성되어 있다는 생각들을 떨쳐내도록 하자는 의도에서 이렇게 말하는 것입니다. 나는 시장이 전반적으로 장기적인 투자가치를 기준으로 보았을 때 여전히 무척 높게 가격이 책정되어 있다고 생각합니다.

1957년의 활동들

시장의 하락은 저평가된 주식에 큰 기회를 선사해주었습니다. 그렇기 때문에 우리의 포트폴리오는 지난해와 비교하면 워크아웃 주식보다 저평가된 주식들이 더 많은 비중을 차지하고 있습니다. 1956년 말, 보통주와 워크아웃 주식의 비중은 70:30이었습니다. 지금은 대략 85:15입니다.

지난 시기, 우리는 의사결정에 어느 정도 입장을 표명해야 할 만한 규모에 도달한(경영권에 영향을 미칠 정도의 지분을 보유한) 두 개의 기업을 보유해왔습니다. 한 기업은 버핏투자조합 포트폴리오에서 차지하는 비중이 10~20%였고, 다른 한 기업은 5%였습니다. 두 기업에 투자한 성과는 3~5년 사이에 이뤄질 것이고, 위험도는 매우 낮으며, 수익 가능성은 매우 높아 보입니다. 두 기업은 우리 투자조합 포트폴리오에서 워크아웃 카테고리에 포함되지 않으며, 주식시장의 흐름과는 독립적으로 운용되고 있습니다. 물론 만약 시장 전체가 상당하게 상승한다면 나는 우리 포트폴리오의 이러한 섹션들이 시장의 방향에서 뒤처질 것을 예상합니다.

1958년 2월 6일

나는 우리 버핏투자조합의 1957년 말 포트폴리오가 1956년 말 포트폴리오보다 더 나은 가치를 갖고 있다는 사실을 분명하게 말할 수 있습니다. 이렇게 된 까닭은 1957년 주식들이 전반적으로 저평가되어 있었고, 당시는 오랜 기간 인내심을 갖고 기다려야만 살 수 있는 그런 저평가된 주식을 살 수 있는 시기였기 때문입니다. 일찍

이 나는 우리 투자조합 전체 자산의 10~20%를 구성하고 있는 가장 큰 형태에 대해 언급한 바 있습니다. 적절한 시기가 되면 나는 이것이 전체 투자조합 자산의 20%가 되도록 할 계획입니다. 그렇지만 서두르지는 않으려고 합니다. 투자 기간 동안 우리의 주요한 관심사는 우리가 관심을 갖는 주식의 가격이 상승하는 것이라기보다는 오히려 그대로 있거나 하락하는 것이기 때문입니다. 그래야만 우리가 그 주식을 충분히 매입할 수 있기 때문이지요. 주가가 오르면 충분히 매입할 수 없습니다. 우리의 이런 방침은 상당한 인내를 요하지만 장기적으로는 이익을 극대화시킵니다.

1959년 2월 11일

중간 규모의 투자 신탁을 운용하는 한 친구가 최근에 다음과 같은 글을 썼습니다. "미국인들의 특성인 변덕스러운 기질이 1958년의 주요한 변화들을 생산해냈다. 주식시장에 대해서는 최소한 '생동감 넘치는Exuberant'이라는 표현이 적절할 것 같다."

나는 이 문장이 아마추어 투자자였든 전문 투자자였든, 1958년의 주식시장에서 지배적이었던 심리 변화를 잘 요약했다고 생각합니다. 1957년은 강세장이었습니다. 지난 시절, 온갖 이유들이 시장에 '투자하는 것'을 정당화하기 위해 이용되었습니다. 의심할 여지없이 많은 수의 변덕스러운 성향을 지닌 사람들이 주식 강세장에 들어왔습니다. 그들이 시장 안에 머무르는 기간은 그들이 얼마나 오랫동안 수익을 빠르고 수월하게 얻을 수 있는지에 대해 믿는 것에 달려 있었지요. 얼마나 오랫동안 그들이 숫자를 불려가며 주식 가격의 상승을 촉진시킬지는 예상할 수 없지만, 나는 그들이 주식시장에 오래 머무르는 만큼 후폭풍 또한 더욱 거셀 것이라는 말만은 타당하다고 믿습니다.

1960년 2월 20일

여러분들 중 대부분은 내가 지난 수년간 주식시장의 상황을 매우 우려해왔음을 잘 알고 있을 것입니다. 이러한 우려는 지금까지 반드시 필요한 것은 아니었습니다. 전통적인 기준으로 보았을 때는 블루칩 주식들의 현재 가격은 투기적 요소를 갖고 있으며 여기에 상응하는 손실 위험도 물론 존재했습니다. 어쩌면 전통의 기준을 영원히 대체해버릴 수도 있는 다른 가치 평가 기준이 발달하고 있다고도 볼 수 있습니다. 하지만 나는 그렇게 생각하지 않습니다. 내 생각이 틀린 것일 수도 있겠지요. 새로운 시대는 성장이 무한대로 이뤄질 것이라고 믿고 있습니다. 그렇지만 나는 이 같은 철학을 적용했다가 영구적 자본 손실에 직면하기보다는 차라리 보수적으로 행동함으로써 손실을 입는 것을 선택하겠습니다.

1961년 1월 30일

1960년이 평균보다도 더 좋은 해가 될 것이라는 것을 예상치 못했던 것은 아닙니다. 전반적으로 시장이 평균적으로 마이너스 6.3%의 손실을 본 데에 반해, 우리는 그동안 운용했던 일곱 개의 투자조합에서 22.9%의 수익을 얻었습니다.

1961년 7월 22일

여러분들에게 이해를 구하고 싶은 부분이 있습니다. 그것은 만일 우리가 계속해서 1961년 상반기의 속도대로 성장하고 있는 시장에 계속 참여한다면, 우리가 다우지수의 성과를 계속해서 능가할 수 있을지에 대해서는 의문이 드는 반면, 평균치보다도 더 하락할 가능성은 아주 높다는 사실입니다.

다른 일반적인 포트폴리오와 비교한다면 우리가 보유한 주식들이 상당히 보수적이라고 나는 언제나 믿어왔지만, 전체 시장이 성장하는 동안에는 더욱 보수적으로 천천히 그 가치가 상승할 것입니다. 버핏투자조합을 운용해온 모든 기간에 걸쳐서 나는 포트폴리오의 일부 주식을 시장 움직임과 격리되도록 만들기 위해 노력했습니다. 다시 말해 나는 포트폴리오의 일부 주식은 주식시장이 상승하면 덩달아 상승하거나, 주식시장이 하락하면 덩달아 하락하는 일이 없이 언제나 적정 가치를 반영하도록 만들고자 했습니다. 지금의 시장은 심지어 아마추어 요리사(초보 투자자)의 식욕까지 북돋우고 있는 실정이지만 우리는 우리 포트폴리오의 대부분이 스토브에 놓여 있지 않음을 알고 있습니다. 다시 말해 지금의 주식시장은 초보 투자자들도 뛰어들 만큼 뜨겁게 달아올랐고 대다수 주식 가격이 상승하고 있지만 우리가 보유하고 있는 주식은 여전히 사람들의 관심권에서 벗어나 있습니다.

1962년 7월 6일

올해 상반기에 가장 큰 타격을 입은 것은 이른바 성장형 펀드라고 일컬어지는 펀드들이었습니다. 성장형 펀드란 저평가되어 있는 주식보다는 향후 성장성이 기대되는 주식들로 채워진 펀드를 말합니다. 이 펀드는 올해 상반기에 거의 예외 없이 다우지수보다 훨씬 더 많이 하락했습니다. 3대 성장형 펀드에 속하는 피델리티 캐피탈 펀드, 퍼트넘 성장형 펀드, 그리고 웰링턴 에쿼티 펀드는 지난 몇 년간 최고의 성적을 거두었지만, 이번 상반기에 평균 마이너스 32.3%의 손실을 기록했습니다. 당연히 지적해야 할 것은 이들 펀드는 1959~1961년에 좋은 성적을 달성한 덕분에 전반적인 성과는 여전히 평균보다는 좋은 편이며 미래에도 그럴 것이라는 점입니다. 그러나 아이러니하게도 이들이 보여준 초반의 우수한 투자 성과는 새로운 투자자들로 하여금 그들이 운용하는 성장형 펀드로 몰려가게끔 만들었고, 그 결과 이전 시기에 높은 수익률을 얻을 수 있었던 투자자들보다 훨씬 더 많은 투자자들이 올해의 좋지 않은 실적을 경험하게 되었습니다. 이 경험은 '투자 성과는 호황기의 시장과 불황기의 시장 모두를 포함하여 평가해야 한다'는 나의 이론을 확인시켜주기도 했습니다. 호황과 불황은 계속 이어질 것입니다: 이러한 내 주장의 핵심은 6개월 전, 이 일련의 사건이 일어나기 전보다 더 잘 이해됐으리라 생각합니다.

1962년 11월 1일

여기까지 읽었다면 당신은 우리가 1962년까지 어떻게 투자해왔는지에 대한 보고를 받을 권리가 있습니다. 10월 31일이 저무는 시점에서 다우지수는 배당이 약 16.8%가량 감소한 것을 포함하여 전반적인 손실을 보였습니다. 우리의 전체적인 수익은 (조합원들에게 지불금을 지급하기 전을 기준으로) 5.5%입니다. 이는 다우지수 대비 22.3%p 앞서는 이익이며, 이런 수익률이 올해 말까지 유지된다면 그것은 우리가 지금껏 얻었던 가장 높은 수익이 될 것입니다. 전체 이익의 60%는 뎀스터 밀 이외의 포트폴리오에 의해서 달성된 것이며, 나머지 40%는 뎀스터 밀 주식 가치가 상승한 결과입니다.

나는 현재의 모든 조합원들과 미래의 조합원들이 이 같은 결과가 매우 비정상적인 일임을 알아주었으면 합니다. 만약 한 번이라도 이런 일이 다시 일어난다면, 이것은 불규칙하게 일어나는 일임을 알아주기 바랍니다. 이번에 올린 성과는 다우지수가 상당하게 하락하던 시기에 우리 자본의 많은 부분을 일반 시장의 상황보다는 통제된 자산과 워크아웃 주식에 투자한 결과입니다. 만약 다우지수가 1962년에 크게 상승했다면, 우리는 상대적으로 매우 나쁜 성과를 거두었을 것입니다. 지금까지 우리가 거둔 성공은 나의 시장 예측력과는 무관합니다. 다시 말해 나는 시장 예측을 잘해서 성과를 거두지 않았습니다. 나는 시장을 예측하려는 시도조차 하지 않습니다. 그보다는 보통주가 급등하면서 내가 다른 유형의 투자처에 투자함으로써 높은 성과를 거둘 수 있었습니다. 만약 다우지수가 계속해서 급등했다면 우리는 토템 폴Totem pole*에서 낮은 자리를 차지했을 것입니다. 다시 말해 만약 다우지수가 계속해서 올랐다면 우리의 성과는 신통치 않았겠지요. 우리는 우리의 투자 방법이 단기적으로는 다우지수와 전혀 맞지 않는 해가 올 수 있음을 충분히 예상하고 있습니다. 그렇지만 나는 장기적으로 보면 다우지수의 추이와 우리의 성과는 수렴할 것이라고 예상하며, 이 예상이 틀린다면 나는 패배를 인정하고 다우지수를 사겠습니다.

나는 이처럼 결론을 내리며 이상으로 나의 설교를 마치고자 합니다. 나는 어느 누구도 앞으로 지난 몇 년간의 시장 패턴이 반복될 것이라고 기대하지 않기를 바랍니다. 나는 앞으로의 성과가 다우지수의 평균보다 훨씬 적을 것이라고 생각합니다.

---

* 아메리카 원주민 사회에서 토템의 상을 그리거나 조각한 기둥.

1963년 1월 18일

지난 수개월간 이어진 강세장으로 인해 다우지수로 대표되는 일반 주식시장은 많은 이들의 예상과는 달리 급격한 하락장을 거치지는 않았습니다. 다우지수는 연초에 731이었다가 6월에 535까지 떨어졌지만 결국 652로 반등해 마감했습니다. 1960년이 끝날 무렵의 다우지수는 616이었습니다. 이 점에서 미루어 보았을 때 지난 몇 년간 거래량이 폭발했지만 대부분의 일반 투자자들은 1959년 혹은 1960년의 시장 수준에서 그다지 재미를 보지 못했음을 알 수 있습니다. 만약 어떤 투자자가 지난해에 다우지수에 포함된 주식들을 갖고 있었다면 (나는 상당수의 사람들이 1961년의 높은 수준을 기대하고 주식시장에 들어갔을 것이라고 상상합니다.) 그들은 마이너스 10.8%의 손실을 경험했을 것입니다. 그러나 23.30%의 배당을 받아 실제로는 마이너스 7.6%를 기록했을 것입니다. 이 기간에 우리의 평균 수익률은 13.9%였습니다.

1964년 1월 18일

우리는 지난 7년 동안 풍요로운 시절을 보냈습니다. 요셉Joseph에게 사과하며 우리는 성서의 내용은 무시하고자 했습니다.* (성서에 나오는 노아는 모든 종류의 동물을 방주에 한 쌍씩 태우는데, 이는 투자자로 치면 철저한 분산투자자입니다. 나는 노아의 생각에 단 한 번도 깊은 관심을 가져본 적이 없습니다.)

더 진지하게 나는 한 가지 강조하고 싶은 것이 있습니다. 우리가 올린, 다우지수 대비 17.7%p를 앞선 초과 수익은 앞으로 오랜 기간 동안 얻을 수 없는 성과라는 점입니다. 실은 다우지수를 10%p 앞서는 것도 충분히 만족할 만한 성과이고, 이보다 낮은 성과를 냈더라도 의미 있는 기록입니다. 이것은 앞으로 오랜 기간 동안 우리의 투자 성과가 다우지수를 간신히 앞서거나 심지어 다우지수보다 못할 수 있다는 점을 의미합니다.

---

* 요셉은 구약성서의 『창세기』에 나오는 인물로 야곱과 라헬의 사이에서 태어난 열두 명의 아들 가운데 열한 번째 아들이다. 그는 아버지의 편애를 받았으며, 이 때문에 나머지 형제들의 시기 끝에 이집트에 노예로 팔려갔다. 그는 이집트에서 노예 생활을 하다 사면되어 최고 통치자인 파라오의 시중을 들게 됐는데, 어느 날 파라오가 자신이 꿈을 꾼 내용을 들려준다. 꿈의 내용인즉, 파라오가 나일 강가에 서 있었는데 크고 살찐 암소 일곱 마리가 걸어 나와 강둑에서 자라는 풀을 먹기 시작하더니 이윽고 못 생기고 비쩍 마른 암소 일곱 마리가 그 살찐 암소 일곱 마리를 모두 잡아먹은 것이었다. 요셉은 이를 두고, 일곱 마리의 살찐 암소는 앞으로 7년간 풍년이 들 것임을 은유하는 것이고, 일곱 마리의 비쩍 마른 암소는 7년간 기근이 들 것임을 은유하는 것이라고 해석하며 풍년이 드는 7년 동안 곡식을 모아 저장하여 기근이 들었을 때 백성들에게 나눠주어야 한다고 조언한다. 버핏은 성경의 내용을 인용하며 지난 7년간 큰 투자 성과를 거두었고, 이후 7년도 여전히 좋은 투자 성과를 낼 것이라는 점을 말하고 있다. 또, 자신의 집중투자 스타일도 그대로 유지할 것이라는 점도 밝히고 있다. 버핏은 성과가 나쁜 종목을 미리 예상하고 손실을 상쇄하기 위해 분산투자를 하는 것은 자신의 투자 방식이 아니라는 점을 분명히 하고 있다.

1965년 1월 18일

지난 8년 동안 우리가 보유한 주식의 성과는 일반적인 주식시장에서 미래의 수십 년간 얻기 힘들 정도의 성과로 탁월했습니다. 그렇지만 앞으로 20년 혹은 30년의 기간 동안 나는 우리의 투자 성과가 다우지수와 비교했을 때 우리의 짧은 역사에서 얻었던 11.1%보다 낮은 6~7%에 머무를 것으로 예상합니다.

1965년 1월 18일

우리는 앞으로 버핏투자조합의 성과가 다우지수와 비교해 16.6%p를 앞선다거나, 유한책임 조합원이 11.1%p의 우위를 즐기는 것이 가능하지 않다고 생각합니다. 물론 수익 배분 체계에 의해 유한책임 조합원이 한 해 정도 다우지수보다 떨어지는 이익을 배분받은 바가 있었지만, 우리의 자본은 지난 8년 동안 연달아 다우지수를 능가했습니다. 우리는 앞으로 버핏투자조합의 성과가 다우지수보다 더 떨어지는 연도들('한 해'가 아니라 '여러 해'라는 복수형을 쓴 것에 주의하십시오)을 분명 맞이하게 될 것임을 확신합니다. 무한책임 조합원들이 이를 악물고 노력하더라도 말입니다. (부디 유한책임 조합원들이 그렇지 않기를 바라는 바입니다.) 만약 그러한 일이 일어난다면 우리의 우수한 마진은 급격히 떨어지게 될 것입니다. 나는 우리가 원하는 대로 앞으로도 제법 괜찮은 이윤을 남길 것이라고 말할 수 있을지도 모릅니다. 하지만 지금껏 우리가 아주 나쁜 손해를 보지 않았다는 사실로 인해, 앞으로도 영원히 이만큼의 이익을 볼 수 있을 것이라고 명확하게 장담할 수는 없습니다.

1965년 11월 1일

내가 이 편지를 쓰고 있는 지금, 우리 버핏투자조합은 제법 만족스러운 형태의 궤도에 올라선 상태입니다. 우리 수익률은 과거 평균보다 훨씬 더 다우지수를 앞질렀습니다. 단순히 순이익만 살펴보고 투자를 감행하는 초보 투자자들조차도 만족할 만한 성과를 거두었습니다. 하지만 이 모든 상황이 연말이면 급격한 변화를 맞을 수 있습니다.

1966년 1월 20일

우리는 버핏투자조합 역사상 최대의 이익을 달성했습니다. 전체 다우지수가 14.2%(다우지수를 보유하여 얻은 배당금을 포함한 수치) 상승한 것에 비해 우리는 47.2%의 수익을 거두었지요. 앞으로 이 수치는 다시 반복되지 않을 것입니다. 우리가 올린 그간의 성과는 일시적인 것이며, 앞으로 어느 누구도 이 같은 수치를 다시 써서 공개적으로 망신당하고 싶지는 않을 것입니다. 이런 수치는 다시는 나올 수 없기 때문이지요.

1966년 1월 20일

탁월한 성과를 기록한 지난해 이후, 나는 자연스럽게 이 같은 의문이 들었습니다. "앞으로 우리가 무엇을 해야 고객(버핏투자조합 조합원)으로부터 앙코르를 받을 수 있는 것일까?" 우리가 수행하는 투자 사업은 모멘텀을 지속적으로 유지하기가 어렵다는 단점을 가지고 있습니다. 예를 들면 우리의 투자 성과(수익률)는 일정한 한계를 갖고 있으며, 절대로 무한대로 높아질 수가 없습니다.

만약 제너럴모터스가 1965년에 미국 신차 등록의 54%를 차지했다면 사람들은 이듬해인 1966년의 미국 신차 등록에서 제너럴모터스가 차지하는 비중도 이 수치와 유사할 것이라고 추정합니다. 미국인들의 자동차에 대한 로열티, 딜러의 능력, 차량 생산 능력, 소비자 이미지가 쉽게 바뀌지 않기 때문이지요.

그러나 투자 업계는 그렇지 않습니다. 1966년 우리 조합원들은—신규 투자자이든 오래된 투자자이든—1964년이나 1965년에 비해 제한된 이익을 얻었습니다. 과거의 방식과 아이디어들이 성공적이었다고 해서 그것이 미래의 성공으로 더 이상 이어지지 않습니다.

지난 편지의 '우리의 목표' 부분에서 서술했던 것처럼 나는 앞으로도 장기간에 걸쳐 높은 성취를 이루기를 희망합니다. 그러나 1965년의 성공이 앞으로도 빈번하게 벌어질 수 있다고 믿는 이들은 주말마다 '핼리혜성 관측 클럽'*에 다니고 있는 것이나 다름없습니다. 우리는 손실을 겪을 수도, 다우지수보다 열등한 수익률을 기록할 수도 있습니다. 여기에 대해서는 의심의 여지가 없습니다. 그렇지만 나는 장기적으로 우리의 평균 성과가 다우지수를 능가할 것이라고 믿습니다. 이 같은 나의 생각이 바뀐다면 그 사실을 곧바로 여러분들께 공지하겠습니다.

1966년 1월 20일

1965년, 우리의 성과는 전반적으로 좋았습니다. 당시 우리는 투자 아이디어가 많지는 않았지만 투자 아이디어의 실현 가능성은 매우 높았으며, 어떤 경우에는 그 투자 아이디어가 현실화되는 시기가 우리의 예상보다 빨리 찾아왔습니다. 올해 나는 투자 아이디어가 많지 않지만 그중 몇 가지는 실현 가능성이 상당히 높다고 전망합니다. 투자 아이디어의 성공 여부는 시장 상황이 호의적인가 그렇지 않은가에 달려 있습니다.

* 핼리혜성은 76년을 주기로 지구에 접근하는 혜성이다. 지구에 접근하는 주기가 76년임을 밝혀낸 영국 천문학자 에드먼드 핼리의 이름에서 유래했다. '주말마다 핼리혜성 관측 클럽에 다닌다'는 버핏의 표현은 실제로는 발생하는 경우가 극히 드문 일을 보기 위해 자주 행동한다는 의미이다.

그렇지만 전체적으로 그중 상당수가 1965년의 투자 아이디어에서 나왔다는 것을 여러분들이 알아두었으면 합니다.

1967년 1월 25일

첫 번째 10년

버핏투자조합은 올해 10주년을 맞이했습니다. 기념할 만한 일입니다. 다우지수와 비교하여 모든 시기를 통틀어 (과거와 미래를 통틀어) 최고의 성과를 달성했기 때문입니다. 우리의 수익률은 36%p였는데, 이는 투자조합이 거둔 20.4%의 플러스 수익, 그리고 다우지수가 거둔 15.6%의 손실에서 비롯된 결과입니다.

이 같은 기쁘지만 다시 반복되지 않을 경험은 일부 다우지수의 지나치게 낮은 성과에 기인합니다. 사실상 그 해 모든 펀드 매니저들은 다우지수보다 좋은 성과를 거두었지요. 다우지수는 30개 종목 주가의 가중치에 의하여 결정되는 지수입니다. 다우지수를 구성하는 30개 종목 가운데 듀퐁, 제너럴모터스 같은 일부 주식은 가중치가 비정상적으로 높게 매겨져 있는데, 1966년에 특히 주가 상승률이 부진했습니다. 시장 참여자들은 이런 전통적인 블루칩을 기피했는데, 그것이 다우지수로 하여금 전반적인 시장의 실제 투자 기록보다 더욱 안 좋은 결과를 내도록 만들었습니다. 이는 특히 지난 분기에 두드러졌습니다.

1967년 1월 25일

비즈니스의 트렌드

책의 첫 장에 나오는 숫자를 해석하는 것에만 집중하다 보면 수많은 나쁜 결론에 이르게 됩니다. 단편적인 사실에만 집중하다 보면 틀린 결론에 이르게 되는 것이지요.

지난 10년간 쌓아올린 결과는 향후 10년간 절대로 다시 일어나지 않을 것이며, 근처에도 다다르지 못할 결과입니다. 만약 절박한 마음가짐을 가진 스물여섯 살의 한 청년(버핏 자신을 의미한다)이 최초의 투자조합 자본금으로 10만 5,100달러를 들고 시작해 10년간 운용을 하고, 이 기간에 시장이 이 청년에게 호의적인 모습으로 나타난다면 이 성과는 다시 한 번 달성 가능할지도 모르겠습니다.

그러나 현재 절박하지 않은 서른여섯 살의 청년이 5,406만 5,345달러 규모의 투자조합 자본을 운용하면서, 현재 그의 투자 철학에 알맞을 만한 좋은 아이디어들이 폭발적으로 떠오르지 않는 상태에서는 달성할 수 없는 수치입니다.

버핏 어소시에이츠*는 1956년 5월 5일 미주리 주의 웨스트 뱅크에서 가족 네 명과 가까운 친구 세 명에 의해 탄생했습니다. 초기 자

* 버핏투자조합이 통합되기 이전의 투자회사.

금은 10만 5,100달러였습니다. (나는 당시로 돌아가 그 시점에서 내가 미래에 관해 빛나는 통찰력을 제시한 내용이 있는지를 찾았으나 허사였습니다. 1957년 1월에 썼던 편지에서 그런 부분이 있다면 인용을 하려 했지만 찾지 못했지요. 다시 말해 나는 버핏 어소시에이츠를 시작했을 당시, 내가 이처럼 커다란 성취를 하게 될 줄은 몰랐습니다.)

당시 개인 오너에 대한 가치를 기준으로 보았을 때 시장에는 싸게 거래되는 주식들이 많았습니다. 또, 우리가 선호하는 워크아웃 주식도 많이 발견할 수 있었지요. 그런데 이후 수년이 지나자 상황은 극적으로 변했습니다. 이제는 우리가 이해할 수 있고, 중소형 규모에, 다우지수 대비 10% 이상의 기대 수익을 가져다줄 수 있는 주식은 극소수로 발견됩니다. 특히 최근 3년간 우리는 탁월한 성과를 보여줄 것이라 기대되는 새로운 아이디어를 고작 한 해에 둘 내지 셋을 찾아내는 데에 그쳤습니다.

다행히도 몇몇 경우, 우리는 그들이 가져다줄 수 있는 최대의 성과를 거두었습니다. 그러나 초기의 우리는 더 적은 노력으로도 말 그대로 수십 번의 기회들을 만들어낼 수 있었습니다. 한 사람의 생산성이 이렇게 감소한 데에 대한 원인을 객관적으로 찾기란 쉽지 않은 일입니다. 그러나 다음의 세 가지 요인은 분명해 보입니다.

(1) 다소 변화한 시장 환경

(2) 운용 자금 규모의 증가

(3) 상당히 치열해진 경쟁

근사한 아이디어 몇 가지에 근거해 경영되는 투자는 지속적으로 풍부한 아이디어를 가진 투자에 비해 전망이 어둡습니다. 다시 말해 좋은 아이디어가 끊임없이 샘솟는 환경에 있는 투자가 전망이 밝다는 말이지요. 근사한 아이디어가 정체되어 있다면 투자 성과는 부진할 가능성이 높습니다. 나는 내가 이해하는 범위를 넘어서는 투자 결정을 절대 하지 않을 것입니다. 나는 "상대를 꺾을 수 없다면 그들의 편에 서라"는 방식의 투자는 하지 않습니다. 나는 "그들 편에 설 수 없다면 그들과 맞서 이겨라" 하는 방식을 선호합니다.* 나는 투자 결정을 내릴 때 나의 머리로는 이해할 수 없는 사업에는 발을 들이지 않을 것입니다. 나는 반도체나 통합 서킷에 대해서는 찌르자스츠크스chrzaszcz** 가 교미하는 습성에 대한 것만큼 알지 못합니다.

우리는 주식에 투자할 때 시장에 만연해 있는 기업가치를 무시하는 식의 접근법을 따르지 않을 것입니다. 그와 같은 이른바 '유행을 추종하는 투자'는 최근 몇 년간 종종 상당히 빠르게 수익을 달성했습니다. (이런 투자법은 내가 지금 이 편지를 쓰고 있는 1월에도 그러한 수익을 냈습니다.) 그와 같은 투자법은 그 건전성을 인정할 수도, 부정할 수도 없는 투자 기법입니다. 나의 지성(혹은 나의 편견)으로는

---

* 버핏의 투자법인 가치투자는 남들의 눈에 잘 띄지 않는 가치 있는 주식을 찾아내는 방법이다. 그러므로 가치투자자는 본질적으로 대중의 의견과 반대편에 설 수밖에 없다.

** 폴란드 동화작가 잔 브제스바가 발표한 어린이를 위한 동화에 나오는 풍뎅이 이름. '찌르자스츠크스'는 성인도 발음하기 어려울 정도의 단어로, 아무런 의미 없는 알파벳 조합이다. 버핏은 찌르자스츠크스라는 난해한 단어가 무슨 의미인지 모르는 것과 마찬가지로 반도체나 통합 서킷에 대해서도 자신이 아는 바가 사실상 없다는 사실을 강조하고 있다.

절대 용납할 수 없으며, 무엇보다도 나의 기질과 전혀 맞지 않는 기법입니다. 나는 나의 돈을 그러한 접근법에 근거해 투자하지는 않을 것입니다. 그러므로 나는 또한 여러분의 돈으로도 절대 그렇게 투자하지 않을 것입니다.

마지막으로 우리는 뛰어난 수익의 기대치가 제공되더라도 보수적으로 투자할 계획입니다. 내가 여러분들에게 조합원으로서 이 가느다란 아이디어라도 유지하고 이로부터 최대한 많은 이익을 창출하기 위해 부단히 노력할 것이란 사실을 약속합니다. 하지만 만약 이 아이디어가 완전히 다 말라버린다면, 여러분들에게 솔직하고 즉각적으로 알릴 것이며, 함께 추후의 대안을 논의해나갈 것입니다.

1967년 1월 25일

우리 모두는 버핏투자조합에 대한 관심을 지속적으로 유지할 것입니다. 무미건조한 학구적인 관심을 넘어 감정과 열정을 가진 관심을 말입니다. 종업원들과 나, 나의 배우자와 아이들은 총 1,000만 달러를 1967년 1월 1일, 버핏투자조합에 투자했습니다. 우리 가족은 버핏투자조합에 우리 가족 순자산의 90% 이상을 투자하고 있습니다.*

---

* 버핏은 자신의 개인 재산 대부분을 자신이 운영하는 버핏투자조합에 투자하고 있음을 밝히며 버핏투자조합과 자신을 운명 공동체로 여기고 있음을 조합원들에게 암시한다.

1967년 7월 12일

반기 성과

이 편지는 늦은 6월, 캘리포니아 가족 여행 전에 쓰는 중입니다. 평상시 나는 손익계산서를 작성할 때면 수지를 맞추는 부분에서 개인적 취향을 반영시키고자 노력해왔습니다. 다시 말해 나는 그 부분을 기록할 때 나만의 독특한 필체를 넣는 등의 방법으로 나의 개인 취향을 반영해왔지요. 이 같은 나의 평소 취향을 유지하기 위해 나는 지금 이 글을 쓰는 부분에 빈칸* 몇 개를 남기고자 합니다. 그리하여 숫자가 도출되었을 때 결론이 적합해 보이게 만들고자 합니다.

우리는 1967년 1월을 충격적으로 시작했습니다. 투자조합 역사상 가장 실적이 부진했기 때문입니다. 다우지수가 8.5% 상승한 것에 비해 버핏투자조합은 겨우 3.3%의 수익을 냈을 뿐입니다. 그런데 이런 쓰라린 시작에도 불구하고, 우리는 이번 반기를 21% 수익으로 마감했고, 이는 다우지수에 비해 9.6%p 높은 수치입니다. 1966년 내내 다우지수는 비교적 쉬운 경쟁 상대였습니다. (그렇지만 언제나 그렇지는 않을 테지요.) 그리고 대부분의 펀드 매니저들 또한 다우지수 대

* 버핏투자조합의 1967년 반기 실적은 유례가 드물게 저조했다. 충격적으로 부진한 실적을 쓰려다보니 버핏은 마음을 가다듬을 필요가 있었던 것으로 보인다. 그래서 글에 빈칸을 두겠다는 표현을 사용했던 것이다.

비 양호한 성과를 거두었습니다.

1967년 7월 12일

10월에는 특별 편지가 발송될 예정입니다. (여기에 주의를 집중해 주시기를 바랍니다.) 이 편지에서 투자조합 계약 조항이 변화하는 것은 아니지만, '기본 원칙들'의 일부에 변화가 있을 예정입니다. 나는 다가오는 내년에 조합원들이 이에 대해 긴 시간을 갖고 심사숙고하기를 바랍니다. 투자조합 계약 조항이 우리 사이의 법적인 이해를 반영하고 있다면 이 기본 원칙들은 나의 개인적인 성향을 반영하고 있고 어떤 면에서는 더 중요한 문서입니다. 나는 아무리 작은 변화일지라도 그것은 문서로 기록되어야 하며, 이것이 우리 투자조합의 성과에 영향을 주기 이전에 충분히 조합원들에게 설명이 되어야 한다고 생각합니다. 그러므로 모쪼록 10월 편지를 기다려주시기를 바랍니다.

1967년 10월 9일

나의 조합원들에게

지난 11년 동안 나는 버핏투자조합의 투자 목표를 해마다 다우지수와 비교해 평균 10%p 이상을 달성하는 것으로 설정했습니다. 당시의 시장 환경에서 나는 그 목표가 달성하기 어렵기는 하겠지만 그래도 가능할 것이라고 판단했습니다.

그런데 다음과 같은 조건들에 따라 앞으로 이 기준에 변화를 주고자 합니다.

1. 시장 환경은 지난 10년간 긍정적으로 변화했으며, 이로 인해 저렴하게 거래되면서 투자할 만한 주식의 숫자가 크게 감소했습니다.*

2. 주식시장 참여자들의 투자 성과가 양호하고, 이에 따라 주식에 대한 시장의 관심이 뜨거워졌습니다. 시장 참여자들은 주가의 단기적인 움직임에 극도로 민감하게 반응했습니다. 이에 따라 나의 분석에 기반한 투자 방식은 설 자리를 잃고 있습니다. 물론 주식시장이 상승장이어서 나의 투자 성과도 덩달아 좋아지기는 했습니다.

3. 여기에 덧붙여 우리 투자조합이 운용하는 자금도 증가해 투자조합의 기초 자본은 6,500만 달러가 되었습니다. 자금이 증가하면 투자할 대상도 줄어드는 문제가 발생합니다. 투자 아이디어도 감소

* 앞서 1967년 7월 12일의 편지에서 버핏은 기본 원칙에 변화가 있을 것이며, 이를 주목해줄 것을 당부했는데, 10월이 되자 실제로 그 내용을 밝히고 있다. 버핏은 고향 오마하로 귀향한 1956년에 투자조합을 만들어 1969년까지 13년간 주식을 운용했는데, 이 기간의 주식시장은 보기 드문 상승장이었음을 밝히고 있다. 그런데 주식시장이 상승하면 저렴하게 거래되는 주식이 감소하고, 이에 따라 투자할 만한 주식을 찾기 어려워진다. 1967년 10월의 편지에서 버핏은 이같은 고민을 토로하고 있다.

하는데다 자금의 증가로 투자할 대상도 줄어드는 이중의 문제가 발생하고 있는 중입니다.

4. 나는 개인적으로 중소형 규모의 저평가된 기업을 투자 대상으로 선호합니다. 그런데 최근 투자 성과가 개선되면서 나는 초기의 젊은 시절에 비해 나의 개인적인 투자 방식을 덜 고집하게 되었습니다.

각각의 요인들을 자세히 살펴보겠습니다.

투자 목적으로 주식이나 기업을 평가하는 작업에는 언제나 '양적 요인'과 '질적 요인'이 혼합되어 있습니다. 이 가운데 질적 요인만을 특별히 더 강조하는 애널리스트는 이렇게 말합니다. "올바른 기업을 매입하라. 다시 말해 사업 전망이 밝고, 그 기업이 속해 있는 산업의 조건이 양호하고, 경영진이 우수한 기업을 매입하라. 그러면 주가는 스스로 알아서 움직일 것이다." 반면, 양적 요인을 대변하는 애널리스트는 이렇게 말합니다. "좋은 가격에 매입하라. 그러면 기업과 주가는 알아서 잘될 것이다." 주식의 세계에서는 두 가지 관점 가운데 어느 쪽으로 접근하든 돈을 벌 수 있습니다. 그리고 물론 모든 애널리스트들은 이 두 가지 관점을 적절히 결합합니다. 어떤 애널리스트가 양적 관점에 치중하는 분석가인가, 질적 관점에 치중하는 분석가인가를 가리는 기준은 그가 이 두 가지 관점 가운데 상대적으로 어느 쪽에 더 비중을 두는지에 따라 결정되며, 어느 쪽에만 완벽하게 매몰되어 있는 경우는 없습니다.

흥미롭게도 나는 스스로를 양적 요소를 중요하게 생각하는 쪽에 속해 있다고 생각하지만, 내가 지난 몇 년간 발견했던 정말로 훌륭한 아이디어들은 질적 측면에 매우 치중되어 있었습니다. 이것이야말로 금전등록기에 돈이 쌓이게 만드는 비결이지요. 다시 말해 질적 측면이야말로 나로 하여금 돈을 벌게 만들어주었습니다.

물론 양적 측면에서는 통찰력이 필요하지 않습니다. 하지만 마치 야구 배트로 머리를 맞듯이 떠오르는 중요한 통찰은 매우 드물게 찾아옵니다. 따라서 정말 큰돈은 질적 판단을 중요시하는 투자자가 벌게 되지만, 최소한 나의 사견으로는 더 확실한 수익은 명확한 양적 결정에 의해 얻게 됩니다.

이러한 통계적 매수는 지난 몇 년간 사라지고 있는 중입니다. 이런 현상이 생긴 배경에는 1930대까지만 해도 미국인들에게 만연해 있던 주식에 대한 편견이 1950년대부터 경제적 불황 없이 주식시장이 상승을 거듭한 것과 관련이 있는 것으로 생각됩니다. 어쩌면 이는 주식투자를 긍정적으로 받아들이는 사회 분위기에 기인할 것입니다. 그리하여 기업 인수가 성행하고 얼마나 주식을 싸게 샀는지에 대해 사회적 관심이 집중되는 경향과도 관련이 있는 것으로 보입니다. 원인이 무엇이든 이 같은 경향으로 인해 결과적으로 양적인 관점에서 할인 가격에 거래되는 주식이 사실상 사라지고 있습니다. 이에 따라 우리에게 수익을 가져다줄 만한 투자 기회도 사라지고 있습니다. 여전히 약간의 기회들이 존재하지만 말입니다.*

물론 내가 중요한 질적 판단을 내릴 수 있는 주식들 또한 존재할 것입니다. 이는 우리에게 큰 이익을 볼 수 있는 기회를 선사할 것입니다. 그러나 그런 경우는 드뭅니다. 지난 3년간 우리가 달성한 좋은 성과는 모두 양적인 관점에 기반한 투자 아이디어 덕분입니다.

양적 관점이냐 질적 관점이냐의 문제 다음으로 부각되고 있는 또 하나의 문제는 투자 성과에 대해 점증하는 관심입니다. 지난 수년간 나는 측정하는 것의 중요성을 설교하다시피 언급해왔습니다. 그간 나는 투자조합의 투자 성과를 측정하는 기준으로 다우지수를 사용해왔습니다. 어느 해의 투자조합의 수익률이 다우지수 상승률을 초과했다면 그것은 성공한 투자이고 그렇지 않다면 실패한 투자였습니다. 지속적으로 나는 투자조합의 성과가 다우지수를 능가하지 못한다면 투자조합의 자금을 다른 곳으로 이동시켜야 한다고 말해왔습니다. 최근 이 생각은 모멘텀을 얻고 있습니다. 지난해부터인지 아니면 2년 전부터인지는 확실하지 않지만 이런 생각이 자주 머릿속에 떠오르고 있습니다. 나는 나의 생각을 행동으로 옮겨야 할 때가 왔다고 느낍니다.

나는 성과를 측정하기 위해서는 최소한 3년의 기간이 필요하다

---

* 버핏은 1956년부터 1969년까지 13년 동안 투자조합을 운용하면서 주로 양적인 관점에서 주식을 평가해왔다. 양적인 관점이란 기업이 갖고 있는 현금, 부동산, 채권 같은 자산이 얼마나 풍부한지를 기준으로 해당 기업의 주식을 매입하는 것을 말한다. 양적인 관점의 평가는 해당 기업의 사업보고서에 명확하게 나와 있기 때문에 상대적으로 쉽다는 장점이 있다. 이와 반대되는 개념인 질적인 관점이란 기업 경영진이나 임직원의 능력, 기업 문화 같은 눈에 보이지 않는 것들을 기준으로 해당 기업의 주식을 매입하는 것을 말한다. 질적인 관점은 해당 기업의 사업보고서에 나와 있지 않기 때문에 이 투자법을 구사하는 것은 상대적으로 어렵다. 버핏은 1967년 10월 조합원들에게 보내는 편지를 통해 자신이 그간 양적인 관점에 의해 주식투자를 해왔으나 이 투자법을 구사하는 것이 한계를 드러내고 있다는 사실을 공개하고 있다. 양적인 관점의 투자가 어려워진 이유는 주식시장이 지속적으로 상승하면서 현금, 부동산, 채권 같은 자산이 풍부한 기업이 점차 사라지고 있었기 때문이다.

고 항상 조합원들에게 환기시켜왔습니다. 투자자들은 자신들의 입안에 들어온 수익의 과실을 맛봄에 따라 자연스럽게 투자 성과에 대한 기대 기간이 점차적으로 짧아지고 있습니다. 투자 성과는 연간으로, 분기마다, 심지어 1개월 단위로 측정되고 있으며 어떤 경우에는 이보다도 더 짧은 기간에 걸친 성과 분석이 '즉각적 연구'라는 미명하에 이뤄지고 있는 중입니다. 이처럼 짧은 기간을 기준으로 이뤄진 평가에 대한 보수는 어마어마합니다. 이 보수는 달성한 결과에 대한 보상뿐만 아니라 다음 라운드에 필요한 새로운 자금을 끌어오는 것을 포함합니다. 따라서 자연발생적으로 더 많은 돈이 더 짧은 기간 동안 주식시장에 참여하는 식의 투자 활동이 이루어지고 있는 중이지요. 이 같은 활동이 가속화되면서 돈의 움직임이 갈수록 중요해졌고, 기업 분석 혹은 주식 분석의 중요성은 갈수록 빛을 잃어가고 있습니다.

내 생각에는 이러한 현상으로 인해 결과적으로 투기성 자본이 점점 큰 규모로 증가하리라고 전망합니다. 이는 꼭 새로운 현상은 아니지만, 그간 비교적 유순한 스타일의 투자를 하던 전문 투자자들도 이 같은 투기적 방식의 투자에 참여하고 있는 것이 최근의 새로운 특징입니다. 이런 현상은 적절한 찬사와 저명인사들, 그리고 전문 어휘들을 통해 위엄을 갖추었습니다. 오늘날까지 이런 방식의 투자는 수익성이 높았습니다. 이러한 방식이 미래에는 시장의 근본적인 성질이 될 수도 있습니다. 그럼에도 불구하고 이것은 이전의 연례 편지에서 밝혔듯이 내가 잘 하지 못하는 유형의 투자활동입니다. 이에 대해서 나는 지난 편지에서 다음과 같이 이야기했습니다.

"우리는 주식에 투자할 때 시장에 만연해 있는 기업가치를 무시하는 식의 접근법을 따르지 않을 것입니다. 그와 같은 이른바 '유행을 추종하는 투자'는 최근 몇 년간 종종 상당히 빠르게 수익을 달성했습니다. (이런 투자법은 내가 지금 이 편지를 쓰고 있는 1월에도 그러한 수익을 냈습니다.) 그와 같은 투자법은 그 건전성을 인정할 수도, 부정할 수도 없는 투자 기법입니다. 나의 지성(혹은 나의 편견)으로는 절대 용납할 수 없으며, 무엇보다도 나의 기질과 전혀 맞지 않는 기법입니다. 나는 나의 돈을 그러한 접근법에 근거해 투자하지는 않을 것입니다. 그러므로 나는 또한 당신의 돈으로도 절대 그렇게 투자하지 않을 것입니다."

어떤 형태이든 주식시장에서 큰돈으로 운용하는 과다한 활동은 모든 참여자에게 문제를 일으킬 소지가 있습니다. 나는 앞으로 주식시장이 어떠한 시도를 할 것인지를 예측하려고 시도하지 않을 것이며, 다우지수가 지금으로부터 1년 후에 600에 있을지, 아니면 900 혹은 1,200에 있을지에 대해서는 전혀 감도 잡지 못하겠습니다. 만약 현재와 미래의 투기적 활동에 의해 심각한 결과가 나타나더라도, 지금까지의 경험은 시기를 예측하는 것이 무의미하다는 것을 보여줍니다. 하지만 나는 현재 존재하는 이 상황들로 인해 앞으로의 시장에서 투자 활동을 결정하기가 더욱 어려워질 것이라는 점만은 확신하고 있습니다.

위에 작성한 것들은 어쩌면 그저 '시대에 뒤떨어진 영감님' 같은 말일지도 모르겠습니다(어찌됐든 나는 지금 서른일곱 살입니다만). 이 같은 투기적 방식의 투자법을 '게임'이라고 해봅시다. 당신이 이 게임에 동참했는데, 공교롭게도 이 게임이 더 이상 당신의 예상대로 진행되지 않는다면 문제로 이어질 것입니다. 나는 이전까지 다른 사람들이 이 게임에 참여하는 것을 경멸했었습니다. 나는 주변 사람들이 새로운 투자법을 받아들이지 않고 예전의 투자법을 고수하다가 손해를 보는 경우도 보았습니다.

기본적으로 나는 현재의 상황과 조화롭지 못합니다. 그러나 나는 한 가지만큼은 분명하게 해두고자 합니다. 그것은 다름 아니라 나는 나 스스로 그 논리를 분명하게 이해하고 있는 기존의 접근법(비록 적용하기는 힘이 들지만)을 포기하지 않을 것입니다. 나는 나의 기존 투자법이 비록 행하기는 어렵다고 할지라도 그만두지 않을 것입니다.

현재 세간에는 새로운 투자법이 널리 인기를 끌고 있으며, 나의 투자법은 쉽게 수익을 창출하는 접근법과는 다르다는 것을 압니다. 그렇지만 나는 새로운 투자법을 충분히 이해하고 있지도 않으며 성공적으로 실행에 옮겼던 적도 없습니다. 새로운 투자법은 자칫하면 자본에 상당하고도 영구적인 손실을 입힐 수도 있습니다.

우리의 어려움과 관련한 세 번째 요소는 우리의 총자산의 규모가 이전보다 더 커졌다는 사실입니다. 지난 몇 년간 나의 투자 아이디어는 우리 자본의 110%에서 1,000%까지 모든 곳에서 활용되었습니다. 나로서는 다른 상황의 시장이 존재할 수 있으리라는 사실을 상상하는 것조차 어려웠습니다. 나는 1967년 1월에 보낸 편지에서 조합원들에게 그러한 상황이 발생한다면 공지하겠다고 약속했던 바가 있으므로 이 약속을 이행해야만 합니다. 주로 앞서 언급한 두 가지 상황으로 인해 우리의 거대해진 자본은 성과를 내는 데에 방해가

되었습니다. 나는 이것이 내가 언급했던 네 가지 요인들 중 가장 덜 중요한 요소이며, 우리가 현재 자본의 10분의 1만을 운용하고 있더라도 우리의 성과는 조금 나아지는 정도에서 그쳤을 것이라고 생각합니다. 그러나 어찌됐든, 투자 자본의 증가는 현재로서 분명히 부정적인 요인입니다.

마지막으로, 가장 중요하게 숙고해야 할 문제는 나의 개인적인 동기의 문제입니다. 내가 버핏투자조합을 시작했을 때, 나는 투자의 목표를 '다우지수보다 10%p 더 높을 것'으로 정했습니다. 당시의 나는 지금보다 더 젊었고, 더 가난했고, 아마도 더 경쟁력이 있었을 것입니다.

지금까지 나는 부진한 성과를 초래한 세 가지 요인으로서 양적 관점에서 저평가된 주식이 줄어들고 있는 것, 투자 성과를 평가하는 기간이 점차 짧아지고 있다는 것, 투자조합의 운용 자금이 커졌다는 것을 지적했습니다.

그런데 이와 같은 세 가지 요인이 아니더라도 나는 나의 개인적인 상황이 변화함에 따라 이 쳇바퀴의 속도를 줄이는 것이 더 바람직하다고 여기게 되었습니다. 나는 오랫동안 나의 삶, 특히 사업에서 나에게 익숙한 습관들이 주변 환경의 변화에 따라 어울리지 않게 된 이후에도 여전히 반복되고 있음을 관찰하고 있습니다. (그리고 시간이 지나면서 이는 더욱 두드러졌지요.) 영국의 철학자 버트런드 러셀Bertrand Russell은 제1차 세계대전 종전으로 자신의 영지에서 살게 된 두 명의 리투아니아 소녀들에 대해 이야기를 한 바 있습니다. 두 소녀는 정기적으로 매일 저녁, 집 안의 모든 불이 꺼지면 영지에서 슬쩍 나와서 이웃들의 야채들을 훔쳐내어 그들의 방에 비축해두었다고 합니다. 러셀의 식탁에는 음식이 풍족하게 있었음에도 불구하고 말이지요. 리투아니아 국민들은 제1차 세계대전 기간 동안 끔찍한 굶주림을 경험했고 그 때문에 리투아니아 소녀들은 그런 행동을 했던 것입니다. 러셀은 그 소녀들에게 전쟁 중의 리투아니아에서는 그러한 행동들이 의미가 있었을 수 있겠지만, 영국의 시골에서는 걸맞지 않는 행동이라고 설명했다고 합니다. 소용이 없었지만요. 리투아니아 소녀들은 러셀이 보는 곳에서는 고개를 끄덕이며 동의했지만, 그들의 방에 야채를 비축하는 행동을 멈추지 않았습니다. 러셀은 '동의하는 고갯짓'과 '계속되는 도둑질'을 계속 목격했습니다. 러셀은 결국 두 소녀의 행동이 이웃에게는 이상하게 보였을 수 있겠지만 '나이 든 록펠러'의 행동과 다를 바 없다는 것을 인정하게 됩니다. 록펠러는 가난한 집안에서 태어나 불굴의 의지로 자본주의 역사상 최고의 부자가 되었지만 60대에 이르기까지 탐욕을 멈추지 않았습니다. 그는 말년에 이르러서야 자선 사업에 눈을 떴는데, 그 이전까지는 끊임없이 자본을 축적했습니다.

기본적인 자기 분석에 의하면, 지금의 나는 총력을 기울여도 내가 이전에 나를 믿고 자본을 맡겼던 사람들에게 선언했던 목표를 달성하는 것이 불가능할 것이라고 생각합니다. 최선을 다해 노력해도 계속해서 낮은 성과를 거두리라 여겨집니다. 나는 나의 경제적 목표를 '경제 목적에 관련되지 않은 활동을 하더라도 여유 있게 살기에 지장이 없는 정도'로 두고 싶습니다. 이는 투자 영역 외의 다른 활동을 의미하거나, 단지 큰 경제적 보상을 약속하지 않는 투자 영역 간의 선을 긋는 것을 의미할 수도 있습니다. 후자의 사례는 만족할 만한 (그렇지만 눈부시지는 않은) 정도의 투자를 계속하는 것이 될 수 있겠습니다. 대안적인 투자가 더 높은 기대 수익률을 줄 수 있겠지만 그럼에도 불구하고 내가 좋아하는 방식으로 그런 성질의 사업을 찾아서 투자를 할 계획입니다. 이러한 기업을 계속해서 보유하는 것은 마이너한 방식이겠지만 그들의 성과가 개선되기를 바랄 수 있는 즐길 만할 일일 것입니다. 물론 재정적인 전략을 사용해 몇몇 결정을 내리기도 할 것이고요.

따라서 나는 상당히 쉽고, 안전하고, 수익성이 있으며 즐겁게 투자를 하는 방향으로 나의 목표를 제한하고자 합니다. 이 결심이 우리 조합의 운용을 이전보다 더 보수적으로 만들지는 않을 것입니다. 지금까지도 의심할 바 없이 우리는 상당히 보수적으로 운용해왔기 때문입니다. 장기적인 하락 리스크는 줄어들지는 않을 것이고, 상승 여력은 약간 줄어들 것입니다.

특히 우리의 장기적인 투자 수익률 목표를 연 9% 미만 또는 다우지수 대비 5% 정도 앞서는 것으로 변경했습니다. 따라서 만약 앞으로 5년간 다우지수가 평균 마이너스 2%를 기록한다면 나는 평균 3%의 수익을 목표로 하겠지만, 만약 다우지수가 평균 12% 상승을 달성한다면 나는 평균 9%라도 달성하기를 바랄 것입니다. 이것이 매우 한정된 목표 수준으로 생각될 수도 있겠지만, 현재의 조건 아래에서는 우리가 이 이상 좋은 결과를 달성하기는 힘들 것이라 전망합니다. 더 나아가 나는 목표치가 낮아진 만큼 수고도 덜하게 되기를 바랍니다. (나는 반대의 경우도 성립할 것이라고 확신합니다. 다시 말해 목표치가 높아지면 수고를 더하게 된다고 믿습니다.)

나는 이 새로운 목표를 '기본 원칙'에 포함시켜 1968년의 약정서와 함께 11월 1일의 편지에 동봉하고자 합니다. 나는 여러분이 여러분만의 개인적인 상황을 고려할 충분한 시간을 가질 수 있도록 이 편지가 11월에 보낼 편지를 받기 전에 도착할 수 있기를 바랍니다. 그리고 만약 동봉한 내용에 관해 추가적인 설명이 필요하다면 1968년 결정을 내리기 전에 나에게 연락해주시길 바랍니다. 언제나 그랬듯이 나는 나와 내 가족의 거의 모든 자본을 버핏투자조합에 투자하고 있는 중입니다. 내가 만족감과 성취감을 느끼는 부분은 여러분이 생각하는 것과는 다를 수 있습니다. 매력적인 대체 투자 방안이 있는 조합원이라면 논리적으로 자신의 자본이 다른 곳에서 더 잘 운용될 수 있으리라 판단할 수도 있습니다. 그리고 여러분이 그러한 결정을 내린다면 나는 그에 대하여 전적으로 공감을 표할 것입니다.

나는 공개적으로 하나의 목표와 동기를 설정해두고서는 실제로는 완전히 다른 유형의 요인들 때문이라고 말하는 태도들을 항상 혐오스럽게 생각해왔습니다. 그러므로 나는 여러분에게 나의 목표와 개인적인 생각에 대하여 항상 100% 솔직하게 전달하려고 노력했습니다. 여러분이 허위 정보에 근거해 중요한 결정을 내리지 않도록 말입니다. (나는 우리의 투자 경험에서 가끔씩 이런 경우를 맞닥뜨린 적이 있습니다.) 확실하게 이 편지에서 열거된 모든 환경들은 하룻밤 사이에 갑자기 나타난 것은 아닙니다. 나는 이에 대해 오랜 시간 동안 생각해왔습니다.

여러분은 다음과 같은 점을 이해할 수 있을 것입니다. 나는 과거의 목표가 성취되어 미래의 목표치가 낮아지는 때가 오기를 희망했다는 것을 여러분이 이해하기를 바랍니다. 만약 내가 나의 목표치를 지금의 수준으로 달성하지 못했다면 나는 쳇바퀴의 속도를 늦추고 싶지 않았을 것입니다.

이 편지의 어느 부분에서든 해석이 어려운 부분이 있어 나의 도움이 필요하다면 언제든 연락해주기를 바랍니다.

진심을 담아 이 편지를 보냅니다.*

1968년 1월 24일

대부분의 기준들과 비교해보면, 1967년은 우리에게 양호한 시기였습니다. 우리가 올린 전체적인 성과는 35.9%였고, 다우지수는 19% 상승했습니다. 우리의 당초 목표치와 비교했을 때 우리는 다우지수보다 10%p 우위를 달성했습니다. 우리의 전체적인 수익은 개인당 1,938만 4,250달러입니다. 인플레이션이 가속화하고 있지만 우리

* 1967년 10월 9월의 편지는 분량도 길고 버핏이 비장한 각오를 드러내고 있다는 점에서 특별하다. 이 편지에서 버핏은 1956년 투자조합을 시작한 이래 자신의 예상보다 탁월하게 높은 성과를 기록했다는 점을 밝히고, 그렇지만 이 같은 높은 수익률은 향후에는 달성하기 어렵다는 사실을 명백히 하고 있다. 그래서 향후 목표 수익률을 다우지수 대비 5%를 앞서는 정도로 낮추었음을 밝히고 있다. 자금 운용자가 자신에게 자금을 맡긴 투자자에게 목표 수익률을 낮춘다고 밝히는 것은 쉽지 않은 일이다. 투자자는 언제나 이전보다 높은 수익률을 끊임없이 요구하기 때문이다. 버핏은 이 사실을 잘 알고 있기에 자신이 왜 목표 수익률을 낮추었는지를 장황하다 싶을 정도로 길게 설명하고 있다.

는 펩시Pepsi 주식을 대량 매입할 예정입니다. 그리고 수년간 보유했던 유가증권을 매도함에 따라 우리는 과세 대상 소득 2,737만 6,667달러를 얻었으며 이는 1967년의 성과와는 무관하지만 여러분으로 하여금 4월 15일의 '위대한 사회'*에 참여하고 있다는 느낌을 선사했을 것입니다.

위에서 서술한 소소한 행복감은 1967년에 주식시장에서 일어났던 사건에 의해 완화되었습니다. 아마도 역사상 그 어느 때보다도 지난해 대부분의 주식시장 참여자들은 다우지수보다 더 좋은 성과를 거두었을 것입니다.**

다우지수는 1966년에 마이너스 15.6% 급락했다가 1967년에 힘차게 상승했습니다. 이에 따라 1967년에는 많은 이들에게 금이 비처럼 내렸고 베이스 튜바를 연주하듯 수익을 지속적으로 얻었습니다. 나에게 최종 목록표가 있는 것은 아니지만 내 예상으로는 최소한 95%의 공모 주식 프로그램을 갖고 있는 투자회사들은 다우지수보다 더 나은 결과를 얻었으며 대부분의 경우 이 성과는 상당히 컸던 것으로 보입니다.

올해는 마치 나이와 반비례하여 수익을 얻을 수 있었던 해인 것으

---

* 미국의 36대 대통령 린든 존슨이 1965년 1월 4일 의회 연설에서 주창한 개념이다. 모든 미국인들이 기본권을 보장받으면서 차별 없이 행복한 삶을 보내기 위해 정부가 사회복지를 확대해야 한다는 것이 요지였다.

** 1967년에 버핏투자조합은 35.9%의 수익을 냈지만 버핏에게는 이 성과가 만족스럽지 않았음을 암시한다. 객관적으로 평가하면 35.9%는 높은 수익이지만 버핏이 1965년에 47.2%의 큰 수익을 냈던 점에 비하면 상대적으로 저조하다고 말할 수 있다.

로 보입니다. 젊은이는 큰 수익을 냈지만 나이가 든 사람은 수익률이 저조했기 때문입니다. 나는 철학적으로 노인 병동에 있는 것이나 다름없는 상황입니다. 나의 신체 나이는 젊지만 수익률을 기준으로 따진다면 노인 병동에 있는 신세나 다름없다는 말입니다.

지난해(1967년)에 나는 이렇게 말한 바 있습니다. "몇몇 뮤추얼 펀드와 사모 투자 운용이 다우지수보다 훨씬 우월하고, 또 어떤 경우에는 버핏투자조합보다도 상당히 나은 투자 성과를 보였습니다. 그들의 투자 기술은 우리의 그것과는 매우 다르며 나의 능력으로는 할 수 없는 것들입니다."

1967년 이러한 상황은 더욱 심화되었습니다. 많은 투자 기관들은 버핏투자조합보다 훨씬 더 좋은 성과를 냈으며 거의 100% 이상의 수익을 얻었지요. 이런 눈부신 결과들로 인해 돈, 재능 그리고 에너지는 주식시장에서 크고 빠르게 이익을 달성하기 위해 투입되고 있습니다. 이런 방식을 옹호하는 사람들은 그렇지 않다고 주장합니다만, 나는 이런 현상과 더불어서 투기와 함께 수반되는 위험까지도 매우 강화된 것으로 보입니다.

"투기는 불법도 아니고, 비도덕적이지도 않지만 돈을 벌게 해주는 것은 더더욱 아니다." 지난 수년 동안 우리는 투기적 사탕에 손대는 것을 선택함으로써 재정적인 난항을 겪을 수도 있었습니다. 그러나 우리는 오트밀을 계속해서 먹는 쪽을 택했습니다. 물론 그로 인한 소화불량으로 우리가 불편을 겪지 않으리라 기대하는 것은 비현실적입니다.

1968년 1월 24일

투자조합에서 빠지기로 했던 몇몇은(그리고 투자조합에 남아 있기로 한 많은 이들도) 10월 9일의 편지 이후 내게 "당신이 진짜로 말하고자 하는 바가 무엇입니까?"라고 물었습니다. 투자조합에 남아 있기로 한 많은 사람들도 이 같은 질문을 던졌지요. 이러한 종류의 문제는 누구든지 간에 얼마간 마음이 불편하겠지만, 나는 그들에게 내가 말한 것이 액면 그대로 사실임을 확인시켜주었습니다. 또, 나는 이것이 우리 투자조합을 해체하기 위한 첫 번째 조치냐는 질문도 받았습니다. 이 질문에 대한 대답은 "절대로 아니다"입니다. 나의 조합원들이 그들의 돈을 우리 투자조합에 맡기고자 한 이상, 우리 투자조합은 기분 좋게 (그리고 이보다 더 좋을 수 없게) 운용될 것이며, 나는 이 사업을 시작할 때부터 나를 지지해준 이들을 위해 계속해서 사업을 운용해나갈 생각입니다.

1968년 7월 11일

오늘날의 시장 환경

나는 전반적인 비즈니스나 주식시장의 진행 과정을 예측하기 위한 어떠한 노력도 기울이지 않습니다. 그러나 현재 주식시장과 산업계가 단기적으로는 알 수 없지만 장기적인 관점에서 보면 매우 우려스러운 일들이 눈덩이처럼 불어나면서 나를 괴롭히고 있습니다.

여러분들 중에 누군가는 딱히 오늘날의 금융이 어떤 단계에 있는지에 관해서는 관심이 없다는 것을 나는 알고 있습니다. (그리고 관심이 없어야만 합니다.) 나는 폭발적 규모로 어떤 일이 벌어지고 있는지를 보여주는 메이 씨Mr. May가 쓴 단순한 기사를 하나 첨부합니다.

유행처럼 번지며 홍보되고 있는 주식투자 방식에 참여하고 있는 사람들이 엄청난 양의 돈을 벌어들이고 있습니다. 이들은 설립자이건, 최고 고용인이건, 자문 전문가이건, 투자 은행가이건, 주식 투기자이건 간에 관계없이 많은 돈을 벌고 있습니다. 잘 속는 이들과 자기 최면에 걸린 이들과 냉소적인 이들 사이에 게임이 벌어지고 있습니다. 이렇게 제대로 된 환상을 만들어내기 위해서는 회계의 왜곡과 (어떤 진보적인 사업가는 자신은 '대담하고 창의적인 회계'를 믿는다고 내게 말해주었습니다) 자본화의 트릭과 운용 중인 사업의 실체를 위장하는 것이 수반됩니다. 이를 통해 만들어진 최종 결과물은 인기 있고 훌륭하며 매우 수익성 있는 것이 되지요. (이러한 형용사들이 어떤 순서로 나열되어야 할지는 철학자들에게 맡기도록 하겠습니다.)

솔직히 말해서 우리의 성과는 이러한 현상의 여파로부터 간접적인 영향을 받아 상당히 좋아졌습니다. '행운의 편지'를 더 늘리기 위해서는* 아직 투자처로 주목받지 못하고 있는 더 많은 수의 기업들

---

* '행운의 편지'가 유지되기 위해서는 이 편지를 읽고 속아 넘어갈 사람이 있어야 한다. 버핏은 이 점을 지적하고 있다.

이 있어야만 합니다. 그리고 이를 통해 내재가치에 비해 저평가된(그렇다고 너무 싸지는 않은) 주식을 살 수 있어야 합니다. 우리가 그러한 주식들의 주주였을 때, 우리는 시장의 보상을 훨씬 더 즉각적으로 받을 수 있었습니다. 그런데 이 같은 기업들(대기업들)은 펀더멘탈이 매력적인 투자처를 상당히 없애고 있습니다.

나는 이 시기의 주식시장과 사업에 관한 역사가 쓰일 때쯤, 메이 씨의 기사에 쓰인 이 현상은 중요한 것으로 다루어질 것이며 또한 광적인 것으로 분류될 가능성이 높다고 생각합니다. '임금님은 벌거숭이'와 같은 접근법은 대부분의 투자은행과 오늘날의 성공한 펀드매니저들의 관점과는 상충될 것입니다. ("그게 뭐 어때서?"라거나 "그냥 이 상황을 즐겨"라는 식으로 묵살되고 있는 것이 현실이지요.) 우리가 살고 있는 이 투자의 세계는 논리적으로 설득될 수 있는 사람들로 이루어진 것이 아니라 희망에 의지하고, 잘 속으며, 탐욕적인 사람들로 이루어져 있습니다.

마지막으로 현재 금융 현장의 거대한 변화에 대한 설명을 얻기 위해 여러분은 서둘러 나가서 통찰력과 위트로 가득 차 있는 애덤 스미스Adam Smith의 『머니 게임*The money game*』을 집어 들어야 합니다. (추신: '여러분의 지역 우체국장을 지지한다'는 나의 정책에도 불구하고 이 책을 편지와 함께 동봉하지는 않을 것입니다. 이 책은 서점에서 6달러 95센트에 판매되고 있습니다.)*

---

* 미국의 지역 우체국은 민간 위탁 형태로 운영되며 우편 배송 양이 많지 않으면 폐쇄된다. 버핏이 자신의 편지에 애덤 스미스의 책을 동봉하면 우편 배송 양이 증가해 지역 우체국장에게 유리할 것이라는 버핏의 유머가 담긴 표현이다.

1968년 7월 11일

1968년에 우리가 쌓아올린 성과

누구나 실수를 합니다.

1968년 초, 나는 버핏투자조합의 성과가 그 어느 때보다도 나쁠 것이라고 예상했습니다. 그러나 하나의 단순하지만 확실한, 그리고 시기적절한 아이디어 덕분에 우리는 전체적으로 4,003만 2,691달러의 수익을 얻었습니다.

물론 여러분들은 내가 앞서 언급한 달러로 쓰인 숫자 대신에 우리가 다우지수와 비교해 어느 정도의 성과를 거두었는지를 요구할 만한 충분한 지적 능력을 갖고 계십니다. 다우지수가 7.7% 상승한 것에 비교해 우리는 58.8%의 수익을 얻었으며 이는 우리가 투자조합을 시작한 이래 성취한 최고 기록입니다. 다우지수의 상승률은 만약 이를 보유했다면 얻었을 배당을 모두 포함한 것입니다. 이번에 우리가 올린 이 탁월한 성과는 마치 브릿지 게임에서 열세 개의 스페이드를 뽑는 것과 같은 특이한 사례로 여겨져야 합니다.

1968년 7월 11일

이른바 호시절의 수익을 잘 내던 펀드들은 이제 더 이상 수익이 나지 않는 펀드로 바뀌었습니다. 예를 들어 세계적으로 가장 공격적인 투자 수단으로 알려진 제리 차이의 맨해튼 펀드는 1968년 마이너스 6.9%로 손실을 냈습니다. 규모가 작은 수많은 투자 기관들은 1968년, 전체 시장보다 상당히 좋은 성과를 내고 있는 것으로 나타나고 있지만 1966년, 1967년과 견주어보면 그렇지 않습니다.

1968년 7월 11일

나는 지금 그 어느 때보다도 투자에 관한 아이디어의 양과 질이 바닥이라는 사실을 아무리 강조해도 지나치지 않은 상황에 이르렀습니다. 1967년 10월 9일의 편지에서 언급했던, 시장 과열에 관련된 것들이 그 어느 때보다 심각합니다.

나는 가끔 댈러스 주에 위치한 텍사스 인스트루먼트Texas Instruments 사의 본사에 걸려 있는 "우리는 기적을 믿지 않습니다. 우리는 그것에 의존하고 있습니다"라는 말을 우리 사무실에도 걸어놓았으면 좋겠다고 생각합니다. 이제는 나이가 들어, 과체중이며, 예전의 발 빠른 다리와 베팅하는 눈이 더 이상 없는 왕년의 야구 선수가 어쩌다 빠른 공을 코앞에서 홈런으로 쳐내는 것이 가능할지는 모르겠습니다. 하지만 여러분들이 감독이라면 출루할 선수를 교체하지는 않을 것입니다. 다시 말해 우리가 보유한 종목들이 전반적으로 부진한 성과를 내고 있지만, 그렇다고 해서 이 종목들을 교체하지는 않으리라는 이야기입니다. 우리는 우리의 미래에 관해 몇 가지 중대한 부정적 요인들을 갖고 있습니다. 이 같은 부정적 요인들은 우리를 풍족하게 만들어주지 못할 것이며 평균 수익률을 넘기지도 못하게 만들 것입니다.

'역사는 똑같이 반복되지는 않는다. 다만 비슷한 양상으로 전개된다'는 격언을 들어본 적이 있을 것이다. 주식시장도 마찬가지이다. 그것은 유사한 주기를 이루며 순환한다. 훌륭한 투자자들은 시장의 역사를 이해하고 있다. 그렇기 때문에 그들은 그 순환이 얼마나 자주 일어나는지를 파악하고 더불어서 무엇을 피해야 할지도 역사로부터 배운다. 자신의 실수를 통해 배우는 것보다 다른 이의 실수를 통해 배우는 것이 기회비용의 측면에서 훨씬 낫다. 모든 투자자들은 지난 100여 동안 벌어진 주식시장의 밀물과 썰물을 이해해야 한다. 미스터 버크Mr. Burke가 타인의 역사를 알지 못하는 사람은 반드시 같은 실수를 반복한다고 말한 것은 정곡을 찌른 촌철살인이다.

1967년 1월, 버핏은 자신의 연례 편지에서 초기의 투자 시기를 돌아보았다. 그때는 보통주와 워크아웃에 관한 상당한 양의 훌륭한 투자 아이디어들이 있었다. 당시에는 언제나 '무엇What'에가 아니라 '어떤 것Which'에 투자해야 하는지가 문제였다. 10년의 세월이 흐르자 시장의 풍경이 달라졌다. 강력한 힘을 가졌던 초기의 아이디어들은 이제 가느다란 물줄기로 바뀌었다. 그리고 '가느다란 물줄기는 큰 물줄기보다 더 높은 확률로 완전히 말라버린다'. 버핏은 투자조합의 조합원들로 하여금 자신의 투자 방식을 바꿀 의도가 전혀 없다는 사실을 이해하게끔 만들었다. 이 점은 우리가 배워야 하는 태도이다.

호시절은 그 정점을 지나고 있었고, 버핏은 당대의 많은 투자 기관들이 1967년의 버핏투자조합보다 훨씬 좋은 성적을 거두었다는 사실을 인지하고 있었다. 어떤 곳은 100% 이상의 높은 성과를 냈다. 시장에는 점차 거품이 짙어져 갔고 버핏은 이 사실을 인지했다. 그는 이렇게 적고 있다.

> 이런 눈부신 결과들로 인해 돈, 재능 그리고 에너지는 주식시장에서 크고 빠르게 이익을 달성하기 위해 투입되고 있습니다. 이런 방식을 옹호하는 사람들은 그렇지 않다고 주장합니다만, 나는 이런 현상과 더불어서 투기와 함께 수반되는 위험까지도 매우 강화된 것으로 보입니다.

당시 버핏은 시장에서 발을 빼야 한다고 분명하게 느끼고 있었다. 제리 차이와 그가 만든 동시대의 퍼포먼스 펀드는 버핏이 투자를 이어나가기에 충분히 좋은 아이디어들을 찾을 수 없는 수준으로 다우지수를 끌어올렸다. 버핏이 당시 시장에서 목격한 것은 점점 더 규모가 커져가는 위험한 투기 행태였다. 모든 펀드 매니저들은 배가 떠나기 전에 빨리 승선해야 한다는 엄청난 압박을 받았다. 이러한 현상이 얼마나 지속될지 버핏이 예측하지 못하고 있었음에도 불구하고, 혹은 그것이 새로운 시장 패러다임의 시작이었다고 해도, 버핏은 단지 다른 이들이 수영을 하고 있다고 해서 자신도 똑같이 그 풀장 안에 뛰어들지 않을 것이라는 점을 스스로 알고 있었다.

새로운 시장의 유행에 함께 뛰어드는 대신 그는 버핏투자조합을 해체하기로 결정한다. 다음 장에서 우리는 어떻게, 그리고 왜 버핏이 그렇게 했어야만 했는지를 살펴볼 것이다.

14장
작별의 지혜

"우리가 살고 있는 이 투자의 세계는 논리적으로 설득될 수 있는 사람들로 이루어진 것이 아니라 희망에 의지하고, 잘 속으며, 탐욕적인 사람들로 이루어져 있습니다."[1]

_1968년 7월 8일의 편지 중

1969년, 서른아홉 살의 버핏은 그동안 운용해왔던 버핏투자조합을 해체하기로 마음먹는다. 버핏의 이 같은 결정은 당시의 시장 상황이나 그가 당시에 갖고 있었던 투자 아이디어를 초월하여 이뤄졌다. 당시 버핏투자조합은 버핏이 세운 목적을 훌륭히 수행하고 있었다. 버핏투자조합에서 발생하는 이익과 성과 보수를 재투자함으로써 버핏은 자신의 자본을 늘리고 있었다. 1969년 5월에 이르자 그의 순자산은 2,600만 달러까지 놀라울 정도로 증가했다.[2] 찰리 멍거는 이렇게 말했다. "만약 당신이 매우 성실하게 인생을 보내고 있고, 미래에 실망스러운 결과를 맞이하기 싫다면 성과 보수에 맞춰 살면 된다. 성과 보수의 수준에 맞춰 살면 당신은 미래에 곤궁해지지는 않을 것이다."[3] 급여와 성과 보수에 기반한 버핏투자조합은 그때까지의 버핏이 운용하기에는 적합했다. 그러나 그 무렵 그는 더 우월하고 공정한 구조로 나아갈 준비가 되었다. 훗날 버핏은 당시 느꼈던 매우 무거운 압박감을 회고한다.[4] 이후 버핏은 다시는 성과 보수를 받는 것을 택하지 않았다. 버크셔 해서웨이에서 그는 소박하게 급여를 받거나 자신의 주주들과 직접적으로 계약을 체결했다. 버핏은 1969년, 다음과 같이 말하면서 이러한 압박감을 강조했다.

> 1967년 10월 9일의 편지에서 나는 개인적인 생각이 우리의 목표치를 변경하는 데에 영향을 미친 가장 중요한 요인이었다고 말한 바 있습니다. 나는 스스로에게 버핏투자조합에 100% 집중하겠다는 목표를 부여했는데, 이제는 그 책임에서 벗어나고 싶다는 희망을 표현한 적이 있습니다. 나는 이 시험에서 지난 18개월 동안 완전히 낙제하고 말았습니다. 다시 말해 나는 버핏투자조합에 100% 집중하는 것이 쉽지 않다는 사실을 깨닫고 만 것입니다. (중략) 나는 평생 투자만 하는 토끼가 되고 싶지는 않습니다. 지금 속도를 줄이는 유일한 방법은 멈추는 것뿐입니다.

버핏이 버핏투자조합을 청산하던 과정을 살펴보면 다음과 같은 특이한 점이 발견된다. 우선, 그는 버핏투자조합 조합원들에게는 1969년의 주식시장 버블을 좋아하지 않는다고 밝히면서도 신규 조합원들에게는 자신이 여전히 주식에 집중하고 있음을 밝혔다. 그는 자신을 대신할 사람으로 빌 루안Bill Ruane을 선택했다. 빌 루안은 버핏의 요청에 따라 버핏투자조합의 자산 2,000만 달러를 받았으며, 이를

1970년 세콰이어 펀드에 포함시켜 운용을 시작했다.[5] 이는 훌륭한 선택이었다. 루안의 성과는 이후 10여 년 동안은 물론이고 그 이후로도 매우 양호했다. 그는 그 자신의 투자 철학과 함께 전설적인 투자자로 남았다.

자금을 운용하는 펀드 매니저가 다른 펀드 매니저를 추천하는 것은 그다지 논리적인 태도로 보이지 않는다. 실제로 버핏은 자신의 그와 같은 행동을 '버핏답지 않은' 행동이라고 말했다. 그렇지만 조합원들이 자신들의 순자산을 거의 100% 투자하고 있는 상황에서 버핏은 이들 자금의 안전을 위해 다른 펀드 매니저를 추천하는 것이 정통적이지 않다 하더라도 옳은 일이라고 생각했다. 버핏이 빌 루안을 어떻게 평가했는지를 살펴보는 것은 전문 펀드 매니저를 고르는 데에 있어 중요한 요소가 무엇인지 가치 있는 통찰을 제시한다.

둘째로, 버핏은 당시 시장의 전망이 아주 나쁠 것이라 믿었으며, 그는 지금까지의 투자 기간 동안 전례 없는 상황을 보고 있다고 서술했다. 향후 10년 동안 주식 수익률 전망은 덜 위험하고, 비과세 투자 대상인 지방채와 거의 비슷할 것이라고 내다보았다. 이는 매우 이례적인 일이다. 대부분의 시장 환경에서 투자자들은 채권으로부터 얻을 수 있는 안정성과 예측 가능성을 얻는 대신, 상당한 양의 기대 수익을 포기해야 한다. 버핏은 채권에 대한 그의 결론이 어떻게 도출됐는지를 훌륭하게 설명했을 뿐만 아니라, 100여 장에 달하는 비과세 지방채에 대한 내용들을 10장 정도의 간단하고도 세밀하며, 무척 이해하기 쉬운 메모로 정리해 조합원들에게 제공했다. 채권이 어떻게 작동하는지를 알고 싶은 사람은 누구나 전문 투자자가 아니더라도(심지어 전문 투자자라고 해도), 이 에세이를 잘 읽어보면 쉽게 알 수 있다. (전문은 이 책에 부록으로 실려 있다.)

그러고 나서 그는 자신의 추천을 받아들여 지방채를 사고자 하는 조합원들에게 자신이 중개인이자 조언자로서 도와줄 것이라고 제안했다. 그는 조합원들 각각의 개인적인 필요와 상황에 따라 그들에게 알맞은 채권 상품군을 선정해주었으며, 그들이 직접 조합원들의 은행 계좌에 들어갈 수 있도록 해주었다. 이 모든 일들은 명백히 고객에 대한 서비스였던 한편, 동시에 투자상품들 사이에 상호 대체성이 존재한다는 점을 시사한다. 그는 조합원들로 하여금 투자의 목표는 세후 수익을 최대화하고, 위험은 가능한 최소화하는 것임을 다시금 상기시켜주었다. 이 목적이 주식을 통해서이든, 채권을 통해서이든, 심지어 자동 세탁기를 통해서이든 간에 달성될 수만 있다면 수단은 상관이 없었다. 수익을 내기 위해서 오로지 주식만이 능사가 아니다. 당신은 현 상황에서 이치에 맞는 것을 사면 된다.

마지막으로, 그가 투자조합의 경영 참여 주식을 배분했던 방법들은 투자회사나 상장기업에서 모든 이들이 따라야 할 공정하고 투명한 소통의 전범을 보여준다. 버크셔 해서웨이, DRC, 그리고 블루칩 스탬스BlueChip Stamps 같은 경영 참여 주식은 버핏투자조합의 모든 조합원들에게 공정하게 배분됐다. 경영 참여 주식은 버핏이 공정하다고 판단하여 가치를 평가했던 버핏투자조합의 장부에 의거했기 때문에 그는 모든 조합원들로 하여금 그들이 사업의 지분을 비례적으로 가져가거나 장부가액을 현금으로 가져가는 것 중 선택할 수 있기를 바랐다. 한 사람이 케이크를 자르면 다른 이들이 자신이 먹을 케이크 조각을 고르는 생일 파티처럼, 버핏은 조합원들이 경영 참여 기업의 주식과 현금 중 그들에게 '더 큰 조각'을 가져갈 수 있도록 선택을 전적으로 일임했다. 찰리 멍거와 다른 로펌들이 이러한 결정을 보고 이러한 옵션은 실현 불가능할 것이라 생각했음에도 불구하고 그는 각 사업의 전망에 관하여 터무니없을 정도로 공개적으로 설명했다. 그것은 평소에 그가 항상 침묵하던 부분이었다.

이 네 가지 움직임에 관하여 더욱 자세히 살펴보자.

버핏도 인정한 투자의 고수, 빌 루안*은 누구인가?

1971년, 벤저민 그레이엄은 지인으로부터 "워런 버핏을 보험사 가이코의 이사진 후보로 추천한다면 어떤가?"라는 질문을 받자, "나는

---

* 빌 루안은 1925년 시카고에서 태어나 하버드 경영대학원을 졸업하고 투자회사를 운영했다. 1951년 스물여섯 살에 그는 컬럼비아대학에서 벤저민 그레이엄 교수가 '주식 분석' 강의를 개설했다는 소식을 듣고 이 강의를 수강했는데, 때마침 버핏도 이 강의를 함께 듣고 있었다. 이 수업을 계기로 둘은 처음 만나게 된다. 당시 벤저민 그레이엄은 컬럼비아대학 교수로 재직 중이었다. 버핏과 루안은 가치투자에 관해 많은 이야기를 나누었고, 서로의 의견에 공감하고 친밀감을 느꼈다. 1969년 버핏은 버핏투자조합을 청산하면서 빌 루안에게 자신을 대신해 조합원의 자금을 관리해줄 것을 요청했다. 빌 루안은 이를 수락했고 그래서 만들어진 투자조합이 세콰이어 펀드이다. 세콰이어 펀드는 설립 이후 30년 동안 연평균 15.5%의 수익을 거두었기 때문에 이 펀드에 돈을 맡긴 투자자들은 부자가 됐다. 버핏은 "빌 루안은 가치투자를 기반으로 놀라운 성과를 냈다"며 높게 평가했고, 이에 대해 빌 루안은 "그레이엄이 구약을 썼다면 버핏은 신약을 기록했다"고 화답했다.

버핏과 오랫동안 친밀하게 지냈다. 그리고 나는 지금까지 버핏처럼 고고한 성품과 훌륭한 사업 역량을 가진 사람을 한 번도 만나보지 못했다"고 답했다.[6] 버핏이 자신의 투자조합 조합원들에게 빌 루안을 소개했을 때, 버핏은 벤저민 그레이엄이 자신에 대해 평가했던 느낌과 유사한 감정을 느꼈던 것으로 보인다. 버핏은 그레이엄과 마찬가지로 인간이 갖춰야 할 첫 번째 덕목으로 진실성을 사업 감각보다 더 중요하게 꼽았다. 펀드 매니저를 고를 때 그는 진실성이야말로 가장 우선시되어야 하는 덕목이며, 최우선 항목으로 꼽았다. 빌 루안에 대한 소개는 다음과 같이 시작한다.

> 우리는 1951년 컬럼비아대학의 벤저민 그레이엄의 강의에서 만났습니다. 이후에 나는 그의 성품, 기질, 그리고 지성을 관찰할 상당한 기회를 얻을 수 있었습니다. 만약 나의 자녀들이 성년으로 독립하기 전에 수지(버핏의 부인)와 내가 사망한다면, 루안은 내가 투자 측면에서 전권을 위임할 수 있는 세 사람의 수탁자 중 한 사람입니다. 사람을 판단할 때, 특히 미래의 알지 못하는 환경에서 그가 어떻게 행동할지에 대해 예측할 때, 오류가 발생할 확률을 없애는 것은 불가능합니다. 하지만 판단은—적극적으로든, 소극적으로든—내려져야 합니다. 나는 빌 루안이 이례적으로 높은 확률로 결단력 있는 성품을 가진 사람이라고 생각합니다. 또한 높은 확률로 좋은 투자 성과를 거둘 수 있는 사람이라고 생각합니다.

투자에 관한 한 버핏은 그 어떠한 것보다도 진실성을 가장 중요하게 생각했다. 이것은 지금까지도 명백한 사실이다. 그가 버크셔 해서웨이의 펀드 매니저를 뽑는 기준을 살펴보면 당신은 여기에 매료되지 않을 수 없을 것이다.

> 우리는 지성, 에너지 그리고 진실성, 이 세 가지를 가진 사람을 찾습니다. 만약 이 중 마지막 것(진실성)을 갖고 있지 않다면 여러분은 그 사람이 그 앞의 두 가지도 갖고 있지 않을 것이라고 생각해야 합니다. 만일 누군가가 진실하지 않다면 여러분은 그 사람이 아둔하고 게으른 사람이라고 봐야 합니다.[7]

버핏은 루안을 추천하는 것이 위험해보일 수도 있으며, 인습적이지 않은 일임을 충분히 인지하고 있었다.

> 빌을 추천하는 것은 내가 버핏투자조합의 포트폴리오를 만들 때 피하려고 했던 행동과 비슷합니다. 내가 얻을 것은 없지만 (개인적으로) 무언가를 잃을 수 있는 선택이지요.

루안의 성과가 좋아도 버핏의 명성이 더 오르기는 힘들고, 만약 루안의 성과가 나쁘다면 버핏이 욕을 먹을 것이었다. 그것은 '동전을 던져 앞면이 나오면 상대가 이기고, 뒷면이 나오면 내가 지는(결국 모두 내가 지는)' 상황이었다. 하지만 도덕적 측면에서 버핏은 선택의 여지가 별로 없다고 생각했다. 아무것도 하지 않는 것은 실행할 수 있는 선택이라고 생각되지 않았다.

투자조합을 해체하면서 소극적인 자세로 아무 조치도 취하지 않고 수완 좋은 판매사원이 여러분들을 찾아가도록 그냥 내버려두는 것은 도리가 아니라고 생각했습니다.

버핏은 루안과 함께 할 경우 생길 수 있는 단점들과 잠재적인 위험에 대해 자세히 말하는 것을 조심스러워했다. 첫 번째는 '규모'에 관한 문제였다. 우수한 펀드 매니저들은 성과나 신규 자본 유입을 통해 자산을 불리기 쉬우며 이는 필연적으로 미래에 성과를 낮추는 결과를 낳는다. 1982년 루안은 바로 이 문제를 해결하기 위해 자신이 운용하는 펀드에 신규 투자자를 아예 받지 않았다. 투자 규모가 너무 커질 수 있는 위험도 그렇지만 루안은 세쿼이어 펀드와 더불어 별도로 투자 자문사를 운영하고 있었다. 그렇기 때문에 그는 세쿼이어 펀드에만 집중하고 있을 수는 없었다. 그의 관심이 잠재적으로 흩어질 수 있다는 것은 버핏이 지적하기를 조심스러워했던 부분이었다.

버핏이 루안을 추천한 것은 결국 수용됐다. 그렇게 되기까지는 몇 년이 걸렸다. (루안의 성과는 부록을 통해 확인할 수 있다.) 빌 루안이 올린 초기 4년의 성과는 S&P지수보다 저조했으며, 7년째가 돼서야 누적 기준으로 S&P지수를 능가하기 시작했다. 이 성과를 보다 장기적 관점에서 살펴보는 것 또한 중요하다. 10여 년째부터 루안은 시장을 완벽하게 이겼으며, 평균적으로 해마다 시장 대비 두 배의 수익을 고객들에게 안겨주었다.

만약 당신의 펀드를 운용할 사람 혹은 회사를 골라야 한다면, 당신은 그들의 진실성을 믿을 수 있으며 그들의 능력뿐만 아니라 절차에 있어서도 제대로 이해하고 있는 사람이나 회사를 골라야 할 것이다.

빌 루안은 그레이엄의 제자이자 진실한 가치투자자였다. 상승장의 끝 무렵에 펀드 운용을 시작했기에 그의 성과는 좋지 않을 확률이 높았다. 그럼에도 그는 펀드 운용을 기꺼이 맡았다. 루안의 사례를 보면 매우 투기적인 시장에서는 3년에서 5년 동안의 상대 수익률로 성과를 평가해야 한다는 규칙에 예외를 둬야 할지도 모르겠다.

여기 조엘 그린블라트의 흥미로운 통계 자료가 있다. 그린블라트는 10여 년에 걸쳐 시장보다 좋은 수익을 거두었던 상위 25%의 펀드 매니저들을 상대로 조사를 진행했다. 이들 중 97%는 최소한 3년 동안 하위 50%의 수익을 얻었으며, 47%는 최소한 3년 동안 하위 10%의 수익을 거두었다.[8] 버핏의 3~5년 테스트는 단지 경험적 법칙일 뿐이다. 만약 당신의 자본이 다른 사람의 관리 아래에서 성과가 좋지 못하다면 당신은 당신의 선택에 대해 깊이 생각해보아야 한다.

지방채에 관심 있으신 분 계십니까?

빌 루안은 조합원들로부터 주식시장에 머물러 있기를 요청받았다. 다시 말해 빌 루안의 투자 대상은 주식이었다. 그렇지만 버핏은 조합원들이 시장을 다른 관점에서 보기를 바랐다.

나는 투자 인생에서 처음으로 평균적인 투자자들 입장에서는 전문적으로 주식투자를 하거나 보수적으로 채권에 투자하는 것 사이에서 매우 적은 선택지만이 남았다고 생각하고 있습니다. 만약 이것이 옳다면 이러한 관점은 중요한 의미를 함축합니다. 간단하게 (그리고 어떤 면에서는 지나치게 간단하게) 내가 보는 요즘의 투자 상황을 설명하도록 하겠습니다.

만약 주식투자를 우리가 일상적으로 접하는 수많은 시장의 하나로 보았을 때 다음의 '멍거의 법칙Munger' Rule'은 기억할 가치가 있다. "만약 어떤 것을 하는 것이 가치가 없다면, 그것을 잘 하는 것 또한 가치가 없다."

버핏은 1969년 당시 40% 과세 구간에 해당하는 보통의 투자자들에게 채권을 추천했다. 비과세 대상인 지방채는 당시 6.5~7%의 수익을 거두고 있었다. 그가 생각하기로 주식은 한 해에 6% 이상 오르기 힘들었고, 배당은 3%였다. 채권 수익률과 비교하기 위해서 최대 9%의 세전 주식 수익률은 세금을 감안하여 다시 계산할 필요가 있다. 주가 상승으로 인한 6%의 수익률은 세후 4.75%로 줄고, 3%의 배당은 세후 1.75%가 된다. 합하면 세후 수익률은 6.5%가 되어 채권 수익률과 차이가 없다.

만약 버핏이 언급한 주식의 예상 수익률이 옳다면 지방채도 동일한 정도의 수익률을 보여준다. 그가 말한 주식투자 수익률 6%가량은 S&P지수나 다우지수에 투자했을 때 얻을 것이라고 기대한 수익이었다. 버핏은 만약 그렇게 된다면 펀드의 90%가 실적을 내지 못할 것임을 알아냈다. 그는 "역사적으로 드문 환경에서, 비과세 채권에 대한 보수적인 투자는 전문적으로 운용된 주식에서 얻을 기대 수익과 동일하며, 극도로 잘 운용된 주식의 수익보다 약간 열등할 것"이라고 결론 내렸다.

버핏은 지방채 시장에 대하여 짤막한 에세이를 쓰고 조합원들에게 만약 그들이 이러한 채권을 사는 데에 그의 도움이 필요하다면 이 에세이를 몇 차례고 읽고 또 읽기를 권했다. 그들이 갖고 있었던 선택지에는 채권을 사거나, 주식을 사거나, 혹은 현금으로 가지고 있는 것들이 있었다. 무엇을 선택하든 버핏은 그들에게 친절하게 설명하고자 했다.

이 자산 배분에 대한 어려운 질문을 인지하면서 버핏은 투자조합의 조합원들에게 보내는 10월의 편지를 이렇게 매듭지었다.

> 여러분은 채권과 주식 사이에서 스스로 판단을 내려야 합니다. 만약 후자(주식)를 선택했다면 누가 그런 주식을 조언해주었는지 판단해야 합니다. 많은 경우 여러분의 결정은 일정한 수익에 대한 필요와 원금에 큰 변동이 없는 것에 대한 여러분의 선호를 반영합니다. 직접 투자 종목을 선정하는 과정에서 느끼는 지적인 즐거움과 만족할 만한 최종 성과를 얻는 데에서 오는 즐거움의 균형도 반영해야 할 것입니다. 만약 당신이 이에 관하여 나와 이야기를 나누고 싶어 한다면, 나는 기쁘게 도울 것입니다.

많은 현명한 사람들은 오랜 기간 동안 자산 분배에 관해 많은 생각과 노력을 기울여왔다. 버핏으로부터 우리는 마법의 분배 공식은 없다는 것을 배울 수 있다. 당신은 그냥 100에서 당신의 나이만큼을 빼서 그 비율만큼을 주식에 투자할 수도 있다. (예를 들어 당신 나이가 30이라면 당신은 70%를 주식에 투자할 수 있다.) 혹은 다른 술수를 부리거나 공식을 활용하여 분배해도 된다. 채권은 대개 주식보다 덜 위험한 자산이지만, 이것이 완전한 진리도 아니다. 이 사실은 지난 2015년 중순에 어떤 일이 있었는지를 살펴보기만 해도 알 수 있다. 채권 시장에서는 아예 수익이 없었다. 채권은 종종 덜 위험하지만 어떤 때에는 그렇지 않다. 당신이 선택하는 주식의 종류는 목적을 달성하기 위한 수단일 뿐이다: 전자를 후자와 혼동하지 말아야 한다. 어떤 투자자가 됐든지 간에 꼭 생각해봐야 하는 두 가지 중요한 질문이 있다. 첫째는 '달성 가능한 수익은 얼마인가'이고, 둘째는 '리스크는 무엇인가' 하는 것이다.

오늘날 10년 만기 미국 국채의 이자율은 2.4%이다. 이는 기대 인플레이션율을 아주 조금 웃도는 수준이며 따라서 실질 수익은 무시해도 될 정도의 수준밖에 되지 않는다. 일반적으로 더 위험하다고 여겨지는 주식은 6% 이하의 수익률을 보여준다. 사회적 통념에도 불구하고 국채는 오늘날 오히려 더 위험한 것으로 보인다. 우리가 앞에서 배웠듯이 무언가가 관습적이라는 것은 반드시 그것이 보수적이거나 옳다는 것을 의미하지 않는다. 당신은 스스로 그것에 대해 생각해보아야 한다. 1970년 초에 버핏의 시각에서 주식이 지방채보다 더 매력적으로 보이게 만들었던 유일한 점은, 그들이 제공하는 잠재적인 즐거움뿐이었다.

주주를 동반자로 생각한 버핏

1969년 12월, 그는 두 가지의 경영 참여 주식에 대해 이야기했다. 그러고 나서 조합원들의 질문에 답변했다. 이것은 그가 특정 주식에 관해 전망했던 것 중 가장 상세한 설명으로, 투자 종목을 추천한 것과 거의 유사했다. 우리 모두가 알고 있듯이 버핏이 특정 종목을 추천했던 일은 거의 없었다는 점에서 이 글은 이례적이며 관심을 가질 필요가 있다.

> 나는 개인적으로 DRC와 버크셔 해서웨이의 내재가치가 향후 수년 동안 상당하게 증가할 것이라고 생각합니다. 아무도 미래는 알 수 없지만 나는 이들의 성장률이 연간 10%가 되지 않는다면 매우 실망할 것입니다. (중략) 나는 두 주식들이 모두 장기적으로 보유하기에 상당히 괜찮은 것들이라고 생각합니다. 내가 가진 순자산의 상당 부분을 이들에 투자할 수 있다면 기쁠 것입니다. (중략) 만약 내가 주식을 계속해서 보유한다면, 아마도 그럴 테지만, 이들 주식의 활동에 대한 나의 관여 정도는 나의 관심에 따라 다를 것입니다. 정책이 어떤지에 따라 나는 중요한 위치를 취할 가능성이 높지만, 나는 보수적인 주주 그 이상의 도덕적인 의무감을 가지고 싶은 생각은 없습니다.

애초에 버핏이 이 글을 쓴 의도는 조합원들에 선택권을 주기 위함이었다. 조합원들이 고를 수 있는 선택권에는 (1) 경영 참여 기업에 비례적인 지분을 갖거나 (2) 이들 기업의 장부가치를 현금으로 전환하여 갖는 것이었다. 이것은 매우 공정한 제안이다. 버핏이 그 가치를 결정하고 있었기 때문이다. 그는 조합원들이 두 가지 선택권 중에서 더 가치 있다고 느끼는 것을 고를 수 있어야 한다고 생각했다. 불행히도, 변호사들은 이를 허락하지 않았다. 만약 조합원들이 지분을 매도하기를 원하더라도 일정 조건에서는 지분을 갖고 있어야만 했다.

한 가지 흥미로운 질문이 던져졌다. 왜 버핏이 지분들을 등록해서 주식이 자유롭게 시장에서 팔릴 수 있게끔 하지 않았느냐는 질문이다. 이 질문의 바탕에 깔린 생각은 지분이 더욱 유동적일 수 있다는 사실이다. 만약 버핏이 이들을 주식시장에 등록했다면 팔기가 더 쉬웠을 것이다. 이 안건에 대한 버핏의 요지는 지분을 팔고 싶은 조합원들은 지분이 등록되어 있지 않을 때 더 많은 이익을 볼 수 있다는 것이다. 그는 시장 환경 아래에서 '이 두 주식을 위한 시장은 무질서할' 공산이 크다고 느꼈다. 그는 또 이렇게 말했다.

> 판매를 사적 부분에 국한시킴으로써 이 주식들을 팔고자 하는 조합원들은(전문적인 지식을 갖고 있는 조합원들이 시장에서 우위를 차지하는 일이 거의 없이) 지금 인수 과정을 거치는 것보다 더 많은 수익을 실현시킬 수 있을 것입니다. 또한 장기 투자를 생각하는 주주들은 미래에 변동성이 덜한 시장을 손에 넣을 수 있을 것입니다.

버핏이 만약 주식을 등록했다면, 주식을 팔고 싶었거나 혹은 팔아야만 했던 사람들은 등록하지 않았던 경우보다 더 낮은 가격을 받아야 했을 확률이 높았을 것이다. 버핏은 모든 사람들이 그들의 경영 참여 주식을 이용하여 무엇을 해야 할지를 결정해야 할 때, 모든 조합원들이 동등한 위치에서 참여할 수 있도록 최선을 다했다. 그는 일부 조합원들에게 사적으로 세 개의 회사에 대해 이야기하지 않았다. 그는 모두가 같은 정보에 대해 똑같이 접근할 수 있는 동등한 입장에 있기를 바랐다. 버핏은 편지를 작성할 때 항상 질문과 답변을 함께 첨부하여 모든 조합원들이 이에 대한 동일한 이익을 볼 수 있도록 했다.

이것이 바로 그가 버크셔 해서웨이에서 소통했던 방식이다. 오늘날까지, 거대 기관 투자자들이 공모 회사 경영진과 정기적으로 사적인 모임을 가짐으로써 (규모가) 작은 투자자들에 비해 우세를 점할 수 있는 상황이 흔한 반면, 버핏은 이러한 행동들을 일절 하지 않는다. 모든 투자자들은 한 해에 한 번 오마하에서 열리는 주주총회에서 동일한 기회를 가지며, 그들은 모두 버핏에게 질문할 기회를 가지고 모든 이들의 앞에서 버핏의 답변을 듣게 된다. 이 아이디어는 오늘날까지 이어지는 버핏만의 아주 독특한 방식이다. 이것은 선택적으로 정보를 공개하는 것은 아무리 그것이 중요하지 않은 성질의 것이라도, 윤리적이지 않다는 그의 믿음을 전달한다.

버핏은 투자조합을 종료한 이후에 주식을 더 많이 모을 계획이라고 발표한 상태였다. 이 사실을 가능한 조합원들에게 말하지 않는 것이 버핏에게는 이득이었다. 그가 (주식을 향후에 더 모을 계획이라는 사실을) 적게 언급할수록 조합원들이 주식을 매도할 가능성은 높았다. 그렇지만 버핏은 자신의 계획을 수차례 밝혔다. 그럼에도 많은 사람들이 주식을 매각한 것은 놀라운 일이었다. 버핏은 이미 그의 지분의 상당 부분을 앞서 언급한 세 가지 주식에 넣었고, 이는 버핏 투자조합이 청산된 후 적어도 두 배로 뛰었다. 그리고 이 모든 지분은 추후에 서로 다른 시기에 버크셔 해서웨이로 흡수됐다.

'시장, 인플레이션 그리고 친구'에 관하여

1969년 5월 29일

나의 조합원들에게

18개월 전쯤에 나는 여러분들에게 환경적 요인과 개인적 요인의 변화로 인해 앞으로의 성과 기준을 변경하겠다는 내용의 편지를 작성했던 바 있습니다.

그 편지를 쓸 무렵 나는 오늘날의 투자 환경이 시간이 지남에 따라 전반적으로 더욱 부정적이고 좌절되게 변했다고 진단했습니다. (다른 편지들을 통해서도 나는 이를 언급했습니다.) 어쩌면 나는 그저 정신적으로 유연함이 부족한 것일 뿐인지도 모르겠습니다. (한 관찰자는 마흔이 넘은 주식 애널리스트에게 "그들은 더 이상 사실이 아닌 것을 너무 많이 알고 있다"라고 말한 적이 있습니다.)

그러나 첫째, 양적인 요인들을 강조하는 애널리스트에게 열린 투자 기회들은 거의 다 사라진 것으로 보입니다. 둘째, 1억 달러에 이르는 우리의 늘어난 자산으로 인해 투자할 수 있는 영역이 더욱 줄어들었습니다. 300만 달러 이하의 계약들은 더 이상 우리의 전체 성과에 영향을 미치지 못할 것이며, 이로 인해 시가총액 1억 달러 이하의 주식을 배제하게 될 것입니다. 셋째, 투자 성과에 대해 시장 참여자들이 과도하게 관심을 쏟으면서 펀드 매니저들은 더욱더 단기 수익을 지향하게 되었으며 (내 생각에는) 이로 인해 현재 시장은 더욱 투기적으로 변모했습니다.

1967년 10월 9일의 편지에서 나는 개인적인 생각이 우리의 목표치를 변경하는 데에 영향을 미친 가장 중요한 요인이었다고 말한 바 있습니다. 나는 스스로에게 버핏투자조합에 100% 집중하겠다는 목표를 부여했는데, 이제는 그 책임에서 벗어나고 싶다는 희망을 표현한 적이 있습니다. 나는 이 시험에서 지난 18개월 동안 완전히 낙제하고 말았습니다. 편지에서 나는 이렇게 적었습니다. "나는 한정된 목표가 더욱 한정된 노력을 요구하기를 바랍니다. 하지만 그런 식으로 되지는 않았습니다. 내가 '무대에 올라 있는' 이상, 정기적으로 기록을 내고 우리 조합원들의 자산을 100% 운용할 책임을 갖고 있기 때문에 나는 절대로 버핏투자조합이 아닌 어떤 활동에서 지속적인 노력을 기울이는 것은 불가능합니다. 만약 내가 공개적으로 참여한다면 나는 경쟁적이지 않을 수 없습니다. 나는 평생 투자만 하는 토끼가 되고 싶지는 않습니다. 지금 속도를 줄이는 유일한 방법은 멈추는 것뿐입니다."

그리하여 나는 연말이 되기 전, 모든 유한책임 조합원들에게 나의 해임에 대한 공식적인 안내를 드리고자 합니다. 물론 투자조합을 유동화 하는 데에는 세금 문제와 법적인 문제들이 연결되어 있습니다. 나는 전반적으로 다음과 같은 목적을 달성하기 위해 우려하는 지점들이 있습니다.

1. 가장 중요한 것은 이 문제를 스스로 결정하고 싶지 않은 조합원들에게 제안할 대안적인 자금 운용법이 있다는 점입니다. 물론 몇몇 조합원들은 그들만의 자신 있고 제법 받아들일 만한 대안이 있을 것입니다. 그러나 나는 다른 이들에게 그들의 돈을 그저 "행운을 빕니다"라는 말과 함께 넘기지는 않으려고 합니다. 나는 내가 나의 지인들과 평생 지불 책임이 있는 이들의 재산을 모두 맡길 수 있는 그런 대안적인 펀드 매니저를 제안할 생각입니다. 이 사람은 진실성과 능력을 겸비하고 있으며 아마 내가 했던 것만큼 혹은 미래의 나보다도 더 좋은 성과를 낼 수 있을 것으로 기대합니다. (내가 과거에 성취했던 것만큼은 달성하기 힘들겠지만 말이지요.) 그는 모든 조합원들의 요청에 응답해줄 것입니다. 따라서 여러분들의 계좌에 최소한의 작은 문제도 생기지 않도록 할 계획입니다. 나는 앞으로도 그와 지속적이고 전반적으로 소통할 생각입니다. 다만, 문제가 생겼을 경우에 약간의 조언을 하는 정도일 테지만 말입니다.

2. 나는 모든 조합원들이 현금 혹은 곧바로 현금화할 수 있는 주식을 받을 것인지에 대한 선택권을 갖기를 원합니다. (단, 이번 한 번에 한한 기회입니다.) 현금화할 수 있는 주식은 향후 전망도 양호하고 가격도 적당하며, 조합원들이 원한다면 곧바로 현금으로 전환할 수 있을 것입니다.

3. 그렇지만 나는 또한 모든 조합원들이 우리 조합이 경영권을 갖고 있는 두 개의 기업(DRC, 버크셔 해서웨이)의 지분을 가질 수 있는 선택권을 갖기를 원합니다. 이 주식들은 공정가치(시장에서 매겨지는 가격)로 그 가격이 매겨질 것이며, 만약 여러분(조합원)들이 원한다면 여러분의 지분에 해당하는 만큼 이 주식들을 소유할 수 있습니다.

그러나 이 주식들은 완전히 자유롭게 시장화할 수는 없습니다. (미 주식거래위원회의 다양한 규제가 이 주식에 적용되기 때문입니다.) 아마도 이들은 상당한 기간 동안 양도할 수 없으며, 수익도 창출하지 못할 것입니다. 그러므로 나는 여러분이 제한된 주식을 그대로 보유하고 있거나, 현금에 준하는 등가물을 가져가거나 하는 선택권 중 한 가지를 고르기를 희망합니다. 나는 우리가 경영권을 보유한 기업을 함께 운영했던 모든 이들을 아낍니다. (일리노이 내셔널 은행Illinois National Bank과 록포드 신탁 회사Trust Company of Rockford입니다.) 이들은 상당히 잘 운영되고 있는 은행이며 올해 초 버크셔 해서웨이에 편입되었습니다.

나는 우리의 관계가 평생토록 이어지기를 바랍니다. 나는 내가 존경하고 좋아하는 사람들에 의해 운영되고 있는 이와 같은 훌륭한 경영 참여 기업을 좋은 가격에 팔고 싶은 생각은 추호도 없습니다. 그러나 어떤 특정한 조건에 의해 언젠가 하나의 운용 단위를 팔 수는 있을 것입니다.

나는 우리가 위에 언급한 목적들을 달성할 유동성 프로그램을 운영할 것이라고 믿습니다. 우리의 이와 관련된 활동들은 여러분의 1969년 세금 계획에 아무런 영향도 미치지 않을 것입니다.

내가 너무나 달성하고 싶은 (그러나 할 수는 없을) 마지막 한 가지 목표는 큰 성과를 올리고 사임하는 것입니다. 나는 버핏투자조합에서의 마지막 해를 성과가 나쁜 해로 끝내고 싶지 않지만, 사실 1969년은 그런 해가 될 것으로 보입니다. 나는 연말, 경영 참여 주식들의 상당한 가치 상승이 이루어지면서 조합원들이 월별 수입을 얻기도 전에 손익분기점에 달하게 될 것이라고 예측합니다. 이것은 지금부터 연말까지 시장이 매우 상승하더라도 마찬가지일 것으로 보입니다. 우리는 상승 잠재력을 노출시킬 만한 중요한 자리에 있지 않을 것이기 때문입니다.

우리가 올해 워크아웃에서 거둔 성과는 형편없었습니다. 이 기간 동안 나는 배드민턴 게임 중간에 부주의하게 날아 들어간 새 같은 기분을 맛보았습니다. 우리는 수익을 높일 수 있는 한계에 도달했습니다. 누군가에게 남부끄러운 실수를 기록해서 알리는 것은 즐겁지 않은 일입니다. 그러나 나는 실수를 고스란히 이야기하는 것보다 '선택적으로 보고하는 것'을 더욱더 혐오합니다.

올해 우리가 경험한 형편없는 결과는 100% 나의 잘못입니다. 이것은 운이 나빴기 때문이 아니라 매우 빠르게 성장하는 전반적인 시장의 트렌드를 잘못 평가한 탓입니다. 역설적으로 나는 오랫동안 정부가 문제를 해결하기 위해 무언가를 하고 있었을 것이라고—반드시 그것이 효율적이지는 않더라도—믿어왔습니다.

다른 말로 이야기하자면 전체적인 관점에서 보았을 때, 나는 우리가 상당한 비용을 들이며 추구했던 일반적인 목표가 사회적으로 바람직한 일이었으며 결과적으로는 언젠가 정말 그랬다고 말할 수 있는 날이 오기를 바랍니다. 하지만 나는 이러한 일이 일어날 줄은 몰랐습니다. 나는 사회적으로 반드시 일어나야 하는 일과 내가 의사결정을 할 때 일어나기를 희망하는 일이 뒤섞여야 한다고 믿지 않습니다. 만일 내가 그것을 믿었다면 우리는 아마도 수백만 달러를 다시 벌었을 테지요.

솔직히 앞선 장에서 이야기했던 그 어떤 요인들에도 불구하고, 내게 최고의 아이디어들이 있었다면, 1970년, 혹은 1971년까지도 이 투자조합을 계속 운용해나갔을 것입니다. 내가 그렇게 원하기 때문은 아니고, 단지 좋지 않은 실적으로 끝맺기보다 좋은 실적으로 마무리해야 하기 때문입니다. 하지만 나는 현재 좋은 실적을 가져올 만한 어떠한 합리적인 희망도 찾을 수 없을뿐더러, 불확실한 상태에서 다른 사람의 돈으로 '운 좋게' 실적을 올릴 기회를 찾고 싶지도 않습니다. 나는 지금의 시장 환경에 익숙하지 않으며 내가 이해하고 있지도 못한 게임을 시도해서 지금까지의 괜찮은 기록들을 망쳐버리고 싶지 않습니다.

그러므로 우리는 올 한 해 동안 지분을 유동화시킬 계획입니다. 나는 이 편지를 반기 편지를 대신하여 조금 일찍 작성합니다. 나는 내가 내린 이 결정을 여러분들이 알기를 원하기 때문입니다. 나는 또한 오마하에서 여러분이 이 편지를 받은 후에 혼란스러울 법한 것들을 명확히 설명해주기 위한 시간도 필요했습니다. 7월이 되면, 나는 캘리포니아에 있을 것 같습니다. 몇몇은 내게 이렇게 물을 테지요.

"앞으로 무엇을 할 계획입니까?"

나는 아직 이 질문에 대한 답변을 갖고 있지 않습니다. 나는 내가 예순이 되면, 스무 살에 원했던 목표와는 다른 새로운 목표를 성취하기 위해 노력하고 있으리라는 것은 압니다. 그러므로 내가 지난 18년간 성인으로 살아가는 동안 쏟았던 시간과 에너지들과 절연하지 않는 이상, 나는 새로운 상황들이 펼쳐질 앞으로의 시대에 적절한 활동을 하고 있을 것이라고는 생각되지 않습니다.

나는 여러분에게 다가오는 가을, 한 번 더 편지를 보내려고 합니다. 아마 10월이 될 것 같습니다. 그 편지에는 유동화 단계와 투자 자문사 제안 등에 관한 내용이 담길 예정입니다.

1969년 10월 9일

시장이 추가 하락하지 않는 이상, 나는 1969년의 성과가 여전히 이익도 손해도 없을 것이라고 예상합니다. 우리는 운이 좋았습니다. 만약 우리가 올해 일부 주식의 현금화를 하지 않았더라면 성과는 몹시 나빴을 것입니다. 장기적인 관점에서 괜찮아 보이는 투자 아이디어는 현재로서는 성과가 저조합니다. 우리에게는 두 종류의 주식만이 남아 있습니다. 이 가운데 우리는 하나의 주식을 매도 중이며, 다른 하나의 주식은 현금화의 어려움으로 보유하고 있는 중인데, 이는 블루칩 스탬스에 비해 7.5%가량 나은 성과를 내고 있습니다. 이 주식을 우리는 다른 상황과 다른 요인을 감안해 연말쯤에 공모 시장을 통해 매도할 예정입니다.

1969년 10월 9일

빌 루안과 나는 1951년 컬럼비아대학의 벤저민 그레이엄의 강의에서 만났습니다. 이후에 나는 그의 성품, 기질, 그리고 지성을 관찰할 상당한 기회를 얻을 수 있었습니다. 만약 나의 자녀들이 성년으로 독립하기 전에 수지(버핏의 부인)와 내가 사망한다면, 루안은 내가 투자 측면에서 전권을 위임할 수 있는 세 사람의 수탁자 중 한 사람입니다. 사람을 판단할 때, 특히 미래의 알지 못하는 환경에서 그가 어떻게 행동할지에 대해 예측할 때, 오류가 발생할 확률을 없애는 것은 불가능합니다. 하지만 판단은—적극적으로든, 소극적으로든—내려져야 합니다. 나는 빌 루안이 이례적으로 높은 확률로 결단력 있는 성품을 가진 사람이라고 생각합니다. 또한 높은 확률로 좋은 투자 성과를 거둘 수 있는 사람이라고 생각합니다.

그는 최근 뉴욕의 주식 중개 회사인 '루안, 커니프&스터스Ruane, Cunniff&Stires, Inc'를 설립했습니다. 이 회사는 미국 뉴욕 브로드 스트리트 85번가에 있으며, 사무실 전화번호는 (212) 344-6700입니다. 존 하딩John Harding이 이 회사를 위해 오마하에 사무실을 차릴 계획입니다. 루안은 수수료를 받는 조건으로 고객들의 개인 계좌를 관리해줍니다. 현재는 투자 자문 수수료를 상쇄하기 위해 약간의 중개 수수료도 받고 있습니다. 그의 운용 방식은 버핏투자조합과 유사하게 매달 인출하는 것을 허용합니다. 인출은 자본에 대한 비율에 따라 가능하며 수익 혹은 손실의 실현 여부와는 무관합니다. 그가 약간의 공동 관리 계좌를 설정할 수도 있지만, 그러한 결정들은 그와 조합원들 중 그와 함께하기로 선택한 이들에 한해서 이루어질 것입니다. 나는 물론 그의 운용에 관여하지 않을 것입니다. 나는 그에게 적합한 조합원의 리스트를 작성하고 있으며 그는 연말이 되기 전에 오마하, 로스앤젤레스, 시카고를 방문하기로 계획했던 여행 일정에 따라 곧바로 여러분들에게 편지를 보낼 것입니다. 혹시 그를 만나고 싶은 분들은 연락을 해보시길 바랍니다. 다음 몇 달 동안 뉴욕에 체류할 것으로 생각되는 조합원들은 그를 직접 만날 수 있을 것입니다.

그가 올린 지금까지의 기록은 매우 좋은 편입니다. 버핏투자조합의 기록과 평균적으로 상당히 근접하지만 상당히 많은 변동이 있기는 합니다. 1956년부터 1961년까지, 그리고 1964년부터 1968년까지 그의 개인 계좌의 수익률은 해마다 평균 40%가 넘었습니다. 그러나 1962년에는 몇 년 동안 계속된 주가 상승에 뒤이은 시장 하락으로 그의 수익률은 50%가량 하락했습니다. 그러나 1963년, 그가 생각을 다시 전환함에 따라 그 해에는 손익분기점에 도달했습니다.

2년이란 기간이 짧게 여겨질 수도 있겠지만 자신의 순자산이 50% 하락한다면 그것은 제법 긴 시간처럼 느껴질 것입니다. 나는 주식을 운용하는 거의 모든 펀드 매니저들에게 돈을 맡긴다면 이런 단기적 위험은 감안해야 한다고 생각합니다. 그리고 이것은 여러분의 자산 일부를 주식에 할당하느냐, 그렇지 않느냐의 문제라고 생각합니다. 1969년까지 빌은 15%가량의 수익률 하락을 겪었지만, 나는 이것이 대부분의 매니저들이 상당히 일반적으로 경험하는 일이라고 생각합니다.

물론 루안은 경영 참여 주식이나 워크아웃 주식을 운용해본 적은 없습니다. 경영 참여 주식이나 워크아웃 주식은 일반적으로 버핏투자조합의 연례 성과에 영향을 미치는 주식들입니다. 이런 요인을 제하고서라도 나는 그의 성과가 나의 성과보다는 조금 더 변덕스러운 편이라고 생각합니다. (그렇다고 그의 성과가 더 낮다는 것을 의미하지는 않습니다.) 그의 투자 방식은 나와 다르고, 그의 전반적인 포트폴리오가 (대개의 상황에서) 나의 포트폴리오와 약간 겹치는 부분이 있기는 하지만 그 부분에 있어서 항상 큰 차이가 있을 것입니다.

루안은 평균 500만~1,000만 달러를 운용하면서 자신의 성과를 달성했습니다. 나는 미래에 세 가지 정도의 부정적인 요인이 존재할 것으로 전망합니다. 첫째, 엄청나게 큰돈을 운용하게 되는 확률입니다. 이 문제는 여러분이 다른 어떤 성공적인 펀드 매니저보다도 빨리 직면하게 될 문제입니다. 그리고 이는 성과를 조금 끌어내리게도 할 것입니다. 나는 그의 회사가 현재 2,000만~3,000만 달러를 운용하고 있는 것으로 알고 있습니다. 물론 계속해서 계좌를 늘려갈 계획입니다.

둘째, 그가 그의 시간을 단지 자금을 운용할 것을 생각하는 데에 모두 쓰지 않고 운용의 세부 사항들에 얽매이게 될 확률이 있습니다. 그가 뉴욕주식거래소장과 같은 자리에 있으면서 많은 개인 계좌까지 처리한다는 것은 그가 다른 대부분의 투자 자문가들이 그러하듯이 자신의 많은 시간을 우월한 투자 성과로 이어질 행동들과는 다른 것들을 하도록 압박받을 수 있다는 것을 의미합니다. 이와 관련해 나는 그에게 모든 버핏투자조합의 조합원들에게 가능한 모든 서비스를—그것이 작든 크든—해주도록 요청했고 그는 그렇게 할 것입니다. 그렇지만 나는 또한 그의 주요 업무에서의 특정한 고객들에 대해서는 완전히 프리 에이전트Free agent라고 말해두었습니다.

셋째, 향후 10년 동안 훌륭하게 투자 운용이 이루어지더라도 보수적인 운용으로 인해 한정된 이익만을 생산할 확률이 높습니다. 이에 대해서는 아래에서 설명하도록 하겠습니다.

부정적인 요인을 나열한 목록 중에서 가장 마지막 내용은 끔찍한 성과로 인한 어떤 단점들이 아니라 오히려 평균 성과에 그침으로써 그리 될 것입니다. 나는 이것이 여러분이 루안과 함께 자금을 운용할 때 직면할 주요 위험이라고 생각합니다. 그리고 평균 성과는 그다지 끔찍한 위험인 것은 아닙니다. 루안을 추천하면서 나는 버핏투자조합 포트폴리오를 운용하는 데에 있어 계속 피하려 했던 그런 종류의 행동을 하고 있습니다. 이는 (개인적으로) 아무것도 얻을 게 없지만 상당히 잃을 확률은 높은 결정을 내리는 것을 말합니다. 투자조합에 포함되지 않은 나의 몇몇 친구들은 내게 아무런 추천도 하지 않을 것을 제안했습니다. 만약 결과가 아주 좋다면 내게는 아무런 이익이 없는 반면, 만약 무언가 잘못된다면 나 또한 일부 비난을 받을 수 있기 때문입니다. 만약 나와 여러분이 그저 일반적인 비즈니스적 관계이기만 했다면 그러한 말들은 합당합니다. 그러나 조합원들이 나에게 주었던 신뢰와 다양한 방식의 협력은 그냥 손을 털어내는 방식을 취하지 못하도록 만들었습니다. 여러분들 가운데 많은 이들은 전문 투자자이거나 그에 근접하기 때문에 나에게 매니저로서의 조언을 듣는 것은 거의 불필요한 일에 가깝다고 여겨집니다. 이에 대해서는 여러분들 스스로가 더욱 잘 알 것입니다. 투자조합을 해체하면서 투자 방면에 경험이 적은 조합원들에게 소극적인 자세로 아무 조치도 취하지 않고 수완 좋은 판매사원이 여러분들을 찾아가도록 그냥 내버려두는 것은 도리가 아니라고 생각했습니다.

1969년 10월 9일

10여 년 전쯤 나는 해마다 다우지수보다 10%p 더 높은 수익을 내겠다는 목표를 세운 바 있습니다. 그리고 다우지수는 평균 7%를 달성할 것이라 예상했습니다. 이는 우리가 약 17%의 수익률을 달성할 수 있을 것이라 예상했음을 의미합니다. 넓은 변동성이 있으리라 생각했고 보장할 수도 없는 기대치였습니다. 당시 비과세 채권의 수익률은 약 3%였습니다. 주식은 불안정한 성과를 보일 수 있다는 단점이 있지만, 전반적으로 보았을 때에는 주식이 더 나은 선택인 것으로 보였습니다. 나 또한 수업을 할 때나 패널로 토론에 참여하게 될 때면 이러한 주식 선호에 대해 강조했습니다.

나는 투자 인생에서 처음으로 평균적인 투자자들 입장에서는 전문적으로 주식투자를 하거나 보수적으로 채권에 투자하는 것 사이에서 매우 적은 선택지만이 남았다고 생각하고 있습니다. 만약 이것이 옳다면 이러한 관점은 중요한 의미를 함축합니다. 간단하게 (그리고 어떤 면에서는 지나치게 간단하게) 내가 보는 요즘의 투자 상황을 설명하도록 하겠습니다.

1. 이를테면 납세자가 40%의 정부소득세를 내고서 또 지방소득세가 남아 있는 상황에 대해서 이야기해보겠습니다. 세법에 많은 변동이 제안됐고 이것은 현재 세금을 낸 후 순수익에 불리하게 작용할 것으로 보입니다. 비과세 소득, 자본 이익, 그리고 다른 투자 소득에 대해 미래에는 더 많은 법률적 제안들이 있을 것입니다. 전체적으로 나는 몇 해에 걸친 그런 변화들이 현재 비과세인 채권과 주식을 비교했을 때, 세후 소득에 대한 나의 상대적인 예상에 영향이 없을 것이며 심지어 약간은 강화할 것이라 생각합니다.

2. 나는 다음 주 혹은 다음 달이 아닌 앞으로의 10년을 두고 예상하는 바에 대해 말하는 중입니다. 나는 상대적으로 장기간을 두고 생각하는 것이 더 짧은 기간에 대해 예상하는 것보다 더 쉽다고 생각합니다. 벤저민 그레이엄은 "장기적으로 시장은 체중계이지만, 단기적으로는 투표 기계"라고 말했습니다. 또한 나는 언제나 심리에 의해 결정되는 선호를 평가하기보다는 펀더멘탈에 의해 결정되는 무게를 평가하는 것이 더 쉽다는 것을 발견해왔습니다.

3. 비과세 채권에 온전히 보수적으로 투자하는 것은 6.5%의 수익을 가져다줄 것입니다. 이 정도의 수익은 매우 양호한 것이며, 투자자가 희망하는 계약 기간에 맞춰 달성될 수 있습니다. 이 같은 환경

은 빌 루안과 내가 여러분을 돕는 것에 대해 논의할 3월에는 존재하지 않겠지만, 지금은 그럴 수 있는 환경이 조성되어 있습니다.

4. 시장 전체 주식의 10년 기대 수익률은 9%를 넘지 않을 것입니다. 다시 말해 3%의 배당과 6%의 주가 상승이 있을 것입니다. 나는 미국의 GNP가 연간 6% 이상 늘어날 것이라는 전망에 대해 회의적입니다. 나는 기업의 이익이 GNP만큼 성장할 것이라고 믿지 않습니다. 그리고 배당이 늘지 않는다면(이러한 가정과 현재 이자율로는 기업의 이익은 늘어나기 어렵습니다) 미국 기업들의 총 가치는 연간 장기 복리로 6% 이상으로 성장하지 않을 것입니다. 이를 고려하면 전형적인 미국 주식투자자들은 (앞서 언급한 납세자들을 위한) 세후 배당 1.75%와 세후 자본 이익 4.75%를 합쳐 총 6.5%를 기대할 수 있습니다. 세전 배당과 자본 이익은 4~5%일 것입니다. 세금 공제 후에 손에 쥐는 것은 이보다 낮을 것입니다. 이것은 역사적 경험치와 전반적으로 별다른 차이가 있지 않습니다. 나는 자본 이익에 부과되는 미래의 세금 규정이 과거보다 더 엄격해질 것이라고 생각합니다.

5. 마지막으로, 아마 주식에 투자된 금액의 절반은, 다음 10년에는 전문적으로 운용될 것입니다. 그러므로 꼭 그 의미대로 전체 투자자들이 전문적으로 금액을 운용한 결과가 평균 결과가 될 것입니다. (혹은 나의 가정이 옳다면 세후 6.5%의 수익률을 달성하게 될 것입니다.)

10년간 지속적으로 운용됐던 전문 자본 중 10%보다 적은 부분이

(이 우월한 부분은 아마 약 400억 달러 정도의 금액을 차지할 것입니다) 전체의 기대치보다 2%p가량 더 수익을 얻을 수 있을 것입니다. 이른바 '공격적으로 운용되는' 자본은 일반적으로 운용되는 전문 운용 자본보다 훨씬 더 좋은 성적을 거두리라고는 생각되지 않습니다. 아마 500억 달러 정도의 금액이 다양한 정도의 '공격적인' 분류에 속할 테지만—이는 10년 전에 비하면 100배쯤 많은 금액인 것으로 보입니다—이 500억 달러는 성과를 내지 못할 것입니다.

만약 당신이 극도로 운이 좋고 국내에서 상위 1~2%의 수익률을 달성할 수 있는 자문가를 선택하더라도(하지만 그 자문가는 수익률이 좋은 만큼 큰 금액을 운용하고 있을 테지요) 나는 시장 전체 기대 수준의 4%p 이상의 연이율을 달성하기도 어려울 것이라고 전망합니다. 또 나는 빌 루안이 그런 분류의 자문가에 해당할 확률이 높다고 생각합니다. 그러므로 나는 다음 10년 동안 아주 우수한 운용의 결과로 우리의 '일반적인 과세자'는 세후 배당금이 1.75%, 세후 자본 이익이 7.75%로 총 9.5%의 수익률을 얻을 수 있을 것으로 추정합니다.

6. 더욱 놀랄 만한 결론은 오늘날의 역사적으로 일반적이지 않은 시장 환경 아래에서 비과세 채권을 이용한 보수적인 투자의 수익률은 전문적으로 운용되는 주식의 예상 수익률과 거의 유사할 것이라는 점입니다. 그것은 아주 잘 운용된 주식과 비교했을 때에나 상대적으로 하위일 것입니다.

7. 인플레이션에 관해서 한 마디 하자면 6%의 GNP 성장률을 계산할 때 포함된다는 점과 비과세 채권이 달성하는 6.5%의 수익률에 기여한다는 점 외에는 논의할 필요가 없습니다. 만약 주식이 세후 8%의 수익률을 달성하고 채권은 4%의 수익률을 달성한다면 주가가 상승하건, 하락하건 부동이던 채권을 보유하는 것보다는 주식을 보유하는 것이 더 낫습니다. 그러나 만약 채권이 세후 6.5%의 수익률을 보이고 주식이 6%라면 반대의 경우가 옳습니다. 간단한 진실은 가장 기대할 만한 세후 수익률이 가장 상식적이라는 점입니다.

위에 열거한 모든 것은 이것들이 적절히 이루어진 미래에 대한 평가와 함께 의구심을 갖고 바라보아야 합니다. 나에게는 위에 적은 것이 불확실한 미래이지만, 가장 현실적인 평가입니다. 나는 이 추정치가 얼마나 정확한지에 대해서는 크게 자신할 수는 없지만, 그럼에도 이렇게 말함으로써 여러분에게 내가 현재 어떻게 생각하고 있는지를 전할 수 있었습니다.

여러분은 채권과 주식 사이에서 스스로 판단을 내려야 합니다. 만약 후자(주식)를 선택했다면 누가 그런 주식을 조언해주었는지 판단해야 합니다. 많은 경우 내 생각에는 여러분의 결정은 일정한 수익에 대한 필요와 원금에 큰 변동이 없는 것에 대한 여러분의 선호를 반영합니다. 직접 투자 종목을 선정하는 과정에서 느끼는 지적인 즐거움과 만족할 만한 최종 성과를 얻는 데에서 오는 즐거움의 균형도 반영해야 할 것입니다. 만약 당신이 이에 관하여 나와 이야기를 나누고 싶어 한다면, 나는 기쁘게 도울 것입니다.

1969년 12월 5일

우리는 경영 참여 주식 지분에 적용되는 많은 연말 리포트, 감사 보고서, 중간 보고서, 대리 안내서를 보유하고 있습니다. 그리고 우리는 이들 중 당신이 요청하는 것이 있다면 기꺼이 그 자료를 제공할 것입니다. 또한 질문이 있다면 내게 편지를 써서 보내주기를 바랍니다. 그리고 그 질문과 그에 대한 답변은 연말이 되기 전, 빠르게 모든 조합원들에게 전달될 것입니다. 생각나는 어떤 질문이든 묻기를 망설이지 마십시오. 만약 당신이 명확하게 이해하지 못한 부분이 있다면 아마 다른 사람들도 그럴 것입니다. 어떤 것이든 여러분 혼자 고민하고 있을 이유는 전혀 없습니다. 문제를 확실하게 하는 것은 나의 역할입니다.

1969년 12월 5일

나는 개인적으로 DRC와 버크셔 해서웨이의 내재가치가 향후 수년 동안 상당하게 증가할 것이라고 생각합니다. 아무도 미래는 알 수 없지만 나는 이들의 성장률이 연간 10%가 되지 않는다면 매우 실망할 것입니다.

주식의 시장 가격은 매우 크게 내재가치 주변에서 요동치지만 장기적으로 보았을 때 내재가치는 시장 가격에 어떤 식으로든 항상 반영됩니다. 따라서 나는 두 주식들이 모두 장기적으로 보유하고 있기에 상당히 괜찮은 것들이라고 생각합니다. 내가 가진 순자산의 상당한 부분을 이들에 투자할 수 있다면 기쁠 것입니다. 여러분이 직접적으로 주식을 보유하고 있을 때에는 단기적인 가격 변동에 대해서는 무관심해야만 합니다.

마치 여러분이 그 주식들을 버핏투자조합을 통해 간접적으로 보유하고 있을 때 무관심했던 것처럼 말입니다. 나는 이들을 비즈니스라고 생각하지 주식이라고 생각하지 않습니다. 그리고 만약 그 사업이 장기적으로 잘 된다면 주식 또한 그럴 것입니다.

나는 여러분이 미래에 그러한 주식들을 갖고 있을 것이라는 전제하에서 운용하거나 투자조합을 갖고 있을 생각은 없다는 점을 강조하고 싶습니다. 추후에 여러분은 주식에 관하여 무엇을 하든 자유이며 물론 나 또한 그럴 것입니다. 나는 상당히 높은 확률로 DRC와 버크셔 해서웨이에 대해 장기 투자를 유지할 계획입니다. 그렇지만 나는 도덕적인 약속을 하고 싶지 않으며 또한 분명하지 않은 미래의 기간 동안 그들의 보유를 고려해 다른 이에게 조언을 해주고 싶지도 않습니다. 그 회사들은 물론 모든 주주들로 하여금 그들의 활동들에 대해 계속해서 조언을 해줄 것이며, 여러분은 그들이 아마 분기 단위로 발행한 보고서를 받아볼 수 있을 것입니다. 만약 내가 주식을 계속해서 보유한다면, 아마도 그럴 테지만, 이들 주식의 활동에 대한 나의 관여 정도는 나의 관심에 따라 다를 것입니다. 정책이 어떤지에 따라 나는 중요한 위치를 취할 가능성이 높지만, 나는 보수적인 주주 그 이상의 도덕적인 의무감을 가지고 싶은 생각은 없습니다.

1969년 12월 5일

만약 3월에 빌 루안과 내가 여러분에게 채권에 관하여 아이디어를 주기를 원한다면 당신은 3월 만기의 미국 재무부 단기 채권을 매입해야 하며, 1월 5일의 배당에서 해당 부분을 받을 수 있을 것입니다. 그러고 나서 2월 마지막 주에 여러분이 얼마나 채권에 투자를 하고자 하는지를 알려준다면, 거기에 대한 우리의 생각을 알려주도록 하겠습니다.

1월 중순 즈음 (정확한 금액이 확인되고 당신의 이름으로 등록된 지분을 양도대리인으로부터 받은 직후에) 우리는 여러분의 투자조합 이익에 해당되는 DRC와 버크셔 해서웨이 주식을 나눠주고자 합니다. 그리고 이후 여러분의 과세 표준과 주식에 기인하는 취득에 관련된 일을 조언해줄 계획입니다. 그러한 지분들은 모넨, 사이들러&라이언 Monen, Seidler&Ryan 사로부터 동봉된 편지에 서술되어 있듯이 범례가 될 것입니다. 이 주식 증명서는 매우 귀중하므로 안전한 곳에 보관하시길 바랍니다.

1969년 12월 5일

지난 편지들에서 나는 만약 여러분이 원한다면 자동적으로 DRC와 버크셔 해서웨이의 지분을 현금화할 수 있는 메커니즘을 버핏투자조합에서 제공할 수 있기 바란다고 이야기했습니다. 두 개의 로펌에서 여러분이 들고 있는 이 주식들이 유동화될 수 있는지를 검토해주었으며, 동봉된 편지(이 편지는 당신의 주식과 함께 잘 보관해야 합니다)에 그들의 결론이 적혀 있습니다. 편지에 적혀 있듯이 이 같은 유동화 과정은 간단하고 깔끔한 지침을 줄 수 있는 문제가 아닙니다. 나는 내가 이전에 고려해왔던 대체 방안을 적용할 수 있는 좋은 방법이 전혀 떠오르지 않습니다. 따라서 여러분이 자신이 보유한 지분을 처분하려 한다면 그 지침들을 따라야 합니다. 아마 깨달으셨겠지만 차후의 판매에 걸리는 제한은 여러분에게 적용되는 것보다 (내부자라는 위치 때문에) 나와 수지에게 더 강하게 적용될 것입니다. 상당한 양의 주식들은 '사적 판매' 방식으로 자주 판매되며 이에 대해서는 의견란의 세 번째 문단에 서술하였습니다. 추후에 만약 규칙이 더 분명해지거나 더 간단해진다면 반드시 공지하도록 하겠습니다.

DRC와 버크셔 해서웨이를 분배할 때 1969년 말 기준으로 그 정도의 지분이 어느 정도 가치가 있는지 조언하겠습니다. 1월 말에는 우리의 감사 보고서와 세금 정산서를 받을 것입니다. 현재는 우리가 우량주를 매도한 내역을 보여주고 있으며 DRC와 버크셔 해서웨이의 상당한 가치 상승으로 우리의 연 수익률은 6%를 약간 넘어설 것으로 보입니다.

—∞—

1969년 12월 26일

지난 편지 이후 많은 질문들이 쏟아졌습니다. 이를테면 다음과 같은 질문들이었지요. "만약 우리가 버크셔 해서웨이의 방직 사업으로부터 괜찮은 성과를 얻지 못하고 있다면, 왜 우리가 이 사업을 계속해서 운영해야 합니까?"

대부분의 이유는 내 편지에 대략적으로 서술되어 있습니다. 어느 기업이 1,100명의 노동자를 고용하고 경영진이 그들과 관련된 산업에서의 지위를 상승시키기 위해 많이 노력하고 있으며, 그에 합당한 성과를 내고 있고, 이 기업이 상당한 양의 추가적인 투자를 요구하지 않는다면, 나는 이를 현금화하고 싶지 않습니다. 나는 고작 몇 %의 추가적인 연 수익을 내기 위해 경영진에게 심각하게 노동자의 해고를 권고하고 싶지 않습니다. 만약 우리가 물질적이고 강제적인 추가 투자나 지속적인 운용 손실에 직면한다면 분명 결론을 달리 내려야 하겠지만 그러한 대안을 써야 하는 경우는 아마 오지 않을 것입니다.

1969년 12월 26일

나는 최근 어떤 조합원으로부터 다음과 같은 질문을 받았습니다. "왜 우리의 버크셔 해서웨이 주식과 DRC 주식을 조합원들이 편하게 현금화할 수 있도록 하지 않았습니까?"

우리도 이 사안을 검토했지만 실용적인 이유와 법적인 이유로 이를 거절했습니다. 나는 실용적인 이유만이 독립적으로 우리가 내린 결정에 영향을 미칠 것이기 때문에 이에 대해서만 설명하겠습니다.

현재로서는 DRC가 거래될 만한 시장이 없습니다. 그리고 우리가 보유하고 있는 버크셔 해서웨이 지분은 공개적으로 유통되어 있는 주식의 4~5배 정도에 달합니다. 몇 천 주를 빠르게 팔거나 사고자 한다면 버크셔 해서웨이 주가는 몇 포인트 혹은 그 이상으로 요동칠 것입니다. 우리는 버크셔 해서웨이 주식 69만 1,441주를 갖고 있습니다. 만약 우리가 이 주식들을 여러분들에게 인수하지 않고 분배한다면, 상당한 확률로 이렇게 분배한 주식의 많은 부분이 개별적으로, 그리고 시간적으로 동시에 거래될 가능성이 높습니다.

이렇게 되면 우리가 최근 보아온 시장 환경에서는 특히나 이 두 주식의 시장이 상당한 혼란을 겪게 될 가능성이 높습니다. 주가가 요동치면 조합원들이 주식을 유동화하는 과정에서 불편과 손실을 겪을 수 있다는 점에서 나는 이것을 내버려둬서는 안 되는 상황으로 보았습니다.

더 전문적인 조합원들은 덜 전문적인 이들보다 좋은 상황에 놓일 수 있을 것입니다. 그리고 나는 많은 조합원들이 내가 연말에 측정한 가치만큼의 가격을 실현할 기회가 없을 것이라 생각합니다.

내가 1969년 연말 기준의 가치 산정으로 버핏투자조합의 이익에서 나의 지분만큼 가져갔기 때문에 여러분들은 이것을 매우 불공평하다고 느껴질 수도 있습니다. 만약 시장이 어려워진다면, 내가 개인적으로 낮은 가격으로 샀거나, 혹은 내가 매입함으로써 가격 상승이 억제됐다면 더 높은 가격이었다 해도 아마 비판받을 것입니다.

만약 이 주식들을 억지로 팔기 위해 중개인을 통해 시장에 거래되도록 한다면 내 의견으로는 그 결과는 만족스럽지 않을 겁니다. 우리가 기존에 보유하고 있던 블루칩 스탬스 또한 이러한 과정을 거쳤으며 인수가 선언된 이후 주식의 가격은 24달러에서 16.5달러로 떨어지는 것을 지켜보았습니다. 나는 버크셔와 DRC 주식을 보유하고 있는 조합원들이 이러한 종류의 성과를 얻지 않기를 바랐습니다.

판매를 사적 부분에 국한시킴으로써 이 주식들을 팔고자 하는 조합원들은(전문적인 지식을 갖고 있는 조합원들이 시장에서 우위를 차지하는 일이 거의 없이) 지금 인수 과정을 거치는 것보다 더 많은 수익을 실현시킬 수 있을 것입니다. 또한 장기 투자를 생각하는 주주들은 미래에 변동성이 덜한 시장을 손에 넣을 수 있을 것입니다. 우리는 자신의 지분을 사적으로 판매하고자 하는 의사를 밝히는 몇 번의 연락을 받았습니다. 우리는 그러한 요청들을 우리가 책정한 연말 가치와 큰 차이가 없는 가격으로 판매하는 데에 큰 어려움이 없을 것이라 기대합니다.

1969년 12월 26일

나는 최근 어떤 조합원으로부터 다음과 같은 질문을 받았습니다. "내가 현재 갖고 있는 버크셔 해서웨이 주식이나 DRC 주식을 계속 보유해야 합니까?"

이 질문에 대해서는 답을 할 수 없습니다. 내가 말할 수 있는 사실은 나는 그렇게 할 것(계속 보유할 것)이며, 한 걸음 더 나아가 추가 매입할 예정이라는 점입니다. 나는 장기적으로 내 순자산의 상당 부분이 이 회사 주식으로 채워질 것이라는 사실이 매우 흡족합니다.

이 주식들은 5년 혹은 10년 정도 후에는 더 가치가 있을 것이라고 나는 확신합니다. 대부분의 주식과 비교했을 때 이 주식들로 인해 상대적으로 손실을 볼 위험은 적다고 생각합니다. 이들의 주가 패턴이 투기적인 열광이나 불황에 접어들기보다는 사업 결과와 관련하여 보다 무난한 범위에서 움직이기를 바랍니다.

최근 주식시장은 투기 열풍에 휩싸여 있습니다. 나는 이들 주식으로 주식시장의 이 같은 불쾌한 움직임을 부추기려는 의도는 전혀 갖고 있지 않습니다.

1970년 2월 18일

나의 투자 행위들은 예측이나 불합리한 추론, 혹은 사적 소유에 의해 결정되었던 적이 없습니다. 여러분들은 나로 하여금 어떤 클럽을 사용해야 할지, 어떻게 스틱을 쥐어야 할지, 혹은 다른 플레이어들이 어떻게 하고 있는지에 대해 이야기하는 바 없이 내 마음대로 이 게임을 즐길 수 있도록 해주었습니다.

이에 대해 감사드리며 여러분이 달성한 성과 수익은 그러한 태도와 행동들을 반영한 결과라고 말씀드리고 싶습니다. 만약 이것이 사실이 아니라 생각한다면 여러분은 개인적인 격려와 노력과 성과를 극대화시키는 공감의 중요성을 과소평가하는 것입니다.

투자조합을 마무리 지으면서 버핏이 취했던 태도들로부터 우리는 세 가지 귀중한 교훈을 얻을 수 있다.

첫째, 가장 중요한 교훈은 버핏이 조합원들에게 보여준 진실성이다. 적절한 펀드 매니저를 찾는 것에서부터 그의 조언을 따라 지방채를 사려 하는 조합원들을 위한 채권 매입에 이르기까지, 스스로 더 보유하고 싶다는 바람에도 불구하고 거의 모든 것을 솔직하게 밝히며 조합원들로 하여금 버크셔와 DRC의 지분을 보유하도록 추천까지 해주었다. 이를 통해 버핏은 언제나 조합원들을 가장 우선적으로 생각했음을 알 수 있다. 만약 모든 전문 금융 서비스업 종사자가 이렇게 행동했다면, 우리의 금융계좌들은 얼마나 잘 운용되었을까?

둘째, 실용적인 측면에서 우리는 그가 펀드 매니저를 선택하는 것을 어떻게 생각했는지를 알 수 있다. 또한 우리는 지방채 시장의 내부 운용에 대해서도 조언을 얻을 수 있었다.

셋째, 그는 우리에게 주식 포트폴리오를 가능한 높은 세후 수익과 가능한 작은 위험을 얻기 위해 각 상품의 능력에 따라 선택, 결합한 것으로 생각하도록 조언한다. 그 어느 것도 이 사실을 당시 주식을 지방채와 비교했던 것만큼 잘 표현해주지는 못한다.

흔히 리스크와 보상은 비례한다고 알려져 있다. 다시 말해 리스크가 높으면 보상도 많고, 리스크가 낮으면 보상도 낮다는 것이다. 그렇지만 이는 사실이 아니다. 꼼꼼한 연구와 분석을 바탕으로 투자하면 리스크는 낮고 보상은 높은 투자가 가능하다.

에필로그
새로운 시작을 위하여

"벤저민 그레이엄이 지금의 나의 투자법을 보았다면 이해는 했을 테지만 대다수 사람들이 따라하기는 어려울 것이라고 말했을 것입니다."[1]

_2011년 6월 25일

버핏투자조합의 종료는 버핏에게 끝이 아니라 새로운 시작일 뿐이었다. 1970년, 버핏은 버크셔 해서웨이의 의장이자 최고 경영자로 취임했다. 투자조합을 기업으로 업그레이드함으로써 버핏은 진일보할 수 있었다. 그 안에서 그는 영구 자본을 가진 기업의 경영권 지분을 확보했고, 이 같은 자본을 면세 혜택을 받으면서 한 기업에서 다른 기업으로 옮길 수 있었다. 그렇지만 투자조합에서 보여주었던 버핏의 사고방식은 조금도 변하지 않았다. 오히려 그것은 더욱 견고해졌다.

버크셔 해서웨이의 모든 주주는 파트너이다

버크셔 해서웨이의 주주들은 자신들의 자본을 버핏의 자본과 함께 섞었다. 다시 말해 버핏투자조합의 조합원들과 마찬가지로 버크셔 해서웨이의 자본금에는 주주들의 자본금과 버핏의 자본금이 섞여 있었다.

또한 버핏투자조합에서 그랬던 것처럼 그들은 함께 회사의 자산을 소유했다. 버크셔 해서웨이에서 투자조합의 기본 원칙과 동등한 역할을 한 버크셔 해서웨이의 오너 매뉴얼에는 이 모든 것이 명백하게 담겨 있다.

> 비록 버크셔 해서웨이의 형태는 기업Corporate이지만 우리의 태도는 투자조합에 가깝습니다. 찰리 멍거와 나는 우리 주주들을 '오너-조합원Owner-Partner'이라고 생각하며 우리가 조합원들을 관리하고 있는 것이라고 생각합니다. (보유한 주식의 규모 때문에 우리는 또한 좋건 나쁘건 이들을 통제하고 있습니다.)
>
> 우리는 기업 자체를 자산의 궁극적인 주인이라고 보지 않습니다. 대신 우리는 기업을 주주를 잇는 통로라고 생각합니다.

버핏은 투자조합의 정서를 유지한 것에 그치지 않았다. 그는 성과수수료를 받지 않았기 때문에 동료 오너들과 더 가깝게 재정적인 연대감을 맺었다. 버핏투자조합에서 그는 자본 할당가로서 자신의 서비스에 대해 첫 6%를 받고 이후의 성과에 대해 25%의 수수료를 받았다. 버크셔 해서웨이의 의장이 된 이래로 그는 소박한 급여를 받았으나 성과 수수료를 받지도 않았고, 자신의 수익이나 주주를 불균형하게 만드는 어떠한 이익도 받지 않았다.

탁월한 기업을
적정 가격에 매입할 것

세콰이어 펀드를 운영한 투자의 대가 빌 루안에 따르면 "그레이엄은 구약을 썼다면, 버핏은 신약을 기록했다."[2] 이 문장으로 두 사람은 아름답게 요약된다. 이것은 마치 버핏이 근본주의에 가까운 구약성서 학자로 투자자의 삶을 시작했지만, 이후 자신의 뚜렷한 길을 구축한 것과 같다. 그는 그레이엄에 의해 규정된 첫 번째 원칙을 기반으로 계속해서 변신했고, 보충했고, 그리고 구축했다. 이 많은 발전은 버핏투자조합을 운용하는 기간 전반에 걸쳐 곳곳에서 일어났다. 버핏투자조합 기간 동안 우리는 버핏이 투자를 대단하고 높은 수준으로 끌어올리고자 했던 의지를 볼 수 있었다.

그것은 수시로 값싼 담배꽁초를 피웠다가 내뱉는 초기 투자에서 경쟁력을 가진 우량 기업에 장기 투자하는 방식으로 나아가는 여정이었다. 또한 그것은 높은 수익을 거두기 위해 자본을 적절히 활용하는 능력을 고양시키는 과정이었다.

그는 초기에는 기업의 재무제표에 나와 있는 '스냅샷'에 주목했다.

다시 말해 그는 기업의 재무상태를 분석하면서 특정 시점에 소형주이면서 싸게 거래되고 있는 이른바 담배꽁초주를 찾아냈다. 이 같은 담배꽁초주에 집중투자하면서 그는 수익을 거두었다.

버핏의 스승인 그레이엄은 절대 한 종목에 집중투자하지 않고 분산투자를 하는 것을 좋아했다. 그렇지만 버핏은 샌본 지도 회사처럼 확실하게 저렴한 기업을 발견하면 자신이 보유한 자금의 3분의 1을 그곳에 투자했을 정도로 집중투자했다. 한 종목에 자금의 3분의 1을 투자하는 것은 집중투자에 속한다.

버핏은 여기에서 한 걸음 더 나아갔다. 그것은 기업을 단지 수치로 분석하는 것이 아니라 질적으로 분석하는 것이었다. 그레이엄의 투자 방식을 통해 버핏은 사진을 찍는 것처럼 특정 기업의 주식이 특정 시점에 얼마나 싼지를 볼 수 있었다. 이는 특정 시점마다 사진을 찍는 방식이었다.[3]

여기서 한 걸음 나아간 질적인 투자 방식은 동영상를 찍는 것과 비슷했다. 그는 현재 사진으로 찍혀 있는 것 이상의 가치를 보기 시작했고, 점차 그 가치가 어디로 향하는지에 대한 진가를 알아보기 시작했다. 월트 디즈니나 아메리칸 익스프레스가 여기에 해당한다. 두 회사는 확실한 경쟁력을 갖고 있었기 때문에 시간이 흐를수록 내재가치를 더해갔다.

그레이엄의 담배꽁초식 투자로는 이와 같은 시간의 흐름에 따른 기업가치의 증가를 파악할 수 없었다. 다시 말해 그레이엄의 양적인 담배꽁초식 투자법은 '확실한 것'에 대한 투자이기는 하지만 공짜로 담배 한 모금을 피우는 것에 불과했다.

버핏은 점차 시간이 흐를수록 가치를 쌓아가는 양질의 기업을 알아보게 됐다. 이리하여 버핏은 담배꽁초주를 한 모금 빠는 것에 벗어나 '웨스트 코스트의 철학자West Coast Philosopher'인 찰리 멍거에게 신뢰감을 주었다.

버핏투자조합이 해체된 지 20년이 지난 1989년, 버핏은 자신의 투자법을 밝혀달라는 질문을 받고서 다음과 같이 답했다. 이를 통해 그는 '단지 싼' 주식을 찾는 방법과의 영원한 결별을 선언한 셈이다.

> 훌륭한 기업을 적정 가격에 사는 것이 적정 기업을 훌륭한 가격으로 사는 것보다 낫습니다. 찰리는 이것을 일찍 이해했지요. 반면 나는 느린 학생이었습니다. 그러나 지금은 기업을 사거나 일반 주식을 살 때, 우리는 일급 경영이 동반된 일급 사업을 찾습니다.[4]

그레이엄의 방식인 '공짜 한 모금 찾기'에서 길게 피우기 위해 적정 가격을 지불하는 방식으로 건너뛰는 것은 중요한 사건이었다. 이 둘은 분명히 서로 다른 두 가지 투자법이었지만 이 두 가지가 전적으로 부조화스러웠던 것은 아니었다.

버핏은 또 이렇게 말했다.

> 벤저민 그레이엄의 방식을 한때 나는 이치에 맞다고 여겼습니다. 나의 투자법은 여전히 그레이엄의 관점에 그 뿌리를 두고 있으면서도 분명 질적인 차원에 더 많은 관심을 두고 있습니다. 이렇게 된 가장 큰

이유는 우리가 아주 많은 금액을 운용하고 있기 때문에 절대적으로 저평가된 주식을 찾기가 어렵고 상대적으로 싸게 거래되는 주식을 찾아야 했기 때문입니다. 우리는 운용 자금이 많기 때문에 대규모로 투자해야 합니다. 이는 단지 양적인 한 가지 기준이 아니라 더 다양한 기준을 사용해야 함을 의미합니다. 만약 벤저민 그레이엄이 지금의 나의 투자법을 보았다면 이해는 했을 테지만 대다수 사람들이 따라하기는 어려울 것이라고 말했을 것입니다.[5]

양적 측면을 질적 측면으로 전환하는 것은 혁명적인 일이 아니라 한 단계 진화한 일이었다. 다시 말해 그레이엄이나 '초기의 버핏' 가운데 그 어느 것도 가치 없는 것은 없다. 오늘날 버핏의 투자법은 이것들을 바탕으로 얻어진 것이었다.

비즈니스적 관점에서 투자하라

그레이엄은 언제나 "투자는 가장 비즈니스다울 때 가장 잘된 것이며, 비즈니스는 가장 투자다울 때 가장 잘된 것"이라고 말했다.

버핏은 이 생각의 전형적인 사례를 제시했을 뿐 아니라, 두 가지 용어 사이의 차이점을 허무는 것으로 한 단계 더 발전했다. 그는 주식을 글자 그대로 '주주들이 갖고 있는 기업 자산의 일부이자 기업과 연결하는 통로'라고 보았다. 자산 자체는 팔고 사는 것이 가능하며, 그러므로 대체 가능하다. 자산은 자본의 한 형태일 뿐이다. 기업과 투자자는 자본을 가능한 한 가장 생산적인 형태로 유지시켜야 한다.

버핏은 낮은 품질의 기업 자산을 자본으로 전환시켰으며, 이 자본은 더욱 생산적인 자산으로 다시 전환됐다. 뎀스터 밀의 사례에서 이는 비생산적인 재고자산을 매우 생산적인 주식으로 변환하는 것을 의미했다. 버크셔 해서웨이에서 이것은 수익이 낮은 자산을 직물로 단단히 묶었으며 이를 매우 생산적인 보험과 은행 자산으로 이동시켰다.

원칙을 바꾸지 마라

워런 버핏의 투자 프로세스 발전의 궤적은 지속적으로 새로운 지평을 열고 있다. 그의 투자에 관한 통찰력과 훌륭한 평판이 결합되어 수십 년 동안 버크셔 해서웨이는 독보적인 투자의 신세계를 열어젖혔다. 글로벌 금융위기의 과정에서 골드만 삭스, 뱅크 오브 아메리카, 제너럴일렉트릭이 유동성 위기에 처하자 그는 이들 기업이 우선주를 설계하도록 조언하고, 버크셔 해서웨이가 단독으로 매입하도록 했다.*

---

* 2008년 말 글로벌 금융위기가 발발하면서 골드만 삭스는 주가 폭락과 투자자들의 자금 회수로 유동성 위기에 빠져들었다. 이 같은 위기를 타개하고자 골드만 삭스 경영진은 워런 버핏에게 자금 지원을 요청했다. 당시 버핏은 "골드만 삭스는 내가 50년 전 처음으로 거래를 했던 기업"이라며 흔쾌히 응했다. 지원 조건은 골드만 삭스가 우선

이 모든 것들을 통틀어 가장 인상적인 것은 버핏의 방식이 점차 발전해나갔음에도 불구하고 그의 모든 편지에서 내적인 일관성이 유지되었다는 사실이다. 어떤 계획도 추후에 무효화되거나 수정을 필요로 하지 않았다. 예를 들어 1957년의 편지 내용은 이후에 쓰인 편지들과 지적으로 불일치한 부분이 전혀 없다. 아이디어들은 추가됐고, 심화되었으며, 혹은 그대로 남았다. 더욱 깊은 통찰과 다른 환경들로 인해(돈이 더 들어오면서 잠재적 투자처는 감소했다) 오래된 아이디어들이 교체되지는 않았다. 오래된 아이디어들은 버핏에게 단지 덜 활용되고 덜 유용해졌을 뿐이다. 이는 물론 우리에게는 여전히 유용하다는 것을 의미한다.

버핏은 오늘날 투자자들에게 매우 유용한 로드맵을 제시해주었다. 이것은 마치 우리 모두를 위해 도전할 과제를 준 것과 같다. 그것은 마치 그가 편지를 쓰고 그것을 공개한 뒤 이렇게 말하고 있는 것과

주를 발행하고 버크셔 해서웨이가 이를 매입하는 방식이었다. 구체적으로, 버핏은 골드만 삭스 측에 "50억 달러 규모의 우선주를 발행하면 이를 버크셔 해서웨이가 전액 매입해주겠다"고 제안했다. 우선주는 우리가 흔히 말하는 보통주와 대비되는 개념의 주식이다. 보통주가 해당 회사의 주주총회에 참여해 경영에 참여할 수 있는 데 반해 우선주는 주주총회 참석권은 없지만 더 높은 배당을 받을 수 있다. 버핏은 골드만 삭스의 경영에 굳이 참여하지 않는 대신에 더 높은 배당을 요청한 것이다.

골드만 삭스는 여기에 응했다. 여기에 덧붙여 버핏은 우선주를 매입하는 조건으로 골드만 삭스 주식을 주당 115달러에 50억 달러어치를 추가로 매입할 수 있는 권리도 획득했다. 2011년 골드만 삭스는 버핏이 보유한 우선주를 당시 매입 가격에 10%의 프리미엄을 더해 되사들였다. 2013년 3월 버핏은 자신이 가지고 있던 권리를 포기하는 대신 장부상 수익에 해당하는 만큼 골드만 삭스의 주식을 받기로 합의했다. 이 결과 버핏은 약 20억 달러의 수익을 거두었다. 골드만 삭스도 버핏의 자금 지원으로 일시적 유동성 위기를 해결할 수 있었다. 서로에게 윈윈이 되는 우선주 발행이었던 것이다.

같다.

여기에 어떻게 투자하는지가 나와 있다.

이곳에 적혀 있는 것이 나의 방법이다.

이것이 내가 선택했던 길이다.

이제, 당신이 이 길을 따라올 수 있는지 나는 지켜볼 것이다.

감사의 말

나의 가족은 나를 지원하고 용기를 북돋워주는 버팀목이었습니다.

나의 훌륭한 아내 유니스, 당신은 내가 불가능한 일을 해낼 수 있도록 만들었습니다. 당신이 우리 집안 곳곳에 당신의 재능을 불어넣어준 덕분에 나는 비로소 이 작업에 몰두할 수 있었습니다.

나의 아름다운 두 자녀 올리비아와 데이비드, 너희들은 수없는 밤과 주말을 아빠 없이도 기꺼이 보내주었구나. 이 책은 내 것이기도 하지만 너희들의 것이기도 하다.

나의 지적인 영웅이자 스승(워런 버핏)이 그의 버핏투자조합 시절의 편지를 출판하자는 나의 아이디어에 응해준 것에 대해 깊은 감사의 인사를 전합니다. 이후에 나는 놀랍고 감사한 시간을 보냈습니다. 그가 나를 믿고 그의 유산과 관련된 일을 맡기는 결정에 지속적으로 기쁨을 표시한 것만큼 나를 행복하게 한 것은 없습니다. 이런 이유로 나는 나의 역할을 워런 버핏의 안내자 혹은 프로젝트 매니저로 생각했고 이 작업을 통해 가능한 한 많은 것을 얻고자 했습니다.

나는 운 좋게도 이 책을 의미 있는 결과물로 개선시키는 데 도움을 준 특별한 사람들을 곁에 두었습니다.

스티브 트로하는 발췌문 사이에 에세이를 넣도록 나를 설득했습니다. 브루스 웩슬러는 나의 문체를 다듬어주었고, 프로젝트에 집중하는 데 도움을 주었습니다. 홀리스 하임바우치는 내가 궤도에 있도록 영감을 불어 넣었습니다.

이 밖에 나에게 도움을 준 많은 중요한 친구와 동료들이 있습니다. 나는 잭 하버만과 마크 로브치가 문학적 문체를 가진 서문으로 윤문해준 것에 감사드립니다. 계약서와 편지를 자세히 읽어준 딜란과 타나야 매트에게도 감사의 인사를 전합니다. 쉬리시 압테, 크리스 블레이크, 오마 카라, 톰 콜레파스, 톰 맥매너스, 그리고 다니엘 로버츠의 우정과 멘토십에 감사드립니다. 초고를 섬세하게 읽어준 브라이언 코니그즈버그에게도 감사드립니다. 나를 자신의 연례 행사에 초대해준 에릭 웰먼에게도 감사드립니다.

그리고 버티컬 리서치 파트너스에서 일하는 나의 모든 동료들의 지원과 격려에 감사의 말씀을 전합니다.

옮긴이의 말

『워런 버핏, 부의 기본 원칙』에는 그간 워런 버핏을 주제로 한 책 가운데에서 유일하게 그가 젊은 시절, 조합원들에게 보낸 편지(버핏투자조합 편지)의 원문이 실려 있다. 버핏투자조합 편지는 버핏 마니아라면 누구나 읽고 싶어 하는 텍스트이다. 이유는 두 가지이다.

첫째, 버핏의 투자 인생을 통틀어 가장 뛰어난 성과가 이 시기에 이루어졌기 때문이다. 버핏은 스물여섯 살이 되던 1956년, 고향 오마하에서 친지와 지인들의 투자를 받아 버핏투자조합을 시작해 1969년까지 13년간 버핏투자조합을 운용했다. 이 시기 버핏이 거둔 연평균 수익률은 29.5%였다. 쉽게 말해 1,000만 원이 3억 원으로 불어난 셈이다. 버핏투자조합 편지에는 이 시기의 놀라운 성과가 어떻게 이뤄졌는지 담겨 있다.

둘째, 이 시기의 버핏은 사실상 '개인 투자자'였다는 사실 때문이다. 당시 그는 기관이나 금융사에 소속되어 있지 않았다. 단지 친지와 지인들의 자금을 모아 버핏투자조합이라는 형태로 운용한 것이 전부였다. 버핏투자조합의 첫 운용 자금은 10만 5,000달러였다.

당시 버핏은 주변 사람들의 눈에 '세상 물정 모르고 주식시장에 뛰어든 20대 풋내기'에 불과했다. 당시 그가 지금처럼 세계 최고의 부자가 될 것이라고 확신한 사람은 버핏 자신뿐이었다. (이 책에도 나오지만 버핏은 20대 시절에 이미 자신이 백만장자가 될 것이라고 확신하고 있었다.) 쉽게 말해 이 시기의 버핏이야말로 개인 투자자들이 참고하기에 가장 적합한 롤모델인 것이다.

그리고 당시 그의 투자 철학을 가장 잘 드러내는 자료가 바로 그 시절 버핏이 자신의 투자조합 조합원들에게 보냈던 편지이다. (그럼에도 불구하고 이 시기에 그가 남긴 편지가 책으로 엮여 나오지 않았던 것은 저작권 문제 때문인 것으로 추정된다. 이 책의 저자 제레미 밀러는 버핏으로부터 버핏투자조합 시절에 쓴 편지를 인용하는 것에 대해 승낙을 받았다고 밝히고 있다.)

이 책에 나오는 젊은 시절 버핏이 쓴 편지에는 그가 사실상 개인 투자자로서 어떻게 주식투자를 했는지, 오늘날 그가 구사하는 투자법이 어떤 과정을 거쳐 형성되었는지, 예고 없이 요동치는 주식시장에 그가 어떤 방식으로 대처했는지가 생생하게 드러나 있다.

또한 젊은 시절 버핏의 대표적 성공 투자 사례로 언급되는 아메리칸 익스프레스, 샌본 지도 회사, 뎀스터 밀 매뉴팩처링 컴퍼니, 텍사스 국립 석유 회사 등에 그가 실제로 어떻게 투자했는지가 자세하게 나와 있다.

번역 과정에서 내가 가장 흥미롭게 읽은 부분은 그가 이 시기에 주식을 일반 투자 주식, 워크아웃, 경영 참여 주식의 세 가지로 나누어 각 카테고리마다 투자법을 달리했다는 점이다. 일반 투자 주식이란 우리가 흔히 주식투자를 한다고 말할 때의 대상이 되는 주식을 말한다. 그런데 이것 말고도 버핏은 좋은 일반 투자 주식을 찾기 어려울 때의 대안으로 차익거래를 목적으로 하는 채권을 비롯한 투자상품을 매입했다. 그는 이런 투자상품을 워크아웃이라고 불렀다. 워크아웃은 수익률이 그다지 높지 않지만 안정성이 높다는 장점이 있다. 안전하고 확실한 투자 대상을 찾는 투자자라면 관심을 가질 만하다.

또한 버핏은 회사의 지분을 경영권에 영향을 미칠 정도로 크게 늘려 해당 기업의 자산을 매각하거나 경영 혁신에 나서기도 했는데, 이 경우에 해당하는 주식을 경영 참여 주식으로 명명했다. 그가 어떻게 기업 경영에 영향을 미쳐 수익을 거두었는지에 대해서는 이 책에 실린 샌본 지도 회사, 뎀스터 밀 매뉴팩처링 컴퍼니의 사례를 통해 상세하게 알 수 있다.

역자로서 이 책을 번역하면서 어떻게 하면 젊은 시절의 버핏이 가졌던 투자 철학을 독자들에게 잘 전달할 수 있을지 고민했다. 이제 막 주식을 재산 증식 수단으로 눈여겨보기 시작했거나, 주식투자를 시작하는 단계에 있는 초보 투자자들도 쉽게 이해할 수 있도록 이 책을 구성하고자 노력했다. 무엇보다 이 책을 통해 주식이 단순히 종잇조각이 아니라 기업 지분의 일부라는 사실이 널리 알려져 가치투자의 진정한 가치가 무엇인지 깨닫는 투자자들이 늘어나기를 바란다.

참고문헌

프롤로그 : 버핏의 위대한 투자 인생은 어떻게 시작되었나?

1. ‘오마하의 현인으로부터 듣는 평범한 지혜’, 앤소니 비앙코, 〈비즈니스위크〉, 1999년 7월 5일자 기사.
2. 『스노볼』, 앨리스 슈뢰더 지음, 이경식 옮김, 랜덤하우스코리아, 2009.
3. ‘워런 버핏의 500억 달러짜리 결정’, 워런 버핏, 〈포브스〉, 2012년 3월 26일자 기사.
4. 버핏투자조합 편지, 워런 버핏, 1963년 1월 18일.

1장 시장은 누구도 예측할 수 없다

1. 버핏투자조합 편지, 워런 버핏, 1966년 7월 12일.
2. 『스노볼』, 앨리스 슈뢰더 지음, 이경식 옮김, 랜덤하우스코리아, 2009.
3. ‘그레이엄-도드 마을의 위대한 투자자들’, 워런 버핏, 〈컬럼비아대학 비즈니스 스쿨 매거진〉, 1984.
4. Joe Carlen, 『*The Einstein of Money: The Life and Timeless Financial Wisdom of Benjamin Graham*』, New York: Prometheus Books, 2012.
5. ‘워런 버핏의 500억 달러짜리 결정’, 워런 버핏, 〈포브스〉, 2012년 3월 26일자 기사.
6. 버핏투자조합 편지, 워런 버핏, 1966년 7월 12일.
7. 버핏투자조합 편지, 워런 버핏, 1966년 7월 12일.
8. 버핏투자조합 편지, 워런 버핏, 1968년 1월 24일.
9. ‘투자자가 최선을 다한 끝에 발견한 즐거운 것들’, 마일즈 우드랜드, 〈비즈니스 인사이더〉, 2014년 9월 4일자 기사.
   http://www.businessinsider.com/forgetful-investors-performed-best-2014-9
10. 『현명한 투자자』, 벤저민 그레이엄 지음, 김수진 옮김, 국일증권경제연구소, 2016.

2장 복리의 놀라운 마법

1. '워런 버핏의 500억 달러짜리 결정', 워런 버핏, 〈포브스〉, 2012년 3월 26일자 기사.
2. 이 이야기는 아인슈타인이 말했다고 널리 알려져 있지만, 그가 실제로 이렇게 말했는지는 확실하지 않다.
3. 버핏투자조합 편지, 워런 버핏, 1964년 1월 18일.
4. 『스노볼』, 앨리스 슈뢰더 지음, 이경식 옮김, 랜덤하우스코리아, 2009.
5. '그 관리인은 어떻게 800만 달러의 재산을 모았는가?', 미셸 폭스, CNBC, 2015년 2월 9일자 기사.
6. 버핏투자조합 편지, 워런 버핏, 1963년 1월 18일.
7. 버핏투자조합 편지, 워런 버핏, 1964년 1월 18일.
8. 버핏투자조합 편지, 워런 버핏, 1964년 1월 18일.
9. 버핏투자조합 편지, 워런 버핏, 1969년 10월 9일.
10. 버핏투자조합 편지, 워런 버핏, 1965년 1월 18일.
11. '일반인은 투자가 끔찍하다', 샘 로, 〈비즈니스 인사이더〉, 2012년 12월 4일자 기사. http://www.businessinsider.com/chart-average-investor-returns-2012-12
12. 버핏투자조합 편지, 워런 버핏, 1965년 1월 18일.
13. 버핏투자조합 편지, 워런 버핏, 1963년 7월 10일.

3장 인덱스 투자: 아무것도 하지 않으면서, 수익을 내는 방법

1. 버핏투자조합 편지, 워런 버핏, 1962년 1월 24일.
2. 버핏투자조합 편지, 워런 버핏, 1962년 7월 6일.
3. 버핏투자조합 편지, 워런 버핏, 1964년 1월 18일.
4. 버크셔 해서웨이 주주 서한, 워런 버핏, 2013년.
5. 버핏투자조합 편지, 워런 버핏, 1964년 7월 8일.
6. 버핏투자조합 편지, 워런 버핏, 1965년 1월 18일.

4장 투자 성과의 정확한 측정

1. 버핏투자조합 편지, 워런 버핏, 1965년 7월 9일.
2. 버핏투자조합 편지, 워런 버핏, 1962년 1월 24일.
3. 버핏투자조합 편지, 워런 버핏, 1962년 11월 1일.
4. 버핏투자조합 편지, 워런 버핏, 1962년 11월 1일.
5. 버크셔 해서웨이 주주들을 위한 오너 매뉴얼, 워런 버핏, 1996년.
6. 버핏투자조합 편지, 워런 버핏, 1961년 1월 30일

7. 버핏투자조합 편지, 워런 버핏, 1966년 1월 20일.
8. 버핏투자조합 편지, 워런 버핏, 1962년 7월 6일.

5장 버핏투자조합 성공의 비밀

1. 버핏투자조합 편지, 워런 버핏, 1961년 7월 2일.
2. '찰리 멍거의 인간 오판에 관한 심리학', 찰리 멍거, 1995년 6월 미국 하버드대학 강의.
3. '찰리 멍거의 인간 오판에 관한 심리학', 찰리 멍거, 1995년 6월 미국 하버드대학 강의.
4. '워런 버핏의 500억 달러짜리 결정', 워런 버핏, 〈포브스〉, 2012년 3월 26일자 기사.
5. 버핏투자조합 편지, 워런 버핏, 1961년 1월 30일.

6장 일반 투자 주식

1. 버핏투자조합 편지, 워런 버핏, 1964년 1월 18일.
2. 버핏투자조합 편지, 워런 버핏, 1962년 1월 24일.
3. 토마스 그레이엄 칸, 그리고 앤드류 칸과의 작가 인터뷰, 2015년 7월.
4. 버핏투자조합 편지, 워런 버핏, 1962년 1월 24일.
5. 버핏투자조합 편지, 워런 버핏, 1962년 1월 24일.
6. 버핏투자조합 편지, 워런 버핏, 1967년 1월 25일.
7. 그레이엄-뉴먼 사 주주들에게 보낸 편지, 벤저민 그레이엄, 1946년 2월 28일.
8. 버핏투자조합 편지, 워런 버핏, 1965년 1월 18일.
9. '헤지펀드의 행동주의, 기업의 지배구조와 성과', 앨런 브라브 외, 〈파이낸스저널〉 제63호, NO.4, 2008년 8월.
10. 저자는 이 아이디어를 강조한 토마스 그레이엄 칸과 앤드류 칸에게 감사의 이야기를 전하고 있다.
11. 버핏투자조합 편지, 워런 버핏, 1967년 10월 9일.
12. 버핏투자조합 편지, 워런 버핏, 1967년 10월 9일.
13. "A Lesson on Elementary, Worldly Wisdom as It Relates to Investment Management and Business," April 14, 1994.
14. 『버핏: 21세기 위대한 투자 신화의 탄생』, 로저 로웬스타인 지음, 김기준 옮김, 리더스북, 2009.
15. Tobias Carlisle, 『*Deep Value: Why Activist Investors and Other Contrarians Battle for Control of Losing Corporations*』 Hoboken, NJ: John Wiley & Sons, 2014.
16. 저자는 2018년 7월 24일, 톰 가이너를 전화 인터뷰했다.
17. '영원한 가치: 워런 버핏의 가르침들', 샘 가드, 2007년 1월 28일자 버핏의 강연을 인용.

http://buffettspeaks.blogspot.com/2007/01/permanent-value-teachings-of-warren.html

18. '영원한 가치: 워런 버핏의 가르침들', 샘 가드, 2007년 1월 28일자 버핏의 강연을 인용. http://buffettspeaks.blogspot.com/2007/01/permanent-value-teachings-of-warren.html

7장 워크아웃과 차익거래

1. 버크셔 해서웨이 주주 서한, 워런 버핏, 1988년.
2. 버핏투자조합 편지, 워런 버핏, 1968년 1월 24일.
3. 버핏투자조합 편지, 워런 버핏, 1965년 1월 18일.
4. 버크셔 해서웨이 주주 서한, 워런 버핏, 1988년.

8장 경영 참여 주식

1. 버핏투자조합 편지, 워런 버핏, 1966년 1월 20일.
2. 『스노볼』, 앨리스 슈뢰더 지음, 이경식 옮김, 랜덤하우스코리아, 2009.
3. 『스노볼』, 앨리스 슈뢰더 지음, 이경식 옮김, 랜덤하우스코리아, 2009.
4. 버핏투자조합 편지, 워런 버핏, 1966년 1월 20일.
5. 버핏투자조합 편지, 워런 버핏, 1965년 7월 9일.
6. 버핏투자조합 편지, 워런 버핏, 1962년 1월 24일.
7. 버핏투자조합 편지, 워런 버핏, 1966년 11월 1일.
8. 『증권분석』, 벤저민 그레이엄 & 데이비드 도드 공저, 이건 옮김, 리딩리더, 2010.
9. 조엘 그린블라트, 2005년 9월 7일 컬럼비아대학 비즈니스 스쿨 강연.
10. 2015년 버크셔 해서웨이 주주 총회에 참석한 저자의 노트.
11. 『증권분석』, 벤저민 그레이엄 & 데이비드 도드 공저, 이건 옮김, 리딩리더, 2010.
12. 버핏투자조합 편지, 워런 버핏, 1968년 1월 24일.

9장 무용한 자산에서 수익성 자산으로의 전환

1. 버핏투자조합 편지, 워런 버핏, 1964년 1월 18일.
2. 버핏투자조합 편지, 워런 버핏, 1962년 1월 24일.
3. 『스노볼』, 앨리스 슈뢰더 지음, 이경식 옮김, 랜덤하우스코리아, 2009.
4. Andrew Kilpatrick, 『*Of Permanent Value: The Story of Warren Buffett*』, Birmingham, AL: AKPE, 2014.
5. Andrew Kilpatrick, 『*Of Permanent Value: The Story of Warren Buffett*』,

Birmingham, AL: AKPE, 2014.
6. 『스노볼』, 앨리스 슈뢰더 지음, 이경식 옮김, 랜덤하우스코리아, 2009.
7. 버핏투자조합 편지, 워런 버핏, 1963년 1월 18일.
8. 버핏투자조합 편지, 워런 버핏, 1969년 12월 26일.
9. Tobias Carlisle, 『*Deep Value: Why Activist Investors and Other Contrarians Battle for Control of Losing Corporations*』 Hoboken, NJ: John Wiley & Sons, 2014.
10. Tobias Carlisle, 『*Deep Value: Why Activist Investors and Other Contrarians Battle for Control of Losing Corporations*』 Hoboken, NJ: John Wiley & Sons, 2014.
11. 버핏투자조합 편지, 워런 버핏, 1964년 1월 18일.
12. 뎀스터 밀 주주들에게 보내는 편지, 워런 버핏, 1963년 7월 20일.
13. Andrew Kilpatrick, 『*Of Permanent Value: The Story of Warren Buffett*』, Birmingham, AL: AKPE, 2014.

10장 당신은 보수주의자입니까, 관습주의자입니까?

1. Howard Marks, 'Dare to Be Great II', Memo to Oaktree Clients, April 8, 2014.
2. 워런 버핏, 1998년 10월 15일 플로리다대학 비즈니스 스쿨 강연.
3. 스탠리 드러켄밀러, 2015년 1월 18일 로스트 트리 클럽 강연.

11장 세금 문제

1. 버핏투자조합 편지, 워런 버핏, 1965년 1월 18일.
2. 버핏투자조합 편지, 워런 버핏, 1963년 7월 10일.
3. 버핏투자조합 편지, 워런 버핏, 1965년 1월 18일.
4. 버핏투자조합 편지, 워런 버핏, 1963년 7월 10일.
5. 버핏투자조합 편지, 워런 버핏, 1965년 1월 18일.
6. 버핏투자조합 편지, 워런 버핏, 1965년 1월 18일.
7. 2004년 버크셔 해서웨이 주주 총회에 참석한 휘트니 틸슨의 노트.
8. 버핏투자조합 편지, 워런 버핏, 1965년 1월 18일.

12장 운용 자금의 규모와 성과의 관계

1. 버핏투자조합 편지, 워런 버핏, 1964년 1월 18일.
2. '오마하의 현인으로부터 듣는 평범한 지혜', 앤서니 비앙코, 〈비즈니스위크〉, 1999년 7월 5일자 기사.
3. 버핏투자조합 편지, 워런 버핏, 1962년 1월 24일.

4. 버핏투자조합 편지, 워런 버핏, 1962년 1월 24일.
5. 버핏투자조합 편지, 워런 버핏, 1966년 1월 20일.

13장 계속할 것인가, 멈출 것인가?

1. 버핏투자조합 편지, 워런 버핏, 1960년 2월 20일.
2. John Brooks, 『*The Go-Go Years: The Drama and Crashing Finale of Wall Street's Bullish 60s*』, New York: Allworth Press, 1998.
3. John Brooks, 『*The Go-Go Years: The Drama and Crashing Finale of Wall Street's Bullish 60s*』, New York: Allworth Press, 1998.
4. 피델리티 홈페이지.
https://www.fidelity.com/static/dcle/welcome/documents/Timeline_fid_092709fla.swf
5. 버핏투자조합 편지, 워런 버핏, 1956년 12월 27일.
6. 버핏투자조합 편지, 워런 버핏, 1968년 7월 11일.
7. John Brooks, 『*The Go-Go Years: The Drama and Crashing Finale of Wall Street's Bullish 60s*』, New York: Allworth Press, 1998.
8. John Brooks, 『*The Go-Go Years: The Drama and Crashing Finale of Wall Street's Bullish 60s*』, New York: Allworth Press, 1998.
9. 버핏투자조합 편지, 워런 버핏, 1968년 7월 11일.
10. 버핏투자조합 편지, 워런 버핏, 1969년 5월 29일.
11. John Brooks, 『*The Go-Go Years: The Drama and Crashing Finale of Wall Street's Bullish 60s*』, New York: Allworth Press, 1998.
12. 버핏투자조합 편지, 워런 버핏, 1962년 7월 6일.
13. John Brooks, 『*The Go-Go Years: The Drama and Crashing Finale of Wall Street's Bullish 60s*』, New York: Allworth Press, 1998.
14. John Brooks, 『*The Go-Go Years: The Drama and Crashing Finale of Wall Street's Bullish 60s*』, New York: Allworth Press, 1998.
15. John Brooks, 『*The Go-Go Years: The Drama and Crashing Finale of Wall Street's Bullish 60s*』, New York: Allworth Press, 1998.
16. '제리 차이의 현명한 시간', 캐리 쿨리지, 〈포브스〉, 2000년 1월 10일자 기사.
17. 버핏투자조합 편지, 워런 버핏, 1968년 7월 11일.
18. 『스노볼』, 앨리스 슈뢰더 지음, 이경식 옮김, 랜덤하우스코리아, 2009.
19. 버핏투자조합 편지, 워런 버핏, 1967년 1월 25일.

14장 작별의 지혜

1. 버핏투자조합 편지, 워런 버핏, 1968년 7월 8일.
2. 『스노볼』, 앨리스 슈뢰더 지음, 이경식 옮김, 랜덤하우스코리아, 2009.
3. 2003년 버크셔 해서웨이 주주 총회에 참석한 휘트니 틸슨의 노트.
4. 1999년 버크셔 해서웨이 주주 총회.
5. '빌 루안, 위대한 투자자의 탄생', 닥터 젠, 〈구루포커스〉, 2011년 5월 19일자 기사. http://www.gurufocus.com/news/133912/william-j-ruane--the-making-of-a-superinvestor
6. Joe Carlen, 『*The Einstein of Money: The Life and Timeless Financial Wisdom of Benjamin Graham*』, New York: Prometheus Books, 2012.
7. 2005년 버크셔 해서웨이 주주 총회에 참석한 휘트니 틸슨의 노트.
8. 조엘 그린블라트와의 인터뷰, 스티브 포브스, 〈포브스〉, 2011년 7월 5일자 기사. http://www.forbes.com/sites/steveforbes/2011/07/05/joel-greenblatt-interview-transcript

에필로그 : 새로운 시작을 위하여

1. Joe Carlen, 『*The Einstein of Money: The Life and Timeless Financial Wisdom of Benjamin Graham*』, New York: Prometheus Books, 2012.
2. '빌 루안, 위대한 투자자의 탄생', 닥터 젠, 〈구루포커스〉, 2011년 5월 19일자 기사.
3. 저자는 2018년 7월 24일, 톰 가이너를 전화 인터뷰했다.
4. 버크셔 해서웨이 주주 서한, 워런 버핏, 1988년.
5. Joe Carlen, 『*The Einstein of Money: The Life and Timeless Financial Wisdom of Benjamin Graham*』, New York: Prometheus Books, 2012.

부록

부록 A
다우지수와 버핏투자조합의 실적 비교

다우지수와 버핏투자조합의 수익률 비교

(단위: %)

연도	다우지수 상승률 (1)	버핏투자조합의 수익률 (2)	유한책임 조합원의 수익률 (3)
1957	-8.4	10.4	9.3
1958	38.5	40.9	32.2
1959	20.0	25.9	20.9
1960	-6.2	22.8	18.6
1961	22.4	45.9	35.9
1962	-7.6	13.9	11.9
1963	20.6	38.7	30.5
1964	18.7	27.8	22.3
1965	14.2	47.2	36.9
1966	-15.6	20.4	16.8
1967	19.0	35.9	28.4
1968	7.7	58.8	45.6
1969	-11.6	6.8	6.6

(출처: '그레이엄-도드 마을의 위대한 투자자들' 중에서)

다우지수와 버핏투자조합의 누적 수익률 비교

(단위: %)

연도	다우지수 누적 수익률	버핏투자조합의 누적 수익률	유한책임 조합원의 누적 수익률
1957	-8.4	10.4	9.3
1957~1958	26.9	55.6	44.5
1957~1959	52.3	95.9	74.7
1957~1960	42.9	140.6	107.2
1957~1961	74.9	251.0	181.6
1957~1962	61.6	299.8	215.1
1957~1963	95.1	454.5	311.2
1957~1964	131.3	608.7	402.9
1957~1965	164.1	943.2	588.5
1957~1966	122.9	1156.0	704.2
1957~1967	165.3	1606.9	932.6
1957~1968	185.7	2610.6	1403.5
1957~1969	152.6	2794.9	1502.7
연복리 수익률	**7.4**	**29.5**	**23.8**

(출처: '그레이엄-도드 마을의 위대한 투자자들' 중에서)

(1) 버핏투자조합의 성과에 나오는 수치는 다우지수의 변화와 그 해의 다우지수에 속한 기업의 오너에게 지급되는 배당을 합한 것을 기준으로 했다. 위의 표는 버핏투자조합이 활동한 모든 해의 기록을 포함한다.

(2) 1957~1961년의 수치는 이전의 모든 유한 투자조합의 활동에서 모든 비용을 공제한 것으로 구성되어 있다. 그렇지만 조합원에게 배분되거나 무한책임 조합원에게 할당되기 이전의 것이다.

(3) 1957~1961년의 수치는 버핏투자조합의 무한책임 조합원에게 허용된 배당액이나 할당액을 감안하여 계산되었다. 단, 유한책임 조합원에게 빠져나간 금액은 감안하지 않은 것이다.

부록 B

버핏투자조합과 신탁, 뮤추얼 펀드의 수익률 비교

(단위: %)

연도	매사추세츠 투자 트러스트	투자 주식 펀드	리먼	트리-콘티넨탈	다우지수	유한책임 조합원
1957	-11.40	-12.40	-11.40	-2.40	-8.40	9.30
1958	42.70	47.50	40.80	33.20	38.50	32.20
1959	9.00	10.30	8.10	8.40	20.00	20.90
1960	-1.00	-0.60	2.50	2.80	-6.20	18.60
1961	25.60	24.90	23.60	22.50	22.40	35.90
1962	-9.80	-13.40	-14.40	-10.00	-7.60	11.90
1963	20.00	16.50	23.70	18.30	20.60	30.50
1964	15.90	14.30	13.60	12.60	18.70	22.30
1965	10.20	9.80	19.00	10.70	14.20	36.90
1966	-7.70	-10.00	-2.60	-6.90	-15.60	16.80
1967	20.00	22.80	28.00	25.40	19.00	28.40
1968	10.30	8.10	6.70	6.80	7.70	45.60
누적 성과율	**189.30**	**167.70**	**225.60**	**200.20**	**185.70**	**1403.50**
연복리 수익률	**9.30**	**8.60**	**10.30**	**9.60**	**9.10**	**25.30**

(출처: '버핏투자조합 편지' 중에서)

부록 C
세콰이어 펀드의 초기 10년과 S&P500의 성과 비교

(단위: %)

연 수익률				누적 수익률		
연도	S&P500	세콰이어 펀드	수익률 격차	연도	S&P500	세콰이어 펀드
1970	20.6	12.1	-8.5	1970	20.6	12.1
1971	14.3	13.6	-0.7	1970~1971	37.8	27.4
1972	19.0	3.6	-15.4	1970~1972	64.0	32.0
1973	-14.7	-24.8	-10.1	1970~1973	39.9	-0.7
1974	-26.5	-15.5	11.0	1970~1974	2.8	-16.1
1975	37.3	61.8	24.5	1970~1975	41.1	35.8
1976	24.0	72.4	48.4	1970~1976	74.9	134.0
1977	-7.2	19.9	27.1	1970~1977	62.3	180.6
1978	6.5	23.9	17.4	1970~1978	72.9	247.7
1979	18.6	12.1	-6.6	1970~1979	105.1	289.6
				연복리 수익률	**8.8**	**17.4**

(출처: 세콰이어 펀드, 블룸버그)

부록 D
뎀스터 밀의 재무제표

(단위: 달러)

		1961		1962		1963	
자산	비율(%)	장부가	조정가	장부가	조정가	장부가	조정가
현금	100	166	166	60	60	144	144
유가증권				758	834	1,772	2,029
매출채권	85	1,040	884	796	677	1,262	1,073
재고자산	60	4,203	2,522	1,634	980	977	586
생명보험의 현금가치	100	45	45	41	41	-	0
선급비용	25	82	21	14	4	12	3
법인세 환급	100			170	170	-	0
유동자산 총계	66	5,536	3,637	3,473	2,766	4,167	3,835
기타 투자	100			5	5	62	62
순 유형자산		1,383	800	945	700	872	650
자산총계		6,919	4,437	4,423	3,471	5,101	4,547
부채와 자본							
지급 어음		1,230	1,230	–	–	125	125
기타 부채		1,088	1,088	346	346	394	394
부채 총계		2,318	2,318	346	346	519	519
자본		4,601	2,119	4,077	3,125	4,582	4,028
부채 및 자본 총계		6,919	4,437	4,423	3,471	5,101	4,547
발행 주식 수(단위: 주)		60	60	62	62	62	62
주당 순자산		76.50		65.60		73.73	
조정 주가			35.24		51.24		64.81

(출처 : '버핏투자조합 편지' 중 '뎀스터 밀 매뉴팩처링 컴퍼니 연간 사업 보고서')

부록 E
버핏투자조합 조합원들에게 보낸 버핏의 마지막 편지 : 비과세 지방채의 메커니즘*

1970년 2월 25일

나의 조합원들에게

이 편지는 비과세 채권에 관한 정보를 제공할 것입니다. 구체적으로, 조합원들이 다음 달에 지방채를 매입하는 데 도움이 될 만한 채권의 유형과 만기에 중점을 두고 설명할 것입니다. 만약 우리의 도움

* 버핏은 주식투자로 탁월한 성과를 내왔지만 그가 채권에도 고수라는 사실은 잘 알려져 있지 않다. 버핏은 주식시장이 고평가되어 있다고 판단되거나, 마땅한 주식을 발견하기 어려우면 채권을 즐겨 매입해왔다. 부록 E는 1970년 2월, 버핏이 버핏투자조합의 조합원들에게 보낸 마지막 편지이다. 지방채란 글자 그대로 미국의 주 정부, 카운티County, 우리의 읍, 면에 해당하는 구역 등이 발행하는 채권을 말하며, 지방채에 대해 미연방 정부는 과세를 하지 않기 때문에 투자자들 사이에 인기가 높다.

버핏이 1970년에 비과세 지방채에 관해 글을 쓰게 된 이유가 있다. 앞서 1969년 버핏은 미국 주식시장이 고평가되어 있다고 판단하고 투자조합을 해산하고 투자금을 조합원들에게 돌려주었다. 이에 따라 조합원들은 상당한 액수의 현금을 보유하고 있었다. 그러다 보니 버핏은 조합원들로부터 "현금을 어디에 투자해야 하느냐?"는 질문을 심심치 않게 받았고, 주식의 대안이 되는 지방채의 원리와 개념을 조합원들에게 알려줄 필요를 느꼈던 것으로 보인다.

을 받아 채권을 매입하고 싶다면 이 편지를 꼼꼼하게 읽어야 할 것입니다. (필요하다면 여러 번 읽기를 바랍니다.)

이 편지는 내가 제안한 특별한 매입을 위한 배경 지식 역할을 할 것입니다. 여러분은 채권의 유형이나 만기의 결론에 관해 내 의견에 동의하지 않을 수 있습니다. 실제로 여러분이 옳을 수도 있습니다. 그렇지만 우리는 여러분이 우리 영역을 벗어난 채권을 매입할 때 여러분에게 도움을 줄 수 없습니다. 우리는 우리가 추천한 영역 내에서 완벽히 집중할 것입니다. 그렇기 때문에 전환 사채, 기업 사채 혹은 단기채 발행을 비롯한 다른 종류의 채권 매입에 관해서는 우리가 별다른 도움이 되지 않을 것입니다.

나는 이 편지를 가능한 한 요점 위주로 작성하고자 했습니다. 이 편지의 내용 가운데 일부는 상세하고, 또 다른 일부는 단순하게 정리되어 있을 것입니다. 내가 미리 단점부터 말해 유감입니다만, 나는 100쪽 분량의 책을 10쪽으로 줄이고자 했습니다. 모쪼록 여러분들이 이 문서를 흥미롭게 읽기를 바랍니다.

이번 내용이 특정 채권이나 일반적인 투자 의사 결정에 관해 도움이 되지는 않을 것임을 여러분은 이해할 것입니다. 그렇지만 여러분이 상당한 금액의 현금을 갖고 있는 지금만큼은 내가 여러분에게 도움이 되기를 바랍니다. 나는 투자 조언을 해주는 일에는 직접적으로든 간접적으로든 몸담고 싶은 생각이 없습니다. 그리고 3월 31일 이후에 벌어지는 재무적 문제에 관해 나는 아무런 도움이 되지 않을 것입니다.

비과세 채권의 원리

우리의 도움을 원하는 사람들을 위해 우리는 전국에 걸쳐 직접 채권 매입에 관한 정보를 정리하고, 채권 판매를 여러분이 직접 확인하도록 했습니다. 이 같은 확인은 세금 납부를 위한 기본 서류로 보관되어 있어야 합니다.

여러분은 채권 딜러에게 수표를 보내서는 안 됩니다. 그러면 채권 딜러는 채권을 여러분의 은행으로 배송할 것이기 때문입니다. 채권은 물론이고 은행이 결제를 위해 여러분 계좌에서 발행한 어음도 은행으로 배송될 것입니다. 유통시장*에서 매입한 채권의 결제일자는 확정일로부터 약 일주일이 일반적인데, 새로 발행될 경우에는 결제일이 한 달 정도 늦을 수도 있습니다. 결제일은 티켓에 나와 있습니다. 그리고 여러분 은행의 계좌는 결제일에 채권을 위해 지불할 수 있도록 만반의 준비가 되어 있어야 합니다.

만약 여러분이 현재 미 재무부 단기 채권**을 보유하고 있다면,

---

* 금융시장은 발행시장과 유통시장으로 나뉜다. 발행시장은 주식이나 채권을 발행하는 시장을 말하며, 이 시장의 참여자로는 기업과 증권사가 대표적이다. 유통시장은 발행된 주식이나 채권이 거래되는 시장을 말하며 이 시장의 참여자로는 한국거래소(유가증권 시장), 코스닥 시장, 코넥스 시장이 대표적이다.

** 미국 재무부가 발행하는 만기 1년 미만의 채권을 말한다. 이 채권은 지구촌 최강대국 미국의 재무부가 발행한다는 점에서 세계에서 가장 안전하다고 평가받고 있다. '떼일 염려'가 사실상 제로이기 때문에 금리는 매우 낮은 수준이며, 일반적으로 자산가들이 안전 자산 확보용으로 보유한다. 미 재무부 단기 채권은 세계 각국 금리의 기준이 되고 있다. 다시 말해 미 재무부 단기 채권이 출렁이면 세계 각국의 금리가 덩달아 출렁일 정도로 글로벌 경제에 미치는 영향이 크다. 미국 재무부는 단기 채권과

이 채권은 여러분 은행의 통지에 의해 수일 후에 매각될 수 있을 것입니다. 여러분은 그 결제가 제때에 이뤄지는 것에 대해 어려움을 겪지 않을 것입니다.

이자는 결제일에 여러분 계좌에 들어가기 시작할 것입니다. 비록 채권 딜러가 여러분에게 늦게 알려주더라도 이미 들어가기 시작할 것입니다. 채권은 양도 가능한 상태(흔히 '무기명 형태'라고 하며, 화폐처럼 유통시킬 수 있습니다)로 전달될 것이며, 쿠폰이 붙어 있을 것입니다. 일반적으로 채권 1장은 5,000달러이며 기명 채권으로 교환될 수 있습니다. (기명 채권은 어떤 때는 비용이 많이 들지만 다른 어떤 때는 공짜입니다. 그것은 조건이 무엇이냐에 달려 있습니다.) 기명 형태의 채권은 여러분의 사인이 없는 한 유통될 수 없습니다. 왜냐하면 여러분은 명의 개서 대리인 명부에 등록된 소유자이기 때문입니다. 채권은 사실상 무기명을 원칙으로 거래되며, 기명 채권 형태로 판매하는 것은 사실상 불가능합니다. 그러므로 여러분이 많은 양의 채권을 보유할 생각이 없다면 나는 여러분이 채권을 무기명 형태로 가지고 있기를 조언합니다. 이것은 채권을 매우 안전한 곳에 두어야 하며, 쿠폰을 6개월마다 모아 두어야 한다는 것을 의미합니다.

이 쿠폰들을 모아서 여러분의 은행 계좌에 수표처럼 넣어둘 수 있습니다. 만약에 여러분이 25만 달러의 채권을 가지고 있다면 이는 여러분이 액면가 5,000달러의 종이를 50장 갖고 있으며, 1년에 6~8

더불어 만기 1년 이상 10년 이하의 중기 채권, 만기 10년 이상의 장기 채권의 세 가지 채권을 발행하고 있다.

회 정도 쿠폰을 예금하기 위해 은행을 방문해야 한다는 것을 의미합니다. 또, 여러분은 은행에 위탁 계좌를 개설하는 것도 가능합니다. 위탁 계좌란 본인 혹은 타인을 위해 금융상품이나 투자상품을 보관해두는 계좌를 말합니다. 이 계좌를 활용하면 적당한 금액에 채권을 넣어놓을 수도 있고, 이자를 모을 수 있고, 여러분의 기록을 보호할 수도 있습니다. 예를 들어 은행은 만약 여러분의 포트폴리오에 25만 달러가 들어 있다면 연간 200달러의 관리 서비스를 제공할 것입니다. 만약 여러분이 위탁 계좌에 흥미를 갖고 추가적인 정보를 알고 싶다면 은행에 가서 신탁 담당자와 상담하면 도움이 될 것입니다.

지방채에는 세금이 붙지 않는다

비과세 채권에 붙어 있는 쿠폰을 예금하면 이자가 나오는데, 여기에 대해서는 연방소득세가 붙지 않습니다. 이는 만일 여러분이 연방소득세 과세 등급의 상위 30%에 해당된다면 비과세 채권으로부터 6%의 이익을 얻는 것은 과세 채권으로부터 8.5% 이익을 얻는 것과 동일하다는 것을 의미합니다. 그러므로 소수 혹은 몇몇 은퇴한 사람들을 제외한다면 우리 조합원들 대부분은 비과세 채권이 과세 채권보다 매력적입니다. 급여 소득이나 배당 소득이 사실상 없는데, 상당한 규모의 자본을 갖고 있는 사람에게는 과세 채권과 비과세 채권의 혼합이 가장 높은 세후 소득을 가져다줄 것입니다. 어느 정도의 혼합 비율이 적합한지에 관해서 여러분이 균형을 잡도록 우리는 도와

줄 것입니다.

주정부소득세의 상황은 좀 더 복잡합니다. 네브래스카 주의 경우에는 주정부소득세는 '연방소득세 대비 몇 %' 하는 식으로 책정되는데, 이 결과 비과세 채권의 이자에 대해서는 주정부소득세가 붙지 않는 결과를 가져옵니다. 내가 알기로는 뉴욕 주와 캘리포니아 주의 경우 기업이나 비과세 채권은 해당 주에서 발행되고 해당 주에서 거래되는 한 주정부세가 붙지 않습니다. 그렇지만 다른 지방에서 발행된 비과세 채권에는 주정부세가 붙습니다. 나는 또한 뉴욕 시 소득세는 뉴욕 주 내에 기반하는 기업의 비과세 채권에 대해서는 면제되지만, 다른 지역에서 발행된 비과세 채권에 대해서는 과세된다고 알고 있습니다.

나는 주정부소득세 전문가가 아니며 그러므로 다양한 주 혹은 여러 시에서 벌어지는 세금의 변화에 대해 그다지 관심을 갖고 싶지 않습니다. 이 사안에 관한 한, 나는 여러분이 지역 세무사에게 문의할 것을 조언합니다. 그렇지만 여러분이 부닥칠 수 있는 잠재적 문제에 주의를 환기시키는 차원에서 나는 일반적인 사안에 관해 언급하고 싶습니다.

네브래스카 주에서는 세후에 주 차원에서 개입되는 부분이 없습니다. 네브래스카 주를 벗어난 부분에 대해서는 해당 지역에서 과세가 되기 때문에 여러분의 주 단위 혹은 시 차원의 소득세에 대한 세금 혜택은 연방소득신고서로부터 얼마나 공제되느냐에 따라 그 효과가 정해질 것입니다.

이것은 물론 개인마다 차이가 있습니다. 여기에 덧붙여 일부 주에서는 무형 자산에 대해 다양한 세금을 부과합니다. 무형 자산에 대한 세금은 모든 비과세 채권에 적용되거나 혹은 주를 벗어난 기업에만 적용되기도 합니다. 네브래스카 주에서는 이런 과세 체계가 없습니다. 나는 다른 주에 관해서는 조언해줄 수 없습니다.

채권이 액면가로부터 할인되어 매입되고 나중에 매각되거나 혹은 만기가 도래할 때면 원래 매입 가격과 진행 과정에서 발생하는 금액의 차이는 자본 이익이 되거나 혹은 손실 처리가 되어야 합니다. (방금 설명한 것에는 몇 가지 예외가 있는데 만약 우리가 추천하는 어떤 증권에 영향을 미칠 경우에 여러분에게 통지될 것입니다.)

이는 순 세후 이익을 미래의 자본이득세의 비율과 개인의 특정한 미래 세금 포지션에 관련된 변수에 따라서 감소시킬 것입니다. 우리는 이 같은 자본이득세의 영향에 대해 토론할 예정입니다. 우리는 할인채와 완전 쿠폰채의 상대적 매력도를 계산할 것입니다. 할인채란 이자가 붙지 않지만 채권 가격이 액면 가격보다 낮은 채권을 말하고, 완전 쿠폰채란 시장 금리에 가까운 채권이 붙어 있는 채권을 말합니다.

마지막으로, 한 가지 중요한 포인트를 지적하고자 합니다. 법률적으로는 명백하지 않지만, 만약 여러분이 일반적인 목적의 은행 계좌 혹은 다른 채무를 갖고 있을 경우, 비과세 채권을 소유하는 것을 생각하지 말아야 합니다. 현행법에 따르면 대출 이자에 대한 공제 혹은 비과세 채권의 매입에 대한 세금 공제를 받을 수 없습니다. 이 같은 법규 해석은 시간이 흐를수록 강화되고 있습니다.

예를 들면 여러분이 부동산을 바탕으로 대출을 받고 있다면 연방

소득세 신고서를 낼 때 대출 이자를 차감하는 것에 아무런 문제가 없을 것입니다. 만약 여러분이 동시에 비과세 채권을 갖고 있더라도 사정은 마찬가지입니다.

그렇지만 여러분이 일반 은행 대출을 받고 있는 상황에서 이자를 공제받으면서 동시에 비과세 채권을 보유하고자 한다면 여러분은 어려움에 빠질 것입니다. 비록 그 목적이 주식을 매입하려는 것이든 핸드볼 코트를 매입하려는 것이든 뭐든 간에, 그리고 비과세 채권이 대출에 대한 담보로 사용되지 않더라도 사정은 동일합니다.

그러므로 만약 나라면 비과세 채권을 보유하기 전에 은행 대출을 상환할 것입니다. 그렇지만 이 질문에 대한 상세한 내용은 여러분의 세무사가 해줄 것입니다. 나는 단지 여러분이 겪을 수 있는 잠재적인 문제를 환기시켜주기 위해 이를 언급했을 뿐입니다.

채권은 유통 가능성이 높아야 한다

비과세 채권은 수백 종류가 발행되어 있고 이들 채권의 보유자가 소수라는 점에서 일반 주식이나 회사채와는 근본적으로 다릅니다. 이는 적극적인 시장의 발전을 저해하고 있습니다. 뉴욕 시나 필라델피아 시는 돈을 조달하고 싶을 때마다 20~30개, 심지어 40개의 서로 다른 증권을 발행합니다. 이들 증권의 만기는 각각 다릅니다. 예를 들어 뉴욕 시가 발행하는 '만기 1980년, 이자율 6%'의 채권은 똑같은 뉴욕 시가 발행하는 '만기 1981년, 이자율 6%'의 채권과 전혀 다릅니다. 그래서 이 두 가지의 채권은 교환되지 못합니다.*

그래서 이 같은 채권을 판매하고자 하는 사람은 자신이 갖고 있는 바로 그 채권을 원하는 매입자를 찾아야 합니다. 뉴욕 시가 1년에 여러 차례 채권을 발행한다는 것을 여러분이 생각해본다면 왜 이 도시의 인근 이웃 도시들에는 수천 건의 채권이 발행되어 있는지를 이해하기 쉽습니다. 우리 오마하와 같은 네브래스카 주에 있는 그랜드 아일랜드 시는 75가지 종류의 채권을 발행하고 있는데, 각각의 평균 발행 금액은 10만 달러이고, 평균적인 소지자의 숫자는 6~8명입니다. 그러므로 발행 때마다 시장 지수를 조사하는 것은 완전히 불가능하고 매수와 매도 사이의 차이는 매우 큽니다. 여러분은 어느 날 아침에 순식간에 그랜드 아일랜드 시 발행 채권을 매입할 수 없습니다. 그랜드 아일랜드 시가 발행하는 채권이 특정 가격, 특정 장소에 제공되지 않기 때문입니다. 만약 여러분이 어떤 매도자를 발견했다면 그가 유사한 조건의 다른 제안에 현실적일 것이라고 생각할 이유가 없습니다.

이와 반대로 오하이오 도로공사, 일리노이 도로공사가 발행하는 단 한 가지 종류의 증권도 있습니다. 이 증권은 금액이 2억 달러 이

---

* 채권은 기간에 따라 미리 확정된 이자를 받고 만기에는 원금과 이자를 받는다는 점에서 주식보다 안정적이다. 그렇지만 단점도 있는데 대표적으로 종류가 너무 많다는 점이다. 예를 들어 주식시장에서 '신한금융지주'라는 종목은 딱 한 가지에 불과하지만 채권 시장에서 '신한금융지주'는 수백 가지가 존재한다. 주식은 액면가가 동일하고 만기가 없어 모든 종목이 동일할 수밖에 없다. 반면 채권은 만기, 표면 이자, 액면가 가운데 한 가지만 달라도 완전히 다른 종목이 된다. 이것이 채권 투자를 어렵게 만든다는 점을 버핏은 지적하고 있다.

상이고, 수천 명의 채권 소지자들은 완전히 동일하고 교환 가능한 증권을 소지하고 있습니다. 이 증권을 갖고 있다면 여러분은 유통 가능성이 매우 높은 증권을 갖고 있는 것입니다.

내 생각으로는 유통 가능성은 다음의 세 가지를 의미하며, 중요한 순서대로 나열하면 다음과 같습니다.

(1) 해당 증권의 발행 규모

(2) 발행자의 규모. 예를 들어 오하이오 주가 발행한 10만 달러 증권은 오하이오 주 포덩크 시가 발행한 10만 달러 증권보다 유통 가능성이 더 높다.

(3) 발행자의 품질

그런데 무엇보다도 새로운 채권 발행의 성패는 판매를 늘리기 위한 노력이 결정적으로 영향을 미칩니다.

매주 일주일마다 평균 2억 달러가 넘는 채권 발행이 등장합니다. 그리고 채권 분배 시스템이 크건 작건 그 채권 판매에 영향을 미칩니다. 내 의견으로는 채권을 발행할 때의 이익에 차이가 벌어지는 경우가 빈번하게 발생합니다. 이 차이는 최초의 매각이 종료될 때까지 지속됩니다.

우리의 경우 채권 시장에서 입찰 가격과 매수인 지정 가격의 차이가 15%로 벌어지는 경우를 빈번하게 접합니다. 그러한 기이한 시장에 있는 채권을 살 필요는 없습니다. (비록 최초에 그것을 제공한 딜러에게 주어지는 이익이 종종 유통 가능성이 높은 채권의 경우보다 크지만.) 그리고 우리는 여러분을 위해 그 채권을 사지는 않을 것입니다. 우리가 매입하기를 기대하는 채권은 일반적으로 차이(여러분이 그 채권을 매입하기 위해 지불하려는 가격과 매각했을 경우 받게 되는 차이)가 2~5%인 경우에 한합니다. 그 같은 차이는 만약 여러분이 그 같은 채권을 거래하려고 할 경우에는 큰 손실을 가져다줄 것입니다.

그렇지만 나는 그것이 장기 투자자에게 억제 효과를 발휘한다고 믿지 않습니다. 진짜로 필요한 것은 제한된 유통 가능성을 가진 채권으로부터 떨어져 있는 것입니다. 이 같은 제한된 유통 가능성을 가진 채권을 지방채 딜러들은 스스로의 이익을 챙기고자 적극적으로 거래에 나섭니다.

공공기업, 산업발전청, 국토개발부, 주 발행 채권에 관심 가져야

우리는 다음과 같은 영역에 있는 지방채 매입에 집중할 것입니다.

(1) 우리는 유료 도로, 전기 공급, 상수도 공급 같은 대규모 매출을 창출하는 공공기업이 발행하는 채권에 집중할 것입니다. 이들 기업이 발행하는 채권은 유통 가능성이 매우 높고, 정량적인 계산이 가능합니다. 또, 이들 채권은 시장에서 저평가되는 경향이 있는 우호적인 감채기금Sinking Fund* 혹은 다른 요소들을 갖고 있습니다.

---

* 채권의 상환지원을 확보하기 위해 적립하는 자금.

(2) 우리는 산업발전청 채권에 집중할 것입니다. 이 채권은 공공기업이 사기업에 대여할 자격을 부여 받았을 경우에 발행됩니다. 예를 들어 오하이오 주에 있는 로레인 시는 유에스 스틸 사가 진행 중인 800만 달러 규모의 프로젝트에 관해 자격을 갖고 있습니다. 그래서 이 개발청 위원회는 그 프로젝트에 자금을 대기 위해 채권을 발행했고, 채권 상환을 커버하기 위해 유에스 스틸 사에 무한 리스 권한을 실행했습니다.

그 도시 혹은 그 주의 신용은 그 채권에 반영되어 있지 않으며, 그 채권의 신용은 오직 그 기업의 리스 신용도일 뿐입니다.

많은 초우량 기업들은 이 같은 채무에 대해 수억 달러의 보증을 서주고 있습니다. 물론 이 같은 채무증서 발행은 많지 않습니다. 세법 변경으로 이 같은 채무증서 발행은 프로젝트당 500만 달러 미만입니다. 한동안 이 같은 증권 발행에 대해 상당한 편견이 있었고, 이 채권의 수익률은 상당히 높게 판매되었습니다. 이들 증서에 본질적으로 내재하고 있는 신용 상태보다 훨씬 높은 수익률로 판매된 것입니다. 그렇지만 이 같은 편견은 감소하는 추세에 있고, 이에 따라 프리미엄 수익도 줄어들고 있다. 그렇지만 나는 이 같은 채무가 여전히 매력적이라고 생각합니다. 우리의 보험사는 이 같은 채권을 다량 보유하고 있습니다.

(3) 우리는 국토개발부 발행 채권에 집중할 것입니다. 국토개발부 발행 채권은 매우 높은 등급의 비과세 채권을 원하는 여러분들을 위한 채권입니다. 사실상 이 채권들은 미국 정부의 보증을 받습니다.

그래서 이들 채권은 모두 AAA등급입니다. 미국의 여러 주들 가운데에서는 자신의 주 내에서 발행하는 채권을 매입하면 프리미엄을 부여하는 지방세제를 갖고 있습니다. 나는 (1)과 (2)로부터 여러분의 필요를 채울 수 없습니다. 나는 내가 이해하지 못하는 것을 고르려고 노력하기보다 국토개발부가 발행하는 채권이 낫다고 생각합니다.

만약 여러분이 나에게 여러분 고향 주의 채무증서를 살 것을 요청한다면, 나는 국토개발부가 발행하는 채권을 다량 구입할 것입니다. 이 같은 채권은 다양화할 필요가 없습니다. 왜냐하면 이 채권은 모두가 최고 등급의 신용이기 때문입니다.

(4) 나는 직접적 혹은 간접적 성격을 가진 주 채무증서에 집중할 것입니다. 여러분은 내가 대도시가 발행하는 채권을 사지 않는다는 것을 눈치챘을 것입니다. 나는 뉴욕, 시카고, 필라델피아 같은 대도시에 대해 어떻게 분석할 것인가에 대해 아무런 생각을 갖고 있지 않습니다. (며칠 전 내 친구가 전화를 해서 뉴어크 시가 매우 좋은 이자율의 채권을 판매하려고 했는데 이 때문에 마피아가 매우 혼란스러워했다고 말했습니다. 왜냐하면 뉴어크는 마피아의 소굴이기 때문입니다.) 여러분의 뉴욕 시 분석은—나는 뉴욕 시가 장기간 동안 채무를 갚지 않는 일은 있을 수 없다는 것은 인정하지만—나의 뉴욕 시 분석과 별반 차이가 없습니다. 내가 채권에 접근하는 방법은 주식에 접근하는 방법과 매우 유사합니다.

내가 무엇인가를 이해할 수 없다면 나는 그것을 잊어버립니다. 나는 내가 알지 못하는 것을 넘어가는 것에—일부 사람들은 그것을 분석함으로써 돈을 버는 것에 민감하지만—신경 쓰지 않습니다. 나는 내가 다룰 수 있다고 생각하는 대상에 대해 돈을 많이 벌 수 있기를 원합니다. 이 경우 나는 적극적인 의사 결정을 내립니다.

우리는 여러분을 위해서 5~10개의 채권을 매입하는 경우가 있습니다. 그렇지만 만약 여러분이 여러분의 고향 주에 있는 채권을 매입하도록 한정짓는다면 채권의 매입은 줄어들 것입니다. 그리고 그 채권은 오직 국토개발부에 한정됩니다. 우리는 장당 2만 5,000달러 이하는 사지 않을 것이며, 가능한 한 많은 금액을 선호합니다. 적은 금액의 채권은 일반적으로 재판매할 때 불이익을 받습니다. 때때로 그 불이익은 상당합니다.

채권 세일즈맨은 여러분에게 1만 달러 채권을 사라고 권유할 때, 이 같은 점을 설명하지 않습니다. 그 설명을 듣는 시기는 여러분이 그 채권을 그 세일즈맨에게 다시 팔려고 할 때입니다. 우리는 유통시장에서 작은 단위의 채권을 매입할 때에는 예외를 둡니다. 그렇지만 이것은 우리가 매수자 측으로부터 특별하게 좋은 가격으로 제안을 받았을 때에 한합니다.

수익 상환 채권*은 투자자에게 불리하다

우리는 채권의 발행자가 채권을 다시 매입할 수 있는 권리를 갖고 있을 경우, 그러한 채권은 사지 않습니다. 이러한 채권들은 발행자의 입맛에 맞춰 계약서가 쓰여 있습니다. 나는 사람들이 만기가 40년인데 발행자가 5~10년 후에 매우 작은 프리미엄을 주고서도 상환할 수 있는 권리가 발행자에게 주어진 채권을 사는 것을 보면 신기합니다.

이러한 계약은 본질적으로 만약 발행자에게 40년 거래가 유리할 경우, 여러분은 40년 계약을 하고(이것은 여러분에게 불이익입니다), 초기의 40년 계약이 여러분에게 유리한 경우로 증명될 경우는 5년간 거래를 하는 것을 의미합니다(이것은 발행자에게 불이익입니다). 이러한 계약은 터무니없지만 실제로 존재합니다. 왜냐하면 채권 투자자들은 그러한 계약 내용의 함축된 의미를 알아낼 수 없고, 채권 딜러는 고객에게 더 나은 조건을 제안하지 않기 때문입니다.

한 가지 극단적으로 흥미로운 사실은 매력적이지 않은 상환 조건을 가진 채권이 사실상 상환 조건이 없는 동일한 채권과 똑같은 수익률로 판매된다는 것입니다.

네브래스카 주 채권이 매우 불공정한 상환 조건을 가지고 있다는 것은 지적되어야만 합니다. 이 같은 심각한 계약상의 불리한 점에도 불구하고 이들 채권은 좀 더 좋은 조건을 가진 채권보다 더 높은 수익률을 제공하지 않습니다.

이 문제를 피하는 방법은 만기 전 상환이 불가능한 채권, 다시 말해

---

* 기업, 정부, 공기업 등 채권을 발행한 주체들이 만기 이전에 원금을 조기 상환할 수 있는 권리가 부여된 채권을 말한다. 채권 발행 주체에게는 유리하지만 채권 보유자(투자자)에게는 예측 가능성이 떨어진다는 점에서 불리하다. 버핏은 투자자 입장에서 수익 상환 채권에 대해 부정적인 견해를 드러내고 있다.

만기지급채권을 매입하는 것입니다. 또 다른 방법은 할인채를 매입하는 것입니다. 할인채는 발행자가 채권을 돈을 내고 회수할 권리가 여러분의 매입가보다 높아서 그 피해가 미미합니다. 만약 여러분이 103달러에 상환 가능한 채권을 60달러에 매입할 경우, 그 발행자가 그 계약을 조기에 종료할 경우에 여러분이 부담할 금액은 미미합니다.

그렇지만 로스앤젤레스 상수도 및 전력 공기업이 1999년에 100달러를 지급하기로 되어 있는 채권을 100달러에 매입하거나, 1974년에 104달러를 지급하기로 되어 있는 채권을 100달러에 매입하는 것은 우둔함의 극치입니다.*

그럼에도 불구하고 이 같은 채권은 1969년 10월에 발행됐고 동일한 채권들이 날마다 발행됩니다. 나는 이 같은 사실에 대해 이 정도로 언급하겠습니다. 많은 투자자들이 이 같은 개념을 알지 못한 상태로 매입하고 있고, 채권 세일즈맨들은 이 같은 사실들을 알려주지 않고 있습니다.

채권의 만기와 계산법

많은 사람들은 채권을 매입하면서 자신들이 얼마나 오랫동안 채권을 갖고 있기를 원하는지 혹은 자신들이 얼마나 오랫동안 생존할 것인지를 생각해서 만기를 선택합니다. 물론 이는 하찮은 접근법은

---

* 이 글이 쓰인 시점은 1970년 2월이다. 그러므로 1999년은 29년 후이고, 1974년은 4년 후이다.

아니지만 그렇다고 매우 논리적인 방법도 아닙니다. 만기의 선택에서 결정적인 변수는 다음의 세 가지입니다.

(1) 수익률 곡선의 형태

(2) 이자율의 미래 수준에 관한 기대치

(3) 기꺼이 감내하거나 혹은 얻을 수 있는 이익의 진폭의 정도

물론 (2)가 가장 중요하지만, 설명하기는 가장 어렵습니다.

우선 수익률 곡선을 점검해봅시다. 만약에 다른 측면이 동일하다면 수익률 곡선을 결정하는 것으로는 이자율의 차이가 있습니다. 이자율의 차이는 채권의 기간에 근거해 매겨집니다. 예를 들어 현재 제공되고 있는 최고 등급의 채권은 만기가 6개월 혹은 9개월일 경우 수익률이 4.75%, 만기가 5년일 경우 5.25%, 만기 10년일 경우 5.50%, 만기 20년일 경우 6.25%입니다. 장기 이자율이 단기 이자율보다 높을 때면 그 곡선은 매우 긍정적으로 여겨집니다.

미연방 채권 시장에서 이자율은 최근 들어 부정적 수익률 곡선으로 진행되는 경향이 있습니다. 다시 말해 최근 수년 동안에 미연방 정부의 장기 채권은 지속적으로 단기 채권보다 낮은 수익률을 보여주고 있고, 때때로 그 곡선은 매우 평평해지고 있습니다. 또, 때때로는 10년 정도의 포인트는 매우 긍정적이지만 그 이후에는 다시 평평해집니다.

여러분이 알아야만 할 사항은 그 곡선이 변화하고 종종 매우 급격

하게 변한다는 사실입니다. 역사적인 관점에서 바라보면, 현재의 기울기는 매우 긍정적인 범위에 있습니다. 이것은 장기 채권이 더 가치가 있을 것이라는 사실을 의미하지 않으며, 여러분이 만기를 늘릴 경우에 더 많은 돈을 번다는 것을 의미합니다.

만약 수익률이 향후 수년 동안 이 수준을 유지한다면 여러분은 단기 채권보다 장기 채권에서 더 나은 결과를 얻을 수 있습니다. 이는 여러분이 그것을 얼마나 오랫동안 보유할 것인지와는 무관합니다.

만기의 선택을 결정할 때 고려해야 할 두 번째 요소는 향후 이자율에 관한 기대치입니다. 이 분야에서 많은 것을 예측하는 사람은 매우 빨리 바보처럼 되는 경향이 있습니다. 나는 1년 전에 이자율이 매력적일 것이라고 여겼습니다. 그러나 곧바로 틀렸다는 사실이 증명되었지요. 나는 현재의 이자율이 매력적이라고 생각하고 있는데 다시 한 번 바보스러워질 것 같습니다. 그럼에도 불구하고 결정은 내려져야만 합니다. 만약 여러분이 지금 단기 증권을 매입했는데, 향후 수년 후에 재투자에 관한 이자율이 내려갈 경우 큰 실수를 하는 셈입니다.

마지막 고려 변수는 지수의 진폭에 관한 여러분의 인내심과 관련이 있습니다. 이것은 채권 투자의 계산과 관련이 있는데, 여러분이 이해하기에 조금 어렵습니다. 그럼에도 불구하고 여러분이 이 같은 원칙들에 대해서 전반적인 개념을 갖고 있는 것은 중요합니다.

자, 이제 완벽하게 평평한 수익률 곡선과 만기지급채권이 있다고 해봅시다. 한 걸음 더 나아가 현재 이자율이 5%이고, 여러분은 2년 만기 채권과 20년 만기 채권을 매입한다고 가정해봅시다. 이제 1년 후에 새로운 채권에 대한 수익률이 3%가 됐고, 여러분이 그 채권을 팔고 싶다고 해봅시다.

시장 스프레드나 수수료 같은 것은 잊어버립시다. 여러분은 애초에 2년 만기 채권 1,000달러에 대해 1,019.60달러를 받게 될 것입니다. (이제는 운영하기까지 1년이 남았습니다.) 만기가 19년 남은 채권의 경우에는 1,288.20달러(이 채권의 원래 만기는 20년이었습니다)를 받게 될 것입니다. 이 가격에서 매입자는 프리미엄에 대해 상각 이후에 자신의 돈에 대해서 정확히 3% 이익을 얻게 될 것이고, 각각에 첨부되어 있는 5% 쿠폰의 현금 흐름을 얻습니다.

그에게는 만기가 19년 남은 5% 채권을 1,288.20달러에 사는가 혹은 새로운 3% 채권(1년 후에도 현재의 이자율이라고 가정합니다)을 1,000달러에 사는가는 별반 차이가 없습니다.

다른 한편으로 이자율이 7%가 됐다고 가정해봅시다. 우리는 다시 한 번 수수료와 할인에 대한 자본이득세는 무시할 것입니다. 이제 매입자는 만기까지 1년이 남아 있는 채권에 대해서 오직 981.00달러만을 지불할 것이고, 19년이 남아 있는 채권에 대해서는 791.60달러만을 지불할 것입니다. 그는 새로운 발행 채권에 대해서 7% 수익을 얻을 수 있으므로 그는 오직 여러분의 채권에 대해서 충분히 할인되었을 때만 사려고 할 것입니다. 할인이 커지면 그는 동일한 경제적 혜택을 얻을 것입니다. 이는 여러분의 5% 쿠폰으로부터 유래하는 동일한 혜택입니다.

원리는 단순합니다. 이자율 변동이 클수록, 그리고 채권이 장기일수록 채권의 가치는 오르거나 내릴 수 있습니다. 이자율이 3%가 된 첫 번째 사례에서 우리의 장기 채권은 만약 이 채권이 5년 후에 액면가로 상환될 수 있다면 비록 7%의 이자율이 발생하더라도 겨우 1070.00달러로 평가될 것입니다. 이는 상환 조항에 내재해 있는 불공정함을 보여줍니다.

지난 20여 년간 비과세 채권에 대한 이자율은 거의 지속적으로 상승했고 이리하여 장기 매입자는 지속적으로 손실을 봤습니다. 지금 장기 채권을 매입하는 것이 나쁘다는 의미가 아닙니다. 이것은 단지 앞서 언급한 설명이 장기간에 걸쳐서 한 가지 방향으로 진행됐다는 것을 보여줄 뿐이며, 사람들은 이제 좀 더 낮은 이자율에서 나오는 상승 가능성보다는 높은 이자율로부터의 하락 리스크를 좀 더 의식하게 됐음을 보여줄 뿐입니다.

만약에 향후 이자율 수준과 수익률 곡선이 상당히 긍정적일 가능성이 50%라면 장기 만기지급채권을 매입하는 것이 단기 만기지급채권을 매입하는 것보다 더 좋습니다. 이는 나의 현재의 결론을 반영하는 것입니다. 나는 10년 혹은 20년 범위에 있는 채권을 매입할 의향이 있습니다. 만약에 여러분이 이 같은 범위 내의 것을 선호한다면 우리는 그 같은 선호를 반영한 채권을 고를 것입니다. 그렇지만 만약 여러분이 단기 채권을 고른다면 우리는 여러분에게 도움을 줄 수 없습니다. 우리는 그 같은 단기채는 조사하지 않기 때문입니다.

20년 채권 매입을 결정하기 전에 이자율의 변화에 근거해 가격 변화를 보여주는 쪽으로 돌아가 그것을 다시 읽어보십시오. 물론 만약 여러분이 채권을 내내 보유한다면 계약 이자율을 살펴봐야 합니다. 만약 여러분이 조기에 매각할 생각이라면 여러분은 좋건 나쁘건 앞서 언급한 수학적 논리에 지배될 것입니다. 채권 가격은 향후 수년 동안에 품질의 변화로 인해 바뀝니다. 그렇지만 비과세 영역에서는 상대적으로 덜 중요한 요소가 되는 경우가 있습니다. 더 중요한 변수는 이자율의 전반적인 변화입니다.

할인채 VS. 시장 금리 쿠폰채*

만약 여러분이 지금 7% 수익률의 '19년 채권'을 매입하기를 원한다면, 여러분은 7% 쿠폰 이자율이 붙어 있는 새로운 19년 채권을 살 수도 있고 혹은 5% 쿠폰이 붙어 있는 채권을 791.60달러에 매입할 수 있습니다. 후자의 채권은 19년 후에 여러분에게 1,000달러를 가져다줍니다. 어느 것을 선택하든 그것을 매입하면 반년간 7%의 복리 수익률을 얻을 수 있습니다.

수학적으로 두 가지는 똑같습니다. 그렇지만 비과세 채권의 경우에는 복잡합니다. 왜냐하면 70달러의 쿠폰이 여러분에게는 완전히 비과세이기 때문입니다. 한편 할인되어 매입된 채권은 여러분에게 연간 50달러의 비과세 수익을 가져다줄 테지만 19년 후에 자본이득은 208.40달러가 될 것입니다. 현재의 세법하에서는 만약 할인의 실

---

* 할인채는 이자를 받지 않는 대신 액면가보다 저렴하게 구매할 수 있는 채권을 말한다. 시장 금리 쿠폰채는 시장 금리에 가까운 쿠폰이 부착된 채권을 말하며, 액면가에 기재된 금액으로 매입한다. 쿠폰채 소지자는 채권이 첨부되어 있는 쿠폰을 제시하면 이자를 받는다.

현에서 발생하는 이익이 19년 후에 여러분의 유일한 과세소득일 경우 어떤 명목세도 내지 않아도 됩니다. 그 시점에서 자본이득의 많은 부분이 될 경우 70달러가 넘는 부분의 세금까지는 여기에 덧붙여서 여러분은 자본이득에 대해서 주세를 내야 할 것입니다.

명백하게도 이 같은 상황에서 여러분은 5% 쿠폰에 대해 791.60달러를 내지 않아도 됩니다. 여러분은 7%의 쿠폰을 1,000달러에 사는 것만큼이나 수지맞는 것이지요. 그러므로 만기가 동일한 증권들은 매우 높은 이익을 내는 것으로 팔립니다. 그들이 낮은 쿠폰을 갖고 있고, 현재의 높은 쿠폰보다는 더 할인된 가격에 거래된다면 더 높은 수익을 가져다줍니다.

흥미롭게도 대부분의 납세자들은 자신의 보수 대비 그처럼 높은 이익에 대해서 돈을 내려는 경향이 있습니다. 이러한 경향은 몇 가지 요인에서 비롯됩니다.

첫째, 아무도 그 채권이 만기가 되고 지금에 비해서 미래의 세금이 얼마나 더 엄격해질지를 아무도 모르기 때문입니다. 둘째, 19년 만기에 5% 쿠폰을 지급하는 액면가 1,000달러 채권을 791달러에 매입하는 것은 만기에 7% 쿠폰을 매입하는 것과 동일함에도 사람들은 현재 호주머니에 더 많은 이익을 가져다주는 것을 선호하기 때문입니다. 5% 쿠폰채 소유자는 오직 791.60달러의 채권에 대해 약 6.3%의 이익을 얻을 뿐입니다.

마지막으로 할인채의 가격에 대해 영향을 미치는 가장 중요한 요소는 1969년 세제 개혁안에 따라서 은행들이 할인된 비과세 채권의 매입자로서 제외되어 있기 때문입니다. 역사적으로 은행은 비과세 채권의 최대 매입자이자 소유자였고 은행을 배제할 경우 공급과 수요의 상황에서 극적인 영향을 미칩니다. 이것은 할인 비과세 시장에서 개인에게 약간의 장점을 가져다주는 경향이 있습니다. 특히 그 채권이 만기가 되거나 매각될 때 최고 과세 등급에 있기를 원하지 않는 사람들에게는 장점이 있습니다.

만약 내가 상당히 높고 효과적인 세후 수익을 얻을 수 있다면, 나는 여러분을 위해서 할인채를 매입할 생각을 가지고 있습니다. 나는 시장 금리 쿠폰채를 선호하는 몇몇 조합원들을 알고 있습니다. 그들의 실제 이익은 덜 하지만 그들은 현재의 현금이익을 극대화하기를 선호하기 때문입니다. 만약 그들이 나에게 조언한다면 우리는 이 경우에는 여전히 시장 금리 쿠폰채에 집중할 것입니다.

비과세 지방채를 매입하려면?

나는 3월까지(3월 7일을 제외한 모든 토요일을 포함해서) 종일 사무실에 있을 예정이며 어떤 조합원과도 전화통화를 하는 것을 기쁘게 생각할 것입니다. 스케줄 예약에 도움을 받으려면 비서 글래디와 약속을 잡거나 혹은 나와 직접 약속을 잡아도 됩니다. 내가 여러분에게 유일하게 요구하는 것은 가능한 한 상세히 편지를 많이 읽으라는 것입니다. 내가 여러분에게 편지에 나온 내용을 일일이 설명하는 것은 어마어마한 문제를 가져올 것입니다. 만약 여러분이 채권을 매입하는 데 우리가 도움이 된다고 생각했다면 우리에게 그 사실을 알려주기를 바랍니다. 그리고 다음의 사항에 관해서도 우리에게 알려 주기 바랍니다.

- 지방세법 때문에 매입을 당신 고향의 주 내로 제한하기를 원하는가?
- 시장 금리 쿠폰채로 제안하기를 원하는가? 혹은 최고의 가치를 얻기 위해서 우리의 판단을 이용하기를 허용하는가?
- 선호하는 만기는 10년 혹은 20년인가? 혹은 이 분야에서 우리의 판단을 이용하는 것을 선호하는가?
- 얼마나 많은 금액을 투자하기를 원하는가? 우리는 당신이 지정한 숫자에 약간 못 미치는 금액으로 마칠 것이다. 우리는 그 금액을 넘지 않을 것이다.
- 채권이 어느 은행에서 발행되어야 하는가?

우리가 채권을 매입할 경우 전화나 편지로 여러분에게 조언할 것입니다. 빌 루안과 존은 그러한 업무에 관해 많은 일을 하고 있습니다. 말할 필요조차 없이 어떤 거래에서도 우리는 재정적 이해관계가 없습니다. 이 절차에 관해 어떤 질문이 있다면 이 두 사람에게 직접 전화하기 바랍니다. 왜냐하면 나의 업무가 많기 때문이기도 하고, 이 두 사람이 그런 일에 관해서는 많은 것을 알고 있기 때문이기도 합니다. 3월 30일 이후에 나는 몇 개월간 사무실에 없을 예정입니다. 그러므로 나와 상의하고 싶다면 그 이후에야 가능합니다. 해당 매입은 4월에 완료될 것입니다. 그렇지만 루안은 이것을 관리하고 그 시스템은 모두 완료될 것입니다.

여러분은 앞서 언급한 채권 발행의 어마어마한 다양함 때문에 무엇을 매입했는지를 알려고 하지 않는 편이 나을 수 있습니다. 때때로 비과세 채권 시장은 주식보다는 부동산과 유사한 점이 많습니다. 비과세 채권 시장은 수만 가지 아이템들이 있고, 몇몇은 매도자가 없고, 또 몇몇은 별로 팔고 싶은 생각이 없고, 일부 매도자는 미치게 팔고 싶어 한다는 점에서 부동산과 유사합니다.

어떤 것이 최선의 매입인지는 제안될 대상의 품질과 여러분의 필요가 무엇인지, 매도자가 얼마나 적극적인지에 달려 있습니다. 비교의 기준은 언제나 새로운 발행에 달려 있습니다. 매주마다 평균 수백만 달러어치의 발행이 이루어집니다. 그렇지만 구체적인 유통시장에서의 기회가 새로운 발행시장보다 더 매력적이기 때문에 우리는 우리가 경매할 준비가 되어 있을 때 그들이 얼마나 매력인지를 알 수 있을 뿐입니다.

비록 시장은 변할 수 있지만 우리는 20년 만기 범위 이내에서 6.5% 세후 이익을 가져다주는 채권을 찾는 것에는 어려움이 없는 것으로 보입니다.

진심을 담아

워런 에드워드 버핏

워런 버핏, 부의 기본 원칙

1판 1쇄 2019년 2월 25일
1판 6쇄 2022년 4월 28일

지은이 제레미 밀러
옮긴이 이민주
펴낸이 김정순
책임편집 한아름
편집 배경란 오세은
디자인 김진영
마케팅 이보민 양혜림 이다영

펴낸곳 (주)북하우스 퍼블리셔스
출판등록 1997년 9월 23일 제406-2003-055호
주소 04043 서울시 마포구 양화로 12길 16-9(서교동 북앤빌딩)
전자우편 editor@bookhouse.co.kr
홈페이지 www.bookhouse.co.kr
전화번호 02-3144-3123
팩스 02-3144-3121

ISBN 979-11-6405-008-6 03320